中国人民大学研究报告系列

中国宏观经济分析与预测

结构调整攻坚期的中国宏观经济

2019—2020

CHINA'S MACROECONOMIC ANALYSIS
AND FORECAST(2019—2020)

中国人民大学经济研究所　主编

中国人民大学出版社
· 北京 ·

总序

陈雨露

当前中国的各类研究报告层出不穷，种类繁多，写法各异，成百舸争流、各领风骚之势。中国人民大学经过精心组织、整合设计，隆重推出由人大学者协同编撰的“研究报告系列”。这一系列主要是应用对策型研究报告，集中推出的本意在于，直面重大社会现实问题，开展动态分析和评估预测，建言献策于咨政与学术。

“学术领先、内容原创、关注时事、咨政助企”是中国人民大学“研究报告系列”的基本定位与功能。研究报告是一种科研成果载体，它承载了人大学者立足创新，致力于建设学术高地和咨询智库的学术责任和社会关怀；研究报告是一种研究模式，它以相关领域指标和统计数据为基础，评估现状，预测未来，推动人文社会科学研究成果的转化应用；研究报告还是一种学术品牌，它持续聚焦经济社会发展中的热点、焦点和重大战略问题，以扎实有力的研究成果服务于党和政府以及企业的计划、决策，服务于专门领域的研究，并以其专题性、周期性和翔实性赢得读者的识别与关注。

中国人民大学推出“研究报告系列”，有自己的学术积淀和学术思考。人大素以人文社会科学见长，注重学术研究资政育人、服务社会的作用，曾陆续推出若干有影响力的研究报告。譬如自2002年始，我们组织跨学科课题组研究编写的《中国经济发展研究报告》《中国社会发展研究报告》《中国人文社会科学发展研究报告》，紧密联系和真实反映我国经济、社会和人文社会科学发展领域的重大现实问题，十年不辍，近年又推出《中国法律发展报告》等，与前三种合称为“四大报告”。此外还有一些散在的不同学科的专题研究报告也持续出版多年，在学界和社会上形成了一定的影响。这些研究报告都是观察分析、评估预测政治经济、社会文化等领域重大问题的专题研究，其中既有客观数据和事例，又有深度分析和战略预测，兼具实证性、前瞻性和学术性。我们把这些研究报告整合起来，与人大出版资源相结合，再做新的策划、征集、遴选，形成了这个“研究报告系列”，以期放大规模效应，扩展社会服务功能。这个系列是开放的，未来会依情势有所增减，使其动态成长。

中国人民大学推出“研究报告系列”，还具有关注学科建设、强化育人功能、推进协同创新等多重意义。作为连续性出版物，研究报告可以成为本学科学者展示、交流学术成果的平台。编写一部好的研究报告，通常需要集结力量，精诚携手，合作者随报告之连续而成为稳定团队，亦可增益学科实力。研究报告立足于丰厚素材，常常动员学生参与，可使他们在系统研究中得到学术训练，增长才干。此外，面向社会实践的研究报告必然要与政府、企业保持密切联系，关注社会的状况与需要，从而带动高校与行业企业、政府、学界以及国外科研机构之间的深度合作，收“协同创新”之效。

为适应信息化、数字化、网络化的发展趋势，中国人民大学的“研究报告系列”在出版纸质版本的同时将开发相应的文献数据库，形成丰富的数字资源，借助知识管理工具实现信息关联和知识挖掘，方便网络查询和跨专题检索，为广大读者提供方便适用的增值服务。

中国人民大学的“研究报告系列”是我们在整合科研力量、促进成果转化方面的新探索。我们将紧扣时代脉搏，敏锐捕捉经济社会发展的重点、热点、焦点问题，力争使每一种研究报告和整个系列都成为精品，都适应读者需要，从而铸造高质量的学术品牌、形成核心学术价值，更好地担当学术服务社会的职责。

目录

第一篇 主报告

第二篇 分报告

第一篇
主报告

2019—2020 年中国宏观经济分析与预测
——结构调整攻坚期的中国宏观经济

刘元春　闫　衍　刘晓光

摘　要

2019 年在中美贸易摩擦全面加剧、世界经济同步回落、国内结构性因素持续发酵、周期性下行力量有所加大等多重因素的作用下，中国宏观经济告别了 2016—2018 年“稳中趋缓”的平台期，经济增速回落幅度加大，经济结构分化明显。在五大短期周期性因素同步回落、三大传统红利加速递减以及两大临时突发事件三重冲击下，中国宏观经济的弹性和韧性得到了全面显现，在以“六稳”为核心的逆周期调节政策和持续的供给侧结构性改革的对冲下，中国宏观经济成功守住底线，完成了预期的目标。但值得注意的是，在经济增速回落的过程中，经济的结构性分化较为严重，升级型结构调整速度放慢，而萧条型结构调整却持续加速，从而导致 2019 年中国经济结构调整步入艰难期。

2020 年是中国全面建成小康社会的决胜之年，中国宏观经济将在延续 2019 年基本运行模式的基础上出现重大的变化，不必过于悲观。一方面，2019 年下行的趋势性力量和结构性力量将持续发力，导致 2020 年潜在 GDP 增速进一步回落；另一方面，2019 年下行的很多周期性力量在 2020 年出现拐点性变化，随着十大积极因素的巩固和培育，宏观经济下行将有所缓和，下行幅度将较 2019 年明显收窄。其中，部分周期性力量的反转以及中国制度红利的持续改善将是 2020 年最为值得关注和期待的新变化。一是随着吏治整顿的基本到位和党的十九届四中全会精神的全面落实，中国制度红利将全面上扬，全要素生产率（TFP）增速将明显改善；二是随着各类杠杆率的稳定、应付债务增速的下降、高风险机构的有序处置、金融机构资本金的补足、监管短板的完善使金融风险趋于收敛，化解金融风险的攻坚战取得了阶段性胜利，金融环境将得到明显改善；三是企业库存周期触底反弹，前期过度去库存为2020年企业补库存提供了较大的空间；四是对中美贸易摩擦的恐慌期已经过去，适应性调整基本到位，企业信心将得到明显回归；五是为应对外部冲击而启动的各类战略将有效提升相应部门的有效需求，特别是在关键技术、科技研发体系、国产替代、重要设备等方面启动的战略将产生很好的拉动效应；六是随着全球汽车周期的反转，中国汽车市场可能企稳；七是猪周期反转，猪肉供求常态化，猪肉价格的大幅度下降将为宏观政策提供空间，改善民众的消费预期；八是在基础设施投资持续改善、国有企业投资持续上升以及民营企业家预期改善的作用下，民营投资将在2020年摆脱底部徘徊的困局；九是新一轮更加积极的财政政策和边际宽松的稳健货币政策将进一步发力，这与2020年全面小康带来的社会政策红利以及全球同步宽松带来的全球政策红利，一起决定了2020年的政策红利将大于前几个年份；十是中国庞大的市场、多元化的出口路径、齐全的产业、雄厚的人力资源、开始普及的创新意识和创新竞争、强大的政府及其控制能力决定了中国经济的韧性和弹性将在2020年进一步强化。

根据上述定性判断，设定系列参数，利用中国人民大学中国宏观经济分析与预测模型（CMAFM），预测结果如下。

第一，在全球经贸增速放缓、中美贸易摩擦加剧与内部需求回落等周期性力量与趋势性力量叠加的综合作用下，2019年中国宏观经济延续了2018年以来的疲软态势，经济增速将“持续趋缓”。预计2019年实际GDP增速为6.1%，较2018年回落0.5个百分点，实现政府预定的6.0%～6.5%的经济增长目标。同时，由于GDP平减指数涨幅降至1.5%，名义GDP增速为7.6%，较2018年显著回落1.9个百分点，短期下行压力加大。

第二，在趋势性因素与周期性因素叠加、国际与国内不利因素强化的作用下，预计2020年经济增速将进一步回缓，但在“六稳”举措进一步发力、改革红利进一步显化、系列短期周期性力量转变的作用下，中国经济的弹性和韧性将持续显现，预计2020年实际GDP增速为5.9%，较2019年增速回落0.2个百分点。同时，由于GDP平减指数涨幅降至1.1%，2020年名义GDP增速为7.0%，较2019年回落0.6个百分点，下滑幅度明显收窄。在内外需求周期性下行的作用下，2020年投资和消费增速触底企稳，但仍难以有效回升，预计投资增长5.5%，消费增长8.0%；出口增速为−2.0%，进口增速为1.0%。2020年猪肉等食品价格大幅上涨引发的结构性通货膨胀因素将在下半年明显回落，预计全年居民消费价格指数（CPI）涨幅将回落至2.3%；同时，在总需求不足和输入型通货紧缩因素的作用下，2020年工业领域的通货紧缩风险上扬，预计工业生产者出厂价格指数（PPI）

下跌 1.0%；综合来看，GDP 平减指数涨幅将回落至 1.1%。

在上述判断和预测的基础上，报告提出了八个方面的政策建议。

第一，综合考虑现阶段国际、国内的趋势性因素和周期性因素，2020 年中国经济增长的区间管理目标宜设为 5.5%～6.0%，保守目标为 5.8%左右，不仅能够完成“两个一百年”目标的阶段性任务和保证社会就业的基本稳定，而且更有利于保持战略定力，按照既定方针推动经济高质量发展。

第二，将中期视角的“预期管理”作为各项宏观政策的统领和重要抓手。在内需增长出现明显下滑和结构分化达到新的临界值的背景下，简单的预调、微调已经不足以应对宏观经济日益面临的加速下滑风险，而必须借助中期视角的“预期管理”。2020 年宏观政策要有前瞻性、市场主体要有前瞻性。

第三，落实党的十九届四中全会精神，开启新一轮全方位改革开放和新一轮供给侧结构性改革来解决我们面临的深层次结构性与体制性问题。在经济结构转换的关键期和深层次问题的累积释放期，简单的宏观政策调节和行政管控难以应对基础性利益冲突和制度扭曲所产生的问题，基础性、全局性改革依然是解决目前结构转型时期各类深层次问题的关键。必须以构建高标准市场经济体系为目标，推出新一轮改革开放和供给侧结构性改革。

第四，构建稳健货币政策的新框架，从哲学理念、目标体系、工具选择、审慎管理、汇率安排、预期管理和政策协调等方面，对新形势下的稳健货币政策的框架进行全面重构。建议 2020 年广义货币（M2）增速应当高于名义 GDP 增速的水平，达到 8.5%～9.0%；全社会融资总额增速不能过快回调，保持在 11%左右符合金融整顿与强化监管的要求。

第五，积极的财政政策需要更加积极有为，在更加积极的同时提高针对性，调动三个积极性。考虑到结构调整攻坚期的外部困局和内部大改革的特殊性，建议 2020 年财政赤字率可以提高到 3.0%以上。减税降费从生产端向消费端和收入分配改革过渡。

第六，“稳投资”的政策方向和政策工具必须做出大幅度的调整，落实党的十九大提出的“发挥投资对优化供给结构的关键性作用”。

第七，民生政策要托底，应对经济下行和民生冲击叠加带来的“双重风险”。

第八，积极应对中美贸易摩擦，全新思考世界结构裂变期中国的战略选择。

关键词：2019—2020 年中国宏观经济；增速回落中的结构分化；悲观预期中的利好

一、总论与预测[①]

2019年在中美贸易摩擦全面加剧、世界经济同步回落、国内结构性因素持续发酵、周期性下行力量有所加大等多重因素的作用下，中国宏观经济告别了2016—2018年“稳中趋缓”的平台期，经济增速回落幅度加大，经济结构分化明显。但中国宏观经济的弹性和韧性在“六稳”政策的作用下显示出强大的力量，中国宏观经济依然在预期、可控的区间运行。

第一，GDP平减指数的明显回落、需求端参数的同步下滑表明周期性下行力量依然是2019年中国宏观经济下滑的核心原因。一是企业库存周期自2018年第三季度结束高位运转之后快速步入新的下行期，市场化去库存和政策性去库存叠加带来了明显的加速收缩效应；二是民间投资在投资收益预期下滑、信心疲软、投资空间约束等因素的制约下，难以及时跟进国有企业投资摆脱周期底部运行的困境；三是在金融风险高位缓释、国有企业持续去杠杆、中小金融机构风险持续暴露等因素的作用下，中国经济主体的偿债能力还没有全面反转，金融周期底部运行的特点十分明显；四是在逆全球化运动和国际冲突全面蔓延的作用下，全球不确定性大幅度上升，国际贸易增速同步回落，全球耐用品和投资品需求明显收缩，导致世界经济低迷期全面重启。

第二，供给端的疲软、各类基础性参数的持续变化以及潜在GDP增速的惯性变化，说明趋势性力量和结构性力量的下滑依然是GDP增速回落的主要因素。一是中美贸易摩擦的全面爆发以及全球经济低迷期的重启决定了中国经济传统动能之一全球化红利不仅没有呈现企稳回升的态势，反而出现了快速下滑；二是PPI由正转负、工业利润的持续负增长以及制造业份额的持续下滑说明了中国经济传统动能之一工业化红利递减不仅没有止跌，反而在近期出现加速的态势；三是人口老龄化率的加快、流动性人口的负增长以及储蓄率的持续下滑说明作为另一中国经济传统动能的人口红利依然处于加速递减期。

第三，中美贸易摩擦的全面爆发以及猪肉价格的暴涨是2019年宏观经济运行中最独特并值得重点关注的两大事件。对美出口关税的不断提升以及中美贸易谈判的高度不确定性对于中国外需变化以及经济主体的预期产生了较为明显的边际冲击，这些冲击是民间投资回落以及其他周期性下滑力量有所加剧的核心原因之一。

① 本书书稿完成时间为2019年年底。其中对2020年的预测分析未考虑新冠肺炎疫情的影响，作为对未发生疫情下的情景分析和疫情恢复期的比较基准，供读者参考。

猪肉价格的飙升不仅对居民消费和消费预期产生了明显的冲击，也给宏观经济政策调控带来了明显的干扰，是中国消费增速加速回落的核心原因之一。

第四，在短期周期性因素同步回落、三大传统红利加速递减以及临时突发事件的三重冲击下，中国宏观经济的弹性和韧性得到了全面显现，在以“六稳”为核心的逆周期调节政策和持续的供给侧结构性改革的对冲下，中国宏观经济成功守住底线，完成了预期的目标。一是就业稳，守住了不发生失业潮的底线；二是金融稳，守住了不发生系统性和区域性金融风险的底线；三是制度红利开始加速上扬，资源配置效率和TFP增速开始有明显改善。

第五，需要注意的是，在经济增速回落的过程中，经济的结构性分化较为严重，升级型结构调整速度放慢，而萧条型结构调整却持续加速，从而导致2019年中国经济结构调整步入艰难期。一是虽然第三产业增速依然高于第二产业，但第三产业增速回落幅度明显高于第二产业；二是虽然很多新兴产业和高技术产业增速依然高于传统行业，但新兴产业和高技术产业增速的回落明显加速，开始与传统行业增速有拉平的趋势；三是行业分化、区域分化、不同规模的企业绩效分化较为严重，导致很多行业、区域和中小企业的绩效恶化，开始触及底线，短板效应在不断累积。

2020年是中国全面建成小康社会的决胜之年，也是中国GDP增速持续回落的一年。中国宏观经济将在延续2019年基本运行模式的基础上出现重大变化。一方面，2019年下行的趋势性力量和结构性力量将持续发力，导致2020年潜在GDP增速进一步回落；另一方面，2019年很多下行周期性力量在2020年开始出现拐点性变化，宏观经济下行有所缓和，下行幅度较2019年将明显收窄。

第一，新常态的增速换挡期、动力转换期以及前期风险的释放期尚未结束，决定全球化红利、工业化红利以及人口红利的趋势性力量并没有出现趋稳的迹象，将延续2019年的发展态势。这决定了2020年中国潜在GDP增速将进一步回落，并成为2020年GDP增速跌破6%的重要原因。

第二，2020年是美国大选年，也是英国脱欧年，全球地缘政治冲突和世界经济面临的不确定性将进一步上扬，信心低迷、投资下滑、贸易收缩将进一步恶化，2020年中国宏观经济的外部环境并不会出现改善。

第三，部分周期性力量将出现反转以及中国制度红利的持续改善将是2020年最值得关注和期待的新变化。一是随着吏治整顿的基本到位和党的十九届四中全会精神的全面落实，中国制度红利将全面上扬，TFP增速将明显改善；二是随着各类杠杆率的稳定、应付债务增速的下降、高风险机构的有序处置、金融机构资本金的补足、监管短板的完善使金融风险趋于收敛，化解金融风险的攻坚战取得了阶段性胜利，金融环境将得到明显改善；三是企业库存周期触底反弹，前期过度去库存为2020年企业补库存提供了较大的空间；四是对中美贸易摩擦的恐慌期已经过去，适应性调整基本到位，企业信心将得到明显回归；五是为应对外部冲击而启动的各类战略将有效提升相应部门的有效需求，特别是在关键技术、科技研发体系、国产替代、重要设备等方面启动的战略将产生很好的拉动效应；六是随着全球汽车周期的反转，中国汽车市场可能企稳；七是猪周期反转，猪肉供求常态化，猪肉价格的大幅度下降将为宏观政策提供空间，改善民众的消费预期；八是在基础设施投资持续改善、国有企业投资持续上升以及民营企业家预期改善的作用下，民营投资将在2020年摆脱底部徘徊的困局；九是新一轮更加积极的财政政策和边际宽松的稳健货币政策将进一步发力，这与2020年全面小康带来的社会政策红利以及全球同步宽松带来的全球政策红利，一起决定了2020年的政策红利将大于前几个年份；十是中国庞大的市场、多元化的出口路径、齐全的产业、雄厚的人力资源、开始普及的创新意识和创新竞争、强大的政府及其控制能力，决定了中国经济的韧性和弹性将在2020年进一步强化。

第四，2020年也是充满不确定性和风险的一年。一是美国大选是否会进一步激化中美贸易摩擦，特别是由于美国领导人的个性特征和两党斗争的白热化是否会发生超预期事件；二是猪肉价格下降是否会按照预定的路径进行，是否会在回落中出现通货紧缩，或者在持续价格蔓延中出现物价持续上扬；三是在GDP增速进一步回落中结构持续分化是否会带来局部产业、局部区域以及中小企业的拐点性变化，从而诱发新的局部风险。

综合考虑现阶段国际、国内的趋势性因素和周期性因素，2020年中国经济增长的区间管理目标宜设为5.5%～6.0%，保守目标为5.8%左右，能够完成“两个一百年”目标的阶段性任务和保证社会就业的基本稳定，也更有利于保持战略定力，按照既定方针推动经济高质量发展。

根据上述的一些定性判断，利用中国人民大学中国宏观经济分析与预测模型（CMAFM），不考虑2019年国民经济核算方法的调整和第四次全国经济普查对历史数据的修订，设定主要宏观经济政策假设：（1）2019年与2020年名义一般公共预算赤字率分别为2.8%与3.0%；（2）2019年与2020年人民币与美元平均兑换率分别为6.9∶1与7.0∶1。分年度预测2019年与2020年中国宏观经济核心指标，预测结果如表1所示。

表1　　2019—2020年中国宏观经济核心指标预测

预测指标	2016年	2017年	2018年	2019年*	2020年*
1. GDP增长率（%）	6.7	6.9	6.6	6.1	5.9
其中：第一产业	3.3	3.9	3.5	3.2	3.3
第二产业	6.1	6.1	5.8	5.5	5.3
第三产业	7.8	8.0	7.6	6.9	6.6
2. 固定资产投资完成额（亿元）	596 501	631 684	635 636	670 596	707 479
固定资产投资完成额增长率（%）	8.1	7.2	5.9	5.5	5.5
社会消费品零售总额（亿元）	332 316	366 261	380 987	411 847	444 794
社会消费品零售总额增长率（%）	10.4	10.2	9.0	8.1	8.0
3. 出口（亿美元）	20 976	22 633	24 867	24 618	24 126
出口增长率（%）	−7.7	7.9	9.9	−1.0	−2.0
进口（亿美元）	15 879	18 419	21 357	20 289	20 492
进口增长率（%）	−5.5	16.1	15.8	−5.0	1.0
净出口（亿美元）	5 097	4 196	3 509	4 329	3 634
净出口增长率（%）	−14.2	−17.7	−16.4	23.4	−16.0
4. CPI上涨率（%）	2.0	1.6	2.1	2.7	2.3
PPI上涨率（%）	−1.4	6.3	3.5	−0.5	−1.0
GDP平减指数上涨率（%）	1.1	3.8	3.5	1.5	1.1
5. 广义货币（M2）增长率（%）	11.3	8.1	8.1	8.5	8.5
狭义货币（M1）增长率（%）	21.4	11.8	1.5	3.5	4.0
社会融资规模存量增长率（%）	12.8	12.0	10.3	10.9	10.5
社会融资规模增量（亿元）	178 022	194 430	224 920	235 446	240 000
6. 政府性收入（亿元）	206 171	234 029	258 757	272 348	286 325
政府性收入增长率（%）	6.0	13.5	10.6	5.3	5.1
公共财政收入（亿元）	159 552	172 567	183 352	189 403	195 085
公共财政收入增长率（%）	4.5	7.4	6.2	3.3	3.0
政府性基金收入（亿元）	46 619	61 462	75 405	82 945	91 240
政府性基金收入增长率（%）	11.9	34.8	22.6	10.0	10.0

注：带*表示预测年份。
资料来源：根据Wind资讯、中国人民大学中国宏观经济论坛相关数据测算。

第一，在全球贸易增速放缓、中美贸易摩擦加剧与内部需求回落等周期性力量与趋势性力量叠加的综合作用下，2019年中国宏观经济延续了2018年以来的疲软态势，呈现持续趋缓的状态。预计2019年实际GDP增速为6.1%，较2018年回落

0.5个百分点，实现了政府预定的6.0%～6.5%的经济增长目标。同时，由于GDP平减指数涨幅降至1.5%，名义GDP增速为7.6%，较2018年显著回落1.9个百分点，短期下行压力加大。在趋势性因素与周期性因素叠加、国际与国内不利因素强化的作用下，预计2020年经济增速将进一步回缓，但在“六稳”举措进一步发力、改革红利进一步显化、系列短期周期性力量转变的作用下，中国经济的弹性和韧性将持续显现，预计2020年实际GDP增速为5.9%，较2019年增速回落0.2个百分点。同时，由于GDP平减指数涨幅降至1.1%，2020年名义GDP增速为7.0%，较2019年回落0.6个百分点，下滑幅度明显收窄。

第二，从供给的角度来看，在总需求不足和全球制造业低迷等因素的作用下，工业增速稳中趋缓，得益于建筑业增速回升的部分对冲，第二产业增速小幅下降，预计2019年第二产业实际增速为5.5%，较2018年回落0.3个百分点。但工业增速的持续下滑抑制了生产性服务业的增长，导致第三产业增长势头放缓，预计2019年第三产业增速为6.9%，较2018年回落0.7个百分点。在猪瘟疫情等因素的影响下，预计第一产业增速放缓至3.2%，较2018年回落0.3个百分点。在趋势性力量的作用下，2020年经济结构深化调整的格局将进一步延续，预计第二产业增长5.3%，第三产业增长6.6%，分别较2019年回落0.2个和0.3个百分点。

第三，从总需求的角度来看，消费、投资、出口三大需求均出现不同程度的下滑。在居民收入增长放缓和预期恶化等因素的作用下，2019年汽车等耐用品消费增速明显回落。预计全年社会消费品零售总额增长8.1%，比2018年下滑0.9个百分点，扣除价格因素，实际增长6.3%，较2018年回落0.6个百分点。基础设施建设投资增速逐渐企稳回升，但难抵制造业投资的显著回落，固定资产投资增速持续放缓，预计2019年增速为5.5%，较2018年进一步下滑0.4个百分点。在全球贸易增速下滑和中美贸易摩擦升级的影响下，2019年中国出口增速显著回落，但进口增速回落的幅度更大，导致净出口规模显著扩大。预计2019年以美元计价的出口增速为−1.0%，进口增速为−5.0%，净出口规模为4 329亿美元，较2018年大幅增长23.4%，为近4年来首次规模扩大。在内外需求周期性下行的作用下，2020年投资和消费增速触底企稳，仍难以有效回升，预计投资增长5.5%，消费增长8.0%；出口增速为−2.0%，进口增速为1.0%。

第四，受猪瘟疫情影响，猪肉价格大幅上涨导致食品价格攀升，带动CPI持续走高，预计2019年CPI上涨2.7%。但中国总需求不足的局面不仅没有得到缓解，反而进一步加剧，非食品CPI、核心CPI持续走低，叠加原油等国际大宗商品价格下行，工业品价格出现显著回落。预计2019年PPI下跌0.5%，比2018年显著回落4.0个百分点。综合来看，GDP平减指数涨幅为1.5%，较2018年回落2个百分点，物价水平总体平稳，但价格形势的分化达到新高度。2020年猪肉等食品价格大幅上涨引发的结构性通货膨胀因素将在下半年明显回落，预计CPI涨幅将回落至2.3%；同时，在总需求不足和输入型通货紧缩因素的作用下，2020年工业领域的通货紧缩风险全面上扬，预计PPI下跌1.0%；综合来看，2020年GDP平减指数将进一步回落，预计涨幅下降为1.1%。

第五，在稳增长与防风险的综合平衡下，2019年货币政策在保持稳健中性的基础上加快了改革的步伐，从而富有新的内涵。预计2019年M2增速为8.5%，较2018年提高0.4个百分点。得益于货币政策边际宽松和贷款市场报价利率（LPR）改革，社会融资规模出现较快增长。预计2019年社会融资规模存量增速为10.9%，较2018年提升0.6个百分点。2020年货币政策仍将保持边际宽松定位，预计M2增速为8.5%，与2019年持平；但经济内生性的紧缩压力加大，预计2020年社会融资规模存量增速为10.5%，较2019年小幅回落。

第六，在经济下行和减税降费的作用下，政府公共财政收入增速持续回落，叠加土地市场的景气消退，导致政府性基金收入增速大幅回落，政府性收入增速全面放缓。预计2019年公共财政收入增速为3.3%，达到18.9万亿元，政府性基金收入增速为10.0%，达到8.3万亿元，两项收入合计达到27.2万亿元，增速为5.3%，较2018年增速回落5.3个百分点，政府维持收支平衡的压力加大。由于宏观经济基本面和积极的财政政策定位没有发生明显改变，预计2020年公共财政收入和政府性基金收入增速与2019年基本持平，分别增长3.0%和10.0%，两项收入合计增长5.1%。

二、增速放缓与结构分化下的中国宏观经济

2019年全球经济增速和贸易增速双双大幅下滑，降至近10年来的最低水平（见表2）。在此背景下，中国宏观经济核心指标也出现一定放缓，但是下滑幅度低于全球和主要经济体降幅，综合表现也好于2018年年底的市场悲观预期。值得关注的是，中国宏观经济总需求不足的问题尚未得到有效缓解，反而有所加剧，新一轮经济下行的内生性紧缩机制已经形成，引发宏观经济加速下滑风险。

表 2　　2019 年中国宏观经济指标基础数据

预测指标	2015 年	2016 年	2017 年	2018 年	2019 年 1—6 月	2019 年 1—9 月
1. GDP 增长率（%）	6.9	6.7	6.9	6.6	6.3	6.2
其中：第一产业	3.9	3.3	3.9	3.5	3.0	2.9
第二产业	6.2	6.1	6.1	5.8	5.8	5.6
第三产业	8.2	7.8	8.0	7.6	7.0	7.0
2. 固定资产投资完成额（亿元）	551 590	596 501	631 684	635 636	299 100	461 204
固定资产投资完成额增长率（%）	10.0	8.1	7.2	5.9	5.8	5.4
社会消费品零售总额（亿元）	300 931	332 316	366 261	380 987	195 210	296 674
社会消费品零售总额增长率（%）	10.7	10.4	10.2	9.0	8.5	8.2
3. 出口（亿美元）	22 735	20 976	22 633	24 867	11 711	18 251
出口增长率（%）	−2.9	−7.7	7.9	9.9 (7.1)	0.1 (6.1)	−0.1 (5.2)
进口（亿美元）	16 796	15 879	18 419	213 577	9 000	15 266
进口增长率（%）	−14.3	−5.5	16.0	15.8 (12.9)	−4.3 (1.4)	−5 (−0.1)
4. 广义货币（M2）增长率（%）	13.3	11.3	8.2	8.1	8.5	8.4
狭义货币（M1）增长率（%）	15.2	21.4	11.8	1.5	4.4	3.4
社会融资规模增量（亿元）	154 086	178 022	194 430	224 920	125 100	187 378
社会融资规模存量增长率（%）	12.4	12.8	12.0	10.3	10.9	10.8
5. CPI 上涨率（%）	1.4	2.0	1.6	2.1	2.2	2.5
PPI 上涨率（%）	−5.2	−1.4	6.3	3.5	0.30	0
GDP 平减指数上涨率（%）	0.1	1.2	4.1	3.5	2.1	1.7
6. 政府性收入（亿元）	194 547	206 171	234 029	258 757	139 627	203 841
政府性收入增长率（%）	0.1	6.0	13.5	10.6	3.1	4.4
公共财政收入（亿元）	152 217	159 552	172 567	183 352 (6.2)	107 846 (3.4)	150 678 (3.3)
政府性基金收入（亿元）	42 330	46 619	61 462	75 405 (22.6)	31 781 (1.7)	53 163 (7.7)

注：小括号中为以人民币计价的增长率。

资料来源：根据 Wind 资讯、中国人民大学中国宏观经济论坛相关数据测算。

（一）全球经济开启新一轮低迷期，中国经济增速明显趋缓

2019 年全球经济出现了剧烈共振。在中美贸易摩擦全面加剧的作用下，全球经济贸易政策的不确定性以及地缘政治风险大幅上扬到历史新高，不仅直接造成中

美这两大经济体增长火车头受挫，也使得全球风险上扬和市场信心低迷，加剧了世界范围内的可贸易品、投资品和耐用消费品的全面收缩，导致全球制造业陷入集体性低迷期，世界经济开启了新一轮下行周期。鉴于全球主要经济体增速的普遍放缓和贸易摩擦的不确定性，目前各大国际组织纷纷下调了 2019 年经济和贸易增长预期。根据国际货币基金组织（IMF）2019 年 10 月的最新报告，2019 年全球经济增速预计下滑至 3.0%，比 2018 年大幅回落 0.6 个百分点，这也是自 2010 年走出国际金融危机以来的最低水平；2019 年全球贸易增速预计下滑至 1.1%，比 2018 年显著回落 2.5 个百分点，比经济增速的回落幅度更大，也是自 2010 年走出国际金融危机以来的最低水平（见图 1）。

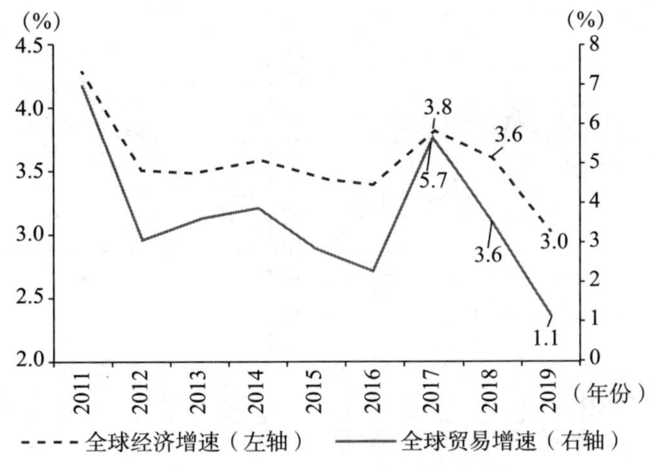

图 1　全球经济增速和贸易增速急剧下滑

在全球贸易品、投资品和耐用消费品的全面收缩下，2019 年全球制造业陷入集体性低迷期，与服务业的分化达到历史新水平。自 2018 年开始，全球制造业采购经理指数（PMI）就一路下行，自 2019 年 5 月起，已经连续 5 个月处于 50%以下的紧缩区间，9 月为 49.7%；与此同时，服务业 PMI 也有所下行，但目前依然处于扩张区间，9 月为 51.6%，与制造业 PMI 的缺口在持续扩大。上述情况在欧元区的表现尤其明显，在日本、美国和英国也是如此。自 2019 年 2 月起，欧元区制造业 PMI 就已经跌入紧缩区间，并呈现不断恶化的趋势，截至 2019 年 10 月，制造业 PMI 已降至 45.7%，但服务业 PMI 依然保持在扩张区间，10 月为 51.8%；其中，德国制造业 PMI 自 1 月起降至紧缩区间，10 月已大幅降至 41.9%，而服务业 PMI 依然保持在扩张区间，10 月为 51.2%。日本制造业 PMI 也是自 2019 年 1 月起降至紧缩区间，10 月降至 48.5%，而服务业 PMI 依然保持在扩张区间，9 月为 52.8%。类似地，美国制造业 PMI 自 2019 年 8 月起降至紧缩区间，但下滑速度更快，9 月已降至 47.8%，而服务业 PMI 依然保持在扩张区间，9 月为 52.6%。英国制造业 PMI 自 2019 年 5 月起降至紧缩区间，9 月已降至 48.3%，同时服务业 PMI 也已经跌入紧缩区间，9 月为 49.5%（见图 2）。

在全球经济和贸易增速显著回落的背景下，2019 年中国经济增速出现持续放缓。如图 3 所示，前 3 个季度，中国实际 GDP 累计同比增长 6.2%，较 2018 年增速回落 0.4 个百分点。其中，第一、第二、第三季度实际 GDP 增速分别为 6.4%、6.2%、6.0%，呈现逐季下滑的趋势。同时，由于 GDP 平减指数回落，前 3 个季度名义 GDP 增速为 7.9%，较 2018 年回落 1.8 个百分点。其中，第一、第二、第三季度名义 GDP 增速分别为 7.8%、8.3%、7.6%，呈现波动下滑的趋势。

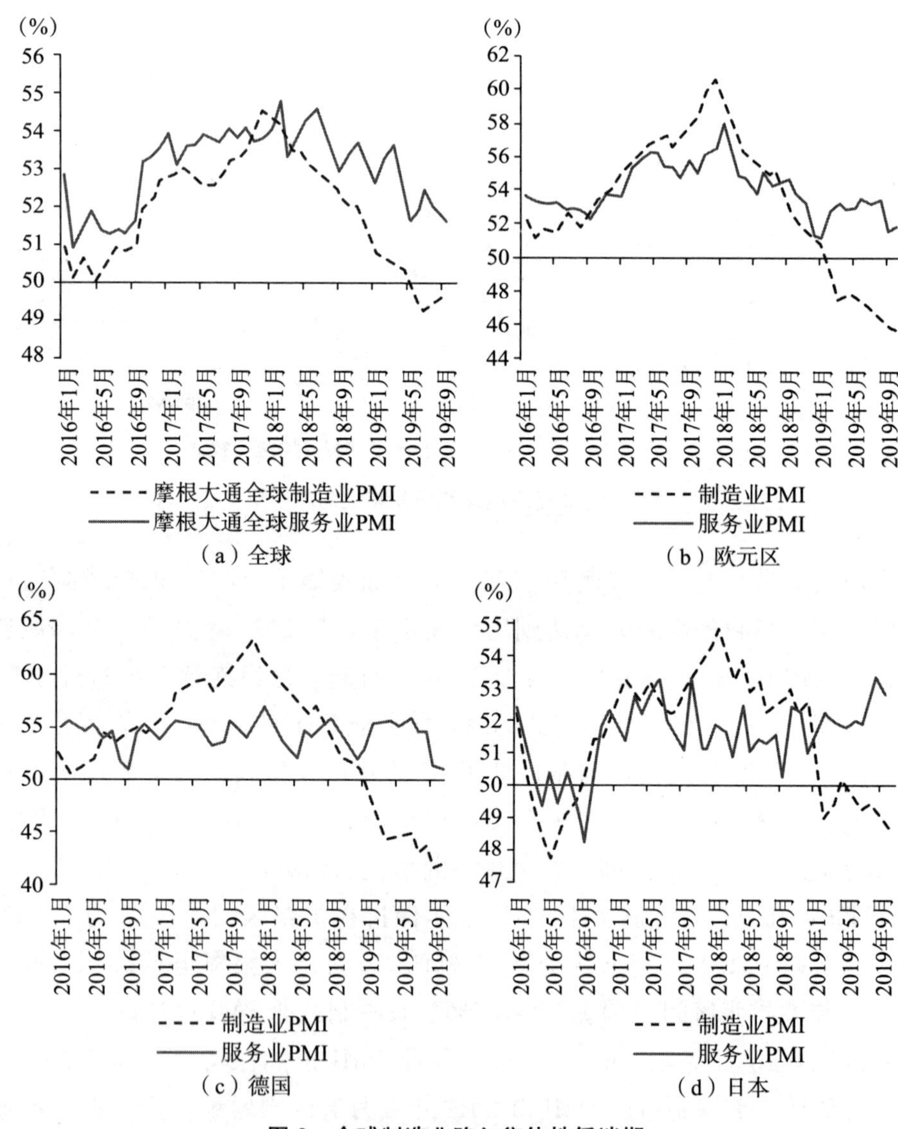

图 2　全球制造业陷入集体性低迷期

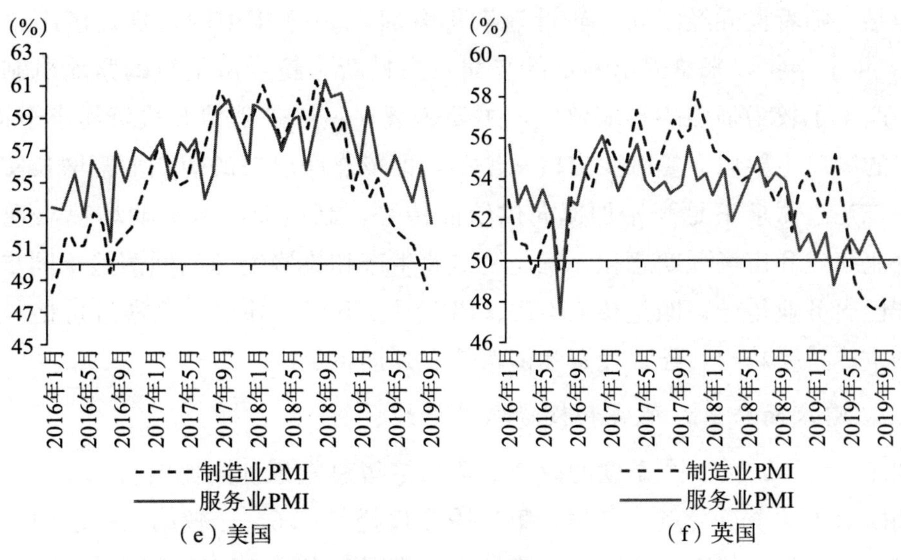

图 2　全球制造业陷入集体性低迷期（续）

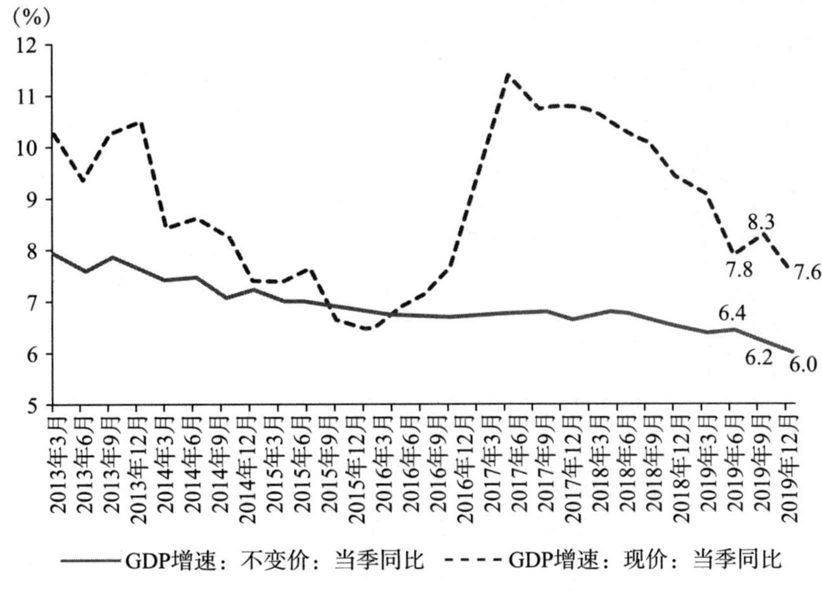

图 3　中国经济增速呈现放缓趋势

虽然中国经济下行压力加大，经济增速也在放缓，但相比全球主要经济体的表现，中国经济增长依然最为稳定，领先优势明显。2019 年全球 GDP 增速下滑了 0.6 个百分点，美国、欧元区分别下滑 0.6、0.7 个百分点，印度下滑超过 1.0 个百分点，不少国家陷入技术性衰退，而中国仅下滑了 0.5 个百分点，经济增速位居全球主要经济体首位。

但是，随着世界经济新一轮低迷期的开启，2019 年中国宏观经济不仅延续了自 2018 年下半年以来总需求不足的局面，而且新一轮经济下行的紧缩机制正加速形成，产生了较为强烈的紧缩效应，主要表现在：一是消费和投资需求全面回落，与产出的缺口主要以大幅减少进口来填平，即依靠净出口的短期大幅增长实现脆弱平衡；二是总需求不足开始加速向供给面传导，制造业和服务业增速出现全面下滑，企业绩效和市场预期恶化；三是制造业生产和投资增速的回落趋于同步化，并向生产性服务业传导；四是核心 CPI、PPI 同步下行，并反过来通过价格紧缩效应使市场主体感受趋冷，导致投资和消费信心越加不足。

1. 从需求面来看，消费和投资增速持续放缓

如图 4 所示，前 3 个季度的社会消费品零售总额累计同比增长 8.2%，较 2018 年同期回落 1.1 个百分点。其中，第三季度仅增长 7.6%，较第二季度回落 1.0 个百分点。扣除价格因素，前 3 个季度社会消费品零售总额实际同比增长 6.4%，较 2018 年同期回落 0.9 个百分点。

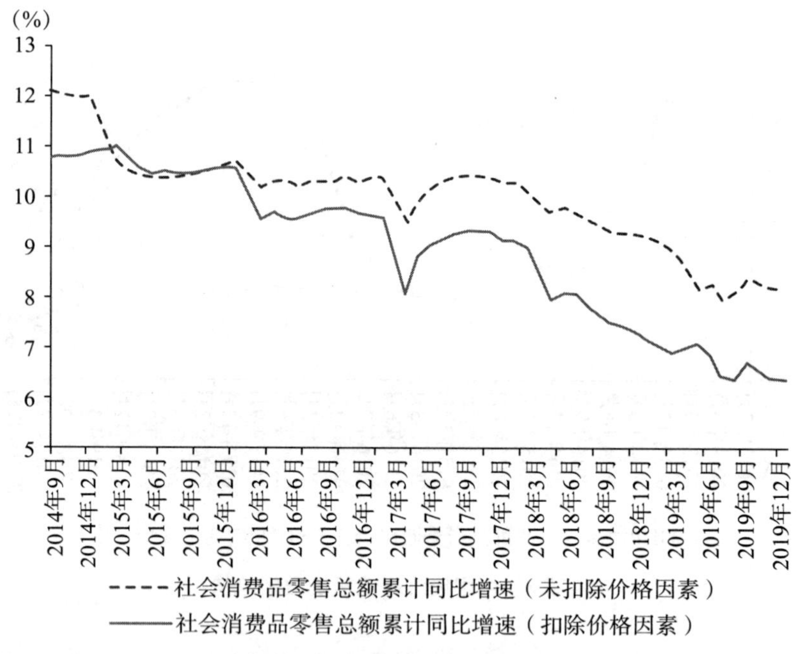

图 4　中国消费增速持续放缓

此外，前 3 个季度的固定资产投资累计同比增长 5.4%，重新回落至 2018 年同期水平。其中，民间投资同比增长 4.7%，较 2018 年同期大幅回落 4.0 个百分点，重现加速下滑趋势；房地产投资增长 10.5%，较 2018 年同期回升 0.6 个百分点，对总投资起到了一定的支撑作用（见图 5）。

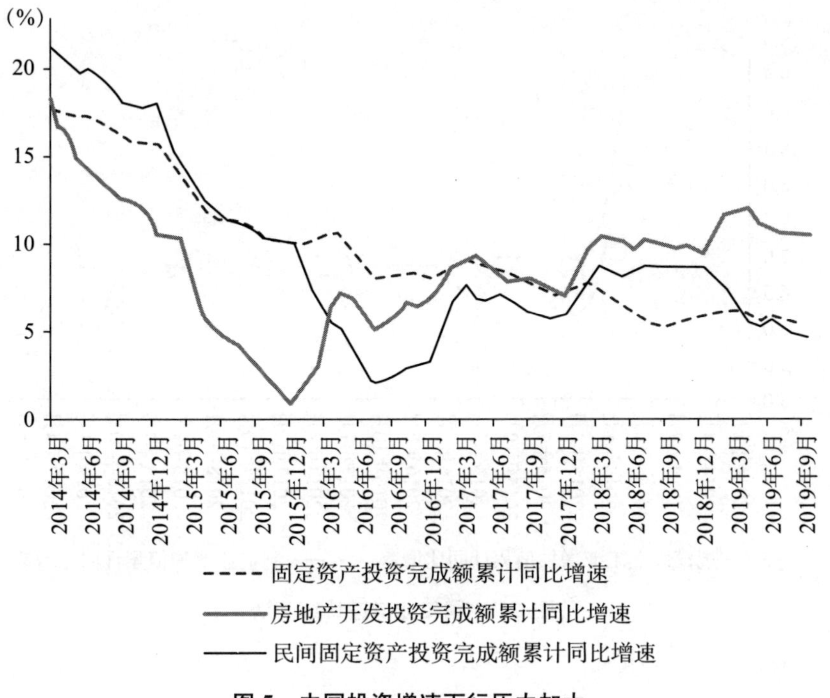

图 5　中国投资增速下行压力加大

2. 从供给面来看，总需求持续不足导致工业和服务业增速也屡创新低

前 3 个季度，规模以上工业增加值同比增长 5.6%，较 2018 年同期增速大幅回落 0.8 个百分点，且自第一季度以来呈现持续下滑的态势。其中，制造业增加值同比增长 5.9%，也较 2018 年同期增速下滑 0.8 个百分点，同样自第一季度以来呈不断下滑的趋势（见图 6）。

与工业增加值增速放缓相一致的是，工业企业效益持续恶化，表现为营业收入增速放缓，利润总额出现负增长，亏损面呈现扩大趋势（见图 7）。前 3 个季度，规模以上工业企业营业收入同比增长 4.5%，较 2018 年增速回落了 5.1 个百分点；利润总额同比下降 2.1%，其中第一季度下降 3.3%，第二季度下降 1.9%，第三季度下降 1.8%，呈逐季收窄态势。前 3 个季度，营业收入利润率为 5.9%，同比降低 0.4 个百分点。从亏损面看，前 8 个月，亏损企业家数同比增长 5.7%，较 2018 年增速小幅回落 0.5 个百分点，但是亏损企业亏损额同比增长 11.6%，较 2018 年增速扩大 6.2 个百分点，说明存在亏损集中化趋势，局部产业和企业可能面临经营风险临界点。

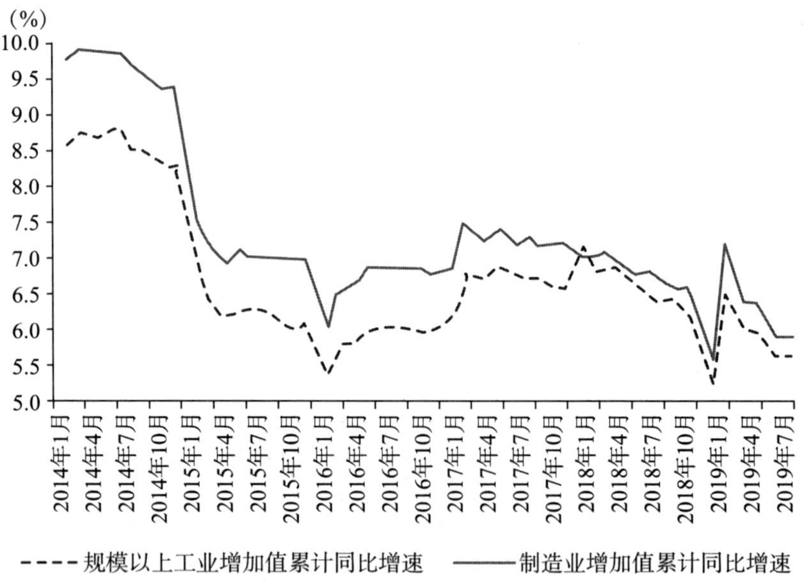

图 6　中国工业增速持续下滑

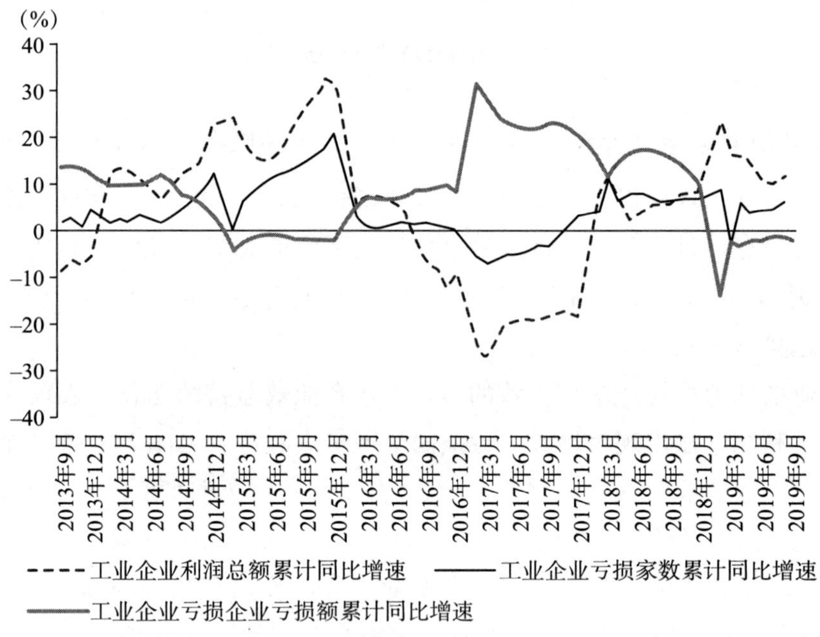

图 7　中国工业企业效益有所恶化

从制造业景气度来看，与全球制造业变化趋势一致，中国制造业 PMI 自 2018 年年中以来呈现下滑趋势，自 2019 年 5 月以来已连续 6 个月处于紧缩区间，10 月为 49.3%。从 PMI 分项指数来看，新订单特别是新出口订单的下行带来了较大拖累作用。2019 年 10 月，PMI 新订单指数下滑至 49.6%，特别是新出口订单指数下降至 47.0%，自 2018 年 6 月以来已连续 17 个月处于紧缩区间（见图 8）。

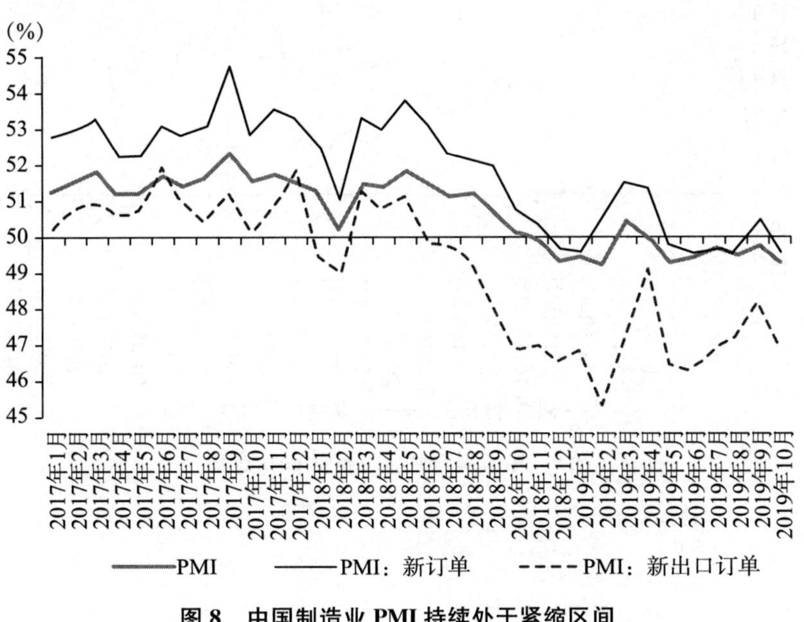

图 8　中国制造业 PMI 持续处于紧缩区间

从服务业来看，2019 年前 3 个季度，服务业生产仍然保持在合理区间，但下滑趋势明显。前 3 个季度，第三产业增加值增长 7.0%，其中，信息传输、软件和信息技术服务业，租赁和商务服务业，交通运输、仓储和邮政业，金融业增加值同比分别增长 19.8%、8.0%、7.4%和 7.1%，增速分别快于第三产业增加值 12.8、1.0、0.4 和 0.1 个百分点。前 8 个月，规模以上服务业企业营业收入同比增长 9.5%，其中，战略性新兴服务业、高技术服务业和科技服务业营业收入分别增长 12.1%、11.9%和 11.6%，增速分别快于全部规模以上服务业 2.6、2.4 和 2.1 个百分点。

从服务业景气指数看，服务业 PMI 指数持续运行在扩张区间，与制造业 PMI 指数运行呈现明显分化的态势。但值得关注的是，随着制造业持续疲软，服务业特别是生产性服务业也面临较大的下行压力（见图 9）。前 3 个季度，服务业生产指数同比增长 7.0%，较 2018 年同期回落 0.9 个百分点，特别是第三季度服务业生产指数增速首次跌破了 7%，其中 7—9 月分别为 6.3%、6.4%和 6.7%（见图 10）。10 月，服务业 PMI 指数较 9 月大幅下滑 1.6 个百分点至 51.4%，显示服务业下行压力进一步加大。

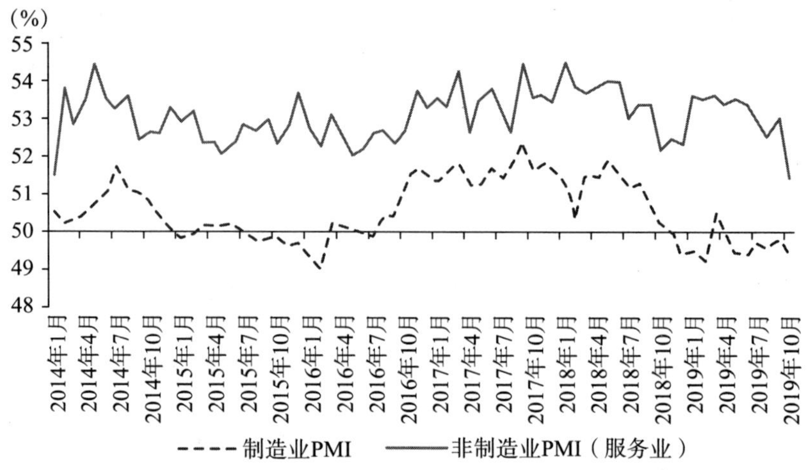

图 9　中国制造业与服务业 PMI 走势

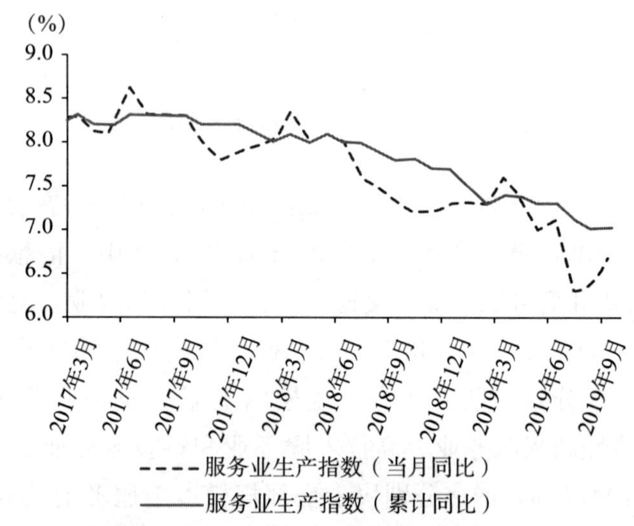

图 10　中国服务业生产指数下行压力加大

3. 在食品价格结构性上涨的同时，非食品 CPI、核心 CPI 和 PPI 持续走低，反映了总需求不足带来的加速下滑压力

自 2019 年年初以来，食品价格出现了轮番上涨，特别是第三季度在猪肉价格的带动下，食品 CPI 出现较大涨幅，导致 CPI 持续走高。9 月，食品 CPI 同比增长 11.2%，CPI 同比增长 3.0%（见图 11）。但是，在食品价格快速上涨的同时，与宏观经济相对应的各类价格指数却在持续下行，反映了总需求不足带来的宏观经济加速下滑压力，内生性紧缩机制已经形成。自 2019 年年初以来，非食品 CPI、核心 CPI 和 PPI 等物价指数涨幅持续回落，特别是 PPI 已步入通货紧缩区间。9 月，非食品 CPI 和核心 CPI 涨幅分别降至 1.0%和 1.5%，较年初回落了 0.7 和 0.4 个百分点。更重要的是，工业领域出现一定的通货紧缩迹象。进入 2019 年以来，PPI 涨幅由 2018 年的 3.5%急剧回落至近零增长，自第二季度以来由正转负，而且跌幅呈扩大趋势。9 月，PPI 同比下跌 1.2%，较 8 月份跌幅进一步扩大 0.4 个百分点（见图 12）。

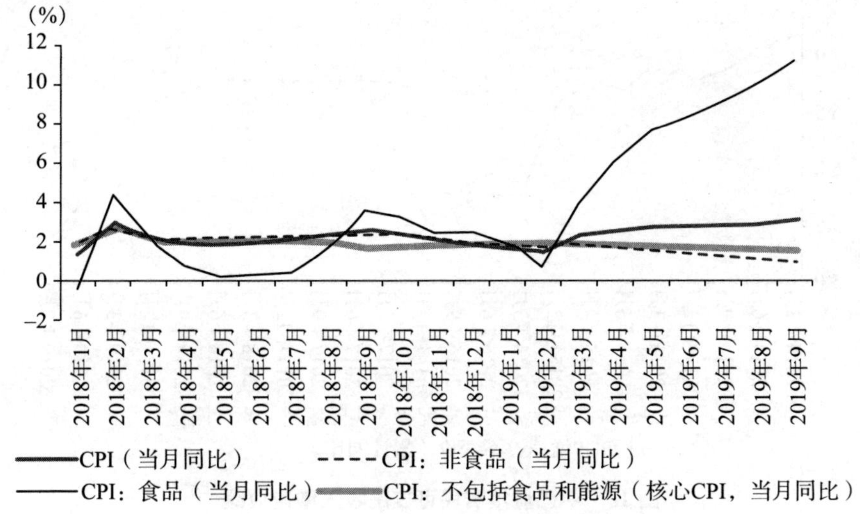

图 11　中国食品 CPI 与非食品 CPI 走势分化

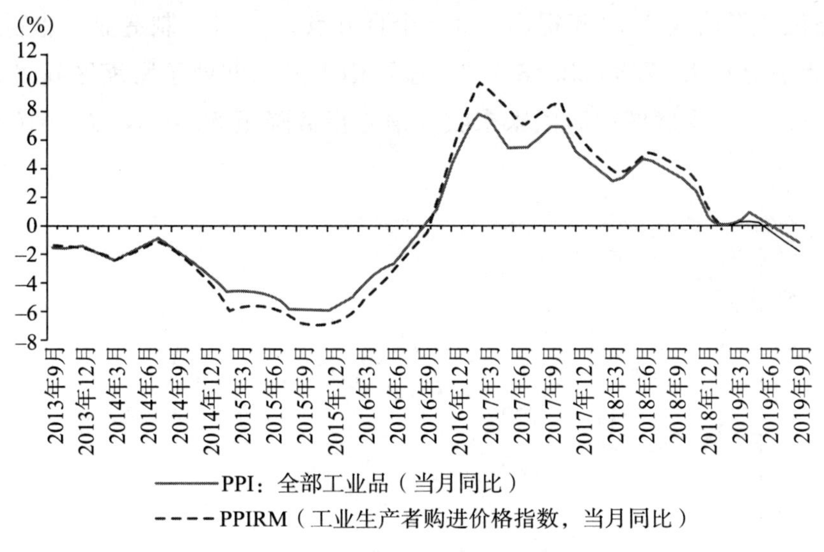

图 12　中国 PPI 指数进入下跌区间

4. 随着经济下行压力加大，城镇居民收入预期下降，失业风险闪现，市场信心较为低迷

近年来，城镇居民收入增速持续放缓，而且显著低于实际 GDP 增速。2019 年

前 3 个季度，城镇居民人均可支配收入实际增长 5.4%，较 2018 年同期回落 0.3 个百分点，也低于 6.2%的实际 GDP 增速（见图 13）。

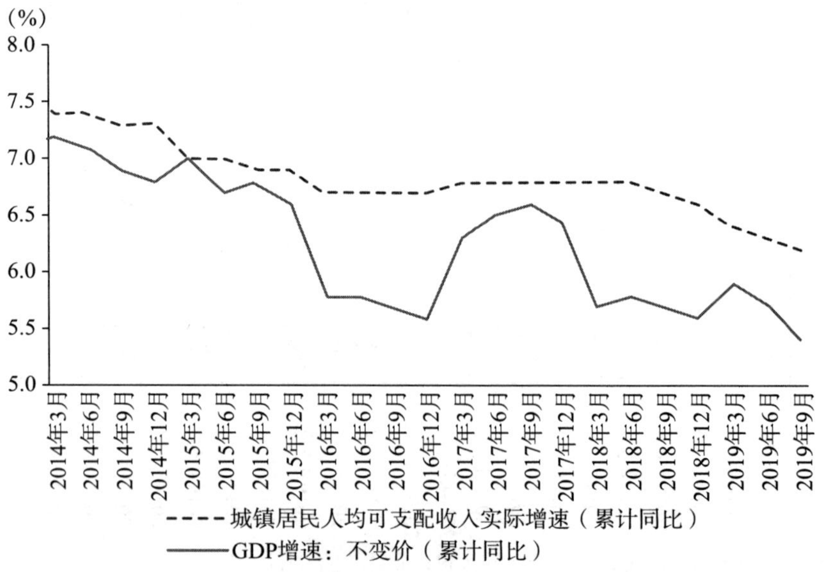

图 13　中国城镇居民可支配收入增速放缓

同时，城镇失业风险不断闪现，2019 年城镇调查失业率于 2 月和 7 月两次攀上 5.3%的高位，平均较 2018 年提高了 0.2 个百分点。10 月，制造业和非制造业 PMI 从业人员指数分别为 47.3%和 48.2%，显示用工景气度处于紧缩区间（见图 14）。在此背景下，第二季度城镇居民未来收入信心指数降至 52.6%，为 2016 年年底以来的低位。

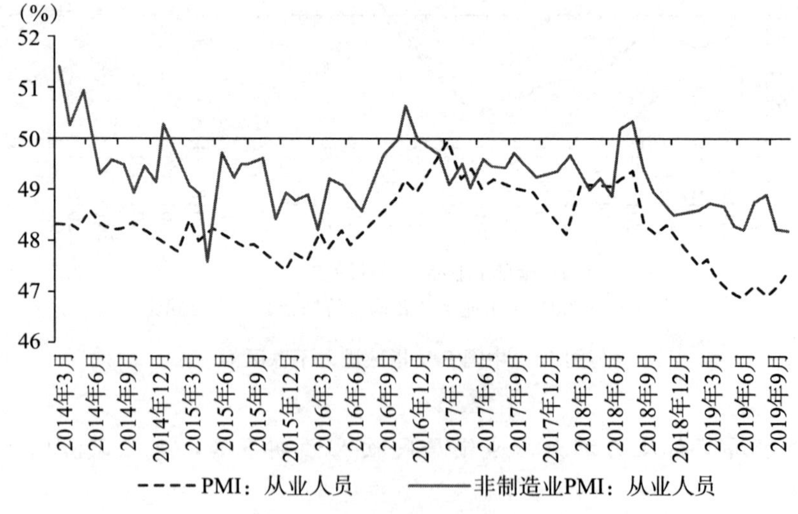

图 14　中国就业景气度下行压力较大

(二) 在“六稳”举措的提振作用下，中国经济综合表现好于市场悲观预期

面对内外部经济下行压力，中国一方面通过“六稳”举措积极应对，加强宏观政策逆周期调节力度；另一方面，不断出台各类改革措施提高增长潜力，确保宏观经济运行总体平稳。虽然中国经济各方面下行压力加大，经济增速也在放缓，但是“六稳”举措取得了超预期的成效。中国宏观经济在内外夹击之下保持了超预期稳定，经受住了过去一年多世界经济低迷和中美贸易摩擦的“挤压”，没有出现破底线的状况，充分显示了中国经济的弹性和韧性。

首先，“六稳”举措发力。早在 2018 年 7 月，中共中央政治局会议就已经提出和部署“六稳”工作，要求做好稳就业、稳金融、稳外贸、稳外资、稳投资、稳预期工作，反映了当时中央已经对全球经济的发展态势、中美贸易摩擦的走势以及中国经济自身在攻坚期的发展规律，做出了精准的、前瞻性的判断，进而要求对宏观经济政策进行再调整、再定位，强化底线意识、忧患意识。根据中央“六稳”工作精神，各部门各地区相继制定并实施了一系列政策举措，多管齐下“稳增长”。

在稳外贸方面，当时中国的贸易增速依然维持在两位数，在世界范围内都属于较高的增长速度，但中央依然提出了要稳外贸。一是增强贸易多元化。从 2013 年开始提出“一带一路”倡议，很重要的一点就是要使我们的出口、进口、贸易格局、投资格局实现真正的多元化。二是以进口博览会为主体，不仅要大规模地出口，还需要大规模地进口，而且要进口一些高品质商品，让高品质商品在中国进行销售、生产甚至进行国产化替代。三是为了应对美国对中国出口商品提高关税，采取了一系列措施。一方面，出口退税率进一步提高，从原来的 11%提升到 13%；另一方面，在国内进行减税降费，对于一些行业进行专门的扶持。特别是营商环境方面的改善和外贸进出口流程的改善，使交易成本大幅降低，以此全面应对美国的贸易保护。

在财政政策方面，2019 年通过加大减税降费力度和稳定基础设施建设投资，加强财政逆周期调节功能。首先，2019 年推出了超 2 万亿元的减税降费计划，涉及增值税、个税等 12 个税种，养老保险等 19 个费种，以进一步减轻企业等市场主体的负担，激发市场活力。其中，自 2019 年 1 月 1 日起，实施小微企业普惠性减税和个人所得税减税；自 4 月 1 日起，实施包括制造业增值税税率下降 3 个百分点的深化增值税改革；自 5 月 1 日起，实施以企业养老保险费率下调为主的社保降费；自 7 月 1 日起，清理和规范行政事业性收费和政府性基金。前 3 个季度，全国累计新增减税降费 17 834 亿元，其中新增减税 15 109 亿元，新增社保费降费 2 725 亿

元。在新增减税中，增值税改革新增减税 7 035 亿元，小微企业普惠性政策新增减税 1 827 亿元，个人所得税两步改革叠加新增减税 4 426 亿元。

其次，为了进一步发挥财政政策的逆周期调节作用，2019 年前 3 个季度，相比 3.3％的公共财政收入增速，公共财政支出增速达到 9.4％；相比 7.7％的政府性基金收入增速，政府性基金支出同比增速达到 24.2％。因此，2019 年前 3 个季度，财政赤字率达 4.0％，政府性基金赤字率达 1.2％，两者合计赤字率达 5.2％，为近年来的最高水平（见图 15）。

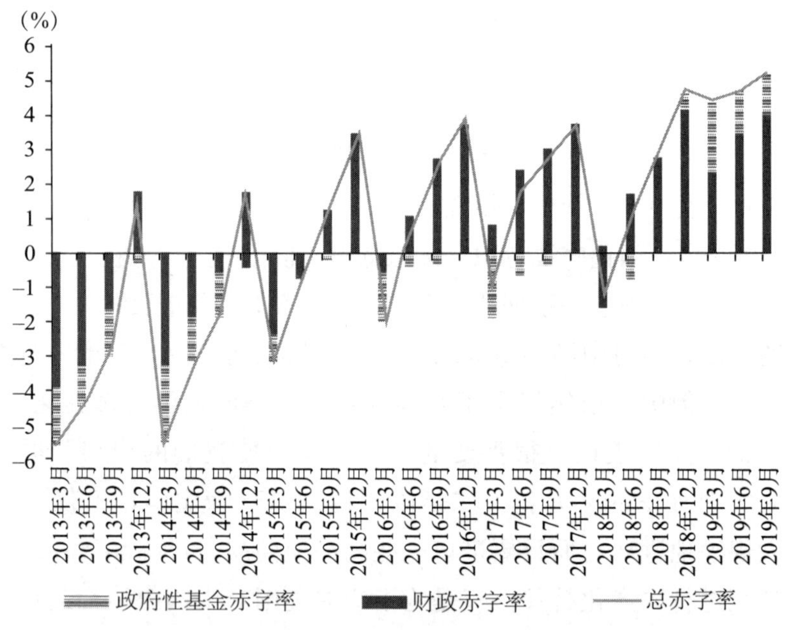

图 15　财政赤字率和政府性基金赤字率大幅提升

最后，积极的财政政策还体现在通过加大和加快地方政府专项债券发行促进基础设施建设投资企稳回升。2019 年安排新增地方政府债务限额 30 800 亿元，比 2018 年的额度增加 9 000 亿元，其中新增一般债务限额 9 300 亿元，新增专项债务限额 21 500 亿元，分别比 2018 年额度增加 1 000 亿元和 8 000 亿元。同时，经十三届全国人大常委会第七次会议通过，授权国务院在 2019 年以后的年度，在当年新增地方政府债务限额的 60％以内，提前下达下一年度新增限额，授权期限为 2019 年 1 月 1 日至 2022 年 12 月 31 日。这意味着 2019 年根据地方项目建设的实际需要，提前下达了专项债的部分新增额度，确保年初即可使用见效，带动有效投资和内需。截至 2019 年 9 月底，新增地方政府债务限额已经基本使用完毕，达到 30 367 亿元，比 2018 年同期增加 10 254 亿元；其中，一般债务有 9 070 亿元，专项债有

21 297 亿元（见图 16）。

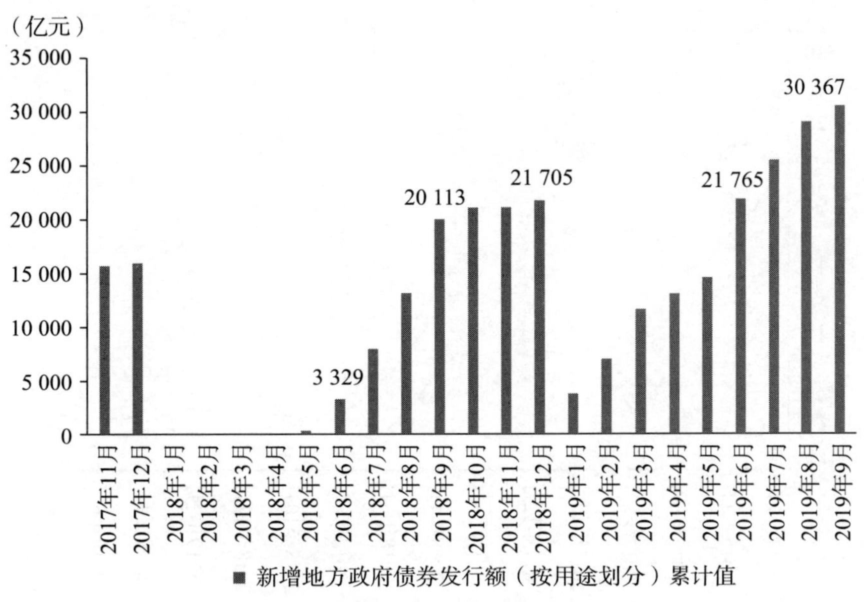

图 16　2019 年地方政府债券发行额提高和发行速度加快

2019 年前 3 个季度，基础设施建设投资同比增长 3.4%，较 2018 年同期增速提高 3.2 个百分点；剔除电力，基础设施建设投资同比增长 4.5%，较 2018 年同期增速提高 1.2 个百分点（见图 17）。尽管基础设施建设投资增速企稳回升，但是由于近年来加强地方政府债务风险管控，特别是推动地方政府融资平台转型，基础设施建设投资回升速度非常缓慢，目前投资增速仍然低于总体投资增速，从而持续拖累投资复苏。

不过，随着新一轮减税降费举措和对房地产市场的持续调控，2019 年中国公共财政收入和政府性基金收入增速双双出现显著回落。前 3 个季度，公共财政收入同比增长 3.3%，较 2018 年同期增速回落 5.4 个百分点；其中，税收收入负增长 0.4%，较 2018 年同期增速回落 13.1 个百分点；政府性基金收入同比增长 7.7%，较 2018 年同期增速回落 20.3 个百分点；公共财政收入和政府性基金收入合计同比增长 4.4%，较 2018 年同期增速回落 9.6 个百分点（见图 18）。

2019 年货币政策保持稳健中性定位，边际宽松。9 月，M2 同比增长 8.4%，较 2018 年同期小幅提升 0.1 个百分点；社会融资规模存量同比增长 10.8%，较 2018 年同期小幅回升 0.2 个百分点（见图 19）。不过，M1 同比增长 3.4%，较 2018 年同期回落 0.6 个百分点；从社会融资规模增量同比增速来看，第一、第二、第三季度分别为 38%、22%、1%，呈现明显回收的趋势，显示货币政策并未全面转向宽松。

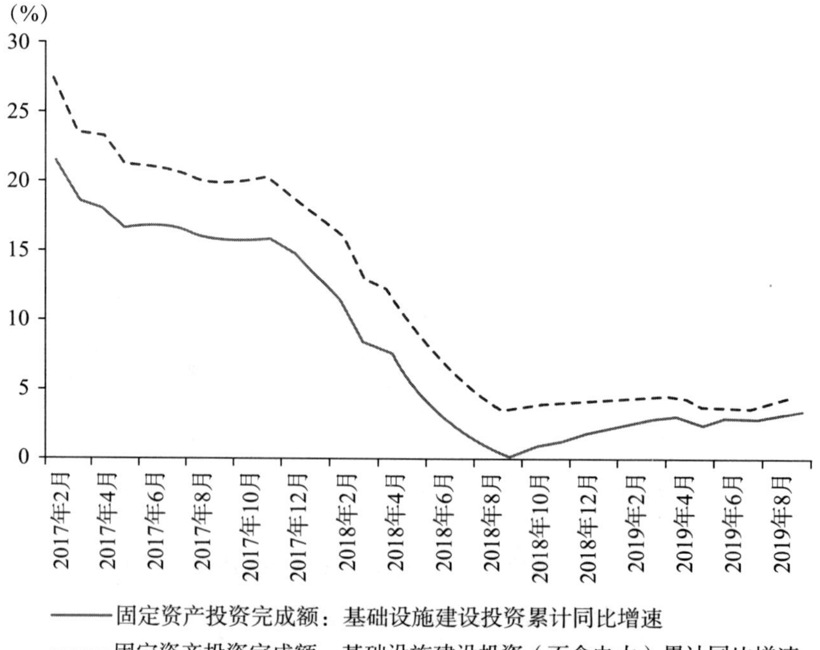

图 17　基础设施建设投资增速缓慢回升

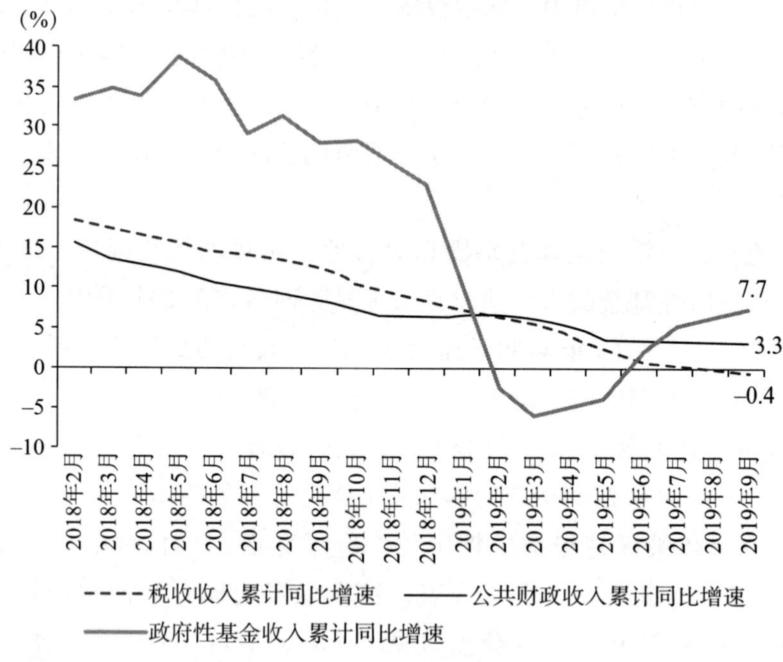

图 18　中国财政收入增速明显放缓

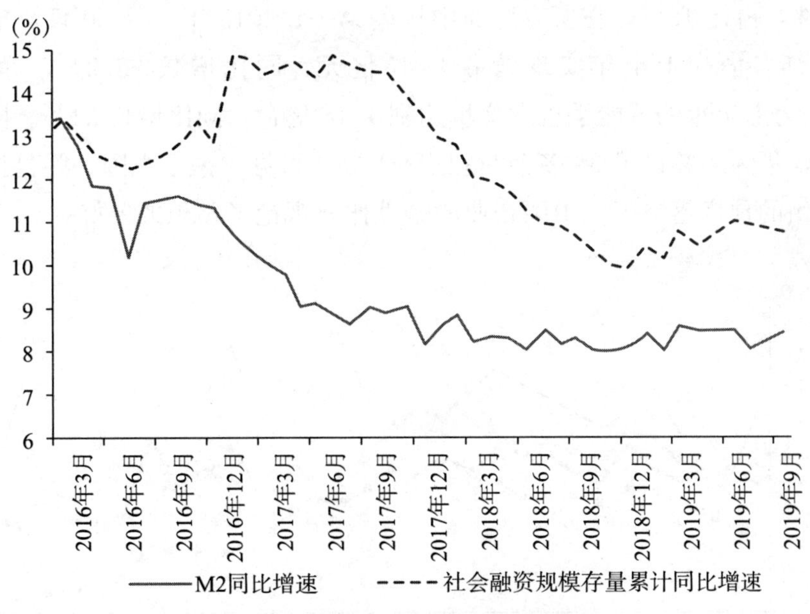

图 19　货币政策边际宽松

货币政策的边际宽松，体现在市场利率的下行中。2019 年信用债的各券种平均发行利率均较 2018 年同期有所下降（见图 20）。

由于中国自 2018 年年中就开始部署推进“六稳”工作，特别是通过减税降费和改善营商环境等措施，2019 年中国经济的发展态势总体好于 2018 年年底的市场悲观预期。面对世界经济低迷期的挑战以及中美贸易摩擦带来的前所未有的不确定性，很多悲观论者在 2018—2019 年对中国经济产生过度悲观预期。

从过去一年的实际情况看，中国经济经受住了世界经济低迷以及中美贸易摩擦的“挤压”，保持了较好的发展态势。

第一，中国高科技公司依然保持了较好的经营业绩和发展态势。2019 年，“三新”经济依然高速发展。前 3 个季度，中国高技术制造业和战略性新兴产业利润同比分别增长 6.3%和 4.6%，好于工业总体盈利水平；信息传输、软件和信息技术服务业增加值同比增长 19.8%，增速快于第三产业 12.8 个百分点。2019 年世界 500 强企业排行榜中，中国上榜企业数量首次超过美国，达到 129 家，比美国多出 8 家，具有划时代的意义。2019 年第一季度，中国新出现 21 家独角兽企业，独角兽企业总数上升至 202 家。此外，《国家高新区瞪羚企业发展报告 2018》显示，国家高新区瞪羚企业数量达到 2 857 家。同时，截至 2019 年 10 月 31 日，据 LPlytics 统计，中国厂商的 5G 标准必要专利（SEP）占 36%，领先美国、韩国、芬兰等。其中，华为领跑 5G 标准必要专利及标准技术贡献量，其 5G 标准必要专利申请量为 2 160 件，占比 18%，在所有厂商中排名第一。2019 年 7 月 30 日，华为发布了上半年业绩，华为上半年实现营收4 013亿元，同比增长 23.2%，净利润率为 8.7%。华为上半年的智能手机发货量达到 1.18 亿台，同比增长 24%。同时，2019 年上半年，华为还签订了 30 多个 5G 国际大单。可见，关于中国一些科技型大企业会迅速倒闭的预言落空了，中国企业的韧性比悲观论者预想的要好。

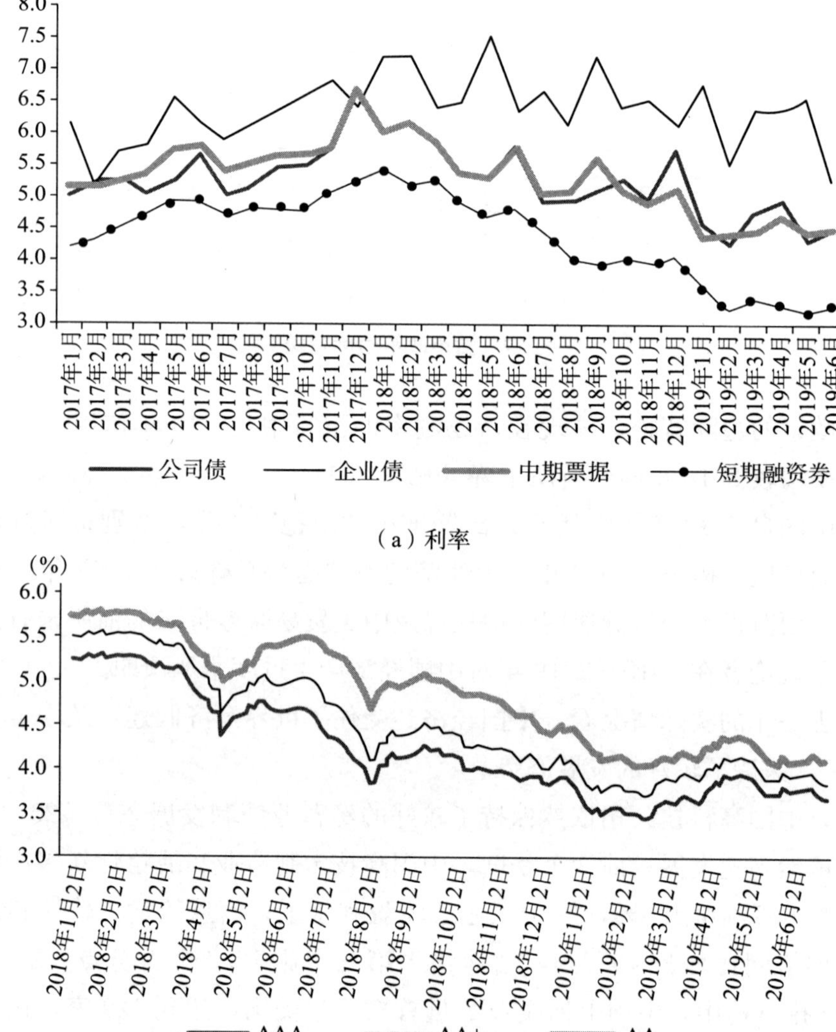

（a）利率

（b）收益率

图 20　信用债发行利率和 3 年期中期票据收益率趋于下行

第二，贸易增速保持了正增长，贸易顺差扩大，稳外贸基本实现。2019 年前 3 个季度，中国进出口总额同比增长 2.8%；其中，出口同比增长 5.2%，进口负增长 0.1%；贸易顺差达到 20 461 亿元（2 985 亿美元），同比增长 44.2%（按美元计增长 36.1%）（见图 21）。尽管出口增速较 2018 年同期小幅回落 1.3 个百分点，但是在全球经济低迷的背景下，特别是考虑到全球贸易增速从 2018 年的 3.6%大幅回落至 1.1%，中国稳外贸的成效无疑是显著的。特别是在贸易多元化、减税降费和改善营商环境等多项举措的合力推进下，中国外贸“稳中有进”，发展态势良好。2019 年上半年，中国与“一带一路”沿线国家货物进出口额合计达 4.2 万亿元，同比增长 9.7%，高出总体贸易增速 5.8 个百分点，占中国外贸总值的 28.9%。

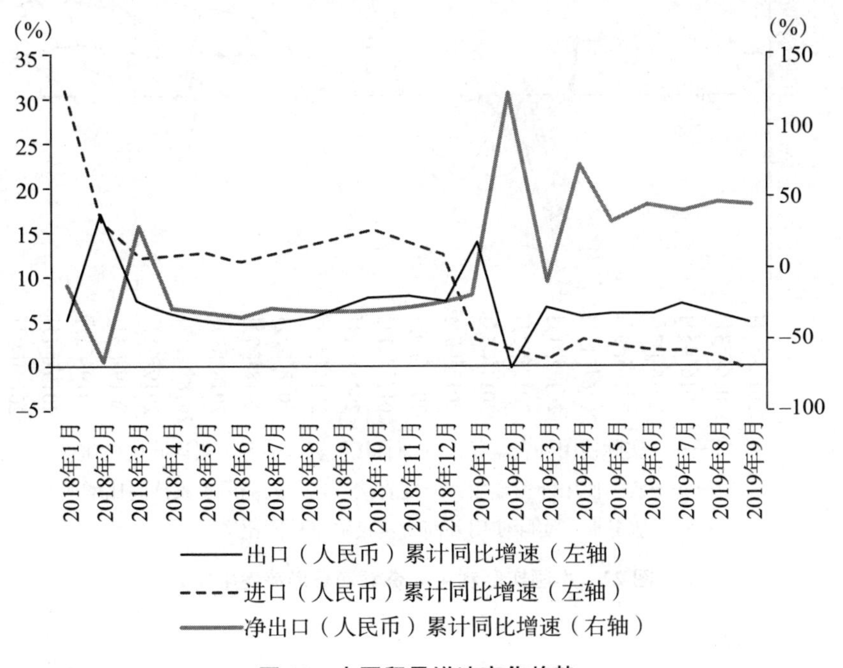

图 21　中国贸易增速变化趋势

第三，外商直接投资和国际储备出现明显反转，稳外资基本实现。2019 年前 3 个季度，中国实际使用外商直接投资额同比增长 6.5%，较 2018 年同期增速提高 3.6 个百分点；以美元计价，外商投资同比增长 2.9%，依然保持了正增长。因此，需要客观看待所谓的外资撤离中国论。根据我们的调研，尽管中国一些低端产业的确已搬迁到东南亚，但是很多国家，特别是欧洲国家、日本、韩国，开始对中国的高新技术和服务业进行大规模投资。2019 年前 3 个季度，中国服务业实际使用外商直接投资额达到 718.8 亿美元，同比增长 9.2%，较 2018 年同期增速大幅提高 6.2 个百分点（见图 22）。这是因为中国市场太庞大了，美国等高新技术企业无法舍弃中国市场。中国巨大的市场、中国产业和技术链的完整性和相对稳定性，是一些东南亚国家所难以企及的。

在外贸、外资较平稳的背景下，人民币汇率总体稳定，外汇储备略有回升。如

图 23 所示，2019 年美元兑人民币汇率从 1 月的 6.70 波动上升至 10 月的 7.05，但相比 2016—2018 年的大起大落，总体表现平稳。同时，官方外汇储备从 30 879 亿美元小幅提升至 10 月的 30 924 亿美元，也比过去 3 年的走势稳定。

同时，中国重大金融风险攻坚战取得阶段性胜利。各类金融市场保持稳定，债务风险得到较好缓释，各类信用债的违约率较 2018 年同期大幅降低（见图 24）。

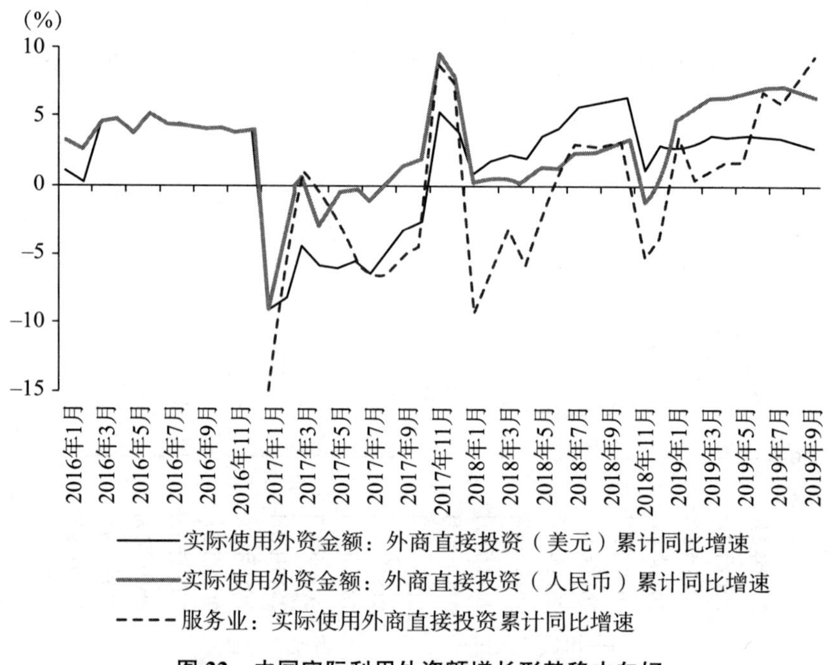

图 22　中国实际利用外资额增长形势稳中向好

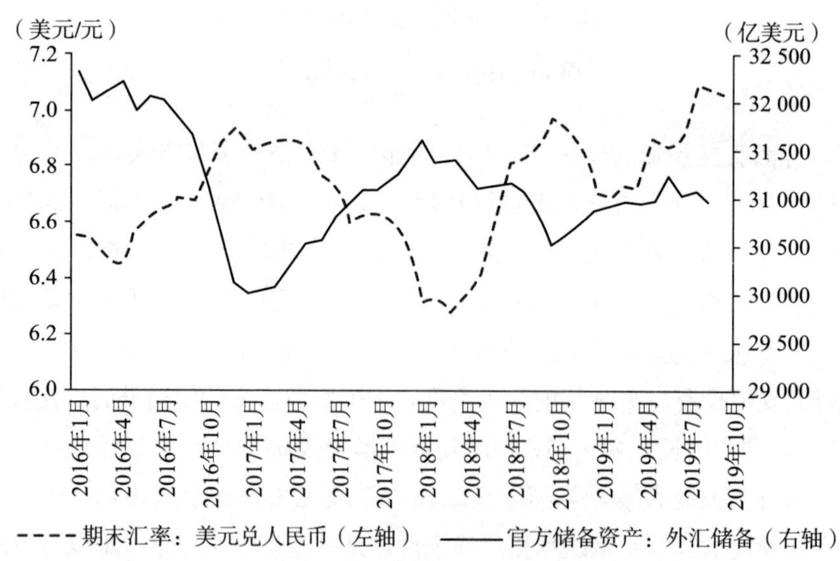

图 23　人民币汇率和官方外汇储备走势

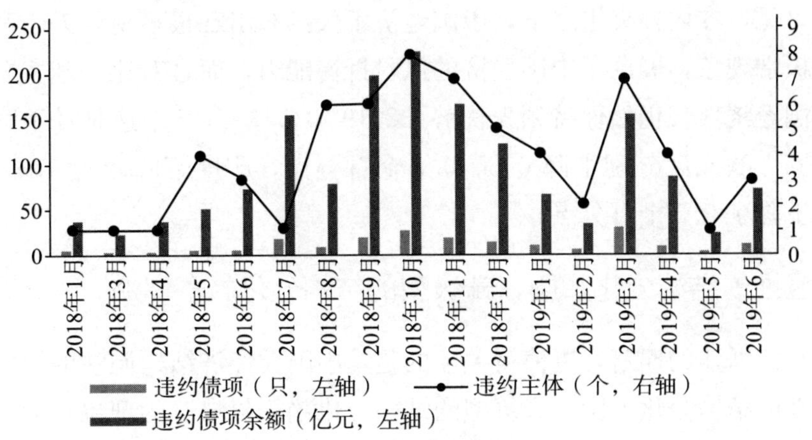

图 24　信用债违约情况

注：2018 年 2 月当月没有违约数据，故缺失。

第四，营商环境持续改善，创业创新热情高涨，城镇就业总体稳定，居民收入保持较快增长。2019 年前 3 个季度，全国新登记市场主体数量达到 1 766 万户，日均新设市场主体为 6.5 万户，同比增长 13.1%。2019 年前 3 个季度，城镇新增就业人数达到 1 097 万人，基本提前完成全年 1 100 万人的新增就业目标。9 月，全国城镇调查失业率为 5.2%，25～59 岁群体调查失业率为 4.6%，继续保持在 5.5%以内的目标区间（见图 25）。前 3 个季度，中国居民人均可支配收入同比增长 8.8%，扣除价格因素，实际增长 6.1%。

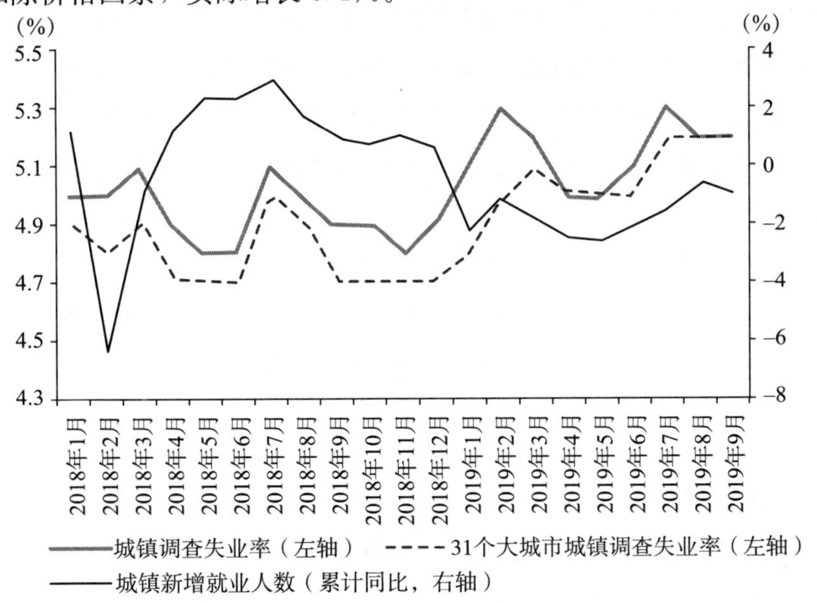

图 25　中国城镇调查失业率略有上升

综上可见，在内外夹击之下，中国经济不仅没有出现很多境外人士和悲观人士所预期的极端现象，展示了中国经济的风险抵御能力，而且对比全球主要经济体的表现，中国经济增长仍然保持领先优势：2019 年全球 GDP 增速预计下降 0.6 个百分点，美国、欧元区分别下降 0.6、0.7 个百分点，印度下降超过 1.0 个百分点，而中国仅下降了 0.5 个百分点。

（三）衰退性的结构分化加剧，升级型的结构分化趋于停滞

相比经济增速的回落，更值得关注的是，中国在经济结构调整的攻坚期，出现了“衰退性的结构分化加剧，升级型的结构分化趋于停滞”的现象。近年来，中国经济在不同行业、不同区域、不同规模、不同所有制层面的结构分化现象不仅没有缓解，反而有所加剧，如果继续忽视可能会达到临界点，带来底部效应。因此，要求相应的政策必须更细、更加精准、更有前瞻性。

1. 国民储蓄流向的结构分化

2019 年在消费对 GDP 增长拉动作用大幅减弱的同时，中国储蓄流向也发生了结构性变化，集中表现为投资的拉动力进一步下滑，而净出口的拉动力大幅上升，换言之，国民储蓄更多地以净出口的方式流向了海外，而非以投资方式留在国内。前 3 个季度，资本形成总额对 GDP 累计同比的拉动从 2018 年同期的 2.1 个百分点回落至 1.2 个百分点，对经济增长的贡献率从 2018 年同期的 31.8%回落至 19.8%（见图 26）。相比之下，净出口对 GDP 累计同比的拉动从 2018 年同期的—0.7 个百分点提升至 1.2 个百分点，对经济增长的贡献率从 2018 年同期的—9.8%提升至 19.6%。

这也反映在 2019 年中国进出口总额增速与净出口增速的分化上（见图 27）。前 3 个季度，以美元计价，中国进出口总额同比负增长 2.4%，较 2018 年同期增速回落 18.2 个百分点，但是中国净出口增长 36.1%，较 2018 年同期增速提升 60.5 个百分点。由此，净出口对实际 GDP 增长的拉动达到 1.2 个百分点，贡献率达到 19.6%，分别较 2018 年同期提升了 1.9 和 29.4 个百分点，在国内最终消费支出和资本形成总额增长放缓的背景下，对总需求增长起到了很好的支撑作用。但是，进出口总额与净出口增速的分化，不仅加剧了中国经济增长对于外需的依赖，而且由于经济循环的萎缩，也加剧了中国经济的脆弱性。

从中长期的视角来看，近年来，中国投资增速持续较快下滑。2003—2012 年，中国投资增速长期保持在 20%以上，平均增速为 25.3%。随着投资效率下降和债务率攀升，投资驱动的增长模式变得不可持续。从 2013 年开始，中国经济经历了再平衡调整，投资增速明显放缓，从 2012 年的 20.3%下滑至 2015 年的 9.8%。

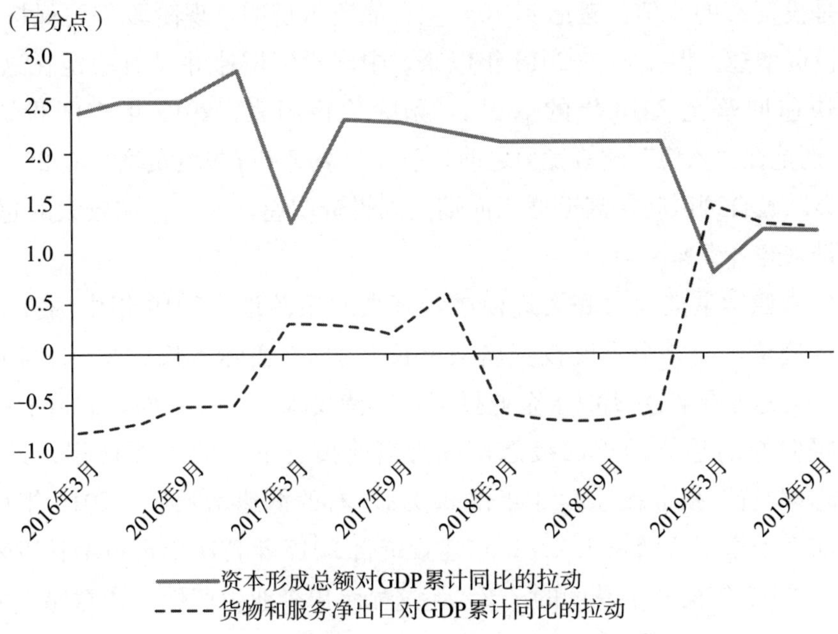

图 26　投资和净出口对经济增长的拉动分化

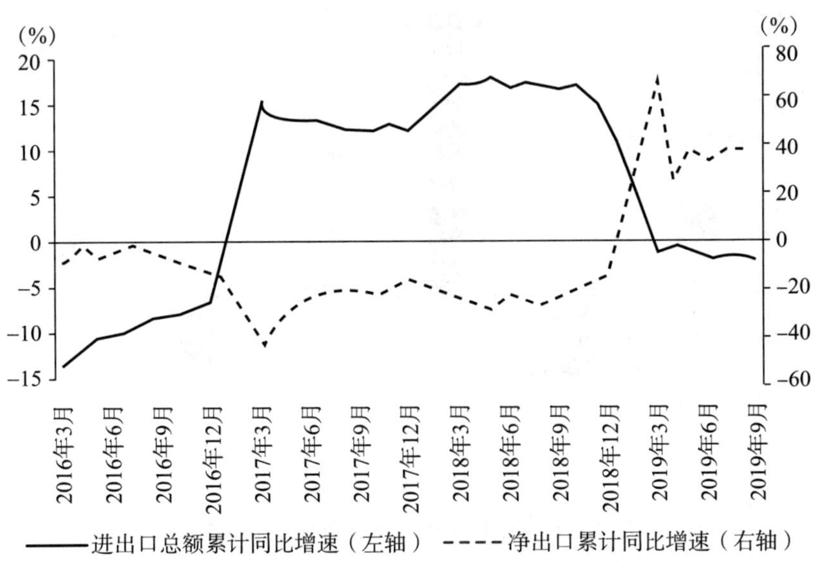

图 27　进出口总额与贸易盈余（以美元计价）走势分化

理论上，出现一定的投资增速回落是符合中国经济结构转型和高质量发展要求的。据我们测算，现阶段保持 8.0%～12.0%的投资增速比较适宜。测算依据在于，假设技术进步率达到 2.0%，考虑到劳动就业人数开始出现负增长，如果要保持 6.0%左右的长期经济增速，就需要保持 8.0%左右的资本存量增长率，而鉴于目前资本存量约是投资额的 6 倍，考虑到 10%左右的资本折旧，现阶段需要保持 8.0%～12.0%的投资增速。但是，自 2016 年以来，中国投资增速并没有稳定在这一水平，而是继续快速回落至 2018 年的 5.9%。剔除价格因素，2018 年实际投资仅增长 0.5%，特别是在"六稳"政策发力之前，前 3 个季度实际投资负增长 0.2%。这一水平已经明显跌破合理区间，甚至低于同期美国投资增速，不仅存在较大的超调风险，而且可能带来经济失速风险。

随着"六稳"举措发力和大规模减税降费政策落地，2019 年中国投资仍未出现明显复苏迹象，前 3 个季度投资名义增长 5.4%，实际增长 2.2%。当前投资增速仍远低于合意水平，主要源于企业投资意愿持续减弱。一方面，制造业投资逆转了逐步回暖向好的趋势而重回疲态，成为当前投资下滑的主要拖累；另一方面，"设备工器具购置"投资在连续 3 年仅 3.0%左右的低速增长后，2019 年首次出现负增长，前 3 个季度负增长 1.2%；扩建投资自 2017 年首次出现负增长以来，跌幅不断扩大至 2019 年前 3 个季度的 7.2%，这显示出企业生产性投资意愿不强，投资下行压力仍然较大（见图 28）。

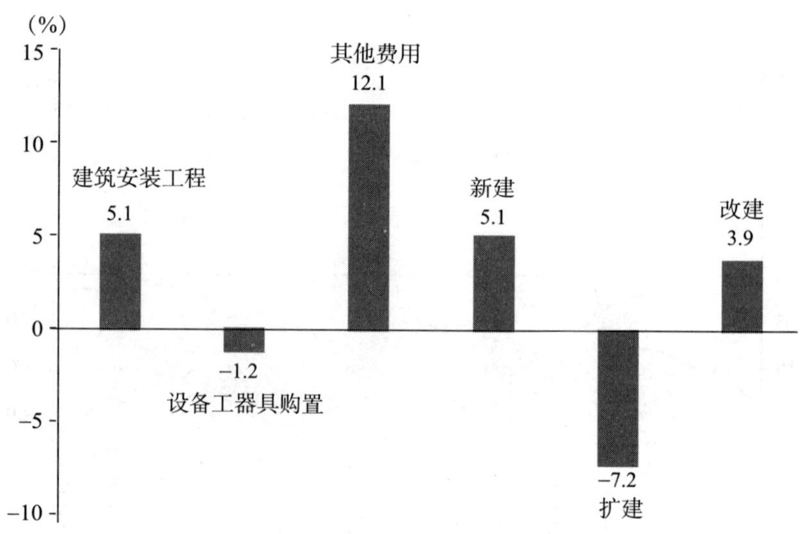

图 28　固定资产投资结构分化（2019 年前 3 个季度同比增速）

从中国经济的现实矛盾和未来发展方向来看，以上变化趋势都与中国经济的调整和发展方向不完全相符。在供给方面，供给结构不符合人民群众日益增长的对美好生活的需求。为了解决这一矛盾，发展生产和调整供给结构是当前以及未来一段时间内的重要任务。在此背景下，投资增长和资本形成应该发挥更大的作用。在内外需的对比方面，为了满足人民群众日益增长的对美好生活的需求，以及提高中国经济增长的内生动力和内在稳定性，中国都需要通过经济再平衡调整来降低整体经济对净外需的过度依赖。

2. 区域经济分化

分地区来看，过去几年经济增长较快的地区在 2019 年依然保持较好的增长势头，而经历显著经济下滑的地区依然延续了过去的疲弱态势，区域经济分化的格局进一步加大。

从全国各地区的增长形势图来看，区域分化格局更为明显（见图 29）。2019 年上半年，中部地区和西南地区各省（除重庆外）基本继续保持 7.0%以上的较快增长；大部分东南沿海地区在中美贸易摩擦的冲击下依然保持较为稳健的增长；但是，东北地区、西北地区（除宁夏外）、天津、上海、内蒙古、山东、海南及广西，2019 年上半年经济增速基本都在 6.0%以下，尤其是吉林、黑龙江、天津经济增速分别为 2.0%、4.3%、4.6%，均低于 5.0%，位居全国后三位。

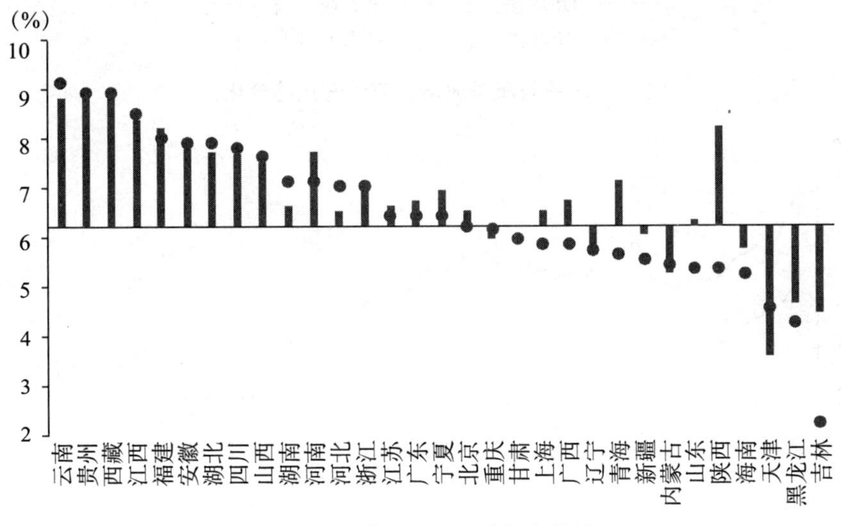

图 29　不同地区增长形势分化

3. 行业分化

2019 年在制造业总体下行的影响下，工业与服务业的分化达到新高度。首先，从增加值增长方面看，第三季度服务业增加值增长 7.2%，而工业增加值增长下滑至 5.0%，低于服务业增速 2.2 个百分点（见图 30）。

其次，从投资方面看，以上分化趋势更为明显。前 3 个季度，服务业投资增长 7.2%，较 2018 年同期增速回升 1.9 个百分点；工业投资增速下降至 2.0%，较 2018 年同期增速回落 3.2 个百分点。工业投资增速与服务业投资增速的缺口达到

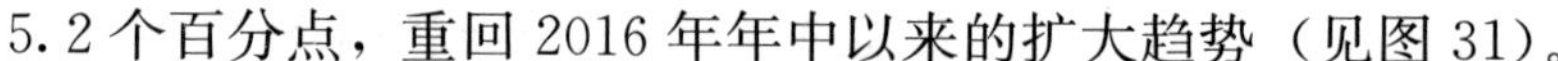

5.2 个百分点，重回 2016 年年中以来的扩大趋势（见图 31）。

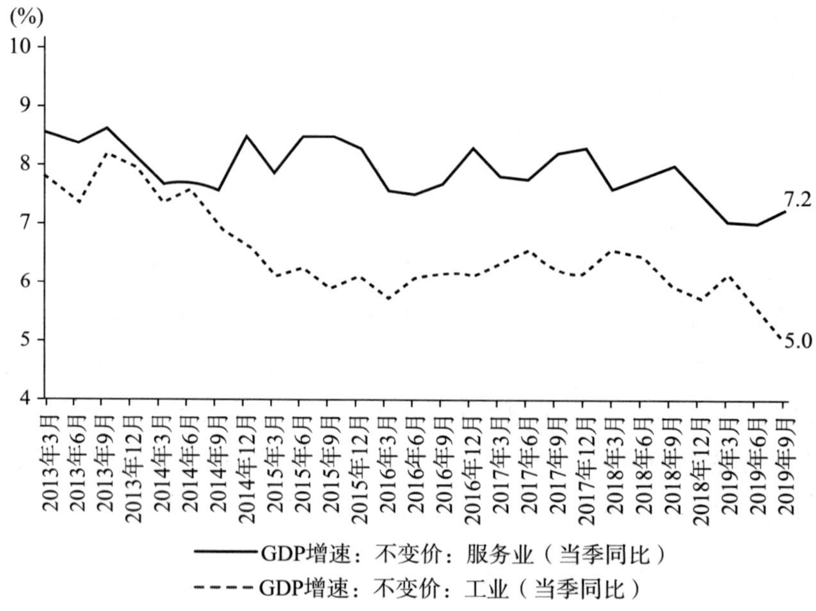

图 30　工业与服务业增加值增速走势分化

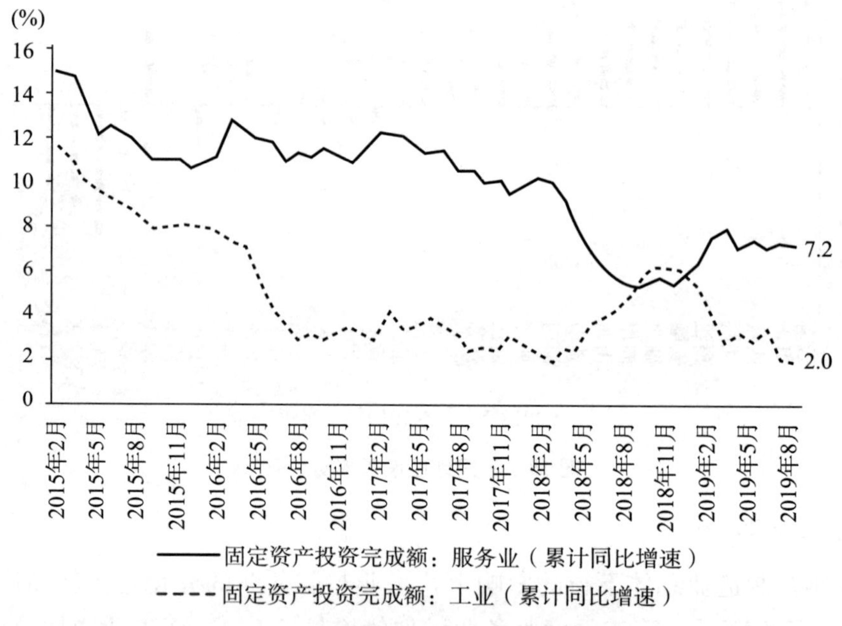

图 31　工业与服务业投资增速走势分化

从盈利水平看，工业特别是制造业与服务业的对比更加显著。2019 年前 7 个月，规模以上服务业企业营业利润累计同比增长 9.2%，但工业企业利润总额同比下降 1.7%，其中制造业企业利润总额同比下降 3.4%（见图 32）。

在制造业内部，企业经营绩效分化也很明显。如图 33 所示，2019 年前 3 个季度，在制造业细分行业中：（1）有 9 个行业利润总额出现负增长，包括石油加工、

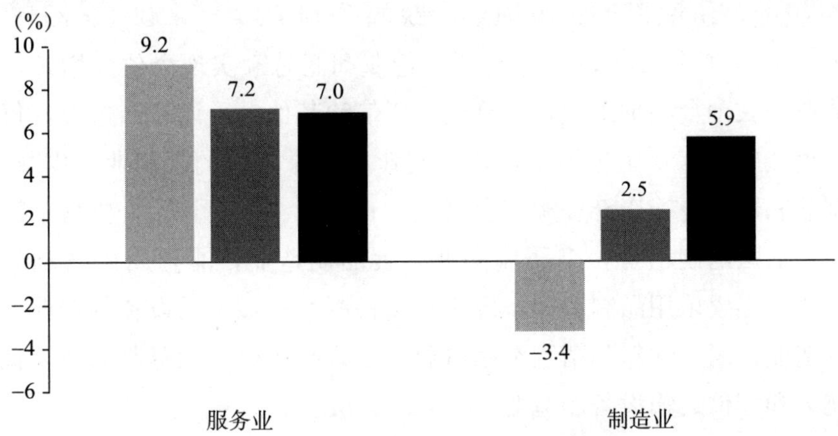

图 32　2019 年服务业与制造业同比增长对比

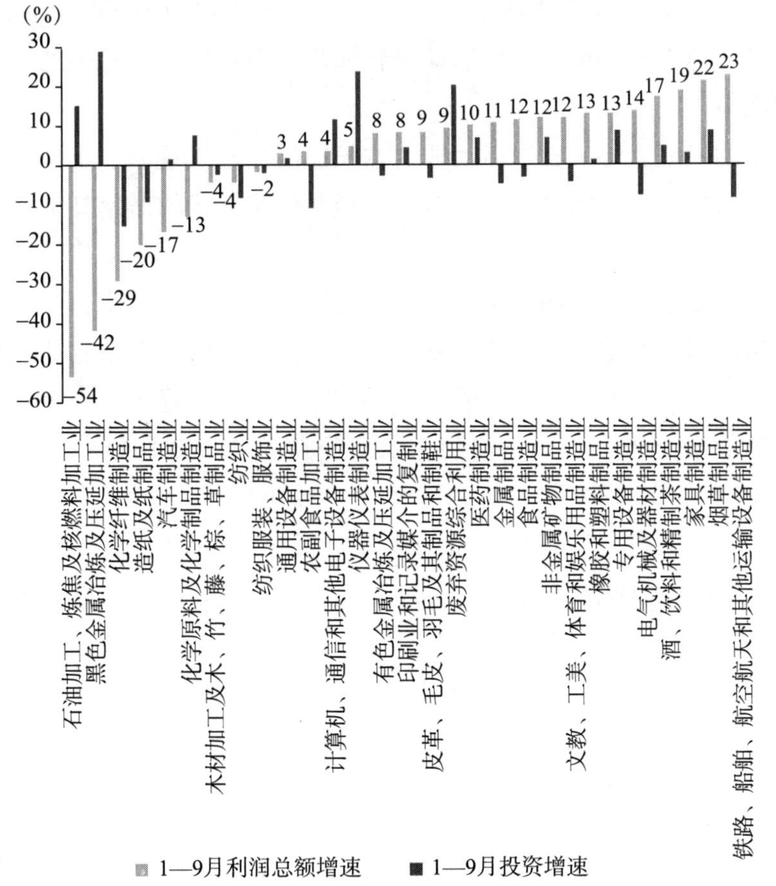

图 33　不同行业利润总额和投资增速分化

炼焦及核燃料加工业，黑色金属冶炼及压延加工业，化学纤维制造业，造纸及纸制品业，汽车制造业，化学原料及化学制品制造业，木材加工及木、竹、藤、棕、草制品业，纺织业，纺织服装、服饰业，跌幅分别为 54%、42%、29%、20%、17%、13%、4%、4%、2%；（2）有 8 个行业利润总额实现个位数增长，包括通用设备制造业，农副食品加工业，计算机、通信和其他电子设备制造业，仪器仪表制造业，有色金属冶炼及压延加工业，印刷业和记录媒介的复制业，皮革、毛皮、羽毛及其制品和制鞋业，废弃资源综合利用业；（3）有 12 个行业利润总额实现两位数增长，包括医药制造业，金属制品业，食品制造业，非金属矿物制品业，文教、工美、体育和娱乐用品制造业，橡胶和塑料制品业，专用设备制造业，电气机械及器材制造业，酒、饮料和精制茶制造业，家具制造业，烟草制品业，铁路、船舶、航空航天和其他运输设备制造业。

4. 结构升级动态出现放缓的迹象

在扶持政策的陆续退出、产业周期调整、区域与行业分化、中美贸易摩擦以及内外需求下滑等多重因素的冲击下，中国新动能增速在 2019 年下半年加速放缓，从而加剧经济增速下行的压力，新旧动能转换步入艰难期，新动能的培育需要新的思路和新的政策。

从近 3 年的发展趋势来看，新动能的增长速度已经出现明显下滑，并且下滑幅度比传统经济增速下滑的幅度要快得多，已经与传统经济的增速基本接近。（1）工业战略性新兴产业增加值增速从 2017 年的 11.0%下降到 2019 年第一季度的 6.7%，下滑了 4.3 个百分点，而同期传统工业增加值增速回落了 0.4 个百分点，战略性新兴产业增加值增速比全部工业增速仅高 0.2 个百分点。（2）高新制造业增加值增速从 2017 年的 13.4%下降到 2019 年第一季度的 7.8%，下降了 5.6 个百分点，战略性服务业增加值增速从 17.3%下降到 13%，下降了 4.3 个百分点。（3）高技术投资增速从 2017 年的 15.9%下降到 2019 年第一季度的 11.4%，下降了 4.5 个百分点，而所有行业同期投资增速仅下滑了 1.1 个百分点。（4）全年网上零售增速从 2017 年的 32.2%下降到 2019 年 1—5 月的 17.8%，下降了 14.4 个百分点，而同期全社会消费品零售总额增速下滑了 2 个百分点。

从总体产业结构调整看，2019 年中国工业和服务业的内部结构延续了过去的调整趋势，但是调整动态出现放缓甚至是逆转的迹象。在经济增速总体下滑的同时，制造业和高端服务业出现更大幅度的下滑，而建筑业和金融业增速却出现明显回升。特别是在服务业整体增速下滑中，信息传输、软件和信息技术服务业，租赁和商务服务业等细分行业的增速下降幅度明显大于服务业整体增速，而金融业的增速却大幅提高（见图 34）。这与中国发展高端服务业和解决“脱实就虚”的方向不完全相符。

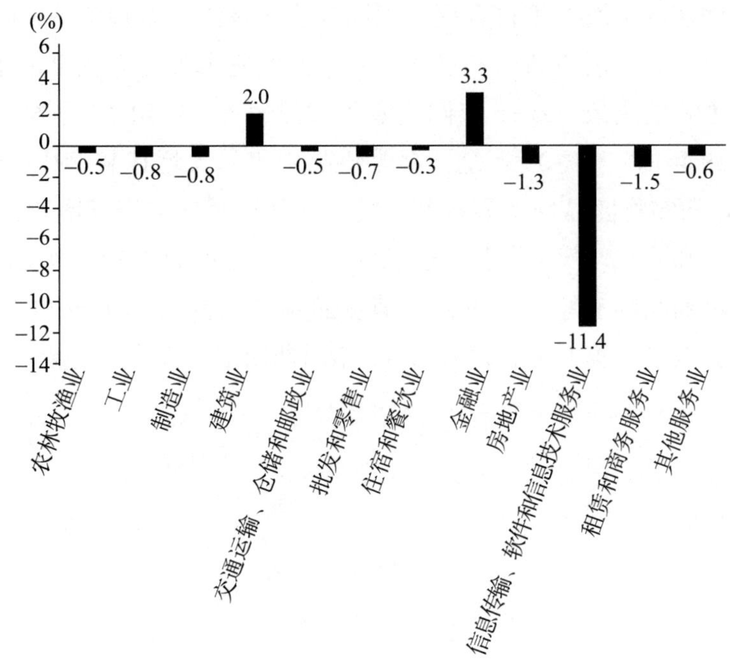

图 34　服务业内部结构的优化调整动态出现逆转迹象

从工业部门内部结构调整看，结构优化调整的动态也出现了逆转迹象。与 2018 年同期相比，2019 年前 3 个季度，规模以上工业增加值增速下降了 0.4 个百分点，制造业增速下降了 0.8 个百分点，高新技术产业增速下降了 3.1 个百分点，医药制造业增速下降了 3.4 个百分点，通用设备制造业增速下降了 3.5 个百分点，专业设备制造业增速下降了 3.7 个百分点，计算机、通信和其他电子设备制造业增速下降了 4.3 个百分点，汽车制造业增速下降了 8.5 个百分点。这种变化意味着过去几年的工业结构调整趋势有所放缓。

从投资的角度看，在全社会固定投资实现平稳增长的同时，2019 年，制造业固定投资增速大幅下滑，较 2018 年同期下降了 6.2 个百分点；民间投资增速较 2018 年下降了 4 个百分点；高技术制造业固定投资增速较 2018 年下降了 2.3 个百分点。民间投资增速未能实现稳定，全社会固定投资增长的内生动力依然薄弱。制造业整体以及高技术制造业投资增速的大幅下滑，与服务业投资增速提升形成鲜明对比，这并不是个好现象。中国在当前及未来较长一段时间内，产业升级不完全是甚至主要不是服务业对制造业的替代，一个非常重要的任务是提升和强化制造业。服务业的过快扩张和制造业的过快萎缩，不符合中国产业发展和调整的方向。高技术制造业投资增速的下滑，不符合提升中国制造业整体实力和竞争力的要求。

从消费的角度看，消费新增长点和新动能的增速出现更大幅度的下滑。在消费层面还有一个不好的迹象，2019 年网上零售增速较 2018 年的下滑幅度大于整体增速的降幅。2019 年前 3 个季度，全社会零售品销售名义增速较 2018 年同期下降了 1.1 个百分点，而实物商品网上零售额、网上商品和服务零售额增速较 2018 年同期分别下降了 7.2 和 10.2 个百分点。这意味着过去几年的消费升级趋势有所放缓。例如，虽然实物商品网上零售额占社会消费品零售总额的比重较 2018 年同期继续提高 2.0 个百分点，但提升的幅度较 2018 年同期回落 1.5 个百分点（见图 35）。

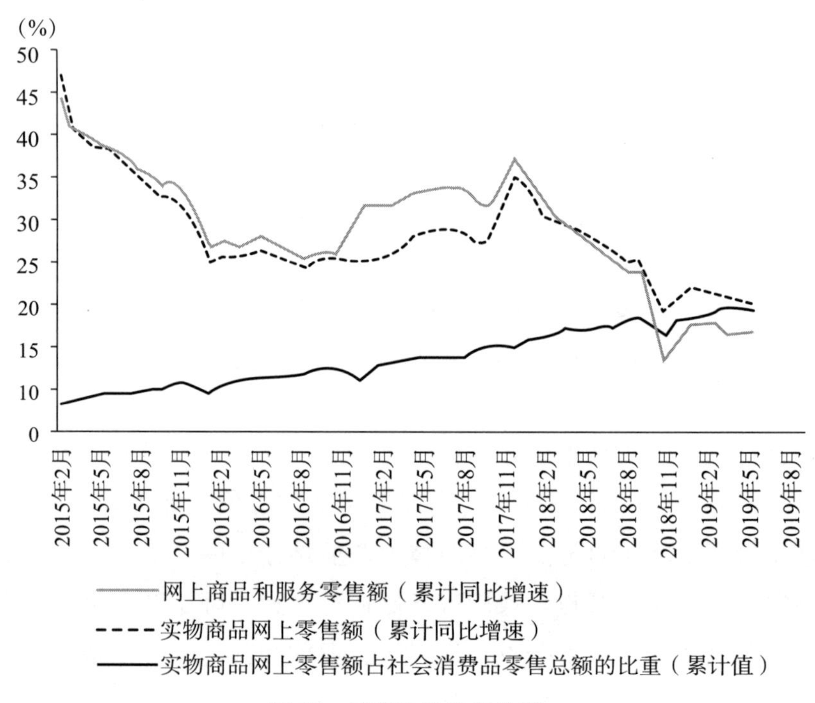

图 35　消费升级速度放缓

从贸易的角度看，高新技术产品和机电产品的对外贸易增速出现更大幅度的下滑，让人担忧。2019 年 1—8 月，高新技术产品累计出口增速较 2018 年同期下降了 5.7 个百分点，远高于整体出口增速的降幅。其中，航空航天技术、生物技术、材料技术和计算机与通信技术累计出口增速的降幅分别是 36、19.6、15.3 和 10.9 个百分点。机电产品累计出口增速较 2018 年同期下降了 1.4 个百分点，也明显高于整体出口增速的降幅。其中，运输工具和机械设备累计出口增速的降幅分别是 13.9

和5.2个百分点。高新技术产品和机电产品进口增速的下降幅度也明显高于整体进口增速的降幅。2019年1—8月，高新技术产品累计进口增速较2018年同期下降15.6个百分点，明显高于整体进口增速的降幅。其中，计算机集成制造技术和电子技术累计进口增速分别下降了42.9和19.1个百分点。机电产品累计进口增速较2018年同期下降了15.7个百分点，也明显高于整体进口增速的降幅。其中，机械设备和电器及电子产品累计进口增速分别下降了20.8和18.2个百分点。在产品类别上，高新技术产品和机电产品对外贸易出现更大幅度的下滑。在国家分类上，对美贸易出现了更大幅度的下滑。两者结合在一起，在一定程度上反映出中美贸易紧张状况对中国外贸的深层面冲击。这既不利于中国对外贸易产品结构的进一步优化，也会对国内制造业结构的升级过程产生不利影响。

造成中国经济结构升级放缓的原因主要有以下三个方面：

第一，各类战略规划的到期、产业扶植政策的退出以及财政补贴缺口的扩大决定了近期新动能高速发展的政策红利将步入递减期，许多缺乏造血功能的产业和企业将面临严峻的挑战。

在过去10年，中国高技术、战略性新兴产业以及“三新”经济高速发展的核心原因就在于各类战略的陆续出台，各类产业享受了充分的政策红利。但是，这些政策红利在以下几个因素的作用下已快速步入递减期。(1) 很多企业已经用完了政策优惠的孵化和扶持期。例如，高新技术园区的企业一般享受3～5年的税收优惠和各类补贴支持。(2) 大量战略性新兴产业的规划期将在2020年结束，各种政策补贴开始步入退坡期。例如，按照《能源发展战略行动计划（2014—2020年）》的规定，到2020年实现风电与煤电平价上网；又如，按照《节能与新能源汽车产业发展规划（2012—2020）》的规定，2020年将彻底退出新能源补贴。(3) 遍地开花的各类产业园区和产业基地已经给很多地方带来了较大的财政负担，在今后两年的财政约束下，很多对于战略性产业和高新技术企业的补贴也难以持续。例如，2009—2017年中国政府对新能源汽车的补贴累计达到2 000亿元，未来3年的补贴也将超过2 000亿元，在财政收入增速下滑和政府融资能力下降的当前，财政补贴缺口将大幅扩大，名惠而实不至使得很多依靠补贴生存的企业和行业难以为继。2017年年底，累计可再生能源发电补贴缺口达到1 127亿元，而2019年单年度补贴缺口将扩大到1 200亿元。

第二，很多不合理的产业布局、行政化的重复建设以及市场虚火驱动下的泡沫将步入问题的暴露期和行业大调整期，从而决定了未来一段时间中国新动能很可能出现一个低谷。

在全国各地新经济和新动能“锦标赛”的作用下，各地大上快上了很多项目，兴建了很多园区和产业基地，出现了很多泡沫神话。但是，经过 10 年的发展，这些市场和政策扭曲必须接受市场需求的裁决：（1）很多缺乏技术基础、产业基础、人力基础以及市场基础的产业园区和创新基地在政策扶持几年后难以形成自我发展的造血能力，将逐步退出市场。到 2018 年年底中国有各类园区 2.5 万个，各类孵化器 6 000 多个，其中 70%的园区和孵化器位于一些没有任何基础的三四线城市，大量园区和众创空间难以实现收支平衡，其退出的爆发期将出现在 2019—2020 年。（2）很多重复建设的产业在政策“输血”很多年之后依然没有形成造血功能，在停止“输血”之后必将在激烈的市场竞争中被整合和淘汰。例如，中国新能源汽车生产企业已经达到 169 家，平均每家的市场份额不足 10 000 辆，大量企业难以在近 3 年内达到规模化生产的临界点。再如，28 个省都把光伏作为主导产业，至少建立了 280 个工业园区，提出了打造千亿级新能源或光伏产业基地，导致很多战略性新兴产业出现严重的产能过剩，大量企业没有自我生存能力。（3）很多市场化资金在新经济泡沫破灭后大规模离场，导致近几年市场资金严重吃紧。这集中体现在 P2P 爆雷、互联网＋草根创业步入迷茫期。例如，2017 年中国人工智能企业达到 1 011 家，投融资总额达到 277 亿美元，占全球募集资金的 70%，但是随着一些科技神话的破灭，很多风投或私募出现退场，2018 年募集资金同比下滑了 74.85%。

第三，中美贸易摩擦通过关税贸易、产业链、技术“卡脖子”效应以及市场预期扰乱等方式将在 2019 年下半年对高新技术产业和新动能产生实质性的冲击。

美国对 2 000 亿美元中国商品征收 25%的关税，以及签署《确保信息通信技术与服务供应链安全》行政令，将华为等公司列入出口管制实体清单，这些举措给中国高新技术产业的发展带来了严重影响。这些影响将在近期全面显化。这集中体现在以下几个方面：（1）高新技术产品出口增速从 2018 年的 19.5%下滑到 2019 年第二季度的零增长，高新技术产品进口增速从 2018 年的 25.1%下降到 2019 年 5 月的 9.6%，外部需求和内部产业链受到明显冲击。（2）对于关键技术的出口限制，导致部分高新技术企业业绩下滑。其中最典型的案例就是美国对中兴公司的制裁导致 2018 年该企业利润下滑 252.88%。（3）由于担忧贸易战和技术战导致全球价值链和产业链的重构，许多企业开始计划进行产能和投资转移，从而对高新技术企业的投资产生严重冲击。例如，瑞银集团（UBS）对北亚地区跨国公司的管理者进行的调研发现，2019 年受到中美贸易摩擦的影响，其中有 82%计划或正在进行企业搬移，很多企业计划在 2020—2021 年将产能的 20%～60%搬离中国，其中有 20%计划迁移到美国，25%计划迁移到越南，22%计划迁移到印度。

综合以上因素，2019 年第四季度中国经济增速依然能够稳得住，全年主要预期目标能够实现，但更为关键的是 2020 年。2019 年第四季度 GDP 增速预计能够稳定在 6.1%左右，全年经济增速为 6.1%～6.2%，保持在 6%～6.5%的目标区间。一是减税降费效应还在持续，并且在年底会显现得更为明显，因为大量税收征收和抵扣在年底体现得最为充分；二是前 3 个季度专项债的发行所带来的投资和增长效应存在一定的滞后期，政策效果将在第四季度进一步体现；三是近期中美贸易摩擦的缓和，为短期市场信心提供了有力支撑。但是，2020 年经济增速会不会"破 6"？如果不"破 6"，支撑经济增长的基础在哪里？如果"破 6"，底线在何处？会不会影响"两个一百年"目标的实现？会不会影响社会和就业的稳定？这需要从中期视角出发，对现阶段中国经济增长的性质和 2020 年运行模式进行深入分析。

三、中期视角下中国经济增长的性质和 2020 年运行模式

2019—2020 年趋势性因素与周期性因素叠加、国际与国内不利因素强化导致了中国经济增速持续回落。在四大趋势性因素中，目前只有制度性因素开始筑底回升，其所释放的改革红利推动了全要素生产率（TFP）的改善，但还没有承担起拉动经济常态化增长的重任。在五大周期性因素中，金融风险的缓释和中美贸易摩擦的阶段性缓和将为 2020 年带来一个相对稳定的金融环境和外贸环境，为重建市场信心提供了一个有利时点。2020 年经济增速的"下台阶效应"可能还将进一步显化，但也不必过于悲观，部分周期性力量可能出现反转以及中国制度红利的持续改善将是 2020 年最为值得关注和期待的新变化。随着十大积极因素的巩固和培育，宏观经济下行态势将有所缓和，下行幅度将较 2019 年明显收窄。

（一）中国宏观经济运行的四大趋势性因素

从四大趋势性因素来看，影响中国经济潜在增速的趋势性力量并没有步入新的平台期，依然处于回落阶段，经济增速换挡的显化是 2019—2020 年改革调整攻坚期的主要特征。

第一，改革攻坚期决定了新一轮改革红利还没有完全出现，近期全要素生产率有所改善，但还没有承担起拉动中国经济常态化增长的重任。随着上一轮改革红利的消失，很多既有的制度体系不仅未能成为推动经济增长的动力，反而成为制约新时代经济高质量发展的障碍。

TFP 增长率从 1992—2007 年的年均 3.4%逐步回落到 2008—2016 年的年均

－0.3％，对经济增长的贡献率从年均29.9％回落至年均－4.7％。目前，新一轮制度红利正在加速构建并开始筑底回升，推动TFP有所改善。2017—2018年TFP增长率企稳回升，从2016年的－0.5％回升至0.8％和1.3％，对经济增长的贡献率从－7.3％回升至11.0％和19.5％（见图36）。但是，目前TFP的改善幅度仍难以主导经济高质量发展和承担起拉动经济常态化增长的重任，深化改革调整的任务依然艰巨。

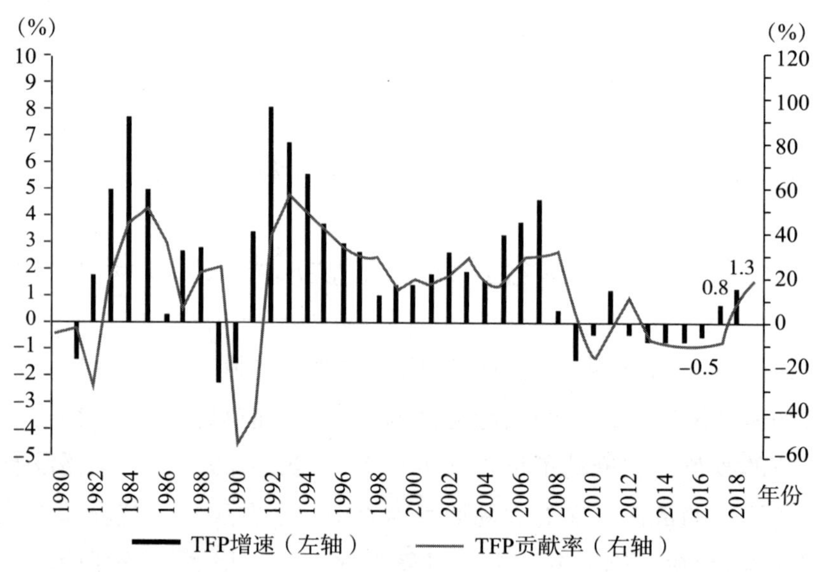

图36　中国TFP增长率及其对经济增长的贡献率变化趋势

第二，中美贸易摩擦和全球经济大幅放缓决定了全球化红利处于快速下滑期。早在中美贸易摩擦爆发之前，全球化红利已经出现了大幅下滑甚至趋于耗竭的现象。如图37所示，货物和服务贸易顺差占中国GDP的比重从2007年8.6％的峰值逐步回落到2018年的0.8％，其中货物贸易顺差呈现缩小的趋势，而服务贸易逆差则呈现扩大的趋势。近期中美贸易摩擦的加剧进一步加速了全球化红利的衰竭，在中期内恐难以有效提升。

全球贸易增速在2018年出现新的探底现象，中国外贸环境进入了趋势性新低迷期。从货物贸易看，进出口总额、出口、进口增速分别从2010年的33.9％、30.5％、38.0％波动下滑至2018年的9.7％、7.1％和12.9％，2019年1—10月又进一步分别大幅下滑至2.4％、4.9％和－0.4％。尽管2019年实现了较大规模的货物贸易顺差，但仍具有明显的“衰退型”顺差特征，而且服务贸易逆差还在持续扩大（见图38）。

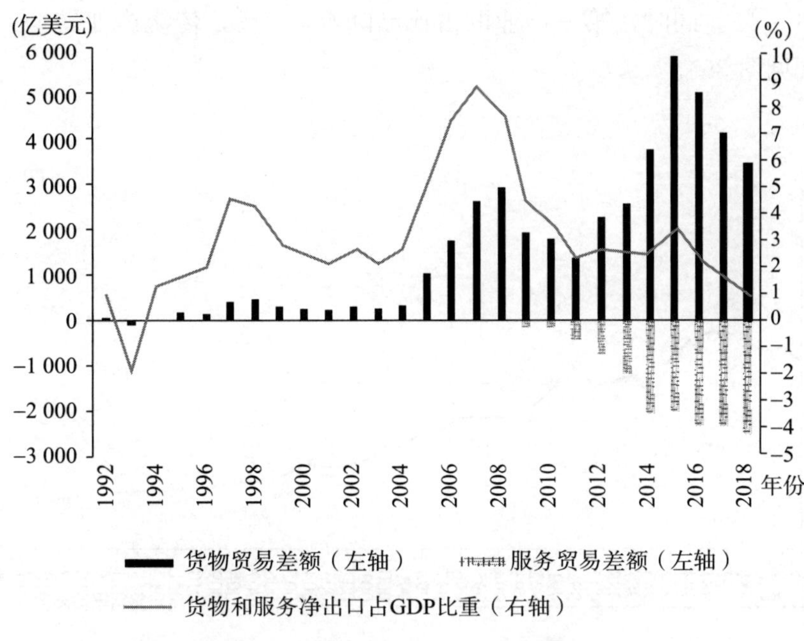

图 37　中国货物和服务净出口变化趋势

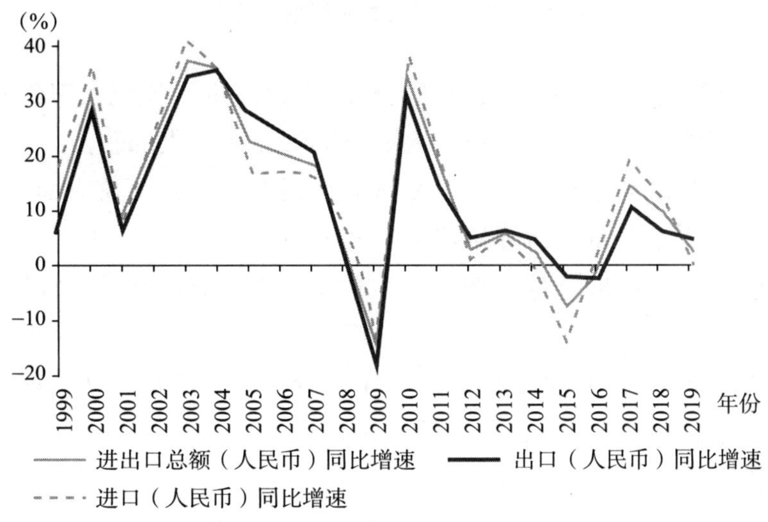

图 38　中国进出口变化趋势

第三，工业化红利开始递减。制造业比重的进一步下滑和第三产业的快速上升决定了工业化红利持续递减。1978—2007 年中国工业占 GDP 的比重稳定在 40%左右，但自 2008 年以来，工业占 GDP 的比重从 41.3%持续下滑至 2018 年的 33.9%，年均下降超过 0.7 个百分点，2019 年前 3 个季度又进一步下滑 0.4 个百分点至 33.5%。由此，第三产业占 GDP 的比重于 2008 年首次超过工业占比，2019 年前 3

个季度达到 54%。同时，第一产业的占比已降至 6.2%，传统产业转型的增长效应基本耗竭（见图 39）。

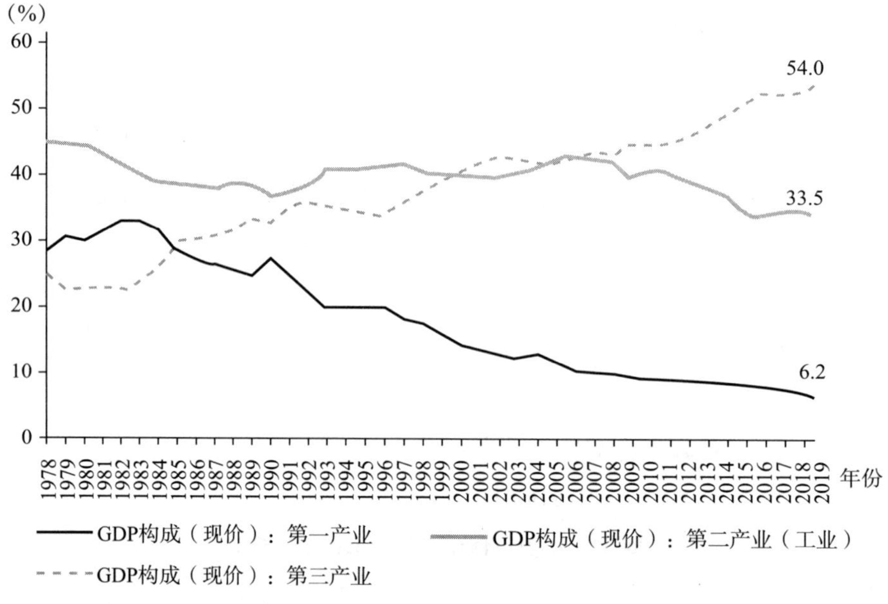

图 39 工业化红利开始递减

第四，人口红利大幅逆转。人口老龄化的加速决定了传统人口红利趋于衰竭。如图 40 所示，2013 年，全国 15～64 岁人口达到 10.1 亿人的顶点，其中16～60 岁劳动年龄人口于 2012 年达到顶点 9.2 亿人，此后开始持续下降。总人口抚养比于 2010 年达到 34.2%的最低点后开始持续上升，2018 年达到 40.4%。人口结构的变化导致国民总储蓄率于 2010 年达到 51.8%的最高点，此后开始持续回落，2018 年为 45.3%。

同时，从产业结构和城乡结构转型的角度看，农业劳动力转移速度明显放缓，流动人口总数开始由增长转为回落。特别是自 2014 年以来，全国流动人口规模持续下降，城镇落户意愿低下（见图 41）。

除上述 4 种传统经济增长动力之外，值得重点提及的是，中国经济增长的外部环境恶化具有中长期性，世界经济中长期的趋势性下滑因素仍未见底，中美贸易摩擦引发了新的结构性变化。一是全球技术进步仍处于下行期；二是全球性的收入不平等问题没有得到改善；三是全球债务问题没有得到缓和，2019 年 11 月 15 日国际金融协会发布的报告显示，2019 年全球债务规模将超过 255 万亿美元，占全球 GDP 的比例将升至 330%；四是全球人口红利整体步入下降期；五是逆全球化的时间和深度可能比预期的更长更深。中美贸易摩擦不仅是大国在世界经济低迷期的必然产物，也是霸权周期变迁的产物。遏制中国是美国长期以来推行霸权主义的必然选择，贸易谈判中的层层加码说明美国只是利用谈判来推行其单边主义和贸易霸凌主义。中美贸易摩擦直接改变了中国的外部环境，成为中国经济下行压力加大的核心因素之一。

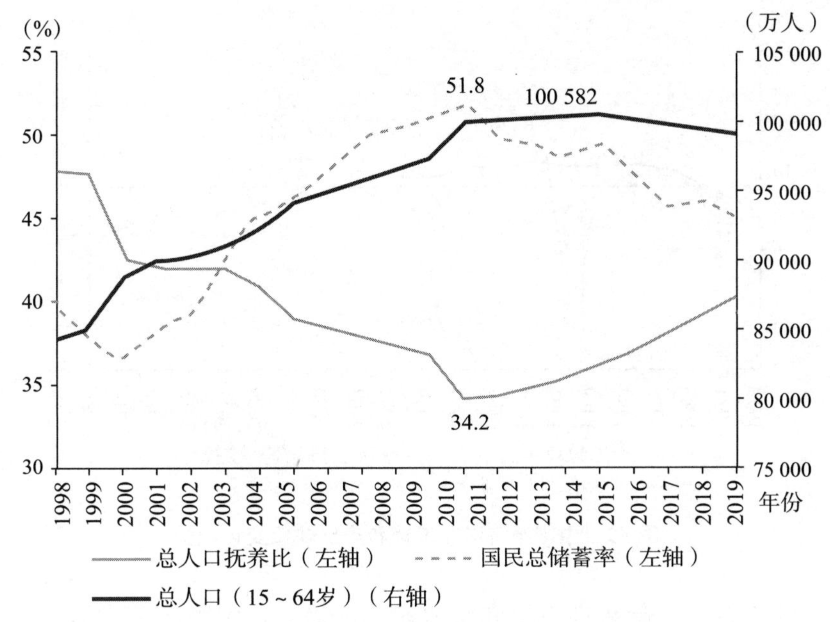

图40　中国人口结构和储蓄率变化趋势

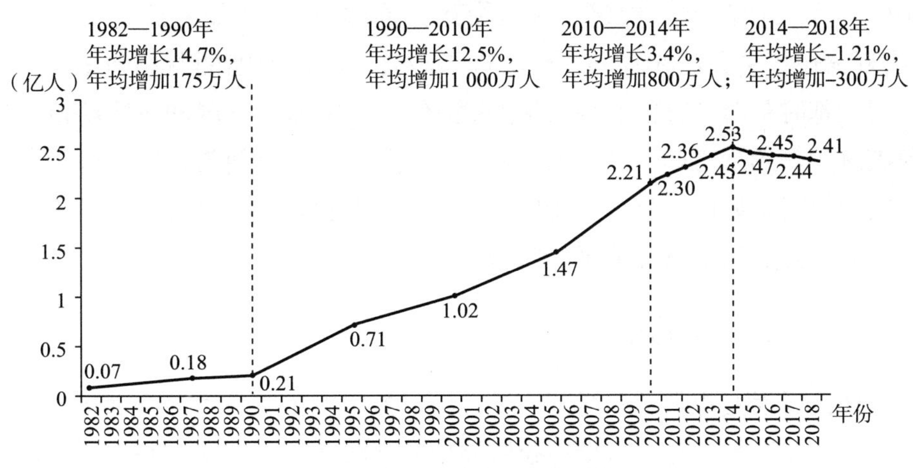

图41　中国流动人口变化形势

因此，中国经济趋势性下滑的力量并没有得到有效逆转，潜在GDP增速的下滑是导致当前中国经济增速下滑的核心原因之一。在影响中国经济潜在增速的四大趋势性力量中，目前除了制度性因素见底回升并带来 TFP 改善外，其他几大因素仍在下行阶段甚至有的还在加速下行。过去 10 年，中国经济增速平均每年下降 0.5 个百分点，2019—2020 年叠加国际国内多重不利因素的影响，经济增速的“下台阶效应”将持续显化（见图 42）。

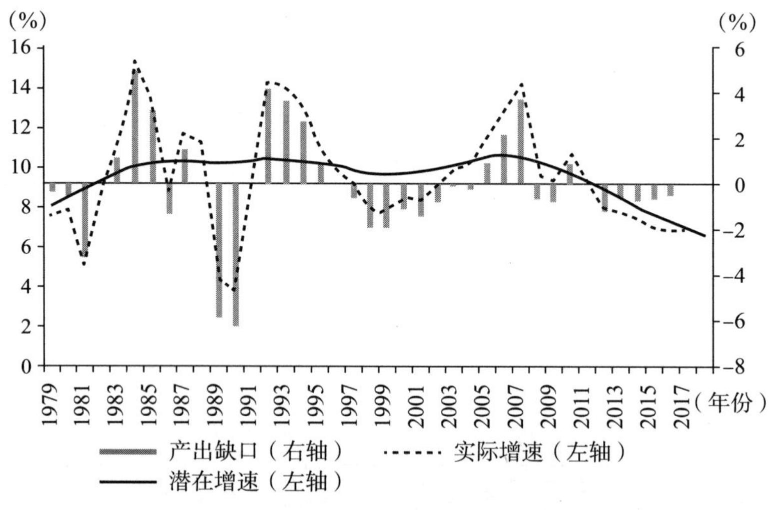

图 42　中国经济潜在增速和产出缺口变化趋势

从中长期来看，在趋势性下滑和增速换挡过程中，中国经济发展还要完成以下任务：一是如何跨越“修昔底德陷阱”，实现无战争的大国崛起，解决国内经济增长和国际关系协调问题，构建“人类命运共同体”；二是如何跨越“中等收入陷阱”，实现无民粹主义的大福利，解决进入高收入阶段面临的瓶颈问题；三是如何超越“明斯基时刻”，实现无危机的金融深化，解决金融发展和风险防范问题；四是如何破解“李约瑟之谜”，实现政府与市场协同下的大创新，解决科技进步和前沿创新问题；五是如何越过“环境库兹涅茨曲线”拐点，实现可持续发展的结构转型，解决人类发展与生态环境平衡问题。

（二）中国宏观经济运行的五大周期性因素

从周期性因素变化来看，当前中国经济正处于中美贸易摩擦全面爆发期、刚开启的世界经济周期新一轮下行期、投资周期底部波动期、金融调整下行期以及新一轮市场化去库存周期，这决定了 2019—2020 年的短周期定位总体处于下行状态，防止周期效应叠加是加强宏观政策逆周期调节的重点。

第一，世界经济周期的新一轮低迷期刚开启。直接的导火索是中美贸易摩擦。这不仅造成中美两大经济增长引擎受挫，也使得不确定性风险上扬和市场信心低迷，导致全球贸易品和投资品的全面收缩。在中美贸易摩擦全面加剧的引导下，2019年以来，全球经济政策不确定性以及地缘政治风险纷纷大幅上扬到历史新高，加剧了世界范围内的投资品和耐用品消费下滑，导致全球制造业陷入集体性低迷期（见图43）。因此，现阶段世界经济不仅趋势性下滑期没有结束，而且周期性的低迷期也才刚刚开始。全球经济长期停滞下的新一轮下行周期使世界经济又处于十字路口。

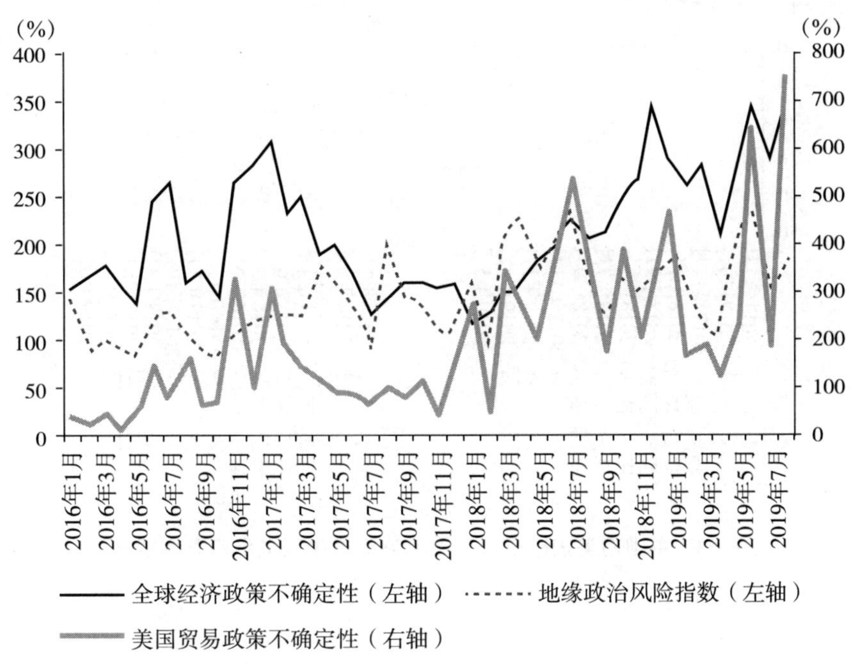

图43 全球不确定性指数大幅飙升

中美贸易摩擦必将全面改变中国外部环境，在近期成为中国经济下行压力的核心因素之一。如图44所示，2019年以来中国对美国进出口大幅下滑。

第二，中美之间的冲突具有长期性，但2020年是美国的大选年，中国可能会迎来一个相对稳定的外贸环境。原因在于，在中美贸易摩擦下，美国经济同样遭遇重创，并可能在2020年面临经济和金融市场的双重风险。2019年以来，美国经济下行压力加大，私人投资增速下滑，消费支出增速下滑，特别是耐用品消费出现收缩。同时，美国金融参数发生变异，国债收益率期限倒挂。中小型对冲基金买入信用违约互换工具，押注美国经济衰退导致企业债券兑付违约的投资杠杆倍数已经超过30倍。与信贷指数相关的合成型担保债务凭证的交易量在2018年逾2 000亿美元的基础上又上涨约40%，互换期权的日交易额达到200亿～250亿美元。

第三，中国投资周期依然处于底部波动状态。中国固定资产投资名义增速目前仍处于持续放缓和探底的过程中，剔除价格因素的实际投资增速也刚开始摆脱极度低迷的状态。更为重要的是，企业设备工器具投资和新建投资持续低迷，这表明各类企业主体还没有做好为下一轮经济繁荣进行投资和技术改造的准备（见图 45）。

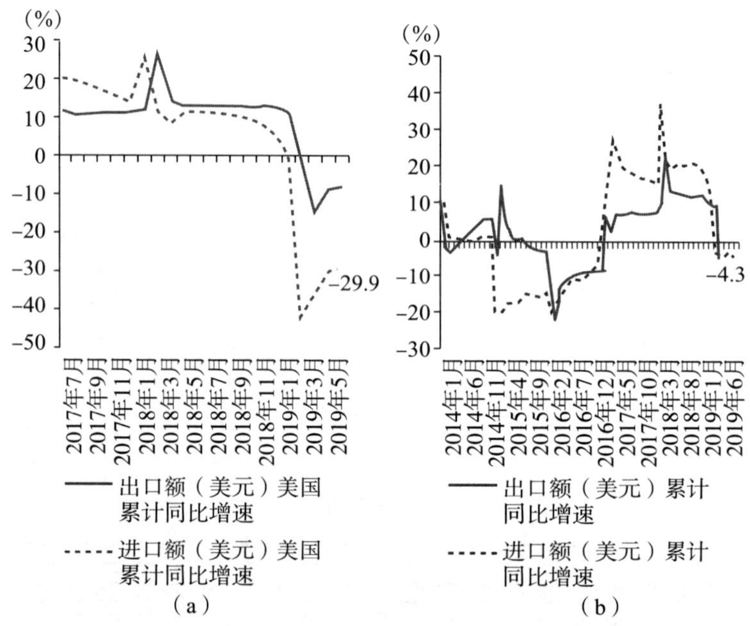

图 44　中国对美国进出口下滑幅度大于中国进出口总体情况

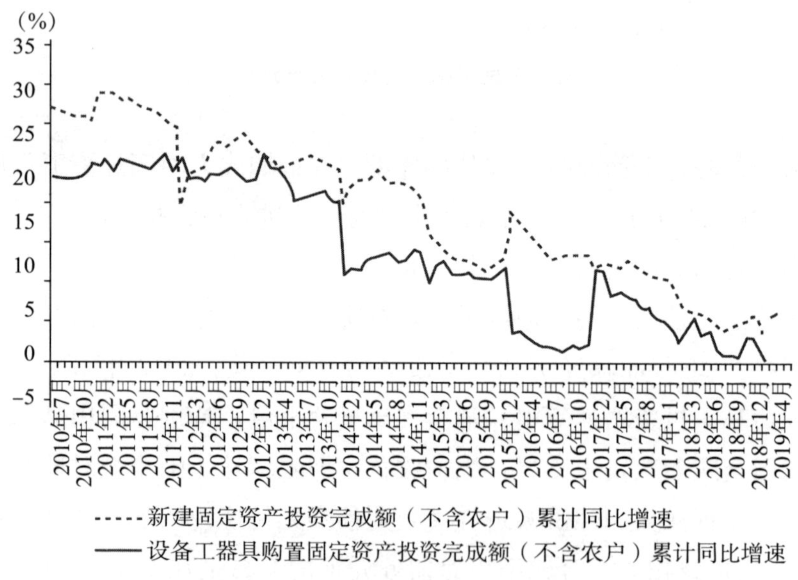

图 45　中国新建投资和设备工器具投资仍处于底部波动状态

第四，中国金融周期总体上已经见顶回落，不过2019年债务风险得到有效缓释，为2020年经济稳定提供了相对有利的融资环境（见图46）。自2017年开始，中国金融周期下行期已经全面开启，金融供给侧结构性改革、宏观审慎监管以及监管政策的发力决定了中国金融下行周期的延长，各类金融周期指数也表明中国金融周期在2017年达到历史高点后开始持续回落。不过，从近期的金融市场形势来看，随着我国金融风险攻坚战取得阶段性胜利，特别是债务风险得到有效缓释，市场流动性处于稳健状态（见图47），为2020年投融资和经济增长提供了较为有利的金融环境，对于提振市场信心也具有积极作用。

第五，2019年库存周期和房地产周期等其他短期因素趋于下行。首先，从库存周期来看，在悲观预期下，2019年企业过快去库存，目前已经接近周期性的底部，对2019年宏观经济运行产生了一定下行压力。随着2020年市场预期回暖，可能会出现补库存现象（见图48）。其次，从房地产周期来看，房地产市场不同指标间已经开始出现分化。近两年的房地产销售面积增速持续下滑，2019年开始出现负增长，但房地产投资一直保持着10%左右的增速，似乎在有力支撑总投资增长（见图49）。但是仔细分析发现，尽管前3个季度房地产新开工面积增长了8.6%，但房地产竣工面积负增长8.6%，两者缺口达到17.2个百分点，这一情形自2018年年初开始已经持续了近两年，2020年可能会产生“有投资、无增长”的现象（见图50）。

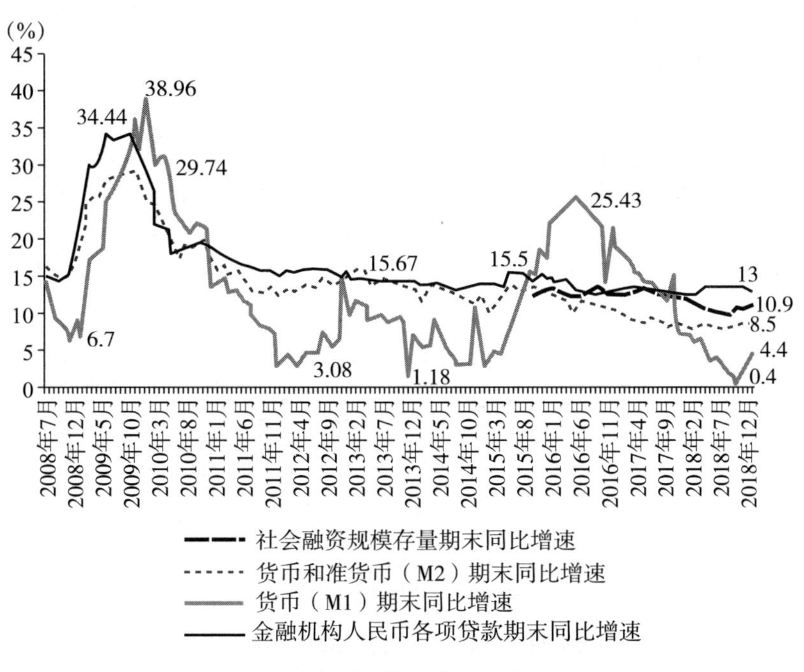

图46　中国金融周期总体上已经见顶回落

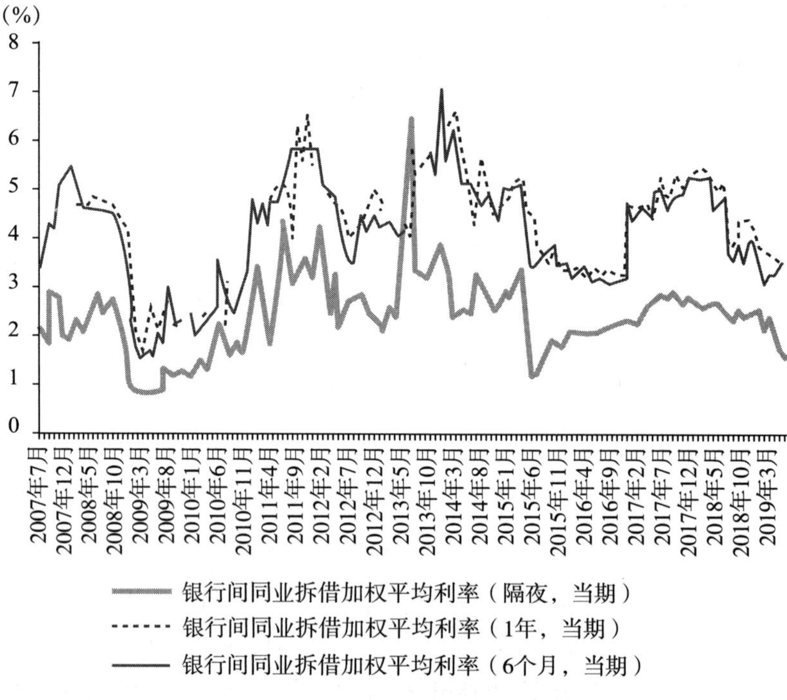

图 47　市场流动性处于稳健状态

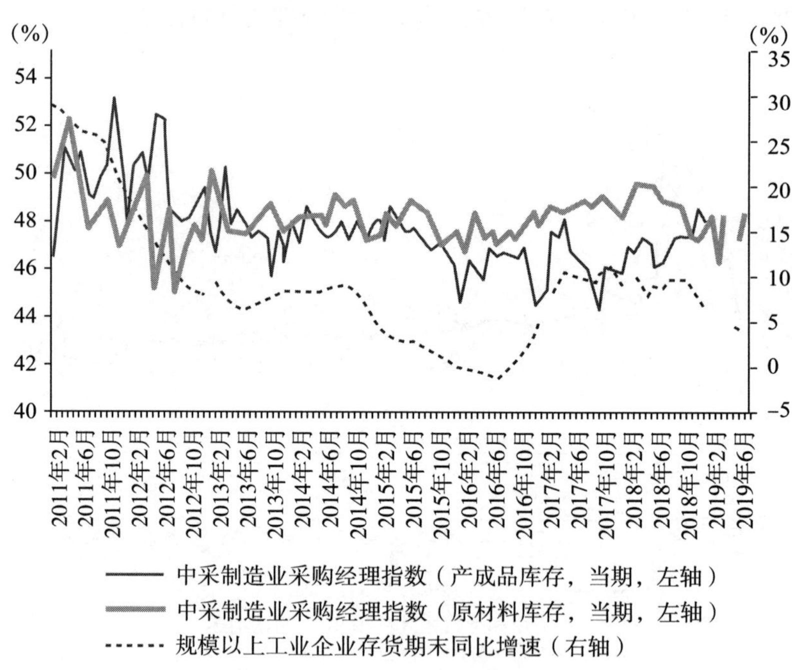

图 48　2019 年库存周期趋于下行

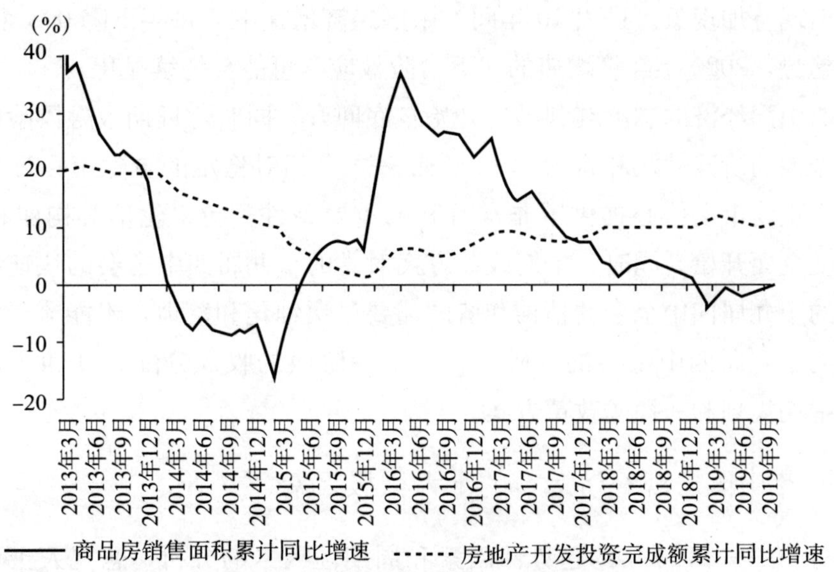

图 49　房地产销售和投资增速走势分化

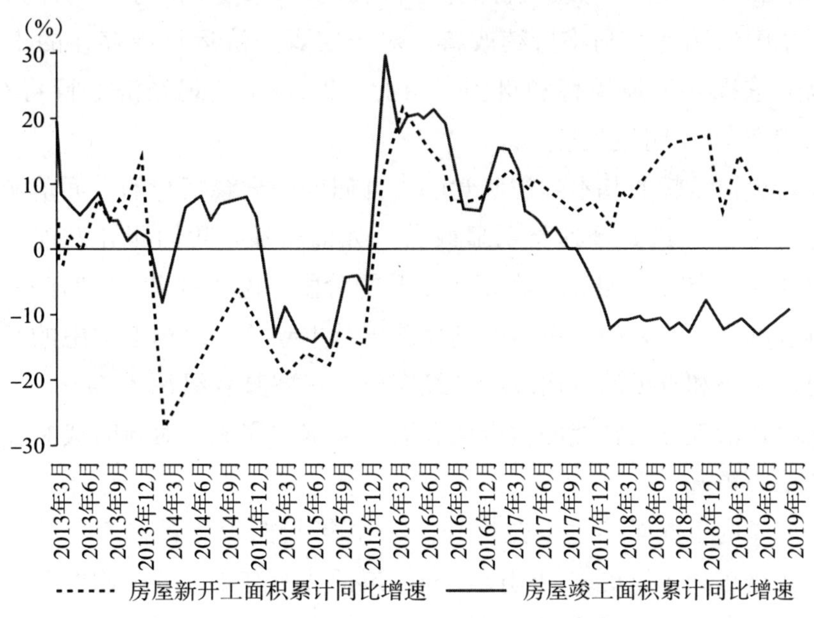

图 50　房地产新开工和竣工面积增速走势分化

总体来看，在趋势性因素与周期性因素叠加、国际与国内不利因素强化的作用下，2020 年经济增速的回落还将会进一步持续。一方面，新常态的增速换挡期、动力转换期以及前期风险的释放期尚未结束，趋势性下滑力量仍然没有逆转。另一方面，国际和国内周期性波动加大，周期性力量与趋势性力量变化将在当前与未来一段时期出现叠加现象。过去10年间，中国经济增速平均每年下降0.5个百分点，按照这个趋势，2020年经济增速的“下台阶效应”可能会持续显化。

但目前中国经济的制度红利已经开始筑底回升，同时，近期金融风险的缓释和中美贸易摩擦的阶段性缓和将为2020年带来一个相对稳定的金融市场环境和外贸环境，这为重建市场信心提供了非常有利的重要条件。新一轮信心构建将从2019年第四季度全面开始。同时，中期改革方案对党的十九届四中全会的快速跟进非常重要。党的十九届四中全会的精神和蓝图需要尽快细化和落地，不能流于形式。特别是在党的十九届四中全会的基础上，对下一阶段的收入分配制度和科技创新体系，要有中期规划和一揽子改革方案。

（三）2020年中国宏观经济运行的十大积极因素

基于对2019—2020年的趋势性因素和周期性因素的分析，悲观人士可能会认为，随着中国经济下行压力加大，2020年经济增速将会大幅回落。但是，我们通过对周期相位和各种经济参数进行测算分析发现，2020年部分周期性力量将出现反转，同时中国的制度红利将持续改善，对于宏观经济运行中存在的十大积极因素，值得高度重视并加强培育和巩固。由此，2020年宏观经济下行将有所缓和，下行幅度将较2019年明显收窄。

一是随着吏治整顿的基本到位和党的十九届四中全会精神的全面落实，中国制度红利将全面上扬，TFP增速将明显改善。如前所述，我们测算发现，近两年的TFP增速开始由负转正，且正处在逐步回升的阶段，说明过去一段时间的改革调整开始释放制度红利。一方面，吏治整顿目前已基本到位，改革浪潮中的新一代开始上马；同时，中央和省级的机构改革已经完成，正向县乡级深入。另一方面，社会各方对于新时代治理方式转变的适应期和磨合期基本完成，对新时代制度的适应性和对未来的信心提升。

如果按照党的十九届四中全会精神，2020年起抓紧部署和落实新一轮改革方案，将会加快培育和释放更多的制度红利。包括从所有制、分配制度和运行机制三个层面完善社会主义基本经济制度，全方位推进市场化、国际化、高标准的制度化开放，以及细化和落实对非公经济和非公经济人士的保护。

二是随着各类杠杆率的稳定、应付债务增速的下降、高风险机构的有序处置、金融机构资本金的补足、监管短板的完善使金融风险趋于收敛，化解金融风险的攻坚战取得了阶段性胜利，金融环境将得到明显改善。

（1）近几年去杠杆成效显著，国有企业去杠杆接近完成，民企加杠杆开始相对稳定，大中型银行的风险抵御能力在增强。从杠杆率水平来看，在国有企业去杠杆、政策加大对民营企业融资支持力度的情况下，国有工业企业杠杆率稳中有降，民营工业企业杠杆率波动攀升，两者走势趋于收敛。截至 2019 年 9 月底，国有及国有控股工业企业资产负债率为 58.4%，同期民营工业企业资产负债率为 57.9%（见图 51）。

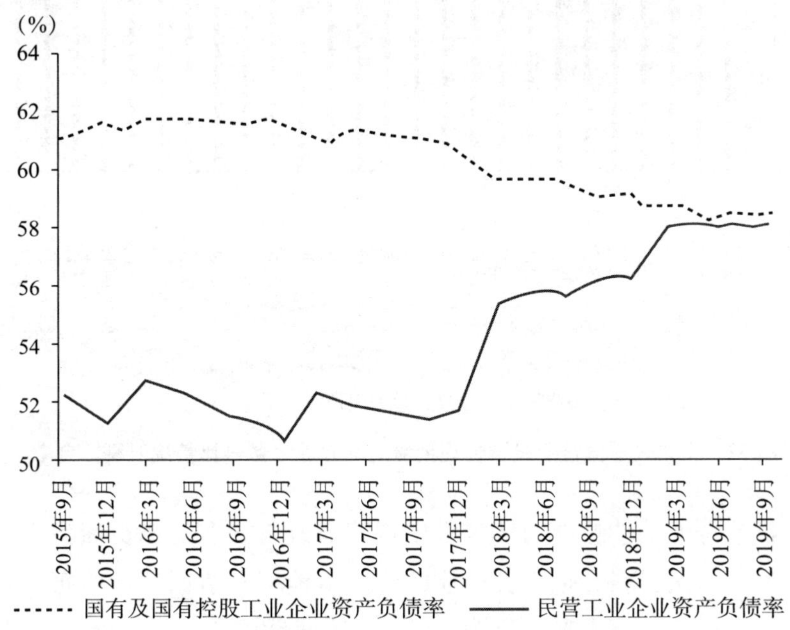

图 51　国有及民营工业企业杠杆率趋于收敛

（2）事实上，自 2013 年以来的风险持续释放期也开始步入尾声：P2P 出现的问题、股灾、民营企业的债券违约、中小银行的承压、几大金融控股集团出现的问题、各种“跑路”事件，目前都开始得到有效控制。

（3）2020 年到期的偿债额增速有所下降，偿债压力减轻；同时，总体负债率过快上升的趋势得到有效逆转，为未来杠杆率的稳定和小幅回升提供了空间。

目前货币政策边际宽松的效果开始显现，企业资本金得到充实、经营性资金得到相对改善，这说明逐渐向好的调整过程已经开始。从现金流情况看，社会融资回暖，多数行业融资改善。从经营性现金流看，纺织服装、轻工制造等 15 个行业经营性现金流好转，企业数量占比高于 2018 年同期。从投资性现金流看，采掘、房地产、国防军工等 18 个行业的投资性现金流好转企业数量占比高于 2018 年同期（见图 52）。从筹资性现金流看，在社会融资回暖背景下，20 个行业融资改善，筹资性现金流好转企业数量占比高于 2018 年同期，其中钢铁、有色金属、建筑材料等周期性行业的改善较为明显。

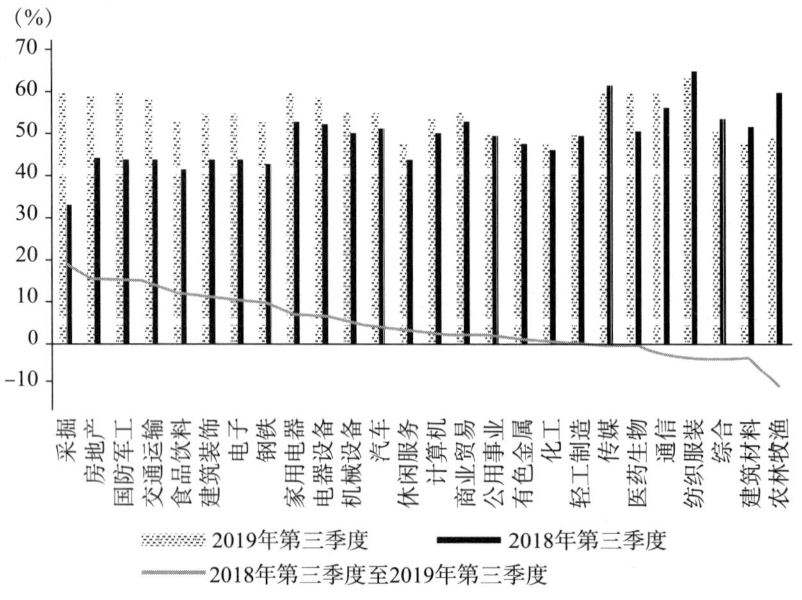

图 52　上市公司分行业投资性现金流好转企业个数占比情况（剔除金融）

但是，目前企业的偿债能力还没有出现明显改善。在资产负债率方面，国防军工、休闲服务、建筑材料、钢铁等行业的资产负债率有所回落，传媒、化工、有色金属等行业的资产负债率上升（见图 53）。从短期偿债能力看，26 个行业中仅交通运输、综合及传媒这 3 个行业的短期偿债能力有所改善，货币资金/短期债务比值上升的企业数量占比较 2018 年同期增加，钢铁、汽车、国防军工、建筑材料等 22 个行业均较 2018 年同期恶化。

因此，2020 年稳健的货币政策需要新内涵。在流动性有所改善、偿债能力还没有改观的情况下，货币政策应该从利用数量型工具转向侧重价格型工具，通过降息调节融资规模，稳定资产价格，降低还本付息压力。

三是企业库存周期触底反弹，前期过度的去库存为 2020 年企业补库存提供了较大的空间。近两年企业过度悲观，产生了库存超调现象，工业领域的产成品和库存量严重收缩，基本上已经接近前一轮工业萧条期的底部，2020 年触底回升将是大概率事件。因此，随着企业经营的正常化，2020 年将加快回补库存，带来生产扩张效应。

四是对中美贸易摩擦的恐慌期已经过去，适应性调整基本到位，企业信心将得到明显回归。虽然中美贸易摩擦仍然面临不确定性，但是各类经济主体的预期和信心做出了重大调整，企业和各个阶层进入相对从容和自信的适应调整期，即使中美

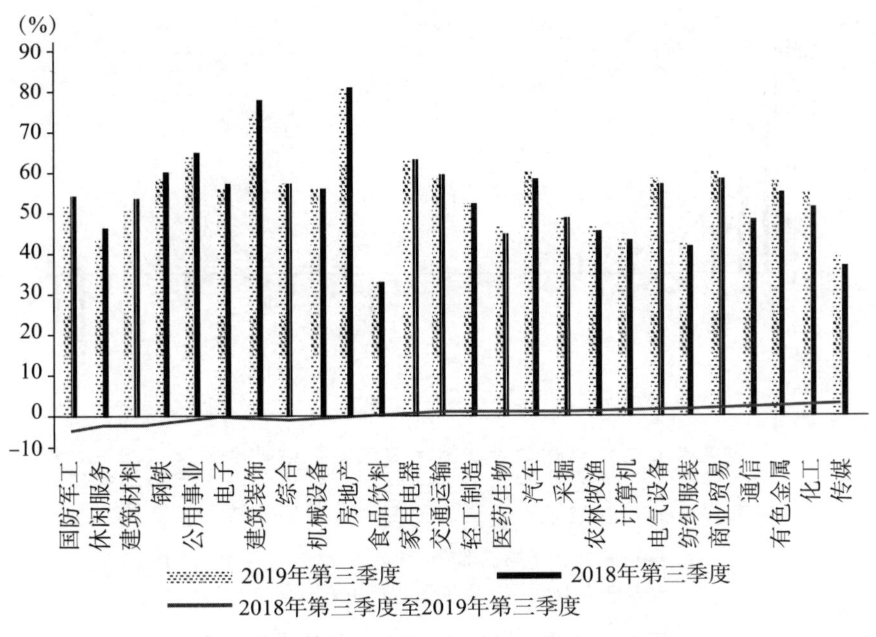

图 53 上市公司分行业资产负债率情况（剔除金融）

贸易摩擦出现一定的反复，对于中国经济运行也不会产生过于剧烈的影响。同时，从国际政治的角度看，2020 年中美贸易摩擦阶段性的缓和将是大概率事件。这说明过去两年我们应对中美贸易摩擦的方式得当，建议继续保持战略定力。

五是为应对外部冲击而启动的各类战略将提升相应部门的有效需求，特别是在关键技术、科技研发体系、国产替代、重要设备等方面启动的战略将产生很好的拉动效应。中美贸易摩擦使国家在战略上做出了调整。新战略的短期效果目前已经在国防军工、计算机、机械设备、非银金融等领域显现。2019 年以来中美贸易摩擦持续发酵，传统周期性行业生产经营情况仍未好转，但在政策扶持下部分战略性新兴产业如国防军工、计算机、机械设备等盈利改善，净利润同比增速均维持在 20%以上的较高水平。此外，受金融监管政策红利密集出台的影响，金融行业盈利情况逆势回暖，非银金融、银行营业收入、净利润增速均有回升，其中非银金融改善尤为明显（见图 54）。

从扩大再生产来看，建筑材料、机械设备、国防军工等 11 个行业同比增速上升，企业扩大再生产能力较强；电子、商业贸易、计算机等中美贸易摩擦波及行业同比增速回落，企业扩大再生产能力受限；综合、家用电器、休闲服务、农林牧渔等行业总资产同比增速由正转负，企业再生产能力较弱（见图 55）。

六是随着全球汽车周期的反转，中国汽车市场可能企稳。2020 年全球汽车周期可能出现触底回升，汽车贸易和汽车销售增速回暖，带动制造业改善。

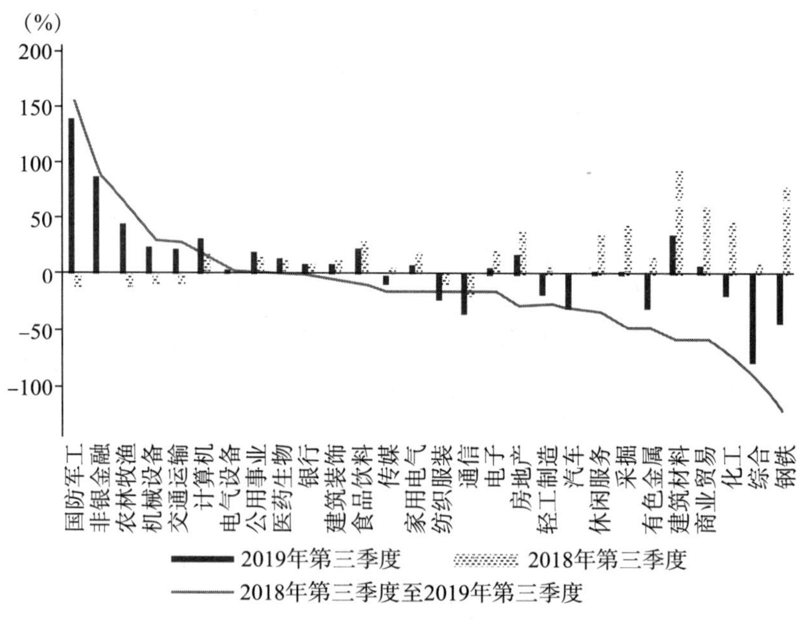

图 54　上市公司分行业净利润同比增速情况

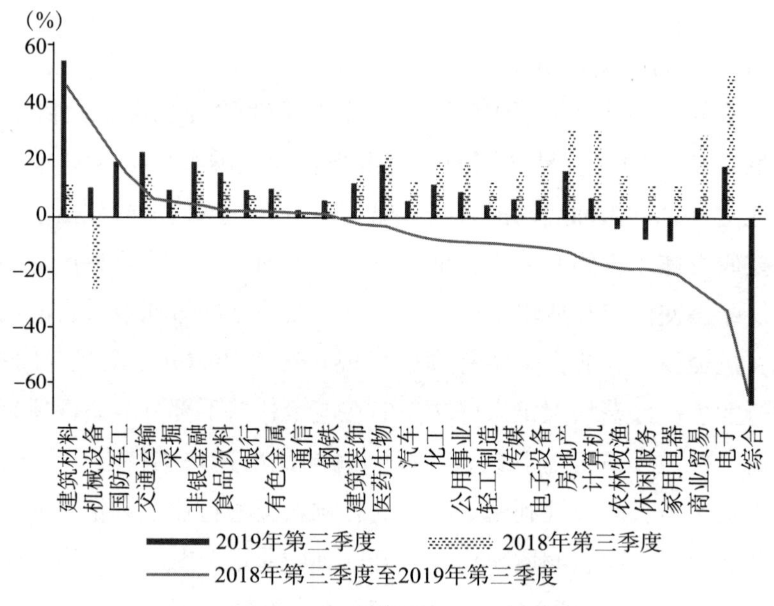

图 55　上市公司分行业总资产同比增速情况

七是猪周期反转，猪肉供求常态化，猪肉价格的大幅下降将为宏观政策提供空间，改善民众的消费预期。按照当前的市场调整速度，预计猪肉生产将在 2020 年上半年全面改善，猪肉价格将在 2020 年下半年全面回落。随着猪肉价格见顶回落，对民生冲击和宏观政策的约束放松。

八是在基础设施投资持续改善、国有企业投资持续上升以及民营企业家预期改善的作用下，民营投资将在2020年摆脱底部徘徊的困局。（1）过去中国经济的低波动与国有企业的逆周期投资行为密切相关，但是近两年，在去库存、去杠杆和严审核作用下，国有企业投资在本轮逆周期调节中还没有发挥作用，反而在2018年出现了负增长，直到2019年下半年才开始发力。（2）更重要的是，国有企业投资对民营企业投资具有强烈的带动作用，是民营企业大型项目的来源、资金的来源，同时也是信心的来源。因此，国有企业逆周期投资的恢复是本轮逆周期政策到位的关键。随着改革磨合期和适应期的基本完成，国有企业投资行为开始常态化，随着国有企业投资开始发力，总体投资形势有望好转（见图56）。

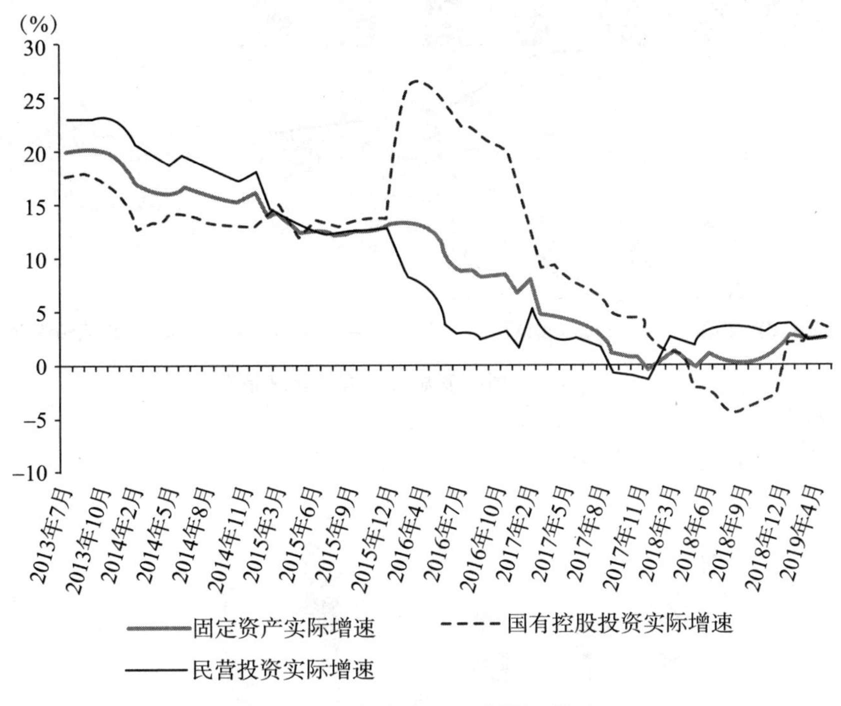

图56　国企投资与民企投资关系

从扩大再生产来看，目前国有企业在建工程增长已加快，民营企业扩大再生产意愿还较弱。如图57和图58所示，2019年第三季度，多数企业总资产及在建工程同比增速较2018年同期出现下滑。从国有企业看，国有企业主要位于上游行业，受供给侧结构性改革影响，总资产同比增速下滑，企业再生产能力受到一定影响，但在建工程同比增速较2018年同期回升，扩大再生产需求仍较强。从民营企业看，民营企业在下游占比更大，总资产及在建工程同比增速均较2018年同期下滑，企业再生产意愿较弱。从外资企业看，当前中国鼓励外商投资范围主要集中在现代农业、先进制造、高新技术、节能环保、现代服务业等轻资产型领域，2019 年第三季度外资企业总资产同比增速下滑明显，但受益于一系列促进外商投资政策红利的释放，外资企业在建工程规模提速扩容，企业扩大再生产意愿相对较强。

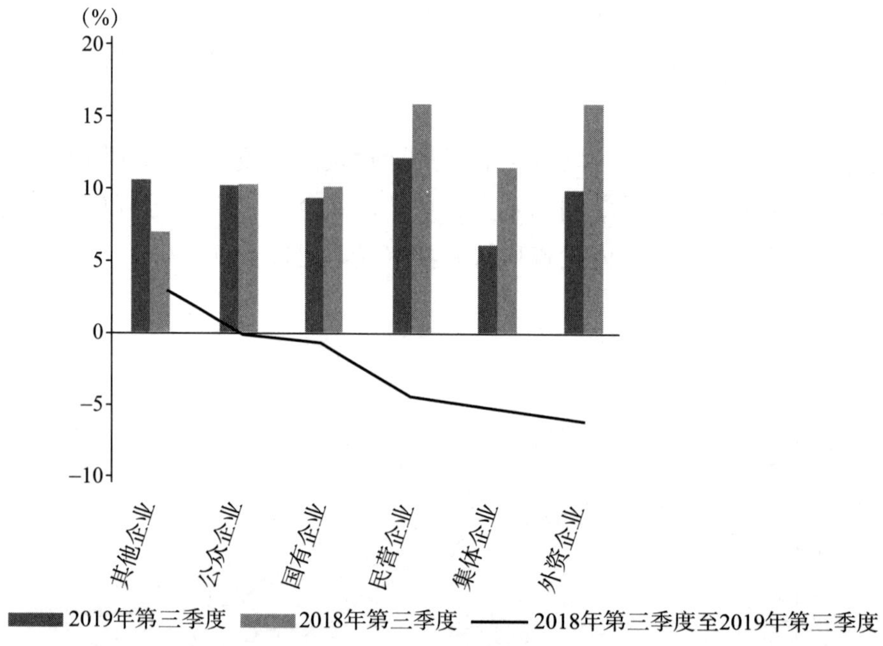

图 57　分所有制总资产同比增速情况

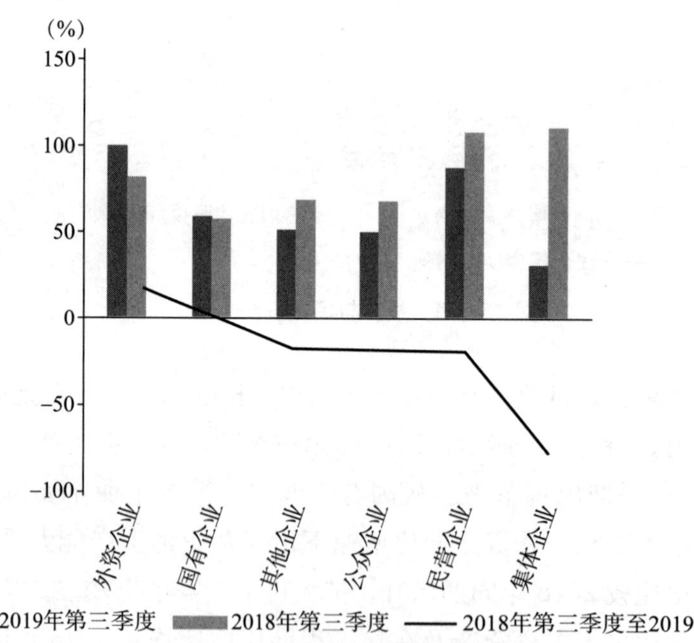

图 58　分所有制在建工程同比增速情况

九是新一轮更加积极的财政政策和边际宽松的稳健货币政策将进一步发力，这与 2020 年全面小康带来的社会政策红利以及全球同步宽松带来的全球政策红利一起决定了 2020 年的政策红利大于前几个年份。

（1）减税降费的政策红利进一步显现。随着减税降费力度持续加大，企业微观基础不断改善，向宏观经济的传导仍存在一定的时滞，政策效果将会在 2020 年更为充分地显现。首先，运用充分考虑生产端和需求端企业异质性、同时识别生产函数和需求函数参数的结构模型，使用中国规模以上工业企业数据库中的 10 个制造业行业数据，评估和模拟增值税减税效应发现：第一，增值税减税的短期实质效应相当可观。增值税减税后，产出会增长，就业会增加；增值税减税的幅度越大，产出和就业的增长效应就越强。以增值税减税 3 个百分点为例，制造业的总产出、总就业的增长率分别提高 4.30、7.07 个百分点（见图 59）。第二，完善增值税的抵扣链条、提升企业进项税抵扣的便利，同样具有重要的降税政策效应。例如，若这些政策使得销项税率降低 3 个百分点、进项税率降低 1.5 个百分点，与基准结果相比产出增长率会提高 3.81 个百分点、就业增长率提高 3.37 个百分点。这表明区分销项税率和进项税率两条影响渠道确实能够提供丰富的额外信息。第三，增值税减税能够明显改善制造业的资源配置效率，提升宏观生产率。削减增值税税率后生产率越高的企业增长更快。其雇用的劳动力增加更多、产出增长更快，从而市场份额增加。

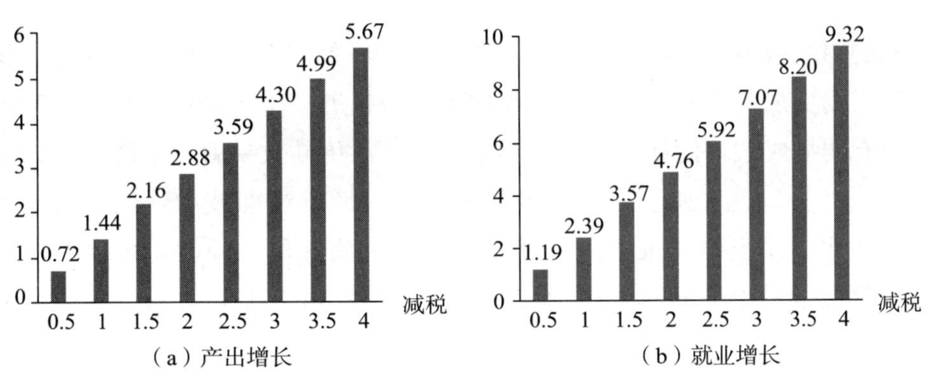

图 59　制造业削减增值税税率的效应（百分点）

其次，根据全国税收调查中的 10 个服务业行业数据，就服务业社会保险降费对产出、就业的影响进行了政策模拟发现：第一，服务业社会保险降费的产出效应和就业效应相当可观。服务业社会保险费率下调 4 个百分点，产出增长 5.7 个百分点。社保降费幅度与企业产出和劳动需求增长的程度基本呈现稳定关系，降费的就业效应是降费幅度的 2 倍，降费 4.0 个百分点，就业需求将增长近 8 个百分点（见图 60）。第二，服务业企业成本的变化更多体现为实质效应（产出和就业）而非传导至价格。面对劳动成本的下降，服务业企业更多地选择增加劳动雇佣量、提供更多服务，而不是削减服务价格。第三，降费能够明显改善服务业的资源配置效率，提升服务业整体全要素生产率。降费后生产率越高的企业增长越快，劳动需求增加越多，从而市场份额增加。第四，降费对小规模服务业企业的就业刺激效应更强。由于服务业中小规模企业为数众多，降费对社会就业的促进作用确实不可小觑。同时，由于小规模服务业企业对劳动成本的变化更敏感，社会保险征费体制改革应该有实际性降费政策加以配合。

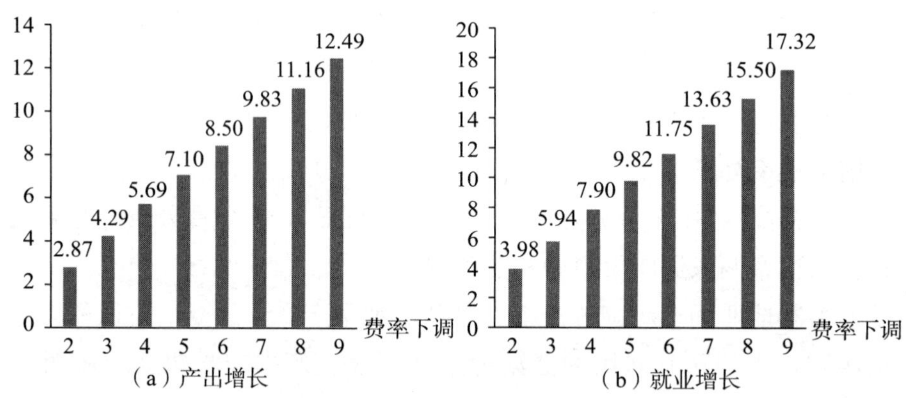

图 60　服务业社会保险降费的政策效应模拟（百分点）

当前的财政政策效果已经显现，2020 年需要继续坚持和巩固；同时，积极的财政政策需要更加积极有为，从生产端向消费端拓展。生产端的减税降费对降低企业成本具有明显成效，但如果老百姓不消费，政策传导效果就会下降；而如果消费增加了，生产自然就会跟上。虽然消费刺激容易形成跨期波动，但作为逆周期调节工具，效果立竿见影。最典型的就是降低汽车购置税。同时，可以考虑加大对中低收入群体的补贴和转移支付力度，缓解猪肉价格上涨和收入波动产生的民生冲击。

（2）全面建成小康社会的社会政策红利。2020 年全面小康目标的实现，意味着中国进入减少相对贫困人口阶段，收入分配制度改革将作为党的十九届四中全会提出的改革重点而启动。

（3）全球政策同步宽松的全球政策红利。这将带来国际政策的协同效应，全球经济形势持续恶化的局面有望得到边际改善。为促进经济的进一步复苏或者延长经济景气周期，全球开启了次贷危机以来的新一轮降息模式。与 2019 年年初相比，全球主要央行都下调了政策性利率水平，美联储2019年已经3次降息，联邦基金利率保持在1.50%～1.75%，全球短期基准利率下行。其中，日本、瑞士和瑞典都处于负利率水平，欧元区利率为0，但存款便利利率为－0.5%（见图61）。

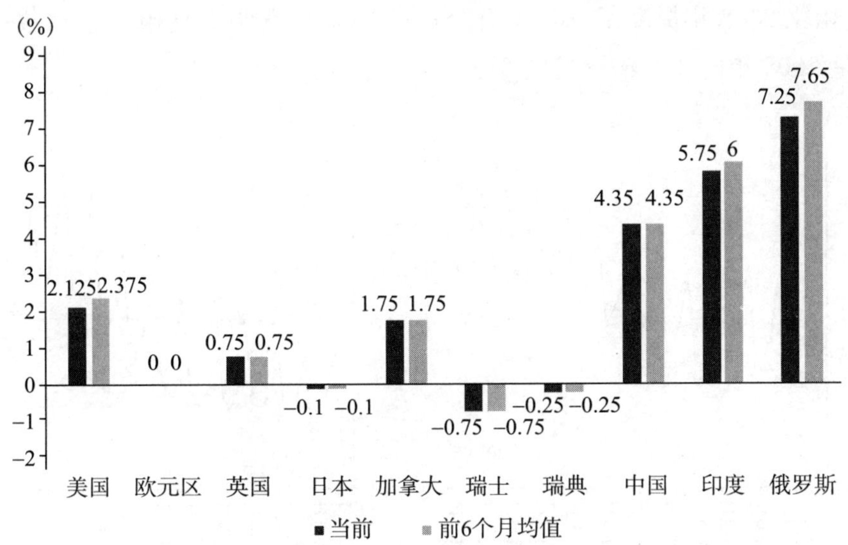

图61　全球主要发达经济体和新兴市场经济体的央行政策性利率水平

资料来源：BIS.

十是中国庞大的市场、多元化的出口路径、齐全的产业、雄厚的人力资源、开始普及的创新意识和创新竞争、强大的政府及其控制能力决定了中国经济的韧性和弹性将在2020年进一步强化。2020年中国GDP总量将突破100万亿元，人均GDP超过1万美元，超大规模市场优势和中产消费潜力将得到进一步提升，强劲的结构变化意味着中国具有强大的发展后劲和动能。

（1）服务化孕育新机会和新问题。近年来，随着工业占GDP比重的持续回落，服务业占比持续上升，服务业发展成为中国经济增长的主要驱动力。其中，金融业占GDP的比重提升至8%左右，房地产业占GDP的比重提升至7%左右（见图62）。

（2）消费化加速形成巨大的内需。近年来，中国消费参数已经发生革命性变化：第一，中国的恩格尔系数为29.33%，比1978年减少了30个百分点，达到联合国划分的富足水平。第二，巨大的中国中等收入阶层意味着庞大的市场。根据第四次全国经济普查数据，修订后的2018年中国人均GDP已经超过1万美元，接近世界人均GDP 1.13万美元。第三，物质消费和服务消费比例大幅变化。服务消费支出占居民消费支出的比例在 2017 年超过 40%。第四，消费支出占居民可支配收入的比重为 70.6%。第五，国民储蓄率下降到 46.4%，国民消费率在过去 8 年中提升了 5 个百分点。

（3）研发（R&D）达到很高的高度。2018 年中国研发支出占 GDP 的比重达到 2.2%，相比 2008 年提高了 0.7 个百分点；2018 年发明专利申请授权数达到 43.2 万件，是 2008 年的 4.6 倍（见图 63）。

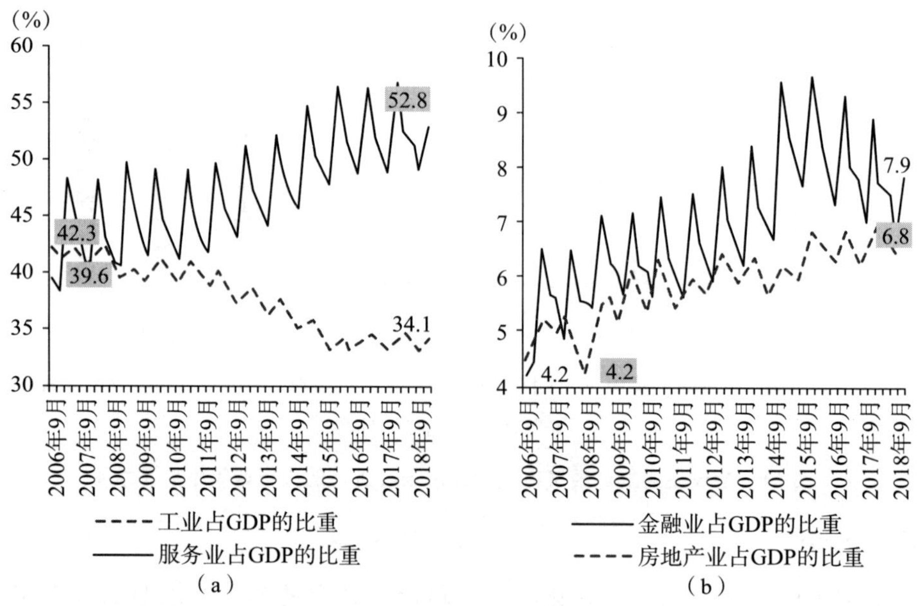

图 62　服务业发展拉动中国经济增长

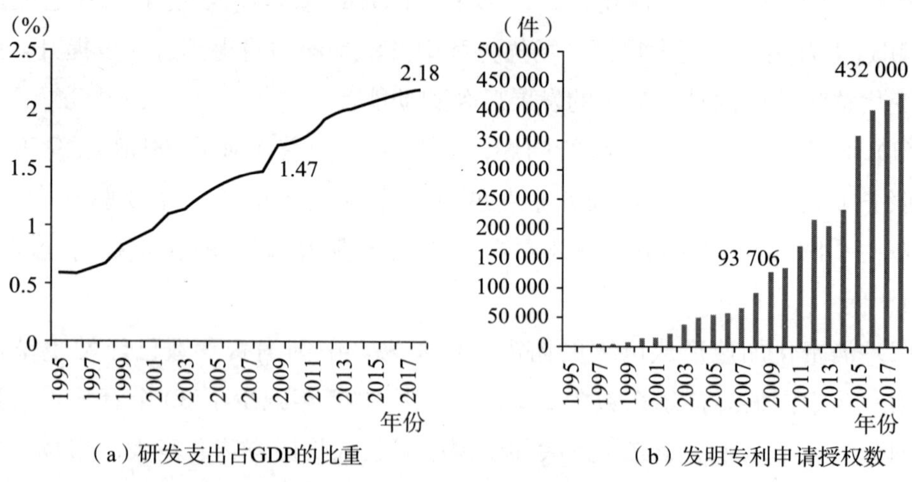

图 63　中国研发经费支出和发明专利申请授权数快速上升

与美国相比，中国 R&D 支出的差距不断缩小，特别是试验发展研发支出规模已经超过美国（见图 64）。不过，从支出结构来看，中国研发主要是以试验发展阶段的投入为主，2016 年占比达到 84.2%，而基础研究投入则严重不足，占比仅有 5.1%，基础研究以及应用研究投入占比合计为 15.8%。相比之下，美国在基础研究领域的投入占比达到 16.9%，基础研究以及应用研究投入占比合计达到 36.5%。特别是在联邦政府层面，除了国防部，其他部门（包括能源部、NASA 等）基本以资助基础研究与应用研究为主。

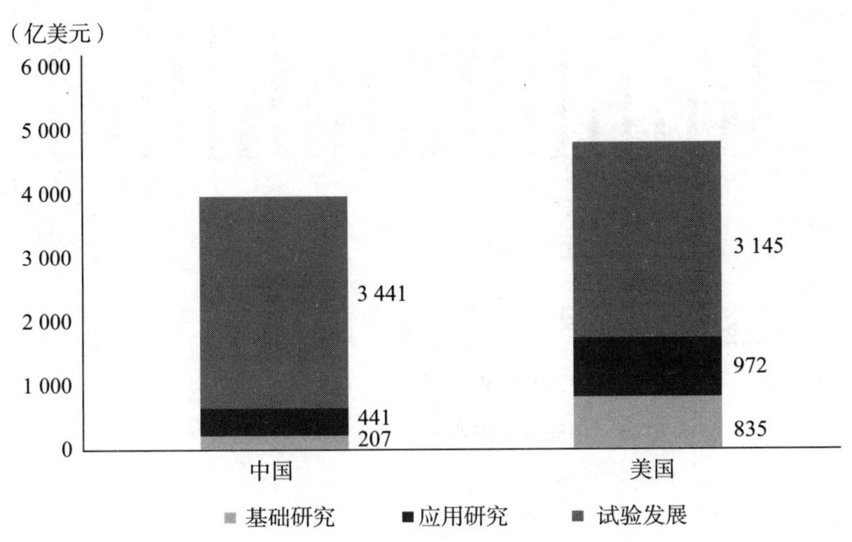

图 64　中国和美国 2016 年研发支出结构对比

（4）经济结构变化对就业产生格局性影响，使得在经济增速下降过程中就业却出现超预期的稳定。近年来，第二产业占 GDP 的比重持续下降，第三产业的占比则持续上升，就业加速从第二产业向第三产业转移，表现为第二产业就业人数开始出现负增长，但第三产业就业人数快速增长（见图 65）。在此背景下，同样的经济增速所能吸纳的就业人数增加。因此，在经济增速下降过程中，就业却出现超预期的稳定。

除了城镇调查失业率总体平稳外，就业市场的稳定还体现在农民工收入的较快增长上。在各类就业群体中，农民工就业增长和工资增长最具弹性，也最能反映就业形势的变化。2019 年上半年，农民工月收入达到近 4 000 元，同比增长 6.9%（见图 66）。

综上所述，在趋势性因素与周期性因素叠加、国际与国内不利因素强化的作用下，2020 年我国经济增速还将进一步下行，但下滑幅度有望放缓。在此背景下，对于如何科学制定 2020 年经济增长目标，2020 年宏观经济运行中又有哪些重大风险点，需要保持高度关注和采取前瞻性应对举措。

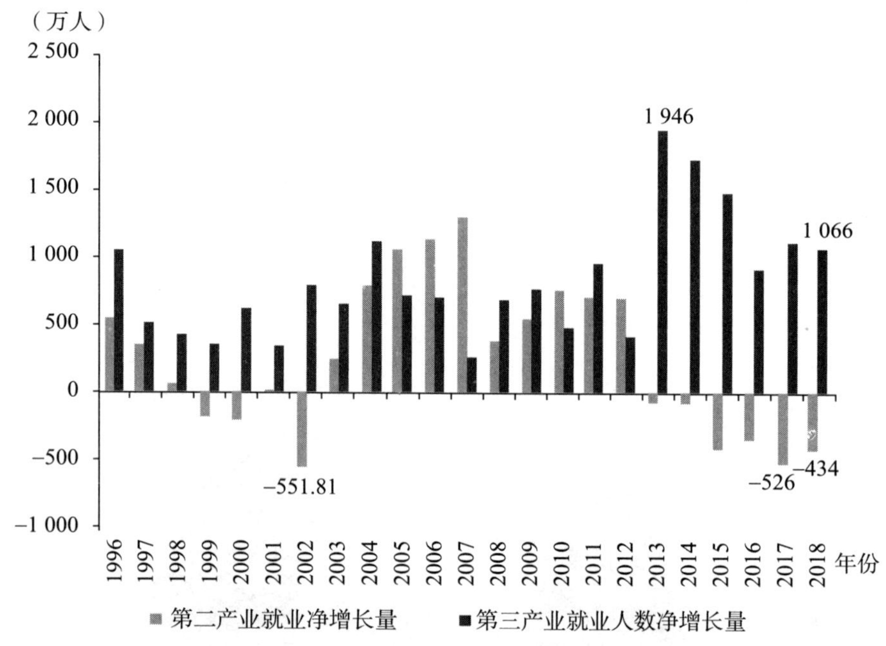

图 65　中国第二产业和第三产业就业增幅变化

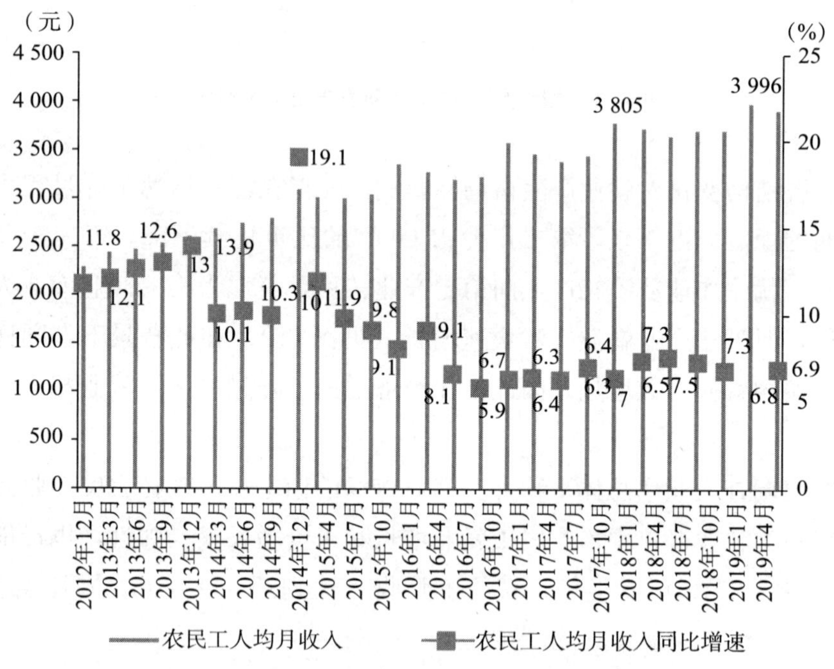

图 66　中国农民工人均月收入及其增速变化趋势

四、2020 年经济增长目标的确立和需要关注的风险点

2020 年是我国全面建成小康社会的决胜之年，是第十三个五年规划的成果验收之年，对各项发展目标的约束收紧决定了 2020 年经济增长目标的下限。科学制定 2020 年增长目标的紧要之处在于目标下限约束与现实的增长潜力之间的空间大幅收窄。一方面，新常态的增速换挡期、动力转换期以及前期风险的释放期尚未结束，趋势性下滑力量仍然没有逆转。另一方面，国际、国内周期性波动加大，周期性力量与趋势性力量将在当前与未来一个时期出现叠加。在趋势性因素与周期性因素叠加、国际与国内不利因素强化的作用下，2020 年经济增速的“下台阶效应”还将进一步显化。因此，必须强化底线意识，以底线思维制定和落实 2020 年经济社会发展的主要预期目标，加强巩固和培育积极因素，并对经济运行中可能出现的重大风险点保持高度关注和采取前瞻性的应对举措。

（一）2020 年中国经济增长目标的确立

科学制定 2020 年经济增长目标，需要坚持三个基本原则：一是高质量发展；二是完成“两个一百年”目标的阶段性任务；三是保证社会就业基本稳定。与一些流行观点不同，我们经过反复测算发现，2020 年增长目标不必拘泥于 6%以上，保持在 5.5%～6.0%，保守目标为 5.8%左右，足以完成“两个一百年”目标的阶段性任务，也能够保证社会就业的基本稳定，同时也更有利于保持战略定力，按照既定方针推动经济高质量发展。

1. 坚持高质量发展原则，2020 年 GDP 增长的区间管理目标宜设为 5.5%～6.0%

按照既定方针推动中国经济高质量发展，要求 2020 年经济目标必须符合中国经济中长期发展趋势，并在此基础上加强宏观政策逆周期调节功能对周期性因素的对冲作用。2020 年中国经济潜在增速仍处于“下台阶”阶段，当前经济增速换轨的四大力量中，除了制度性因素开始筑底回升外，其他三大趋势性因素仍然没有得到有效逆转，而且近期的 TFP 增速回升还没有承担起拉动中国经济常态化增长的重任。同时，国际、国内各种周期性因素的不利影响明显加大，可能会在 2020 年出现叠加，对此需要加强宏观政策逆周期调节功能进行有效对冲。

基于以上判断，2020 年 GDP 增长目标宜设在 5.5%～6.0%。原因在于，近 10 年来的 GDP 增速平均每年下降约 0.5 个百分点，2020 年的潜在经济增速依然会出现明显回落。如果继续将 2020 年的 GDP 增长目标设在 6.0%～6.5%，那么必须依

靠强有力的财政刺激政策、宽松的货币政策以及放松房地产市场调控来刺激短期增长。但是，从目前来看，这三个条件要么不具备要么不利于中长期的经济高质量发展。因此，从保持战略定力、按照既定方针推动经济高质量发展的角度来看，将2020年增长目标设在5.5%～6.0%进行区间管理较为适宜。

从中长期来看，在趋势性下滑和增速换挡过程中，中国经济发展还需要完成以下历史性任务，必须为2021年深化改革攻坚预留政策储备：一是跨越“修昔底德陷阱”，实现无战争的大国崛起，解决国内经济发展和国际关系协调问题，构建“人类命运共同体”；二是跨越“中等收入陷阱”，实现无民粹主义的大福利，解决进入高收入阶段面临的收入分配等瓶颈问题；三是超越“明斯基时刻”，实现无危机的金融深化，解决金融发展和风险防范问题；四是破解“李约瑟之谜”，实现政府与市场协同下的大创新，解决科技进步和前沿创新问题；五是越过“环境库兹涅茨曲线”拐点，实现可持续发展的结构转型，解决经济发展与生态环境再平衡问题。

2. 坚持实现“两个一百年”目标阶段性任务原则，2020年GDP增长目标宜保持在5%～6%，不必拘泥于6%以上

2020年GDP增长目标的下限面临完成“两个一百年”目标阶段性任务的紧约束。如果按照目前的统计口径，6%将是2020年GDP增长的目标下限。在2019年GDP增速为6.2%的假设下，要实现“2020年GDP比2010年翻一番”的目标，2020年的GDP增速需要达到6.0%；如果要实现“‘十三五’时期年均增速在6.5%以上”的目标，2020年的GDP增速需要达到6.2%。

但是从历次经济普查数据调整的统计规律来看，要完成上述目标，2020年经济增长保持在4%～5%就已经足够。测算依据在于：第一次全国经济普查对1999—2004年经济数据进行调整后，增速平均每年提高了0.6个百分点；第二次全国经济普查对2005—2008年经济数据调整后，增速平均每年提高了0.5个百分点；第三次全国经济普查对2009—2013年经济数据进行调整后，增速平均每年提高了0.56个百分点。因此，根据2018年年底开启的第四次全国经济普查进行数据调整后，2014—2018年的经济增速有望每年提高约0.5个百分点，5年累计提高2.0～2.5个百分点；即使第四次全国经济普查调整仅仅部分重现前3次的情况，按照每年仅提高0.2个百分点算，2020年经济增长5%也足够完成比2010年翻一番的目标。2019年11月22日，国家统计局发布了关于修订2018年国内生产总值数据的公告，将2018年GDP向上修订了2.1%，这意味着在2019年经济增长6.2%的基础上，2020年经济增速保持在4%～5%就已经足够实现比2010年翻

一番的目标。

因此，2020年的经济增长目标不必为增速“破6”的关口过度紧张，在基于第四次全国经济普查数据进行调整后，2020年增速保持在5.5%～6.0%的目标区间，就能够实现“2020年GDP比2010年翻一番”的目标。

3. 坚持保证社会就业基本稳定原则，增速保持在5.5%～6.0%足以保证就业的基本稳定，5.8%是较理想的状态；5%是确保就业无虞的增长底线，但可能会牺牲就业质量

（1）根据我们的测算，5.5%～6.0%的增长目标可以保证就业的基本稳定。以2019年中国GDP增速为6.2%为基础，若2020年中国的经济增速为6.0%，那么非农就业增量预计为590万人，与2018年相近，就业比较宽松；若2020年经济增速为5.8%，非农就业增量降至480万人，比2019年略多，对标2019年的就业形势，2020年就业形势仍应无虞；若2020年经济增速为5.5%，非农就业增量为315万人，比2019年少近百万人，达到历史新低，就业形势会更加吃紧，但尚不会出现大面积的失业问题；若2020年中国经济增速降至5.0%，非农就业增量将降为0，这时才将真正考验中国的就业。基于此，5.0%是确保中国就业无虞所不能突破的增长底线，5.5%～6.0%可以保证就业的基本稳定，5.8%是较理想的状态。

（2）四种增长情形下中国就业的具体形势分析。人们在评判就业问题时喜欢用城镇新增就业指标，但这个指标并不好把握，也不严谨。城镇新增就业是人社部统计的，统计的是城镇地区社区介绍了多少人找到工作，但没有扣除退出劳动力市场的人，也可能存在重复计算，口径比较粗。非农就业增量是国家统计局发布的第二、第三产业就业人数的年度差值，是净增的概念。从本质上讲，城镇新增就业也是反映非农就业增长的情况，但由于有重复统计的偏差，直接用非农就业增量指标更准确一些。

测算的基本假设为：①以2019年中国经济增速为6.2%为基础；②2020年三大产业的GDP占比按平滑方法计算分别为6.85%、33.23%、53.6%；③假设2020年中国经济增速有四种情形，分别为6.0%、5.8%、5.5%、5.0%。

情形1：若2020年中国经济增速为6.0%，非农就业增量将为590万人，就业形势也将较为宽松。

若2020年中国经济增速为6.0%，非农就业增量将为590万人，接近2018年的水平，因2018年的就业形势较好，对标之，2020年的就业形势也应较宽松。其中，工业部门减少劳动力960万人，建筑业将增加劳动力220万人，服务业将增加

1 330 万人，服务业中就业扩张最大的几个部门是批发和零售业（430 万人）、教育业（150 万人）、住宿餐饮业（130 万人）、租赁和商务服务业（120 万人）。

情形 2：若 2020 年中国经济增速为 5.8%，非农就业增量为 480 万人，就业形势基本稳定。

若 2020 年中国经济增速为 5.8%，非农就业增量将为 480 万人，比 2019 年的 400 万人还要略强，因 2019 年中国就业虽较为吃紧，但还算稳定，对标之，2020 年就业也算稳定。其中，工业部门减少劳动力 980 万人，建筑业将增加劳动力 200 万人，服务业将增加 1 260 万人，服务业中就业扩张最大的几个部门是批发和零售业（400 万人）、教育业（150 万人）、住宿餐饮业（120 万人）、租赁和商务服务业（115 万人）。

情形 3：若 2020 年中国经济增速为 5.5%，非农就业增量为 315 万人，尚不会出现大面积失业问题。

若 2020 年中国经济增速为 5.5%，非农就业增量为 315 万人，比 2019 年的 400 万人少近百万人，因 2019 年中国就业比较吃紧，对标之，2020 年就业形势应更加严峻，但与 300 多万人的非农就业增量对应，尚不会出现大面积的失业问题。其中，工业部门将减少劳动力 1 020 万人，建筑业将增加劳动力 190 万人，服务业将增加 1 150 万人，服务业中就业扩张最大的几个部门是批发和零售业（360 万人）、教育业（145 万人）、住宿餐饮业（115 万人）、租赁和商务服务业（105 万人）。

情形 4：若 2020 年中国经济增速为 5.0%，非农就业增量近乎为 0，游走于失业风险的边缘。

若 2020 年中国经济增速为 5.0%，非农就业将停止增长，中国就业将面临真正的考验。考虑到中国就业的实际情况，以 16～70 岁人口计，可能出现就业不足，游走于失业风险的边缘。其中，工业部门将减少劳动力 1 100 万人，建筑业将增加劳动力 150 万人，服务业将增加劳动力 960 万人，服务业中就业扩张最大的几个部门是批发和零售业（290 万人）、教育业（135 万人）、住宿餐饮业（100 万人）、租赁和商务服务业（90 万人）。

（3）基于上面四种测算结果，确保中国就业无虞的经济增长底线是 5.0%，但可能会牺牲短期就业质量。从理论上来说，近年来中国劳动年龄人口呈绝对下降的趋势，即便非农就业岗位不增加，也足以满足就业的需要，但问题是，很多超龄人口仍在就业，他们若失业，既可能转而与年轻人抢工作机会，也会引起一定的社会问题，因此必须考虑到这部分人的失业问题。经测算发现，现在中国 16～70 岁人口正处于不增不减的阶段。要满足 16～70 岁人口的就业需要，至少非农就业岗位不能减少。从这个角度讲，如果经济增速为 5%，此时，为保证就业不出问题，可能要以牺牲短期就业质量为代价。因为在这一过程中，带动就业的都是以批发和零售业、住宿餐饮业、租赁和商务服务业等为代表的低端服务业，劳动生产率低、工资低、就业质量低等矛盾突出。

综合考虑现阶段国际、国内的趋势性因素和周期性因素，坚持高质量发展原则、实现“两个一百年”目标阶段性任务原则、保证社会就业基本稳定原则，建议 2020 年中国经济增长的目标区间设为 5.5%～6.0%，保守目标为 5.8% 左右。

（二）2020 年宏观经济运行需要关注的风险点

1. 随着新一轮外部冲击的全面显现，2020 年中国宏观经济面临较为严峻的外部挑战

作为开放性大型经济体，全球经济步入新的低迷期、大国博弈开启新征程、全球经济贸易政策不确定性达到新高度，不仅会通过贸易渠道给中国经济带来直接冲击，而且会通过干扰中国经济的循环运行、恶化市场信心和未来预期等间接渠道，对中国经济产生更为深远的不利影响。

（1）全球经济步入新的低迷期，外部需求不足的冲击可能会在 2020 年进一步显化。自 2019 年以来，全球经济增长发生系统性大幅下滑，个别主要经济体已经陷入经济衰退。目前，OECD、IMF、欧洲中央银行（ECB）、世界银行（WB）以及联合国贸易和发展会议（UNCTAD）、亚洲开发银行（ADE）相继下调了 2020 年的增长预期。这就表明，中国经济的下滑不仅仅是由内部因素导致的，而是由于全球经济普遍面临的下行压力。2020 年全球经济低迷期仍将持续。

首先，目前仍难以依靠新一轮技术来带动世界经济走出低迷状况。进入 21 世纪以来，全球各种专利生产的增长速度持续下滑。各国的研发支出占 GDP 的比重，除了中国在上升外，其他地区全部在下降。特别是 OECD 国家，研发的比重下降幅度较大。其次，逆全球化的长度和深度可能比预期要长。在历史上，如果这种贸易摩擦根源于全球分工格局和世界政治格局大变化，那么贸易摩擦的深度和长度将会全面拉长，它的长度可能会达到 20 年。从 2008 年至今只有 12 年，仍处在逆全球化的低谷中。再次，全球不平等问题没有改善，甚至在一些局部问题上有所恶化。之所以会出现逆全球化，就是因为全球化带来了很多的不平等问题，部分群体的福利没有得到改善，所以出现民粹主义，进而出现保护主义，出现逆全球化的浪潮。可以说，在逆全球化的背后，不平等是很重要的一个问题。全球前 1%的富人所占

世界收入的比重，在 20 世纪 80 年代为 16.3%，而 2016 年提升至 20.4%；更重要的是，全球主要国家大都出现了这一问题。又次，债务率高企。2019 年全球债务规模预计将超过 255 万亿美元，占全球 GDP 的比例将升至 330%，债务问题已经到达一个新的临界点。最后，人口老龄化问题。目前全世界人口结构都在向老龄化转变，基本上劳动力人口占比都在下降，人口抚养比都在上升，这导致了全球经济增长速度下降。

（2）2020 年全球制造业可能继续深陷集体性低迷期。2019 年全球制成品投资、汽车商品、耐用品消费之所以急剧下降，除了全球贸易增速下滑所产生的直接影响外，更重要的是，对未来预期出现的极度不确定性，导致投资和耐用品消费下滑。如果 2020 年美国贸易政策不确定性、全球经济政策不确定性以及地缘政治风险继续攀升，世界范围内的投资和耐用品消费下滑还会进一步加剧，全球制造业将深陷集体性低迷期（见图 67）。

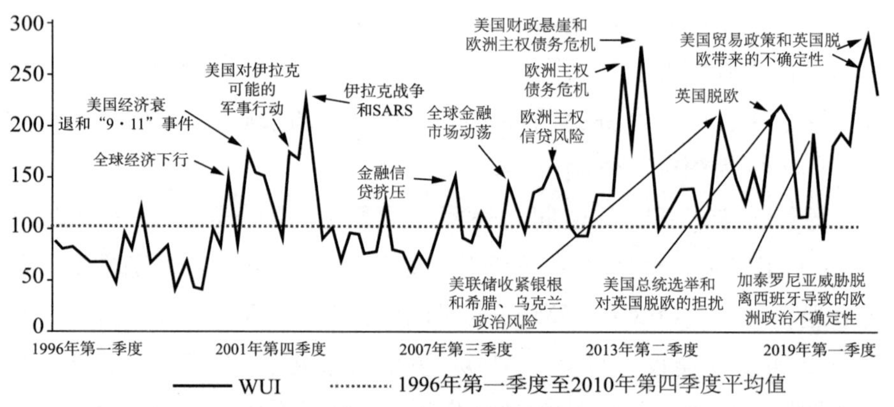

图 67　世界不确定性指数（WUI）

资料来源：Ahir，H.，N. Bloom，and D. Furceri（2018），“World Uncertainty Index”，Stanford mimeo.

以汽车为例，全球乘用车销售量在 2018 年中期达到峰值后开始持续下降，2018 年全年负增长 3.4%，2019 年上半年跌幅进一步扩大至 8.3%，较 2018 年同期增速回落 9.0 个百分点（见图 68）。全球汽车销售和生产的下滑不仅导致汽车产业本身的萎靡，还会通过行业溢出效应和国际溢出效应产生连锁反应。在此背景下，汽车产量和出口量占比高的经济体所受到的冲击最大。从全球汽车市场份额来看，以德国为首的欧洲四国（德国、法国、意大利、西班牙）、墨西哥、日本不仅汽车产量占全球的比重较高，而且汽车出口量占全球的比重显著高于汽车产量占比，因此受到的经济冲击更为严重（见图 69）。目前，德国制造业已经陷入衰退，意大利经济陷入全面衰退，墨西哥经济也开始出现负增长。

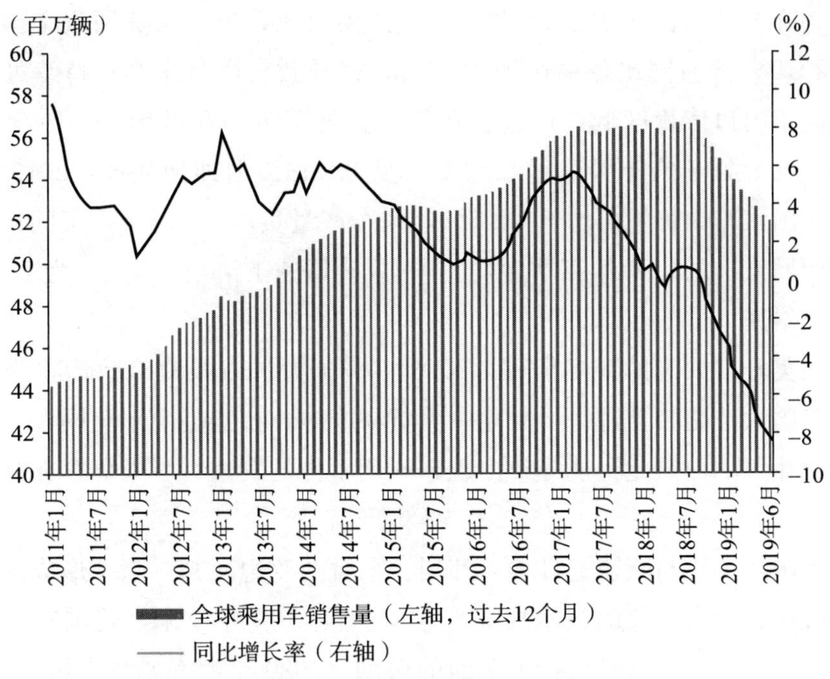

图 68　全球乘用车销售量及其增速变化趋势

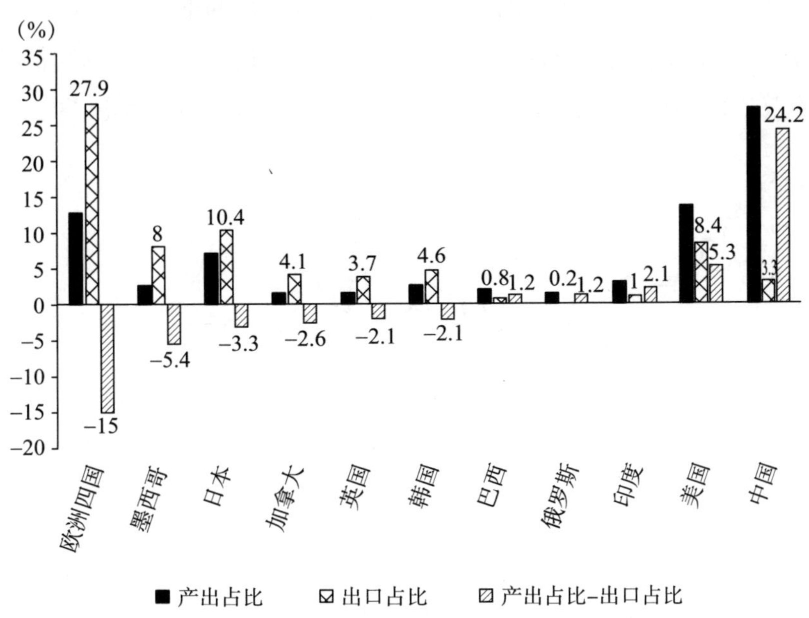

图 69　各国汽车产值和出口占全球的比重（2018 年）

具体地，以德国和美国为例，2019 年前三个季度，由于德国乘用车出口增长率降至负增长 12.0%，尽管同期德国乘用车销量仍为正增长 2.0%，但德国乘用车产量增长率降至负增长 9.0%（见图 70）。作为对比，近年来美国汽车销售量持续负增长，2019 年 8 月同比降幅达到 13.4%，也导致美国汽车产量持续处于负增长区间，但由于出口依赖度低，且过去几年一直处于去库存过程，2019 年美国汽车产量增长情况要好于汽车销量增长情况（见图 71）。但即使如此，2019 年前 8 个月，由于美国汽车销售量负增长 11.1%，汽车产量负增长 6.5%，美国汽车的库存水平也开始回升。2019 年第三季度，美国 GDP 增速下滑至 2.0%，为 2017 年以来的最低同比增速。

（3）中美开启大国博弈新征程，2020 年美国大选以及地缘政治将带来高度不确定性。美国大选是否会进一步激化中美贸易摩擦，特别是由于美国领导人的个性特征和两党斗争的白热化可能导致出现超预期事件的发生，所以仍存在高度的不确定性。

目前美国在加快与欧盟、日本、韩国、东盟的双边谈判。除了形成国际战线同盟，未来可能还会有持续的技术战和人才战。自 2019 年以来，美国对于一些关键技术、敏感领域的签证已经进行了全面的遏制。2020 年汇率调整也可能引发争端。例如，2019 年 8 月 6 日，人民币在岸价格跌破了“7”的关口，随即美国就宣布中国是汇率操纵国。但是，根据美国于 2018 年 4 月发布的最新《美国主要贸易伙伴外汇政策报告》，汇率操纵国的认定标准有三个：一是至少大于 200 亿美元的与美国的显著的双边贸易顺差；二是实质性经常项目顺差至少超过 GDP 的 3%；三是长

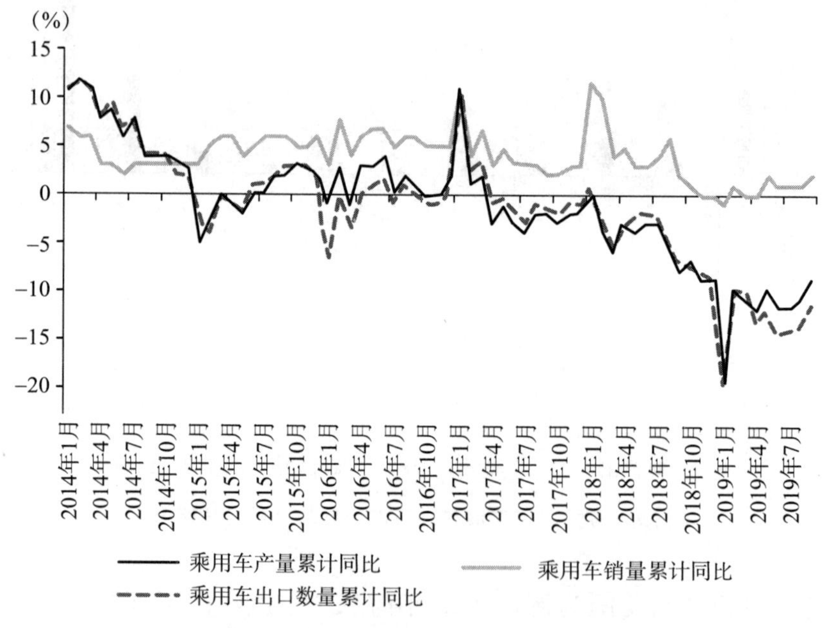

图 70　德国乘用车产量、销量和出口增速变化趋势

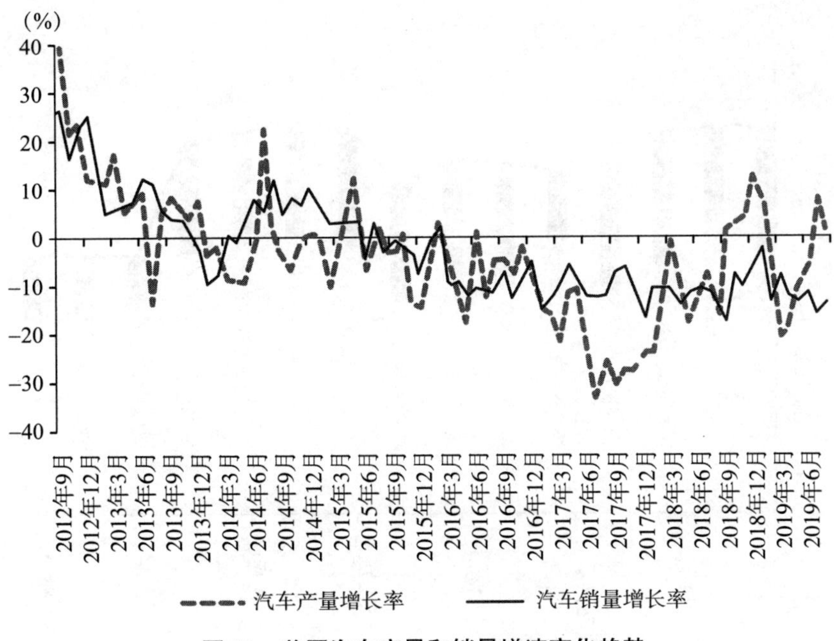

图71　美国汽车产量和销量增速变化趋势

期单边干预外汇市场，在过去12个月内进行反复的外币净买入并且总额达GDP的2%。可以发现，中国可能只符合第一个标准，并不符合其他两个标准，然而，为了迎合政治需要，美国财政部把中国列为汇率操纵国。

总体而言，对未来预期的恶化和不确定性的上扬，加剧了世界范围内的投资品和耐用消费品的收缩，本轮中国经济下行具有全球性的基础性因素。因此，在分析研判2020年中国宏观经济形势时，需要高度关注全球经济的最新变化趋势，同时，2020年中国的宏观政策定位也必须明确国际化导向。

2. *内需增长的持续大幅下滑可能引发宏观经济加速下滑的风险*

2019年中国净出口实现了高速增长，但是内需增长出现了大幅下滑，内需拉动的实际GDP增长率从2018年的7.2%大幅回落至2019年前3个季度的5.0%，加剧了中国经济的脆弱性和对外需的依赖（见图72）。特别是当企业不再扩大生产性投资，居民不再增加耐用品消费，不仅升级型结构分化将会停滞，而且萧条型结构分化也将加剧。短期内，仍需稳外贸以尽可能地争取时间。但是，从全球经济发展态势看，2020年中国继续保持净出口大幅增长的可能性极小。因此，在稳外贸的同时，更重要的是要在时间窗口关闭前，加大力度、加快速度、加强精准度地稳内需。

内需增长大幅下滑，加剧了中国经济的脆弱性。2019年不仅延续了2018年下

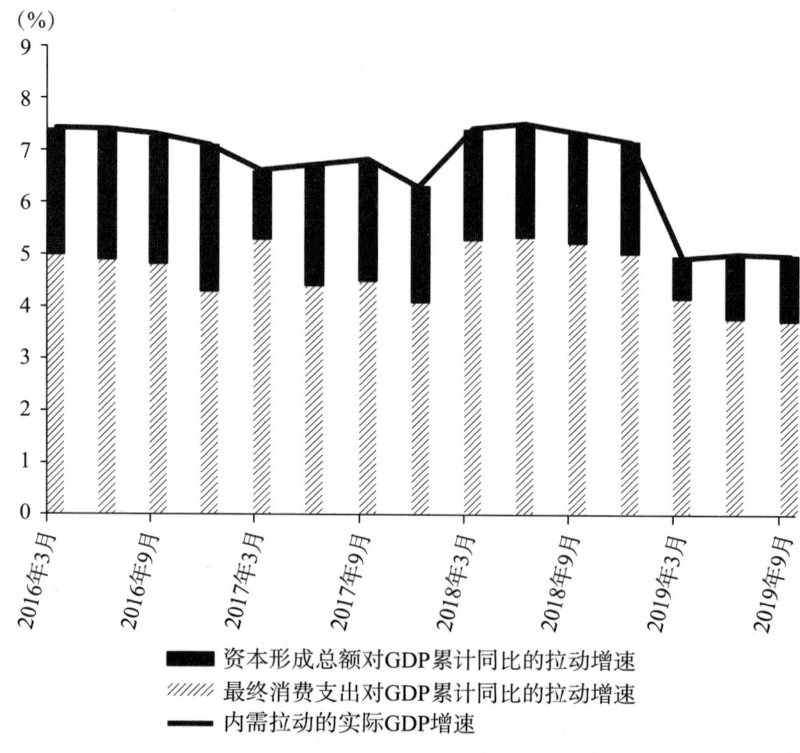

图 72　2019 年中国内需增长出现大幅下滑

半年以来总需求不足的局面，而且新一轮经济加速下行的紧缩机制产生了强烈的收缩效应。由此来看，中央在 2018 年年中就已经提出要做好“六稳”工作，具有前瞻性。2019 年第一季度，中国实际 GDP 增长 6.4%，与 2018 年第四季度持平，体现了“六稳”政策发力产生的企稳作用。但是，2019 年第一季度宏观经济的超预期表现，掩盖了中国内需增长实际上已经出现大幅下滑的事实，这也导致后续宏观政策出现一定的反复。在第一季度 6.4%的经济增速中，有高达 1.5 个百分点来自净出口；扣除外需，内需（投资和消费）增长率只有 4.9%，比 2018 年显著回落了 2.3 个百分点。当时有观点认为这可能是短期因素。但是，随着第二、第三季度数据的相继发布，已经可以确认 2019 年中国内需增长确实出现了大幅的下滑。如图 72 所示，2016 年、2017 年、2018 年中国内需拉动的实际 GDP 增长率分别为 7.1%、6.3%、7.2%，即在 7%左右波动，但是 2019 年前 3 个季度，该增速显著下降为 5.0%，回落幅度之大，值得高度关注。

从内需增长下滑的主要原因来看，当前投资和消费两大需求拉动力都出现了较大幅度回落，共同导致了内需增长的显著下滑。其中，投资对 GDP 的拉动从 2018 年的 2.1 个百分点下降至 1.2 个百分点，回落 0.9 个百分点；消费对 GDP 的拉动从 5.0 个百分点下滑至 3.8 个百分点，回落 1.2 个百分点。更重要的是，当前投资增速下滑不仅来源于总量放缓，也来源于结构恶化导致投资转化效率下降，产生了“有投资、无增长”现象。从总量上看，2019 年前 3 个季度，中国固定资产投资完成额名义增速为 5.4%，较 2018 年增速回落 0.5 个百分点。从结构上看，前 3 个季度，其他费用投资增长 12.1%，占比提高 0.9 个百分点，但设备工器具购置投资出现负增长 1.2%，占比下降 1.0 个百分点，导致固定资产投资向资本形成总额的转化效率下降。从行业方面看，近两年房地产开发投资一直保持 10%左右的增速，2019 年前 3 个季度房地产新开工面积增长 8.6%，但房地产竣工面积负增长 8.6%，两者缺口达到 17.2 个百分点，这一情形从 2018 年年初开始已经持续了近两年。

消费增速下滑来源于汽车、家居和服饰三大类耐用品消费出现集体性下滑，反映了居民在预期恶化下，大幅压减耐用品消费所产生的结构性紧缩效应。2019 年前 3 个季度，消费同比增长 8.2%，较 2018 年同期回落了 1.1 个百分点，主要是由于以下三大类商品消费不足：（1）汽车消费类。2019 年前 3 个季度，汽车类消费负增长 0.7%，其中 9 月负增长 2.2%；石油及制品类增长 1.7%，其中 9 月转为负增长 0.4%。（2）家居消费类。前 3 个季度，家用电器和音像器材类、家具类、建筑及装潢材料类分别仅增长 5.9%、5.9%、3.6%。（3）服饰消费类。2019 年前 3 个季度，服装鞋帽及针纺织品类、金银珠宝类分别仅增长 3.3%和 0.6%。除以上三大类商品外，其余商品消费和服务性消费目前依然保持较快增长。但以上三大类消费的集体性下滑，具有鲜明的缩减耐用品消费特征，反映了居民预期恶化所产生的结构性紧缩效应。

“衰退型顺差”加剧了未来经济的脆弱性。2019 年前 3 个季度，中国出口和进口增速从 2018 年的两位数急剧回落至零增长和负增长，但净出口增速达到 36.1%，拉动 GDP 增长 1.2 个百分点，贡献率达到 19.6%，即净出口贡献了1/5的经济增长，创近 10 年来最高纪录。随着全球经济增速出现新一轮全面放缓，“衰退型顺差”可能已达到极限。内需增长的大幅下滑，使得中国经济增长对净出口增长的依赖性显著提高，也加大了短期稳外贸工作的重要性，但是，从全球经济发展态势看，2020 年中国继续保持净出口大幅增长的可能性极小。中国需要稳外贸以尽可能地争取时间，但更重要的是，要在时间窗口关闭前，加大力度、加快速度、加强精准度地稳内需。

3. 结构性效应会对总体经济造成新的冲击

萧条性的结构分化加剧叠加升级性的结构分化停滞，可能带来总量性的紧缩效应；而增速“下台阶”反过来又可能引发结构性的短板效应显化，导致中小型企业、中小型银行进一步承压，进而诱发局部性的金融风险爆发；同时，也会导致一些经济结构脆弱的区域恶化，进而诱发失业风险。

当前经济结构变动呈现新特征，升级性的结构变化趋缓，衰退性的结构变化加剧。如图 73 和图 74 所示，从工业内部看，医药制造业、通用设备制造业、专用设备制造业等高新技术制造业增速放缓，而 2019 年新动能投资占制造业投资比重的高开低走趋势也反映了这一情况，截至 2019 年 9 月底这一比重为 54.54%，较 2018 年同

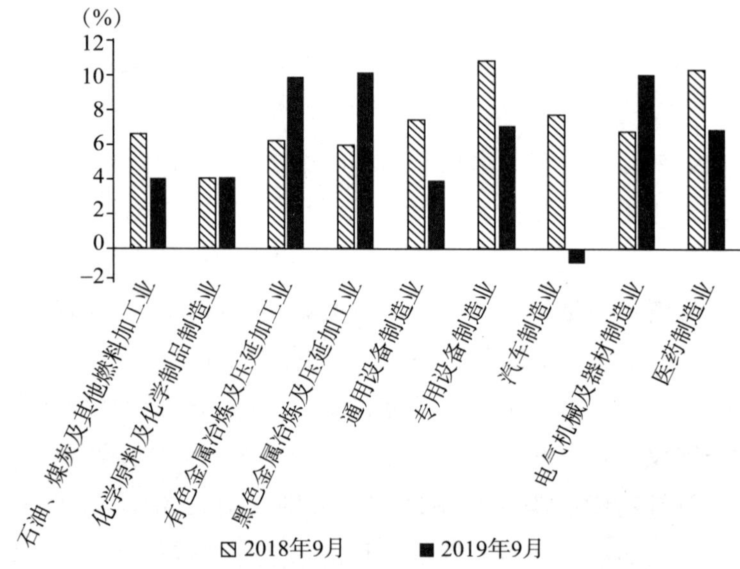

图 73　高新技术制造业增加值增速放缓和高耗能行业增速回升

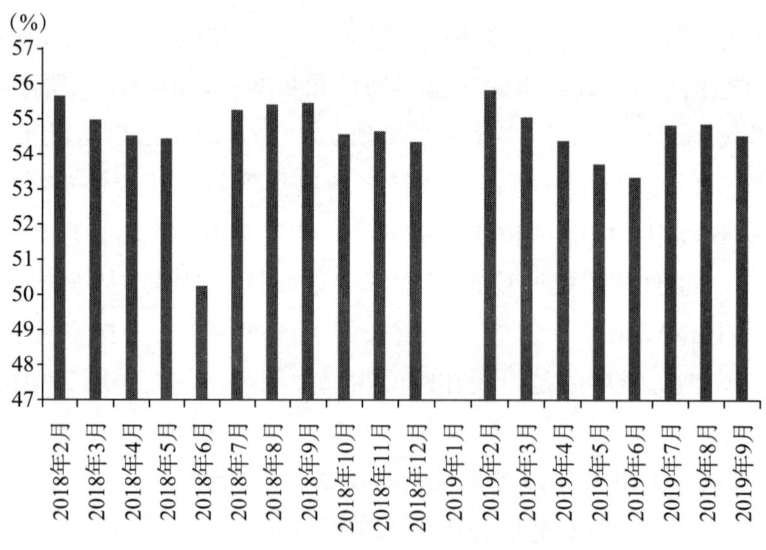

图 74　2019 年以来新动能投资占制造业投资比重高开低走

期和年初均有不同程度的回落；而黑色金属冶炼及压延加工业、有色金属冶炼及压延加工业、金属制品业等高耗能行业增长再度回升，这种变化意味着过去几年延续的工业结构调整趋势有所放缓。在服务业内部，信息传输、软件和信息技术服务、租赁和商业服务等细分行业的增速下降幅度明显大于服务业整体，而金融业的增速有所改善，这说明宽信用、结构性宽货币下的政策目标与政策效果之间还存在一定阻滞。

从区域维度分析，东部地区企业盈利承压，中部地区企业利润增长放缓明显，东北地区企业盈利能力恶化（见图 75 和图 76）。在经济下行背景下，2019 年第三季度全国四个地区（东北地区、东部地区、西部地区、中部地区）上市企业盈利能

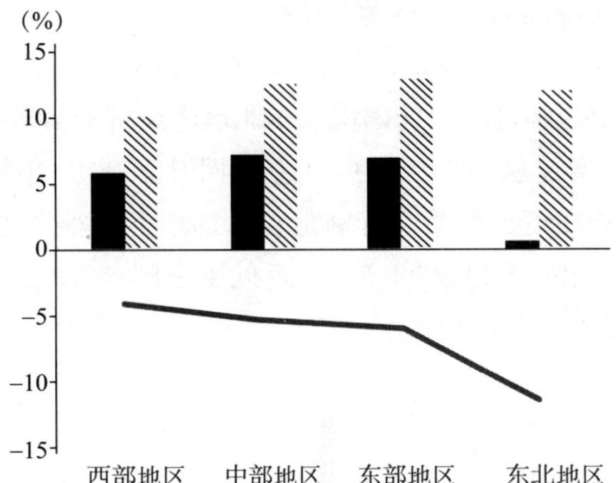

图 75　分区域营业收入同比增速情况

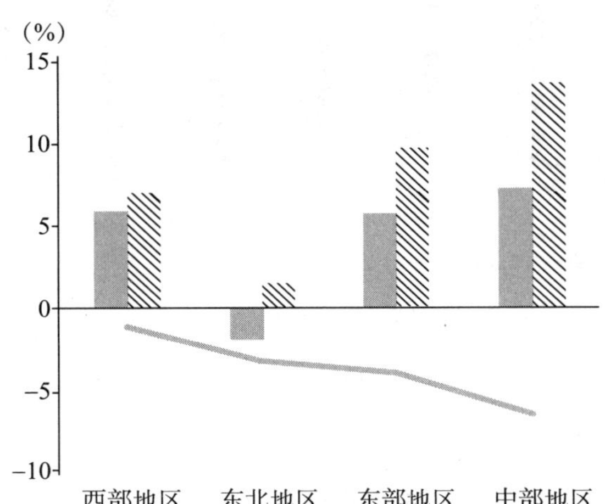

图 76　分区域净利润同比增速情况

力均有所恶化，营业收入及净利润同比增速均放缓。其中，东北地区企业营业收入同比增速下滑明显，降幅超过10.0%，净利润同比增速由正转负，盈利能力大幅恶化；中部地区企业营业收入及净利润同比增速回落均超5.0%，净利润同比增速降幅最大；西部地区企业营业收入及净利润同比降幅均最小，盈利能力恶化程度相对较小。值得注意的是，受中美贸易摩擦影响，东部地区企业尤其是出口外向型企业盈利能力不断恶化，营业收入及利润增长持续放缓。

因此，虽然目前中国就业形势总体平稳，在总量上不存在大问题，但是区域性和行业性就业矛盾持续发酵。首先，分地区来看，东北、京津冀地区的就业形势没有根本改观，有的还在持续恶化。截至2019年9月，中国总体的就业景气指数为1.92，东北地区只有0.9，京津冀地区只有0.87（见图77）。东北和京津冀地区就业形势紧张主要源于地区经济发展的困境。东北地区经济形势整体差于全国。辽宁已有所回升，其GDP增速从2017年的2%左右回升至2019年第二季度的5.8%，但吉林和黑龙江的形势却更加严峻，特别是吉林持续下滑很严重，至2019年第二季度两地GDP增速分别跌至2%和4.3%，远低于全国6.3%的水平。在京津冀地区中，天津的GDP增速只有4.6%。

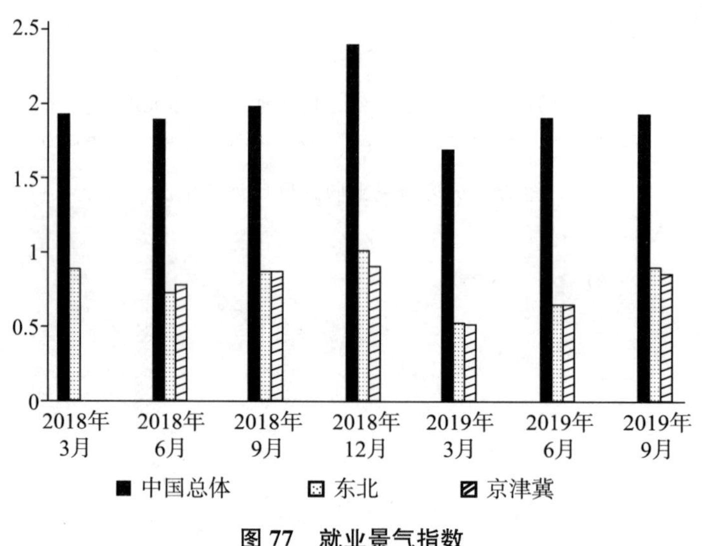

图77　就业景气指数

资料来源：中国人民大学就业研究所和智联招聘联合发布的《2019年第三季度中国就业市场景气报告》。

分行业来看，汽车和手机等行业仍处于较为严重的下降通道，房地产、建筑业和信息服务业的收缩也比较明显，这些行业的销售和生产下行使其面临较大的就业压力。汽车行业从2018年开始步入困境，2019年1—9月汽车销量累计同比下降10.3%，行业萧条必然会引发失业压力。2018年年底汽车行业就业人数约为450万人，据此进行简单测算，2019 年以来汽车行业的失业人数可能接近 50 万人。2018 年手机出货量同比下降达两位数以上，2019 年上半年以来在各种促销政策的刺激下，降幅有所收窄，4—5 月甚至由负转正，但是 9 月的同比降幅再次扩大到 7.1%。手机行业的困境必然会对上下游产业链的就业产生压力。受调控政策等因素的影响，房地产业持续萎靡，2019 年前 8 个月商品房销售面积同比下降 0.6%，9 月有所回升，但前 9 个月仍同比下降，商品房销售面积同比降幅为 0.1%。房地产业也有近 445 万就业人员，行业低迷会对就业造成较大影响。2019 年上半年，直接从事建筑业的生产经营人数比上年同期减少近 60 万人。2019 年前 8 个月建筑业固定资产投资累计同比减少达 20%。建筑业是农民工就业的一个重要产业，建筑业萎靡会对农民工就业产生很大影响。

未来一段时间，中美贸易摩擦也可能会演变为冲击中国就业的一个风险点，并可能在局部行业和局部地区率先爆发。中美经贸关系暂时缓和，但是相关的矛盾并没有得到解决。美国政府的关税行动只是推迟，并没有真正取消。迄今为止，美国已经实施的关税行动对中国就业的影响还没有完全显露出来。现有根据各行业销售利润率进行的测算表明，加征关税的幅度如果达到 21%～24%这样的阈值，对就业的负面冲击将会迅速显露。此前所加征的 15%的关税，对相关行业的影响暂时没有显露。如果关税进一步提高，通用设备制造业、电气机械及器材制造业、橡胶和塑料制品业以及金属制品业等行业可能会出现较大规模的失业。广东、浙江、江苏和山东等对美出口行业较为集中的省份可能会面临较大的失业压力。

4. 2020 年中国经济出现新一轮通货紧缩的风险加大，需要保持高度关注和做好应对准备

尽管 2019 年第三季度以来以猪肉为代表的食品价格大幅上涨，带动消费者物价指数走高，但这绝不意味着 2020 年一定不会出现通货紧缩。相反，非食品 CPI 的持续下滑、PPI 的连续下跌、GDP 平减指数的回落，特别是本轮 PPI 下跌的节奏、涉及行业的广度和深度，都与前几轮通货紧缩的初期表现具有高度的相似性。需要密切关注 2019 年第四季度至 2020 年第二季度这一关键窗口期的 PPI 形势变化，并及时调整货币政策定位，构建货币政策稳健的新框架。

（1）当前价格走势高度分化，在关注食品上涨的同时，更应该高度关注已经出现的各种通货紧缩迹象，未来两三个季度是关键的窗口期和政策反应期。2019 年第三季度以来价格走势高度分化，对市场预期和宏观政策产生了很大影响。一方面，以猪肉为代表的食品价格大幅上涨，带动消费者物价指数走高，10 月同比涨幅达到了 3.8%；另一方面，生产价格指数持续下行并转为负增长，10 月同比跌幅

扩大到了1.6%。这种分化趋势还将延续至2020年第一季度。因此，对于价格形势的准确预判，成为确立2020年宏观调控总基调的关键。我们认为，当前的食品价格上涨并带动CPI冲高，是局部性、阶段性的，但这并非意味着2020年的通货紧缩风险不大。在上一轮通货紧缩前夕，同样出现了食品价格的大幅上涨和CPI冲高。2011年6月，食品价格涨幅达到14.4%的峰值，带动CPI突破6.0%达到6.4%，但仅仅3个季度之后，就开启了一轮持续时间长达54个月的工业领域通货紧缩。当前非食品CPI的不断下滑、PPI的持续下跌、GDP平减指数的显著回落、企业效益和市场预期的恶化，可能预示着新一轮的通货紧缩正在形成。

（2）对比分析表明，当前价格走势与前三轮通货紧缩的前期表现，特别是与上一轮通货紧缩（2012年3月至2016年9月）具有高度的相似性。在本轮PPI下跌前，非食品CPI已从2018年第三季度的2.4%下滑至2019年6月的1.4%，截至2019年10月，非食品CPI进一步下滑至0.9%。由于当前非食品CPI的缓冲空间比上一轮更小，如果2020年出现新一轮通货紧缩，其严重程度可能不会低于上一轮。更重要的是，本轮PPI下滑的节奏、所涉及行业的广度和深度，都与前几轮通货紧缩相似。2019年7月PPI开始出现负增长（－0.3%），10月跌幅已扩大至1.6%。对比上一轮通货紧缩，2012年3月PPI开始出现负增长（－0.3%），6月跌幅扩大至2.1%。2019年10月，在39个主要工业行业的出厂价格中，有15个行业价格出现下跌，其中6个行业的跌幅超过5%。对比上一轮通货紧缩初期，有11个行业价格出现下跌，其中4个行业跌幅超过5%。对比再上一轮通货紧缩（2008年12月至2009年11月）初期，有12个行业价格下跌，其中7个行业跌幅超过5%。对比更早一轮通货紧缩（1997年6月至1999年12月）初期，有13个行业价格下跌，其中6个行业跌幅超过5%。

（3）本轮PPI的下行与工业企业效益的普遍恶化具有高度的一致性，表明这一趋势主要由需求下滑而非效率提升所驱动。2019年工业企业利润总额出现了自2016年以来的首次负增长，前3个季度同比减少2.1%，特别是制造业同比减少了3.9%。分行业来看，在出现价格下跌的行业中，多数行业利润总额出现显著负增长或增速大幅下滑；在PPI涨幅已经低于1.0%的行业中，多数也出现了利润增速的下滑甚至负增长，处于即将步入价格下跌区间的边缘。

（4）除了总需求的持续回落带来需求拉动型通货紧缩压力外，全球制造业低迷和国际大宗商品价格回落特别是原油价格进入下行通道，也将带来输入型通货紧缩压力，对2020年价格走势产生持续的下行压力。2020年的全球通货膨胀预期和国际原油价格预期趋于下行。其中，发达经济体CPI预期从2018年的2.0%分别下滑至 2019 年的 1.5%和 2020 年的 1.8%。更重要的是，未来 5 年内全球原油价格都将处于下行区间。IMF 预计，2019 年国际原油价格下跌 9.6%，2020 年进一步下跌 6.2%，2021 年和 2022 年将继续下跌 4.6%和 1.3%，直至 2023 年和 2024 年企稳。此外，2020 年金属价格预计也将下跌 6.2%。

因此，基于当前价格走势与前几轮通货紧缩初期的对比，结合国内外宏观经济形势分析，2020 年出现新一轮通货紧缩的风险较大，需要保持高度关注和做好应对准备。特别是 2020 年下半年可能出现全面通货紧缩。当前工业领域的萧条已经出现，而且是全球性的，PPI 持续回落将是大势所趋。未来总需求不足向价格领域的传递还会进一步持续，而且总需求本身的下行压力还会进一步加大。与此同时，全球范围内的制造业低迷和大宗商品价格下跌，使得外部输入型通货紧缩压力显著加大。内外价格预期低迷，在中期内将难以得到有效提振。2020 年下半年，随着食品价格的翘尾因素回落，可能导致 CPI 出现明显下滑，届时 GDP 平减指数在 2019 年已经大幅回落的基础上，可能出现由正转负。

5.2020 年仍需高度关注猪肉等食品价格的结构性上涨和总需求不足可能带来的“双重风险”叠加困局

猪肉等食品价格飙升引发的价格结构性上涨将成为中期现象，对 2020 年民生和市场预期产生持续性冲击，并与总需求持续下滑产生叠加效应，不仅会使得当前的经济陷入困局，还会加剧市场主体对未来的悲观情绪，对 2020 年的宏观管理造成更为严重的影响。

猪肉等食品价格结构性上涨的局面在短期内难以扭转，将成为中期现象，且会通过直接效应和溢出效应向其他领域蔓延，在 2020 年对民生和市场预期产生持续性冲击。自 2019 年第三季度以来，猪肉价格的急速上涨受到了社会各界的广泛关注。猪肉价格飞涨引发的食品 CPI 与非食品 CPI 以及 CPI 与 PPI 等各种物价指数走势分化的局面进一步加剧，也使宏观政策困局上升到新高度。当前物价上涨因素主要是食品，食品价格上涨主要来自猪肉，猪肉价格上涨主要来自猪肉供给的大幅减少而非消费需求回升。值得注意的是，自 2019 年年初以来，食品价格出现轮番上涨：第一季度鲜菜价格大涨，第二季度鲜果价格大涨，进入第三季度，猪肉价格飙升，食品 CPI 涨幅持续走高。2019 年 9 月食品 CPI 涨幅达 11.2%，较年初涨幅扩大 9.3 个百分点。但是不同于上半年的食品价格上涨，第三季度以来的猪肉价格上涨具有两大特征。

一是猪肉价格上涨的幅度更大，且带动了牛肉、羊肉、禽肉等替代品价格的较快上涨，所引发的民生和舆情风险更为严重。2019 年 9 月，CPI 猪肉价格同比上涨

69.3%，带动牛肉、羊肉、禽肉价格同比上涨18.8%、15.9%、14.7%，畜肉类价格总体上涨46.9%。在猪肉价格的带动作用下，CPI同比涨幅持续走高，9月达到3.0%，预计第四季度会突破3.0%。截至2019年10月11日，22个省份的平均猪肉价格已突破40元/公斤，达到42.3元/公斤，较之春节期间上涨了1倍，猪粮比价达到16倍，均创历史纪录。猪肉占中国居民肉类消费的六成，猪肉价格飙升成为社会各界和媒体关注的热点，民生和舆情风险上扬。

二是猪肉价格上涨的根源在供给端，且在短期内无法有效解决，将演化为中期现象，对宏观政策选择产生影响。本轮猪肉价格上涨主要是由非洲猪瘟和环保强化等因素叠加产生的供给剧烈收缩所导致的，短期内难以扭转。与近年来猪肉需求量走势相对平稳不同，近期生猪供给面的主要指标均发生系统性超常变动。我们的判断是，尽管存量指标大幅下降已经引起市场主体的预期变化，但目前猪肉供应的底部实际上还没有到来。(1) 生猪存栏数继续大幅减少，显示中国生猪现实产能显著降低。继2019年8月生猪存栏数跌破2亿头，9月进一步下降至1.9亿头，相比2018年同期的3.3亿头，降幅达42.42%，较8月跌幅进一步扩大。(2) 能繁母猪存栏数继续大幅减少，预示未来一个时期生猪产能扩张将受到严重制约。继2019年8月能繁母猪存栏数跌破2 000万头，9月进一步下降至1 913万头，相比2018年同期的3 136万头，降幅达39.0%，跌幅持续扩大，这意味着未来在扩张产能上面临制约。(3) 生猪出栏率大幅高于趋势值，显示当前猪肉生产已处于严重透支状态。2019年生猪出栏率出现大幅跳升，虽然在短期内增加了猪肉供给，使得生猪出栏数的降幅远小于存栏数的降幅，但是生猪生产系统的超负荷运转已难以为继。自5月开始，生猪屠宰前平均重量已出现明显下降，自8月以来，生猪出栏率也开始呈现下滑迹象。(4) 猪肉进口大幅增长，但难以弥补巨大的国内供需缺口。中国猪肉年消费量在5 500万吨左右，占全球猪肉产量的一半，猪肉进口的比例远不到5%，供给基本由国内产出决定。2019年1—8月，中国猪肉进口值大幅增长66.1%，预计全年约为200万吨，对猪肉消费而言“杯水车薪”。综上所述，短期内猪肉价格上涨局面还将持续。

更为重要的是，价格结构性上涨与总需求加速下滑产生的叠加效应，不仅会使得当前的经济陷入困局，还会加剧市场主体对未来的悲观情绪，对2020年的宏观管理造成更为严重的问题。

如前所述，在价格结构性上涨的同时，总需求不足的问题不仅没有得到缓解，反而进一步恶化，新一轮经济下行的内生性紧缩机制已经形成，引发宏观经济加速下滑风险。特别是从中长期来看，当前宏观经济下行中最具有风险性的挑战是企业悲观预期和投资意愿不强，导致投资增速持续放缓，经济潜在增速可能出现变化。近两年的投资增速已经明显跌破合理区间，甚至低于同期美国的投资增速，存在较大的超调风险。作为对比，美国国内投资自 2017 年第二季度至 2019 年第二季度连续 9 个季度保持较快增长，投资增速平均值为 6.6%。

更为重要的是，价格结构性上涨与总需求加速下滑产生的叠加效应，不仅会使得当前的经济陷入困局，还会加剧市场主体对未来的悲观情绪，对 2020 年的宏观管理造成更为严重的影响。随着居民未来收入预期恶化和就业压力加大，对中等收入阶层的“双重积压”将会在 2020 年充分显化，加剧市场主体对政策的不信任和对未来的悲观情绪。2019 年第二季度，城镇居民未来收入信心指数降至 52.6%，为 2016 年年底以来的新低。与此同时，失业风险不断闪现，城镇调查失业率于 2019 年 2 月和 7 月两次攀上 5.3%的高位。其他多项指标也发出走弱信号：(1) 9 月制造业和非制造业 PMI 从业人员指数分别下滑至 47.0%和 48.2%，为近年来较低水平，这表明用工景气度处于紧缩区间；(2) 领取失业保险的人数由降转增，上半年同比增加 2.2%；(3) 失业人员再就业数前 7 个月同比减少了 8.6%；(4)“失业金领取条件”搜索指数比前几年飙升 2～3 倍。

在极限思维下，2020 年中国经济和社会领域的收缩效应可能会比 2019 年还要严重，价格结构性上涨与总需求加速下滑所引发的社会不安和动荡、中等收入群体的消费下滑、企业等市场主体预期的恶化，可能带来“预期型”经济困局。当企业不再扩大生产性投资、居民不再增加耐用品消费、地方政府被沉重的债务负担所约束、新一轮技术革命又遥遥无期，中国经济的韧性和超大规模市场优势将同时面临重大机遇和深刻考验。

6. 前期金融风险的缓释在 2020 年有出现反复的风险

(1) 尽管货币政策边际宽松，债务风险得到缓释，市场流动性较为充裕，但金融机构贷款利率与工业企业资产利润率走势分化的局面仍未缓解，表明虽然金融回归初心，支持实体经济发展的趋势十分明显，但传递机制不畅的压力依然存在。

如图 78 所示，在经济下行压力加大的背景下，金融机构贷款利率一直居高不下，特别是随着 PPI 下行甚至由正转负，实际贷款利率不降反升。近年来，企业资产利润率持续下降，而贷款利率高企，特别是 2018 年以来资产回报率开始低于贷款利率，企业投资基本丧失经济意义，再投资意愿受到极大抑制。据我们测算，工业企业的息税前资产利润率从 2011 年的 8.3%持续下滑至 2015 年的 6.4%，随后在“去产能”的提振作用下，小幅回升至 2017 年的 6.7%，但 2018 年又急剧回落至 5.8%，2019 年上半年（折为年率）进一步下滑至约 5.2%。同期，金融机构人民币贷款一般贷款加权平均利率从 2011 年的 7.8%持续回落至 2016 年的 5.4%，但随着去杠杆政策的推进，金融条件不断收紧，贷款利率逐步提升至 2018 年的 5.9%，2019 年第一季度进一步上升至 6.0%。由此，2018 年首次出现了企业资产利润率低于贷款利率的情况，2019 年上半年缺口进一步扩大。在企业资产利润率低于贷款利率的情况下，企业再投资意愿必然受到极大的抑制。特别地，上半年制造业利润总额首次出现负增长，降低了企业投资意愿和能力，导致制造业投资出现较大幅度下滑。上半年，制造业利润总额同比负增长 4.1%，这是 2019 年以前从未出现过的新情况，2018 年同期还是正增长 14.3%。如果说此前制造业投资下滑更多是受市场空间收窄的影响，那么当前还进一步叠加了企业利润恶化的因素。

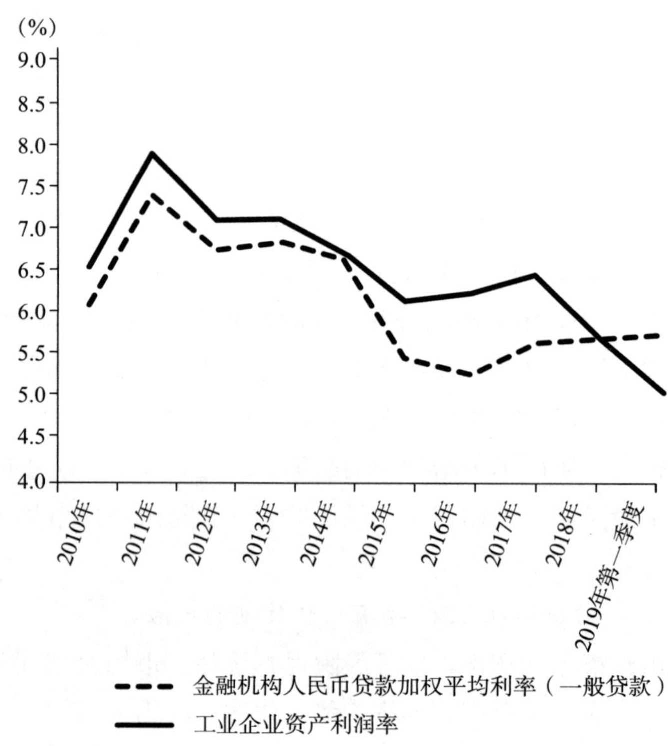

图 78　金融机构贷款利率与工业企业资产利润率走势分化

在企业盈利水平下降、实际贷款利率上升的背景下，企业贷款需求出现明显回落，特别是大型企业和中型企业。2019 年第三季度，大型企业贷款需求指数下降至 54.4%，中型企业贷款需求指数下降至 57.2%，均为 2017 年年初以来的最低水平；相比之下，小型企业贷款需求仍处于高位，第三季度为 70.2%，但也已连续两个季度下滑（见图 79）。

造成当前流动性传导不畅的因素有很多，其中一点在于中国货币供给结构和供

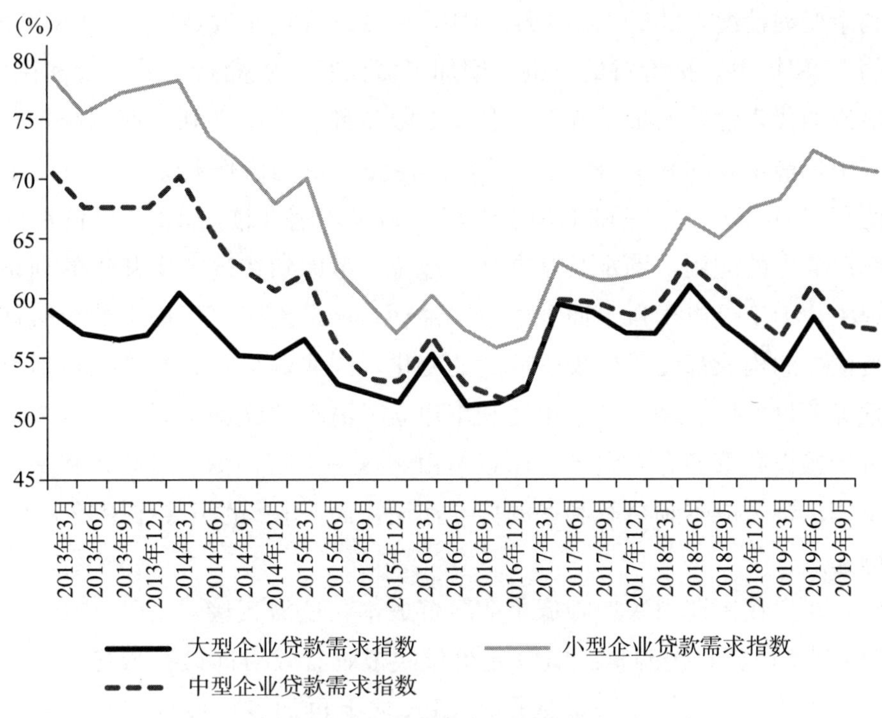

图79　企业贷款需求指数显著回落

给渠道较前些年发生了较大变化，与新变化对应的改革还在进展中。在原有外汇占款投放渠道消失后，现有供给渠道存在较为严重的信息不对称问题，银行间市场利率波动性加大，导致商业银行等金融机构对流动性供给预期不稳定，更倾向于将资产投向利率债等低风险高流动性领域，以匹配负债端的波动性。这就导致了资金向实体传导不畅。同时，在金融去杠杆的大背景下，银行大幅收缩了表外业务。在有效地降低了金融风险的同时，也在一定程度上导致企业的很多其他融资渠道受阻，包括产业投资基金等。在其他渠道受阻的情况下，企业只能依靠银行这一主体。由于不同企业有不同的融资需求，银行在定价中面对信息不确定性和自身的经营成本约束，只能采取相对平均的定价模式。这样难以有效降低企业的融资成本，所以必须拓宽企业的融资渠道，用具有不同风险偏好和成本结构的金融主体满足企业的不同融资需求。这就需要在合规的基础上加大商业银行对其他金融主体的融资供给，通过各类金融主体的合力，将银行间市场的资金有效引导至实体经济，降低企业融资成本。需要以改革提高流动性供给渠道的透明性和效率。一方面，中央银行可以考虑通过适度增加交易商等措施来扩大政策覆盖面；另一方面，商业银行也需要通过提升自身风控能力来将资金引导向实体经济。

鉴于中国原有的贷款市场报价利率（LPR）机制市场化程度不高，未能及时反映市场利率变动情况，2019 年 10 月，中国人民银行宣布改革完善 LPR 形成机制。改革后的 LPR 扩大了报价行的范围，增加了城商行、农商行、外资行和民营银行，提高了报价的代表性；增加了 5 年期利率期限品种，丰富了利率期限结构。在这一系列操作中，最重要的是 LPR“换锚”，即在公开市场操作利率——目前主要指中期借贷便利（MLF）——基础上加点形成。同时，刚性推广 LPR 报价在商业银行贷款利率形成中的应用，确定其基准利率地位。考虑到在过去十几年的利率市场化改革进程中，无论是出于自上而下的改革推动，还是出于自下而上的金融创新，商业银行负债端的构成都已经出现了巨大的变化，同业资金、央行借款包括市场化定价的存款等项目，均已经与货币市场利率建立了清晰的联动关系，换言之，可以受到公开市场操作利率的有效引导。而正是由于这一点，LPR 与 MLF 利率挂钩，才能有效发挥从资金成本到贷款利率的传导作用。而 MLF 的引导作用是 LPR 效果发挥的关键起点。

因此，要想在短期内快速降低企业融资成本，还需直接对 LPR 中的基础定价，即 MLF 的利率进行直接调整。LPR 定价模式很难有效对冲银行最终贷款利率的加点问题。在改革后，银行新增贷款将在 LPR 之上再加点形成最终贷款利率。改革前 1 年期 LPR 为 4.31%，一般贷款的加权利率在 6%左右，中间的点差实际体现了银行的风险溢价等因素。而在当前经济下行压力加大的情况下，商业银行风险偏好趋于谨慎，符合其市场化经营的定位，风险溢价客观上是要上升的，也就是说，加点部分实际上还有上升的压力，因此在资金成本固定的情况下，贷款实际利率的下降幅度必然极为有限。当然，商业银行最终贷款的加点幅度还会受到金融市场的一系列结构性因素的影响，包括：企业融资渠道有限，商业银行的议价能力相对较强；企业的财务数据存在大量失真，社会信用建设还有待加强，导致银行的利差中隐藏了一部分反欺诈溢价；等等。这些结构性因素都是 LPR 改革无法解决的，需要其他改革措施的配套推进，特别是尽快降低 MLF 利率以对冲上行的风险溢价扩大因素。

（2）金融风险的缓释和预防反复是 2020 年宏观审慎管理的核心。尽管 2019 年以来金融风险得到缓释，但未来一个时期都处于违约常态化阶段，特别是随着经济进一步下行调整，金融风险可能出现反复。尽管 2019 年以来金融风险得到缓释，但截至 11 月中旬，仍有 153 只债券出现违约，规模达 1 187 亿元，其中 36 家公司首次出现违约，我国在未来一个时期都处于违约常态化阶段。

值得注意的是，当前结构性及区域性的金融风险仍较为突出。特别是在结构分化中，部分地方政府、部分行业、民营企业、中小银行不良率债务风险和金融风险较大，2020 年可能承受较大压力。

首先，地方政府债务风险可能有所上扬。如图 80 所示，2019 年在减税降费的过程中，地方政府公共财政收入增速大幅下滑，非税收入增速大幅提高，反映了地方政府收入压力加大。与此同时，2019 年地方政府债券发行额大幅提高，而且主要以新增债券的发行为主，置换债券和再融资债券所占比重较小，这与 2017—2018 年显著不同（见图 81）。2017 年地方政府债券发行主要以置换债券和再融资债券为主，2018 年新增债券与置换债券和再融资债券的占比相当，这使得地方政府的债务风险得到缓解。2019 年地方政府债券发行以新增债券的发行为主，将使得 2020 年及以后的债务压力和风险有所上升。从政府债务率水平来看，贵州、青海、海南、内蒙古、陕西、甘肃、安徽、江西、黑龙江等地区的债务存量风险已经较高，债务的可持续性值得关注（见图 82）。

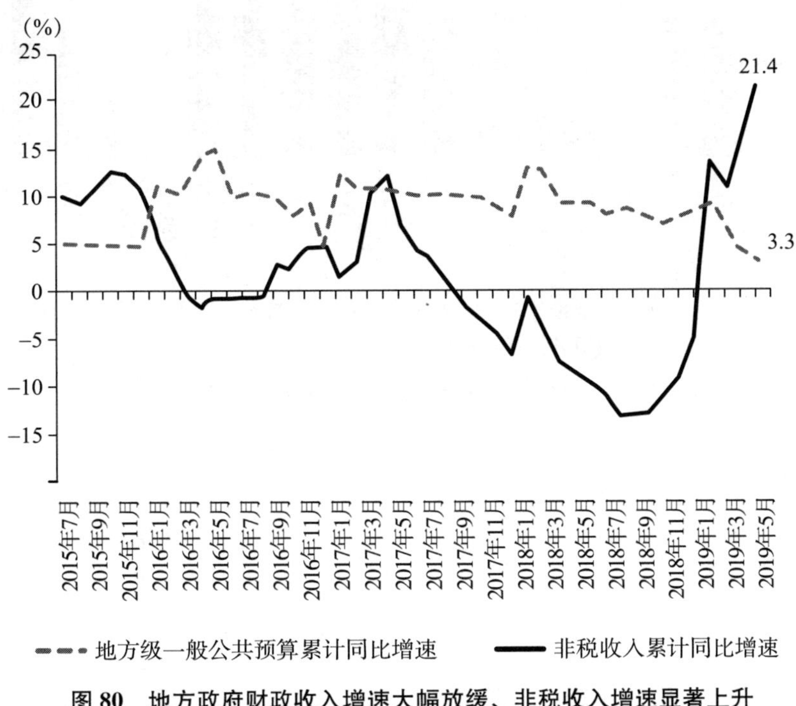

图 80　地方政府财政收入增速大幅放缓、非税收入增速显著上升

其次，在经济结构分化中，部分地区的企业债务违约情况也呈现集中化的特征。在山东、北京、上海、江苏、安徽、浙江、广东、河南、辽宁、黑龙江等地区，企业债券违约的情况较为严重（见图 83）。

再次，部分行业和民营企业的债务违约情况也较为集中。从行业方面看，石油与天然气的炼制和销售、煤炭与消费用燃料、综合类行业、建筑与工程、多领域控股、食品加工与肉类、基础化工、钢铁、海港与服务、房地产开发、贸易公司与工业品经销商、建材等行业，债券违约的分布较为集中（见图 84）。从所有制方面看，民营企业和公众企业的债务风险较大，在 2019 年上半年违约债务余额中，民营企业占比高达 88.16%，其次为公众企业，占比达 9.52%（见图 85）。

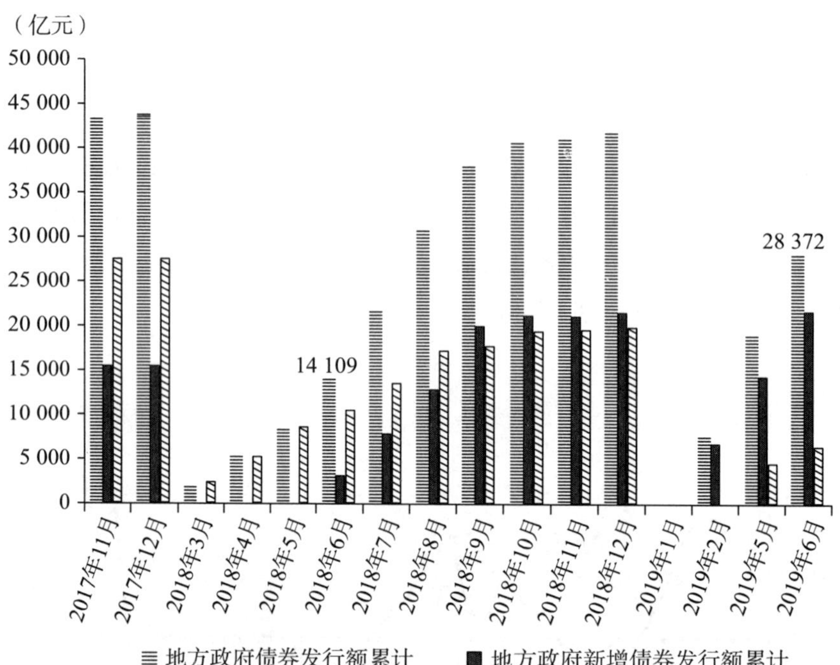

图 81　地方政府债券发行情况

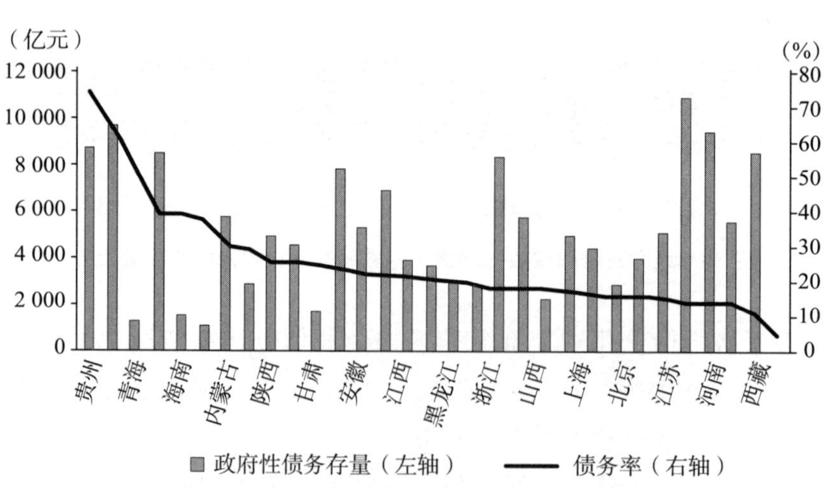

图 82　局部地区政府债务风险突出

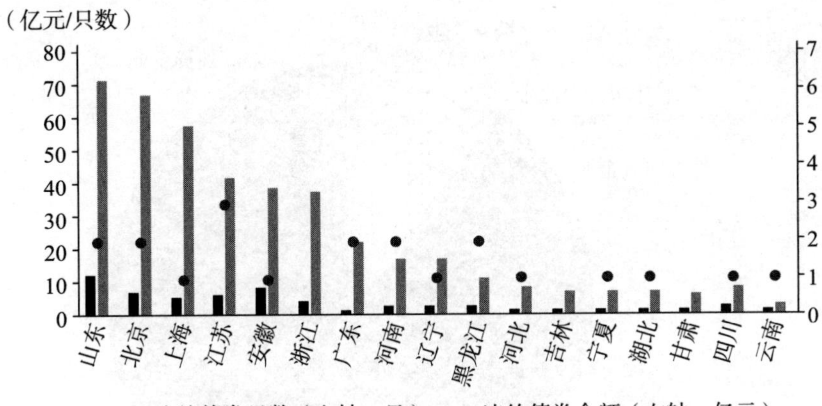

图 83　2019 年上半年违约债券在不同地区的分布情况

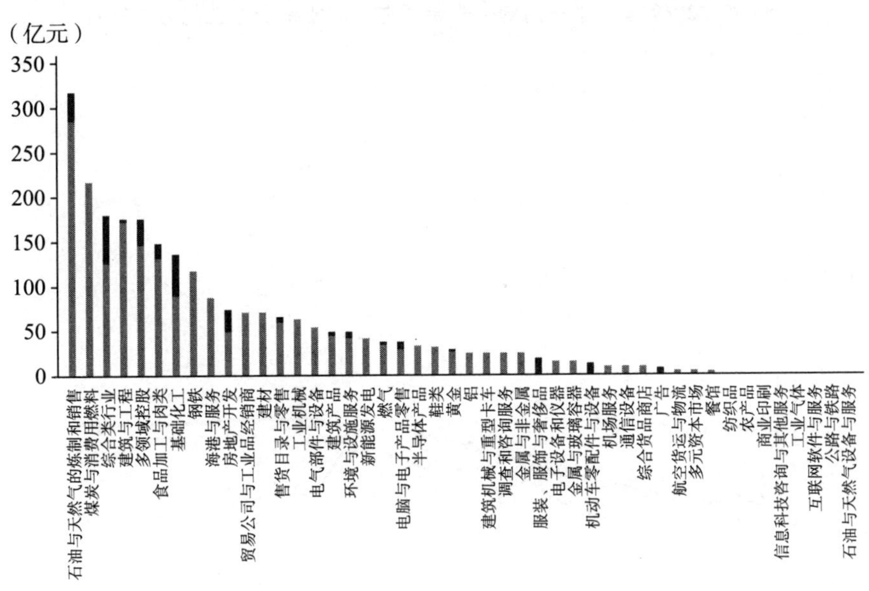

图 84　2018 年违约债券在不同行业的分布情况

最后，从不同类型银行的稳健性来看，中小银行债务不良率和金融风险较大，2020 年可能承受较大压力。其中，农村商业银行的不良贷款率从 2013 年年底的 1.67%上升到 2018 年年底的 3.96%，提高了 1 倍多，城市商业银行的不良贷款率也呈现较快上升趋势，值得高度关注（见图 86）。

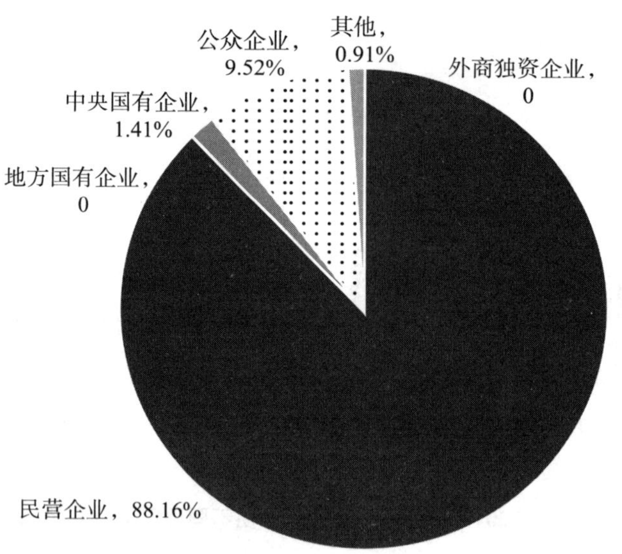

图 85　2019 年上半年违约债券余额在不同所有制企业的分布情况

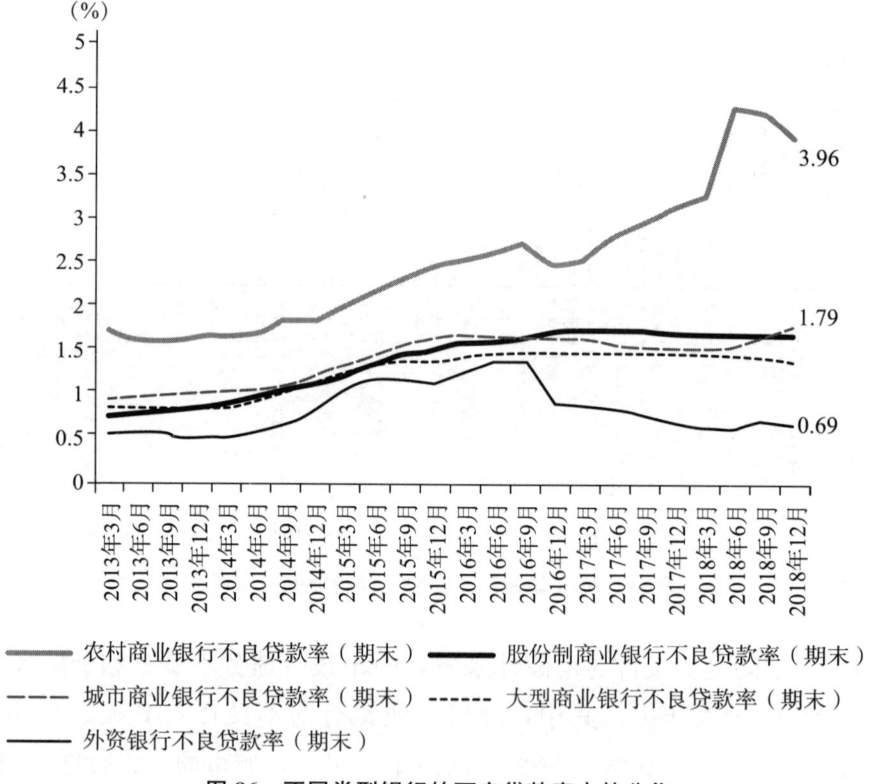

图 86　不同类型银行的不良贷款率走势分化

五、结论与政策建议

在趋势性因素与周期性因素叠加、国际与国内不利因素强化的作用下，2019 年中国经济增速明显趋缓。一方面，新常态的增速换挡期、动力转换期以及前期风险的释放期尚未结束，趋势性下滑力量仍然没有逆转。改革攻坚期决定了新一轮改革红利还没有完全出现，中美贸易摩擦和全球经济放缓决定了全球化红利处于快速下滑期，制造业比重的进一步下滑和第三产业的快速上升决定了工业化红利基本持续递减，人口老龄化的加速决定了传统人口红利的衰竭。因此，中国经济趋势性力量当前并没有步入新的平台期，依然处于回落阶段，经济增速换挡的强化依然是今明两年结构调整攻坚期的特征之一。另一方面，国际、国内周期性波动加大，周期性力量与趋势性力量将在当前与未来一个时期出现叠加现象。中国经济正处于中美贸易摩擦全面爆发期、刚开启的世界经济周期新一轮下行期、投资周期底部波动期、金融调整下行期以及新一轮市场化去库存周期的拐点，这决定了今明两年的短周期定位总体处于下行状态，防止周期效应叠加是加强宏观政策逆周期调节的重点。

2020 年是中国全面建成小康社会的决胜之年，也是中国 GDP 增速持续回落的一年。中国宏观经济将在延续 2019 年基本运行模式的基础上出现重大的变化。一方面，2019 年下行的趋势性力量和结构性力量将持续发力，导致 2020 年潜在 GDP 增速进一步回落；另一方面，2019 年下行的很多周期性力量在 2020 年出现拐点性变化，宏观经济下行有所缓和，下行幅度将较 2019 年明显收窄。中国宏观经济运行需要高度关注六大风险挑战。一是随着全球经济步入新的低迷期、大国博弈开启新征程、全球经济贸易政策不确定性达到新高度，新一轮外部冲击全面显现，不仅会通过贸易渠道对中国经济带来直接冲击，还会通过干扰中国经济的循环运行、恶化市场信心和未来预期等间接渠道，对中国经济产生更为深远的影响。二是萧条型的结构分化加剧叠加升级型的结构分化停滞，可能带来总量性的紧缩效应，并导致局部地区和行业的下行压力加大，就业问题集中化和局部金融风险上扬，必须引起重视和保持高度关注。三是非食品 CPI 的持续下滑、PPI 的连续下跌、GDP 平减指数的回落，意味着 2020 年中国经济出现新一轮通货紧缩的风险加大，需要保持高度关注和做好应对准备。四是内需增长的持续大幅下滑可能引发宏观经济加速下滑的风险。特别是当企业不再扩大生产性投资、居民不再增加耐用品消费、地方政府被沉重的债务负担所约束、新一轮技术革命又遥遥无期，中国经济的韧性和超大规模市场优势将同时面临重大机遇和深刻考验。五是食品价格结构性上涨与总需求加速下滑产生叠加效应，不仅会使得当前的经济陷入困局，还会加剧市场主体对未来的悲观情绪，对2020年的宏观管理造成更为严重的问题。六是金融风险的缓释可能会出现反复。一方面，金融支持实体经济发展目前仍存在传递机制不畅问题，另一方面，未来一个时期仍将处于违约常态化阶段，随着经济进一步下行调整，结构性及区域性的金融风险上扬，进一步促进金融风险有序缓释和预防反复是2020年宏观审慎管理的核心。

结合中国宏观经济运行所处阶段特征和周期相位，针对2020年经济运行中的深层次问题和重大风险点，本报告提出以下八大方面的政策建议。

第一，科学制定2020年经济增长目标，建议目标区间为5.5%～6.0%。科学制定2020年增长目标的紧要之处在于目标下限约束与现实的增长潜力之间的空间大幅收窄。因此，必须强化底线意识，以底线思维制定和落实2020年经济社会发展的主要预期目标，需要坚持三个基本原则：一是高质量发展；二是完成“两个一百年”目标的阶段性任务；三是保证社会就业基本稳定。经过反复测算发现，2020年增长目标不必拘泥于6%以上，保持在5.5%～6.0%足以完成“两个一百年”目标的阶段性任务，也能够保证社会就业的基本稳定，同时也更有利于保持战略定力，按照既定方针推动经济高质量发展。

（1）坚持高质量发展原则，2020年GDP增长的区间管理目标宜设为5.5%～6.0%。按照既定方针推动中国经济高质量发展，要求2020年经济目标必须符合中国经济中长期发展趋势，并在此基础上加强宏观政策逆周期调节功能对冲周期性因素。2020年的经济增速已很难达到6.0%以上，如果继续将2020年的GDP增长目标设在6.0%～6.5%，必须依靠强有力的财政刺激政策、宽松的货币政策以及放松房地产市场调控来刺激短期增长。但是，目前看这三个条件或不具备或不利于中长期的经济高质量发展。因此，从保持战略定力，按照既定方针推动经济高质量发展的角度来看，2020年增长目标设在5.5%～6.0%进行区间管理较为适宜。从中长期来看，在趋势性下滑和增速换挡过程中，中国经济发展还需要完成以下历史性任务，必须为2021年深化改革攻坚预留政策储备。

（2）坚持实现“两个一百年”目标阶段性任务原则，2020年GDP增长目标宜保持在5%～6%，不必拘泥于6%以上。2020年GDP增长目标的下限面临完成“两个一百年”目标阶段性任务的紧约束。如果按照目前的统计口径，6%将是2020年GDP增长的目标下限。但是从历次根据全国经济普查数据调整的统计规律来看，在根据2018年年底开启的第四次全国经济普查进行数据调整后，2014—2018年的经济增速有望每年提高 0.5 个百分点，5 年累计提高 2.0～2.5 个百分点。2019 年 11 月 22 日，国家统计局发布了《关于修订 2018 年国内生产总值数据的公告》，将 2018 年 GDP 向上修订了 2.1%，这意味着在 2019 年增长 6.2%的基础上，2020 年经济增速保持在 4%～5%就已经足够实现比 2010 年翻一番的目标。因此，2020 年的经济增长目标不必为增速“破 6”的关口过度紧张，2020 年增速保持在 5.5%～6.0%的目标区间，就能够实现“2020 年 GDP 比 2010 年翻一番”的目标。

（3）坚持保证社会就业基本稳定原则，增速保持在 5.5%～6.0%足以保证就业的基本稳定，5.8%是较理想的状态；5%是确保就业无虞的增长底线，但可能会牺牲就业质量。以 2019 年中国 GDP 增速为 6.2%为基础，若 2020 年中国的经济增速为 6%，那么非农就业增量预计为 590 万人，与 2018 年相近，就业比较宽松；若 2020 年经济增速为 5.8%，非农就业增量降至 480 万人，比 2019 年略多，对标 2019 年的就业形势，2020 年的就业形势仍应无虞；若 2020 年经济增速为 5.5%，非农就业增量为 315 万人，比 2019 年少近百万人，达到历史新低，就业形势会更加吃紧，但尚不会出现大面积的失业问题；若 2020 年中国经济增速降至 5%，非农就业增量将降为 0，这时才将真正考验中国的就业。因此，5%是确保中国就业无虞所不能突破的增长底线，5.5%～6.0%可以保证就业的基本稳定，5.8%是较理想的状态。

第二，将中期视角的“预期管理”作为各项宏观政策的统领和重要抓手。在内需增长出现大幅下滑和结构分化达到新的临界值的背景下，简单的预调、微调已经不足以应对宏观经济日益面临的加速下滑风险，而必须借助于中期视角的“预期管理”。

（1）必须旗帜鲜明地稳定内需，引导市场主体形成一致预期，确保经济增速保持在合理区间。由于预期持续恶化，目前除了总量性的收缩外，在投资领域和消费领域都已经出现了结构性的紧缩效应：企业不再扩大生产性的投资，居民不再增加耐用品的消费。如此持续下去，不仅升级型结构分化将会停滞，而且萧条型结构分化也将加剧，产生总量性的紧缩效应和局部性的风险恶化。

（2）新一轮信心构建必须从 2019 年第四季度全面开始，以应对 2020 年经济增速“下台阶效应”的进一步显化。目前中国经济的制度红利已经开始筑底回升，同时，近期金融风险的缓释和中美贸易摩擦的阶段性缓和将为 2020 年带来一个相对稳定的金融市场环境和外贸环境，这对于重建市场信心提供了非常有利的重要时点。

（3）对于猪肉等食品价格的结构性上涨和工业领域的通货紧缩风险，同样要加强预期管理，采取“宏观政策＋分类施策”组合进行综合治理。针对猪肉等个别商品价格的大幅上涨，需在必要的“环保纠偏”的基础上，加强民生保障、舆情管理和市场预期引导。自2019年年初以来，食品价格的“轮番上涨”已充分暴露了现有的“预调、微调”举措在应对当前局面上的缺陷，而以“预期管理”统领各项宏观政策，就不能就猪肉调猪肉，而是要基于未来价格走势和潜在转移路径的总体研判，通过前瞻性的指引，引导市场主体行为进行调整。在供给侧，主要防止环保督察与猪瘟疫情的进一步叠加，尽快恢复生猪生产。在需求侧，主要通过食品补贴或猪肉消费专项补贴，确保困难群众的基本生活。更重要的是，要加强舆情管理和市场预期引导：一方面应避免市场主体特别是中低收入家庭对未来产生悲观预期，要更加重视保就业政策，稳定居民未来收入预期；另一方面应避免借机宣扬全面通货膨胀言论和制造噪声，干扰货币政策的制定和执行。对于工业领域的通货紧缩风险，需要基于各类价格指数走势分化的准确判断，区别对待短期民生目标和中期宏观经济目标，采取“宏观政策＋分类施策”组合进行综合治理，避免陷入政策方向选择上的困境。

第三，落实党的十九届四中全会精神，开启新一轮全方位改革开放和新一轮供给侧结构性改革来解决我们面临的深层次结构性与体制性问题。在经济结构转换的关键期和深层次问题的累积释放期，简单的宏观政策调节和行政管控难以应对基础性利益冲突和制度扭曲所产生的问题，基础性、全局性改革依然是解决目前结构转型时期各类深层次问题的关键。必须以构建高标准市场经济体系为目标，推出新一轮改革开放和供给侧结构性改革。

（1）必须梳理各类问题的边界，区分短期波动问题与中长期增长问题之间的差别，区分外部冲击与内部冲击之间的差别，分类使用需求管理政策、结构性调整政策以及基础改革政策。防止用短期行政管控代替改革，用宏观调控来回避改革。一是必须对周期性波动进行宏观调控，防止经济波动过大导致改革环境的恶化；二是对于中长期增长问题要采取产业政策、区域政策，持续培育新增长点和新动能；三是对于资源配置性扭曲必须进行结构性改革，以减少市场摩擦，恢复市场功能；四是对于涉及基本利益冲突、大的制度扭曲从而导致各种短期需求管理政策、中期产业政策和区域政策出现严重失灵的问题，必须进行基础性改革。

（2）必须明确改革的核心不是出台政策或召开会议，而是要建立各类改革主体愿意改革、能够改革的激励相容的改革动力体系。新一轮改革必须从过去以责任、约束为主转向以激励相容、权责统一为主。要对不同层次的改革主体建立不同的第二轮改革红利的分享机制和改革成本的共担机制，全面激发三大精英阶层的改革积极性。要及时进行阶段性历史总结，甩开历史包袱，轻装上阵，强化产权保护，解决企业家原罪问题。要在关后门、堵旁门、取缔非法收入的原则上，正视各类灰色收入和影子活动的历史必然性和现实合理性，要找到使灰色体系、影子体系规范化、阳光化的改革通道，而不是简单地进行取缔。要建立改革的容错机制，区分改革试错与违纪违法之间的本质差别。要重新界定顶层设计和基层创新的边界，一方面防止过多、过细的顶层设计完全约束了基层创新的空间和活力，另一方面也要防止过多的基层创新导致改革缺乏统一性和协调性，从而陷入碎片化改革困境之中。要充分认识到目前中国经济的历史方位和国际方位，充分利用国际问题倒逼中国的开放，用新一轮大开放来倒逼我们的深层次改革。

（3）在中期规划和设计新一轮基础性、引领性改革方案的基础上，全面总结4年来供给侧结构性改革的成就和经验，果断推出新一轮供给侧结构性改革。一是必须认识到第一阶段供给侧结构性改革的目标已经基本顺利完成，“三去一降一补”的内容、目标、手段都需要阶段性的大调整；二是第二轮供给侧结构性改革应当以“降成本、补短板”为重点；三是必须以市场化和法制化工具为主体，避免行政化实施带来的各种问题；四是解决各种供给侧问题的基本落脚点必须配合大改革的进行；五是不能割裂生产、流通、分配、消费以及所有制之间的相互关系，把结构性调整简单局限于生产端，而忽视其他环节在不同时段的核心作用。

（4）以改革的精神来全面梳理和定位中国2020年的宏观经济政策。一是要对短期宏观经济政策调控、中期经济增长政策、转型期结构性改革和基础性改革进行分类，防止各类政策在目标配置、工具选择上出现错配，避免出现市场工具行政化、总量政策结构化、行政举措长期化、宏观调控泛化等问题；二是宏观经济政策要定位于配合“大改革、新开放”，为新一轮改革开放创造必要的宏观经济环境，强化底线管理、全面缓和各种短期冲击；三是要正视改革疏导宏观经济政策传递机制、改革完善宏观经济政策体系需要一个过程，需要基础性改革的到位，因此在进行短期政策调整时必须前瞻性地考虑目前大改革、大调整带来的宏观经济政策效率弱化、外溢性以及合成谬误等问题，避免宏观调控在“过”与“不及”之间摇摆，进而成为加剧宏观经济波动的核心原因之一。

（5）2020年加强“六稳”的核心仍在于“稳预期”，“稳预期”的核心在于“稳信心”，必须认识到“稳信心”不在于某些宏观经济指标的短期稳定，不在于宏观经济政策随着市场情绪进行简单的宽松或定向性的帮扶，而在于市场主体对于长期战略问题有清晰、明确和科学的解决方案，在于我们在基础性问题上进行了真正的改革，为未来提供了一个可信的公平竞争环境。其一，市场情绪的动荡不仅在于中国市场存在问题，而且在于政府过度干预、政府信用和类政府信用出现了过度膨胀，导致市场空间的挤压。其二，民营企业家信心的低迷不仅在于民营经济产权保护的不完善，更在于民营经济的生存和发展空间被严重挤压。因此，提振民营经济信心的核心关键不在于对于民营经济进行一次性的行政性帮扶，而是要通过系统性改革为民营经济提供一个公平、透明的竞争环境。其三，金融市场的忧虑不仅来源于市场的不完善和债务率的高企，而且来源于我们解决债务问题的方法进一步加剧了资源配置的扭曲。其四，信心低迷不在于我们没有进行预期干预，而在于预期干预释放的信号十分混乱，干预行为反而成为信心下滑的原因。其五，市场情绪的变化往往具有前瞻性，我们在高度重视市场情绪变化的同时，必须认识到市场情绪往往会在信息不完全和不对称的情况下夸大实际问题的困难程度，科学分析市场情绪中的信息对于宏观经济“预调”和“微调”管理十分重要。

第四，构建货币政策新稳健的新框架，从哲学理念、目标体系、工具选择、审慎管理、汇率安排、预期管理和政策协调等方面，对新形势下的稳健货币政策的框架进行全面重构。

(1) 稳健货币政策的哲学理念和目标体系需要重构。其一，货币政策在大转型期间需要更为积极的哲学理念。在新旧动能转换期，潜在 GDP 增速和产出缺口可能被低估，需要扬弃传统货币政策规则中关于潜在增速的理念。在哲学层面要有“非常之时需要非常之举”的理念，积极前瞻性地研究各类非常规货币政策的试点和实施策略。其二，在结构调整攻坚期和价格高度分化期，货币政策的目标必须从传统的 CPI、实际 GDP 增速和就业数量转向以下几个方面：名义 GDP 增速、就业质量和 GDP 平减指数；流动性稳定和资产价格的异动；汇率预期以及套利性资本流动。货币政策不能简单地盯住实际 GDP 增速、CPI 和就业数量，因为在中国当前的经济结构和统计体系中，这些传统的指标已经不能科学反映中国宏观经济运行的状况。

(2) 在内生性回落加速和外部需求疲软全面扩展之时，稳健的货币政策需要明确新内涵和新举措。其一，稳健的货币政策要能够在必要时顺利地从“稳健定位”转向“适度宽松”，以稳定市场预期，打破“债务—通货紧缩”的恶性循环，扭转目前内生性回落的悲观情绪。其二，随着金融整顿和深化金融体制改革的持续推进，防范化解重大金融风险取得阶段性胜利，2020 年将迎来一个相对稳定的金融市场环境，货币政策应当延续 2019 年的基本定位，但操作方式可以适度宽松：一是在内需持续回落、外需急剧疲软、金融风险得到缓释之时，货币政策应该避免过度从紧的取向，低利率政策依然是市场复苏的一个十分重要的基础，特别是实际贷款利率的下降仍是稳投资的一个关键。二是 M2 增速不宜设定过低，应为预防通货紧缩风险和各类金融指标内生性的收缩预留空间。当前非食品CPI的不断下滑、PPI的持续下跌、GDP平减指数的显著回落、企业效益和市场预期的恶化，可能预示着新一轮通货紧缩正在形成，需要密切关注未来两三个季度的价格形势变化，及时调整货币政策定位。建议2020年M2增速应当高于名义GDP增速的水平，达到8.5%～9.0%；社会融资规模存量增速不能过快回调，保持在11%左右符合金融整顿与强化监管的要求。

(3) 稳健货币政策的工具箱和传导渠道需要重塑。其一，由于大改革与大转型期间的波动源具有多元性和叠加性，货币政策工具必须多元化，常规政策工具难以应对目前的格局。非常规货币政策甚至中国版量化宽松（QE）需要进行系统研究，未来中国的政策篮子并不拒绝采取非常规宏观政策。其二，应当关注货币投放方式变化对于货币传导的冲击，2020年可以通过逐步降低金融机构的存款准备金率的方式完成货币投放。对内需要关注流通中货币（M0）和狭义货币（M1）增速的持续回落，丰富中国人民银行货币发行的渠道，加大银行准备金率降低的幅度，提高中国安全性资产的供给，加大货币市场的深度；对外需要高度关注美联储政策的调整以及美国金融市场的异变。其三，鉴于货币政策调控框架转型往往会带来基础货币供给节奏不稳定、供给工具不确定、供给对象不透明等问题，为防止市场流动性紧张时期引发市场紧张情绪，导致市场资金面和利率出现不必要的波动，货币政策除常用的公开市场操作工具外，应当通过常备借贷便利、中期借贷便利等一系列创新型工具向市场注入流动性，以强化引导市场预期。其四，在控制债务过度上涨的过程中，货币政策的工具选择十分重要，价格型工具对于高债务企业的调整更为有利，简单的数量宽松依然需要控制。因此，目前的宽松货币政策定位应当在数量型工具盯住流动性的基础上，以价格工具为主导。其五，在经济下行压力加大和不确定性上扬的背景下，需要贷款市场报价利率（LPR）改革与其他改革举措配套推进，对商业银行的风险溢价加点进行有效对冲。近期中国人民银行通过LPR改革下调公开市场操作利率，引导LPR利率小幅下降。但是在经济下行压力加大和不确定性上扬的背景下，市场风险溢价客观上是趋于上升的，商业银行在LPR的基础上通过风险溢价加点，导致企业最终获得的一般贷款利率未必能够有效降低。因此，仍需要其他改革举措的配套推进，通过适度“降准”和大幅降低MLF利率进行有效对冲。其六，在价格形势高度分化情形下，特别是在CPI与PPI走势分化情形下，货币政策利率工具要考虑不同市场主体面临的实际利率差异。特别是在PPI为负的背景下，对于实际利率的跟踪，要分类采用与企业生产投资相对应的价格指数对名义利率进行调整。建议采用非对称降息工具。

（4）将预期管理作为货币政策的统领和重要抓手。其一，在改革继续推进、金融创新不断涌现、利率市场化尚未彻底完成的情况下，货币政策应注重加强预期管理，更加注重引导社会预期，以提高货币政策的有效性。其二，由于总需求不足问题已经显化，稳健的货币政策不宜保持以往模糊的稳健定位，必须旗帜鲜明地阐述新稳健的内涵。包括汇率调整、存款准备金以及利率的调整应当更加明确其偏宽松的内涵，不宜过分含糊其词，在货币政策定位上玩文字游戏。其三，货币政策要全面扭转市场悲观预期，就必须打破以往传统的“小步微调”调控节奏。要充分认识到过去两年中国货币政策在持续性“微调”中总是没有达到“预调”目标的核心原因在于市场主体对于“小步微调”并不认可，“微调”并没有改变其预期模式，更没有达到稳定信心和发挥“锚定效应”的功能。避免金融环境的收紧快于市场预期是货币政策预期管理的核心要点。其四，新一轮信心构建必须从2019年第四季度全面开始。目前中国经济的制度红利已经开始筑底回升，同时，近期金融风险的缓释和中美贸易摩擦的阶段性缓和将为2020年带来一个相对稳定的金融市场环境和外贸环境，这为重建市场信心提供了非常有利的重要时点。即使在长端利率刚性、金融资源对于实体经济渗透力下滑的环境中，适度宽松的货币政策也具有必要性，依然是引导预期、防止过度收缩、配合积极财政政策的必要工具。其五，打破生产领域“通货紧缩—高债务”的恶性循环，避免进入资产负债表衰退，货币政策必须抓住目前短暂的窗口期，将宽松的力度提升到一定水平，而不能采取事后追加的模式，失去引导预期的作用。一旦中国步入资产负债表衰退阶段，中国货币政策的效率也将随着中国经济出现断崖式下滑，从而带来巨额的调整成本。日本等国家的案例已经充分表明传统“微调”模式可能会贻误调控的契机，中国要避免进入资产负债表衰退，不仅要进行货币政策方向的全面转型，而且必须使一次性宽松冲击达到一定的高度。

（5）以弹性汇率政策应对全球新一轮低迷期的挑战。其一，正确认识世界经济新一轮低迷期的开启及其引发的全球央行“降息潮”，特别是欧美重启降息和QE操作，2020年主要国家货币政策宽松化操作将是常态。在此背景下，需要明确未来一个时期中国货币政策的国际化导向，货币政策宽松的节奏应与全球主要央行保持一致，实现汇率的基本稳定，作为应对2020年外部波动风险的核心。其二，内部经济稳定依然是基本出发点，汇率调整和资本项目开放的改革都必须服从这个目标。鉴于2020年各类因素叠加的不确定性，中国对外经济政策应当采取保守主义策略，以稳固中国经济企稳的基础。其三，汇率市场化改革仍然是释放汇率机制以缓冲中国经济外部冲击作用的关键，是提高中国经济弹性和韧性的有效途径。从稳定金融市场的角度看，政府应该未雨绸缪，为应对人民币汇率和资本异常流动做好准备。

（6）逆周期宏观审慎需要适应结构调整攻坚期要求，加强政策的协同配合，避免产生新扭曲。其一，金融风险的缓释和预防反复是2020年宏观审慎的核心。尽管2019年以来金融风险得到缓释，但未来一个时期都处于违约常态化阶段。货币政策、宏观审慎监管、金融微观监管以及其他金融目标的一体化显得更为重要，货币金融当局的实体化、一体化、独立化和权力化也是制定科学货币政策的前提。其二，在结构调整期，逆周期宏观审慎需要强化货币投放、信贷投放、社会融资投放之间的关系，使货币政策与金融监管相互配合。建议采取“适度宽松货币政策＋金融监管改革”的组合，以保证实体经济面临的货币条件指数的相对稳定。其三，“稳金融”应当以“不发生系统性金融风险”为底线，不宜过度定义，必须对局部环节的金融问题和金融风险的暴露有一定的容忍度。特别是在大改革与大开放重启的时刻，局部风险的集中暴露有利于我们形成有效的改革路径。其四，不能简单地将“不发生系统性风险”等同于“金融指标的稳定”，大转型与大改革时期的各类金融指标必须做出调整，否则资源配置的方式和结构以及各种潜在的风险无法暴露。其五，宏观审慎监管必须从系统性金融风险的指标监管向一些结构性因素监管倾斜。经过2019年的风险缓释操作，未来两年对于重点城市、重点省份的债务可持续性风险的监控，对于部分行业和部分产品风险的监控显得尤其重要。其六，宽松货币政策必须辅之以“市场秩序建设”。金融市场缺陷的弥补和恢复金融市场配置资源的能力是适度宽松货币政策实施的一个重要前提。否则，“宽货币”下金融领域的泡沫很可能进一步诱发资金“脱实向虚”，使得实体经济与虚拟经济背离，导致“衰退性泡沫”的出现。其七，在高债务环境中，不仅要保持适度宽松的货币政策，而且要对大量的“僵尸企业”进行出清、对高债务企业进行债务重组，对银行以及相关企业的资产负债表进行实质性重构。存量调整是增量调整的基础，存量调整基础上的“积极财政政策＋适度宽松货币政策＋强监管”依然是我们走出困局的核心法宝。

第五，财政政策要精准，在更加积极的同时提高针对性，调动三个积极性。内需增长的大幅下滑，加剧了中国经济的脆弱性，2020年财政政策要更加积极有效，在时间窗口关闭前，加大力度、加快速度、加强精准度地稳内需。

（1）除继续落实好现有的减税降费政策外，进一步提高企业先进生产设备减税抵扣和研发费用税前加计扣除力度，调动企业扩大生产性投资和研发投资的积极性。可以进一步提高财政赤字率，考虑到内忧外困和大改革的特殊性，建议2020

年财政赤字率可以提高到3.0%以上。目前，国家统计局根据第四次全国经济普查对2018年GDP数据进行了修订，将2018年GDP上调了2.1%，从900 309亿元增加18 972亿元至919 281亿元。GDP总量的扩大意味着2020年的财政赤字空间有所提升，在维持赤字率不变的情况下，约能增加公共预算赤字600亿元、地方政府专项债600亿元，利用政府资金撬动社会资金的潜力提升。

（2）进一步明确财政纪律和市场规则，在此基础上充分发挥地方政府进行基础设施建设投资和公共事业投资的积极性，带动社会投资增速回升和稳定市场预期。虽然目前基础设施建设投资增速在企稳回升，但回升速度非常缓慢，仍在拖累总体投资增速，并对市场预期产生不利影响。2020年财政支出应当从投资导向往民生导向转变，从补贴导向往福利导向转变，利用积极的财政政策加速广泛的大福利体系的构建，利用定向宽松的财政政策扩大养老产业、健康产业以及中高端服务业的发展，释放相应的需求。同时，2020年地方政府专项债券规模的扩大不能搞“一刀切”，必须在对地区债务风险评估的基础上“有保有压”，对于政府债务率已经较高的地区有所控制，并且以政府专项债的置换和再融资为主，促进债务风险的进一步缓释，而对于政府债务率较低的地区，可以适度鼓励新增债券的发行。

（3）关注局部区域财政收入崩塌的问题，特别是基层财政收入突变带来的各种民生问题。建议扩大财政平准基金的规模，设立过渡期基层财政救助体系；同时，适度弱化财政收入的目标，防止地方政府通过加大税收征收力度和非税收等方式变相增加企业的负担。鉴于地方债市场容量的狭小和制度的不完善，建议2020年提高财政赤字水平的核心渠道是提高中央的财政赤字率，并积极利用国债发行规模的提高来增加政府支出能力，以加大改革推行的力度。

（4）减税降费从生产端向消费端和收入分配改革过渡，调动居民的消费积极性。在储蓄率持续下滑的新时期，“稳消费”对于宏观经济稳定和健康发展具有基础性和引领性作用。必须高度重视目前消费增速下滑的内在原因，巩固和扩大中国居民的消费基础，发挥超大规模市场优势。其一，积极落实个税改革方案，减少工薪阶层的税收负担。其二，加大对公共服务均等化改革，提高公共服务的可获得性。其三，针对2020年猪肉价格波动和收入波动叠加风险，做好针对低收入阶层的消费补贴预案，防止宏观经济波动对低收入阶层的过度波动。其四，制定对中产阶层的消费启动战略，特别是消费升级的促进战略：重视中产阶层家庭杠杆率的过快上升，尊重杠杆率的演化规律，通过建立相应的债务风险缓释机制，促进消费平稳增长；针对汽车等耐用品消费出台专项减税降费政策。例如，按照国际上人均汽车拥有量与人均可支配收入水平的拟合线，目前中国汽车拥有量仍有高达80%的增长空间。建议将汽车购置税税率从 10%下调至 5%，释放汽车消费的增长空间。近 10 年的汽车消费经验表明，降低汽车购置税对促进汽车消费具有立竿见影的效果。2009—2010 年以及 2015—2016 年，通过将汽车购置税税率从 10%下调至 5%，大幅提高了汽车消费增长率；反之，近两年汽车消费的大幅下滑，在一定程度上与汽车购置税税率从 5%提高至 10%有关。

第六，2020 年稳增长的核心在于“稳投资”，但“稳投资”的政策方向和政策工具必须做出大幅度的调整，启动投资新举措需要有系统方案。同时，落实党的十九大提出的“发挥投资对优化供给结构的关键性作用”是一个中期任务，需要对中国投资结构优化提出一揽子改革方案，产业投资政策需要调整。

（1）启动民间投资是稳投资的关键，而民间投资启动的核心在于提高投资未来预期收益率，预期收益率的提升来源于产权的可保护性、资本投资的新空间、投资成本的降低以及投资产业需求的扩展等方面。因此，民间投资的启动不是任何单一政策和工具能够胜任的，必须采取系统性的政策方案和改革措施，必须从中期角度来系统展开，全面调整投资预期。必须认识到实体投资回报率过低不仅仅是一个周期性现象，更重要的是源自系列重大改革的缺位，启动民间资本的系统方案必须包含大量基础性的、中期导向的重大改革：一是政府必须从目前的投资型政府逐步转向民生型政府；二是国有企业投资体系和利润使用应当进行战略性重新定位改革，非主营业务投资必须严格限制；三是各类管制要重新梳理；四是事业单位和公共服务体系的市场化改革必须深化。必须看到以制造业为主的民间投资空间已经饱和，各类市场型和半公共服务领域的开放十分重要，放松这些行业的政府管制、减少政府在非公共领域的投资和全面收缩国有企业的非主营业务十分重要。

（2）加大对中小企业、民营企业和创新性企业投资需求的资金可获得性仍是投资启动的重要工作。“脱实向虚”的治理是提升实体经济投资增速的一个关键，但是，简单化、行政化的金融整顿和监管强化并不能达到稳投资的目标，特别是稳定民间投资的目标。因为在治理金融创新带来的风险和部分乱象的过程中行政化监管很容易扼杀金融创新，使大量金融资源过度依赖于传统体制内的路径进行融资，新型融资渠道出现全面收缩，大量中小企业、民营企业和创新性企业反而难以在治理整顿中获得融资，融资难、融资贵又成为这些企业投资的瓶颈问题。

（3）从短期来看，国家依然需要准备一些投资项目包，以防止固定资产投资增速过快下滑，2020 年保持政府性投资增速和房地产增速的相对稳定依然较为重要。从中期来看，任何持续的扩张的政策性投资必定会通过资金挤占、产业空间挤占、政治疑虑等渠道带来大量的挤出效应，使市场性投资在扩展政策中不仅没有得到扩展，反而在中期出现萎缩，政府未来对于各类产业的投资和补贴不能进一步膨胀，需要适度容忍投资增速的回落。

第七，民生政策要托底，应对经济下行和民生冲击叠加带来的“双重风险”。民生冲击与总需求下滑叠加不仅会使得当前的经济陷入困局，而且会加剧市场主体对未来的悲观情绪，对 2020 年的宏观管理造成更为严重的问题。面对“双重风险”，短期内既要加大民生保障支出，更要重视就业稳定政策，保就业的重要性大于保工资，通过提高工资弹性应对成本冲击。一是对中美贸易摩擦可能诱发失业风险的局部行业、局部地区，制定有针对性的干预措施或引导措施；二是对汽车、手机等近期面临较大困难的行业要研究专门的解决办法，结合产业政策、消费政策、税收政策、交管政策等进行；三是重视企业特别是民营、小微企业面临的经营困境，从多个维度为企业减负，扶持政策应结合就业目标进行；四是适当放宽对地摊经济、夜间经济的限制，扩大灵活就业的生存空间；五是通过就业补贴等工具引导企业的用工行为，同时更加注重对青年失业群体的就业引导；六是重构未来的就业政策体系，积极就业政策要更加积极，目标从充分就业转向高质量的充分就业，为提高就业质量做准备；消极就业政策要更完善，进一步健全社会安全网，做好托底准备。

第八，积极应对中美贸易摩擦，全新思考世界结构裂变期中国的战略选择。2020 年世界经济可能发生超预期变化，对加强国际合作与政策协调的呼声将短暂压制贸易保护主义而达到一个小高潮，但一旦成效甚微，贸易保护主义将裹挟民粹主义发起更猛烈的反攻，世界经济结构与秩序将面临更加严重的破坏，必须从中期视角全面思考世界结构裂变期中国的战略选择。其一，要用深化改革和高水平开放来应对世界结构裂变带来的短期挑战，特别是在中美贸易摩擦中要以自由主义对抗新保护主义、用多边和双边主义对抗孤立主义、用新合作对抗新冷战。其二，在坚持以新开放应对挑战的同时，必须认识到裂变期世界经济的各种基本参数发生根本性变化决定了我们不可能重返过去的战略路径，必须重构新开放发展的实施路径。其三，全球产业链、供应链、价值链的重构必将发生，必须进行前瞻性研究和全面布局，尤其是对于美国可能采取的“经济铁幕”和“新冷战”要有深入研究。一是应当在战略上避免“新冷战”的快速出现，维护中国产业升级的良好国际环境，二是必须通过区域经济更高水平的一体化和自由化防止美国快速形成“经济铁幕”和“新冷战”的国际统一战线。其四，对于贸易摩擦在其他领域的全面扩散必须要有充分的预案，特别是在技术、人才、汇率以及安全等领域要有充分的研究和策略安排。其五，对于 2020 年可能出现的国际收支恶化和国际金融市场动荡冲击，要做好短期安排和政策对冲的准备。其六，在应对中美贸易摩擦的过程中，需要避免几个陷阱：一是“以降促和”的陷阱；二是简单步入敌对状态的“修昔底德陷阱”；三是无技术外溢、高成本的军事竞赛陷阱；四是无贸易支撑和经济基础的政治联盟陷阱。

第二篇
分报告

中国实体经济：整体走弱中的结构分化

——基于上市企业财务数据的分析

袁海霞　汪苑晖　王秋凤

摘　要

2019 年以来，在内部结构调整与矛盾释放，外部全球经济与贸易下行、中美贸易摩擦等不利因素的影响下，中国经济下行持续，实体经济运行逐渐承压。在此背景下，为了缓解实体经济运行压力，增强经济增长内生动能，我国采取了一系列支持实体经济发展的措施，一方面加大减税降费力度，另一方面通过宽货币、宽信用为实体经济融资提供良好的货币金融环境，同时改革 LPR 报价机制，力图降低实体经济实际融资尤其是信贷融资成本。从 2019 年前三个季度的宏观数据来看，我国实体经济融资虽有回暖，但整体走弱趋势未改，同时经济结构变动也呈现新的特征，前两年持续快速增长的新动能相关行业增长势头减弱，传统行业增长有所回暖。

为了进一步分析上述经济结构分化的特征，本文通过对 3 706 家上市企业 2019 年三季报财务数据进行多维度整理与分析，从微观视角管窥我国经济内部结构变化，对宏观数据进行校验与补充。从行业维度看，战略性新兴产业盈利改善，周期性行业利润增长放缓且偿债能力持续恶化。从区域维度看，贸易摩擦持续，东部企业盈利承压，中部企业利润增长放缓明显；各区域企业偿债能力均出现恶化，中西部地区尤为明显。从所有制维度看，上市民企“融资难”问题略有缓和，但偿债能力持续恶化，国企短期偿债能力弱化更为显著；从企业规模维度看，不同规模企业经营性及投资性现金流均恶化，但宽信用影响下筹资性现金流好转，其中规模较小企业的融资改善最为显著。

结合宏观经济数据及上市企业财务数据可以发现，当前我国实体经济运行存在多维度的结构分化，既有产业发展之间的分化、区域发展之间的分化，又包括不同所有制企业以及不同规模企业之间的分化。我们认为，在当前实体经济整体走弱、结构分化的背景下，尤其需要重点关注外部复杂性上升背景下外向型企业生产经营恶化、产业结构调整放缓、民企债务风险仍存及民间投资低迷等四方面问题。针对上述问题，我们认为，应继续实施结构性的货币政策，并继续加大对民营企业、中小企业的支持力度，同时还应鼓励创新，尤其是技术创新，加大对技术改造投资的支持力度；此外，还需进一步改善企业营商环境，为民企发展营造良好的政策环境。

关键词： 中国经济；实体经济；上市企业；财务分析

2019年前三季度，在内部结构调整与矛盾释放，外部全球经济与贸易下行、中美贸易摩擦等不利因素的影响下，中国经济下行持续，实体经济运行压力有所显现。而上市企业具有经济风向标的作用，其财务状态的变化在一定程度上可以反映宏观经济运行态势，从微观层面对宏观经济数据进行印证校验。本文对公布了2019年三季报的3 706家上市企业的财务数据进行了系统整理，从中管窥中国经济尤其是实体经济整体运行态势及其结构变化。

一、宏观经济放缓与结构分化

2019年以来，为了应对经济下行，增强经济增长内生动能，我国采取了一系列支持实体经济发展的措施，一方面加大减税降费力度，另一方面通过宽货币、宽信用为实体经济融资提供较为良好的货币金融环境，与此同时改革LPR报价机制，力图降低实体经济实际融资尤其是信贷融资成本。从前三个季度有关部门公布的宏观数据来看，在经济走弱、政策加大支持力度的背景下，我国实体经济运行主要呈现出以下三个方面的特点：

首先，经济下行背景下我国经济整体走弱。从生产的角度来看，尽管2019年以来工业和制造业增加值增速波动较大，并均在每季末出现反弹态势，但前三季度累计同比分别增长5.6%、5.9%，均较上年同期回落0.8个百分点，同比走弱态势明显（见图1）；服务业生产同样呈现总体走弱态势，前三季度服务业累计同比增长7%，较上年同期回落0.7个百分点，服务业生产指数同比增长7%，较上年同期走弱0.8个百分点。从投资的角度来看，2019年以来制造业投资增速波动下行，前三季度仅同比增长2.5%，较上年同期回落6.2个百分点，成为固定资产投资主要拖累项（见图2）。从微观企业层面来看，虽然年内工业企业利润下滑总体收敛，但持续负增长，前9个月规模以上工业企业利润同比下降2.1%，较上年同期大幅下降16.8个百分点；服务业企业营业利润虽然季节性波动较大，但同比回落态势仍较为明显，前7个月累计同比增长9.2%，较上年同期回落7个百分点。

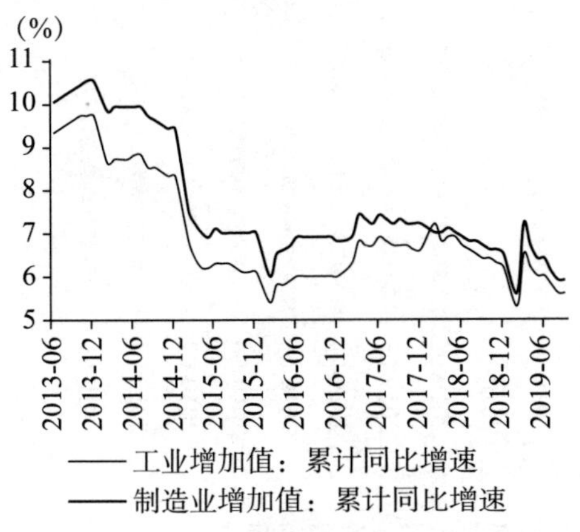

图1 工业与制造业生产在波动中趋缓

图2 制造业投资增长低迷

其次，经济结构变动呈现新的特征，升级型结构变化趋缓，衰退型结构变化加剧，产业结构升级趋势有所放缓。从工业内部看，医药制造业、通用设备制造业、专用设备制造业等高新技术制造业增速放缓，而2019年新动能投资占制造业比重的高开走低趋势也反映了这一情况，截至2019年9月底占比为54.54%，较2018年同期和年初均有不同程度的回落；而黑色金属冶炼及加工业、有色金属冶炼及加工业等高耗能行业增长再度回升，这种变化意味着过去几年延续的工业结构调整趋势有所放缓（见图3和图4）。在服务业内部，信息传输、软件和信息技术服务、租赁和商业服务等细分行业的增速下降幅度明显大于服务业整体，而金融业的增速有所改善，这说明宽信用、结构性宽货币下的政策目标与政策效果之间还存在一定阻滞。

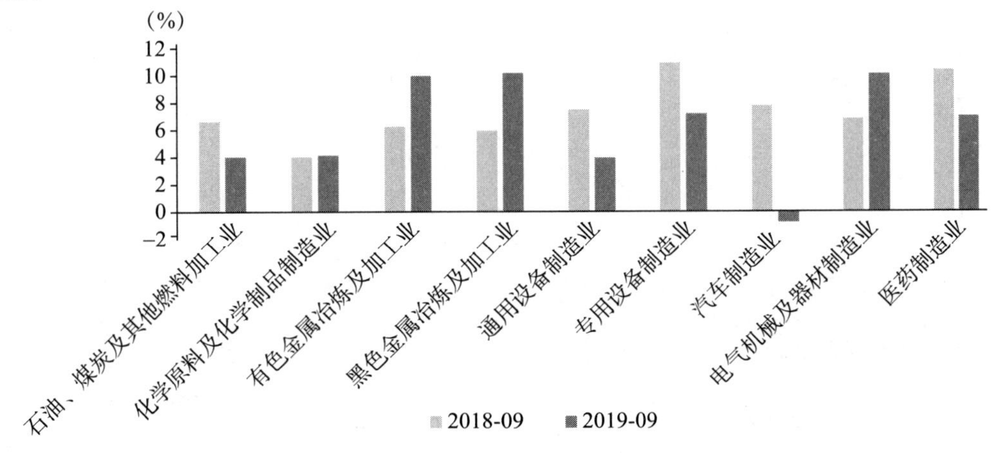

图3 高新技术制造业增加值增速同比放缓，高耗能行业增加值增速回升

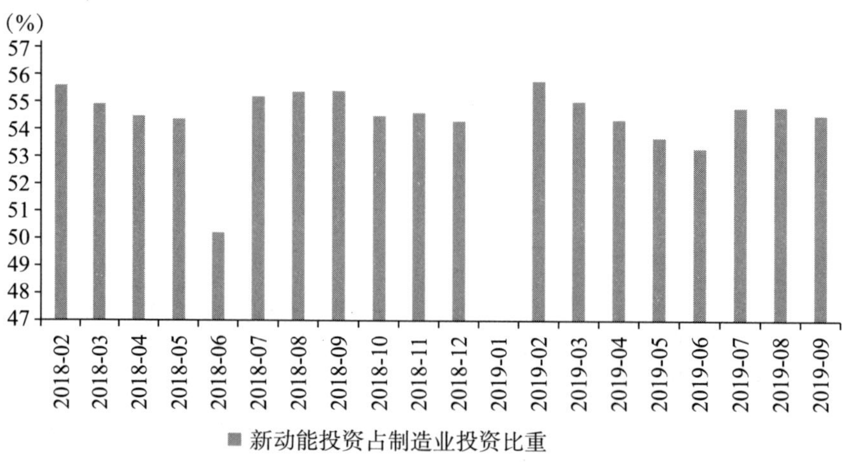

图 4　2019 年以来新动能投资占制造业投资比重高开低走

最后，宽信用下实体经济融资改善，国企杠杆率趋于平稳，民企杠杆率被动攀升，国企与民企杠杆率趋于收敛。2019 年以来，宏观政策持续推动实体经济融资的改善，于 1 月、9 月分别降准一个百分点，并于 5 月 15 日宣布对部分地域性银行和中小型银行执行与农村信用社相同的存款准备金率（8%），加大对民营企业和中小企业融资的支持力度。从社会融资数据来看，在政策支持下实体经济融资有所改善，前三个季度社会融资规模存量同比增速保持稳中有升态势，与 2018 年信用收缩背景下社会融资规模存量同比增速持续回落形成了明显对比（见图 5）。从杠杆率水平来看，在国有企业去杠杆、政策加大对民营企业融资支持力度的情况下，国有工业企业杠杆率稳中有降，民营工业企业杠杆率波动攀升，两者走势趋于收敛。截至 9 月底，国有及国有控股工业企业资产负债率为 58.4%，同期民营工业企业资产负债率为 57.9%（见图 6）。

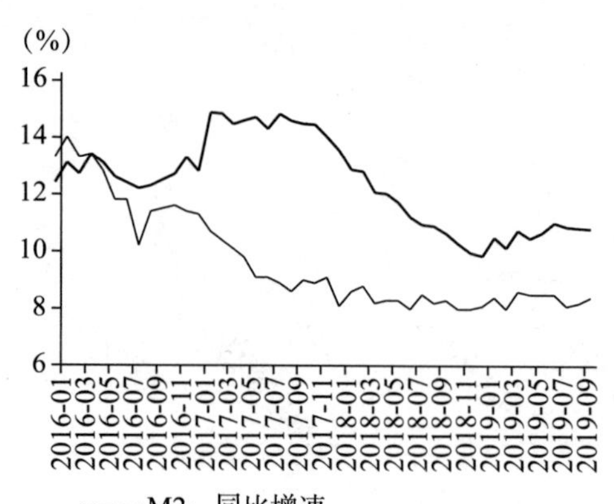

图 5　社会融资规模同比增速回升

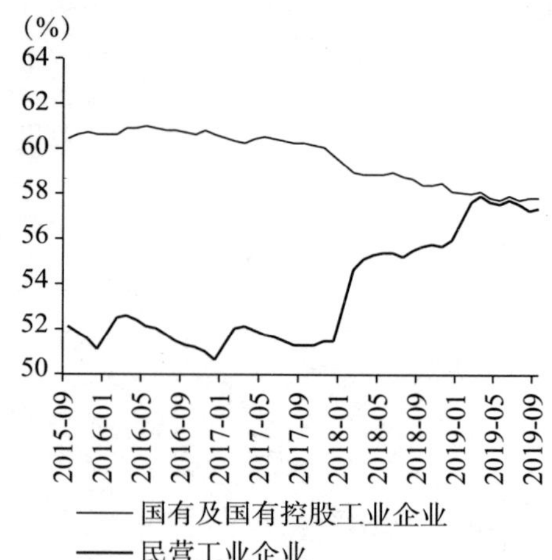

图 6　国有及民营工业企业杠杆率趋于收敛

从宏观数据来看，我国实体经济融资虽有回暖，但整体走弱趋势未改，同时经济结构变动也呈现新的特征，前两年持续快速增长的新动能相关行业增长势头减弱，传统行业增长有所回暖。为了进一步深入分析这种结构分化特征，本报告试图从上市公司的数据来研究经济结构变化的新特征及发展趋势。

二、上市企业财务数据多维视角下的结构分化

上市企业具有一定经济风向标的作用，利用上市企业财务数据，我们可以从微观视角来管窥经济内部结构的研究，与宏观数据分析形成印证与补充。本部分利用公开数据，从行业、区域、所有制、企业规模等多个维度系统分析 A 股 3 706 家上市企业公布的 2019 年三季报中的财务数据①，从微观层面对宏观经济数据进行校验与分析。

(一) 从行业维度分析：战略性新兴产业盈利改善，周期性行业利润增长放缓且偿债能力恶化明显

1. 从盈利情况来看，上下游行业走势分化，受中美贸易摩擦冲击较大的行业盈利恶化，金融行业以及政策扶持下的战略性新兴产业盈利改善

2019 年第三季度以来，经济下行压力持续加大，申万 28 个行业中仅 6 个行业营业收入同比增速有所回升，仅 10 个行业净利润增长较 2018 年同期加快，行业分化进一步加剧。具体来看，需求疲弱背景下 PPI 持续下行，与 CPI 走势进一步分化，上游行业利润增长明显放缓，下游行业利润略有改善；2019 年以来中美贸易摩擦持续发酵，计算机、电子等高端制造业盈利恶化明显，机械设备、家用电器、通信、纺织服装等受贸易摩擦影响较大的行业也出现盈利恶化的现象；传统周期性行业生产经营情况仍未好转，但政策扶持下部分战略性新兴产业如医药生物行业的营业收入及净利润保持快速增长。此外，受金融监管政策红利密集出台影响，金融行业盈利情况逆势回暖，非银金融及银行营业收入及净利润增速均有回升，其中非银金融改善尤为明显（见图 7 和图 8）。

2. 从现金流情况来看，社会融资回暖使多数行业融资改善，钢铁等周期性行业经营性现金流仍现恶化

进入第三季度，货币政策延续稳健中性、松紧适度，宽信用政策效果逐渐显

① 除特别说明外，本文关于上市企业财务指标的分析均采用中位数。

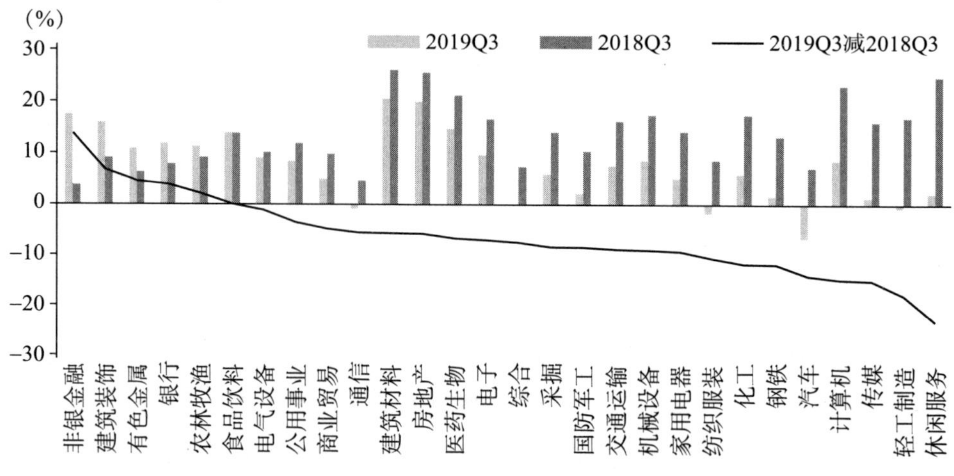

图 7　分行业营业收入同比增速情况

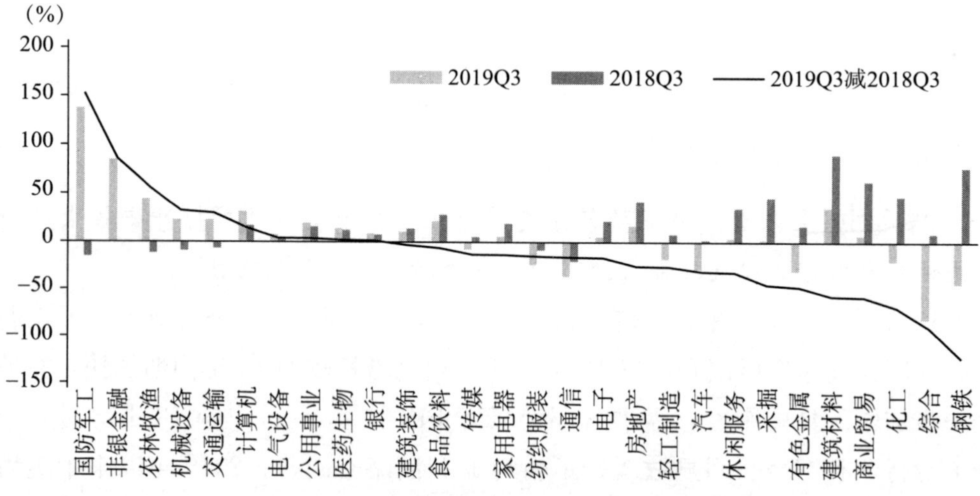

图 8　分行业净利润同比增速情况

现，降准落地助力社会融资回升，多数行业现金流情况有所改善。从经营性现金流看，纺织服装、轻工制造等 15 个行业经营性现金流好转企业数量占比高于 2018 年同期，9 个行业经营性现金流好转企业数量占比出现下滑，其中周期性行业如钢铁、有色金属等恶化较为明显（见图 9）。从投资性现金流看，采掘、房地产、国防军工等 18 个行业投资性现金流好转企业数量占比高于 2018 年同期，其中多为重资产型行业，银行、农林牧渔等 7 个行业投资性现金流情况出现恶化（见图 10）。从筹资性现金流看，社会融资回暖背景下 20 个行业融资改善，筹资性现金流好转企业数量占比高于 2018 年同期，其中钢铁、传媒、有色金属、建筑材料等周期性行业改善较为明显，综合、商贸等 6 个行业仍有恶化（见图 11）。

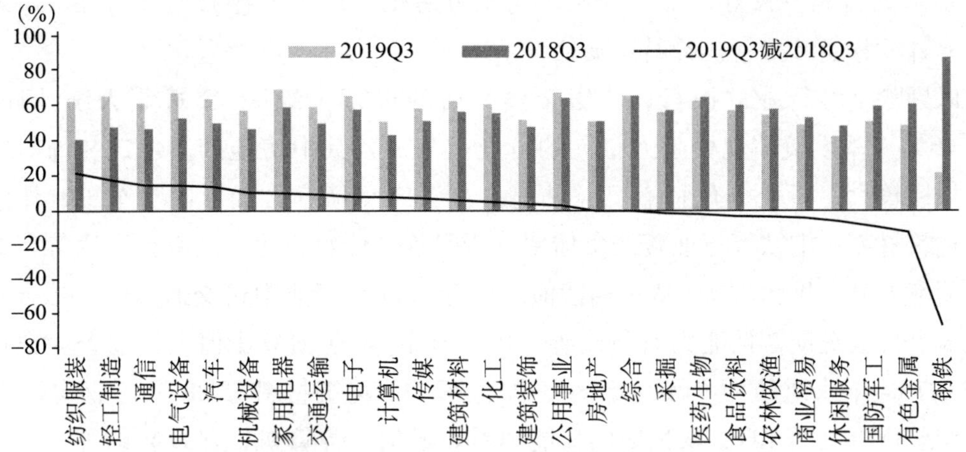

图 9　分行业经营性现金流好转企业个数占比情况（剔除金融）

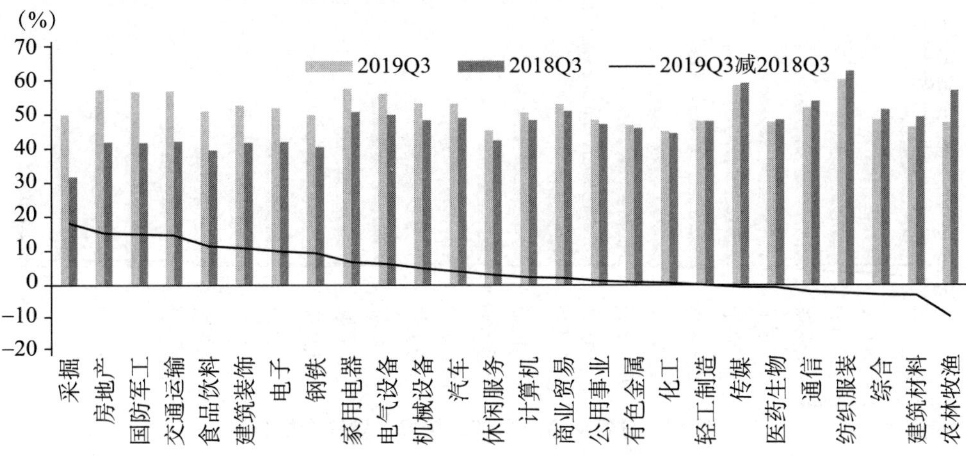

图 10　分行业投资性现金流好转企业个数占比情况（剔除金融）

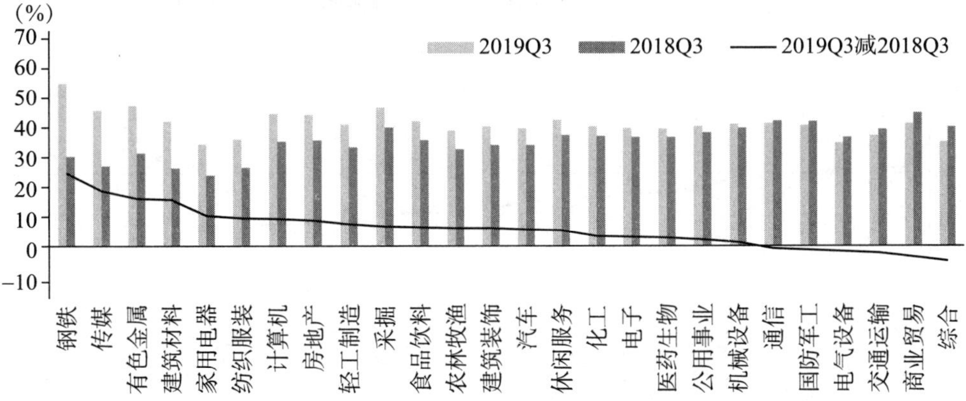

图 11　分行业筹资性现金流好转企业个数占比情况（剔除金融）

3. 从偿债能力来看，多数行业偿债能力恶化，周期性行业尤为明显，房地产行业杠杆率较高且偿债能力持续弱化

以剔除金融行业（银行、非银金融）后的申万一级 26 个行业为统计样本，2019 年第三季度负债规模超万亿元的行业占五成，其中房地产、建筑装饰等行业负债规模较大，行业分化特点日益凸显。在资产负债率方面，国防军工、休闲服务、建筑材料、钢铁等行业资产负债率有所回落，传媒、化工、有色金属等行业资产负债率上升（见图 12）。从短期偿债能力看，26 个行业中仅交通运输、综合及传媒这 3 个行业短期偿债能力有所改善，货币资金/短期债务比值上升的企业数量占比较 2018 年同期增加，钢铁、汽车、国防军工、建筑材料等 22 个行业均较 2018 年同期恶化（见图 13）。从长期偿债能力看，通信、计算机、建筑装饰等 8 个行业

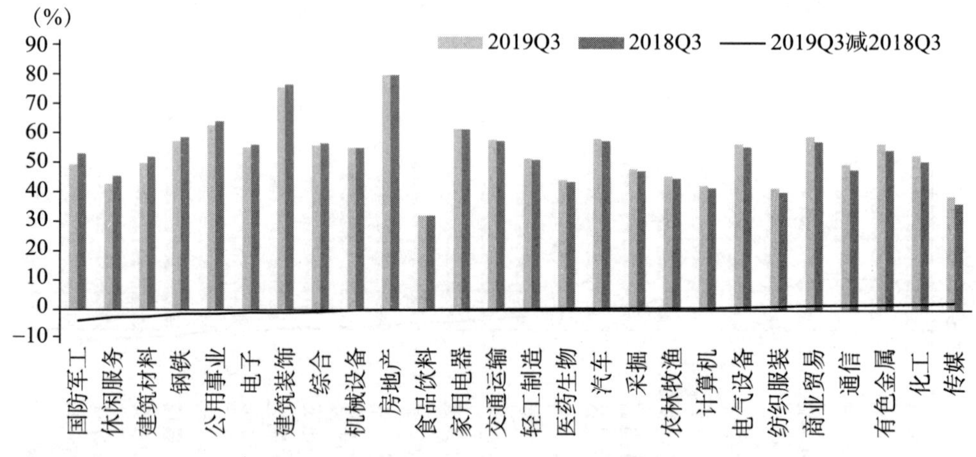

图 12　分行业资产负债率情况（剔除金融）

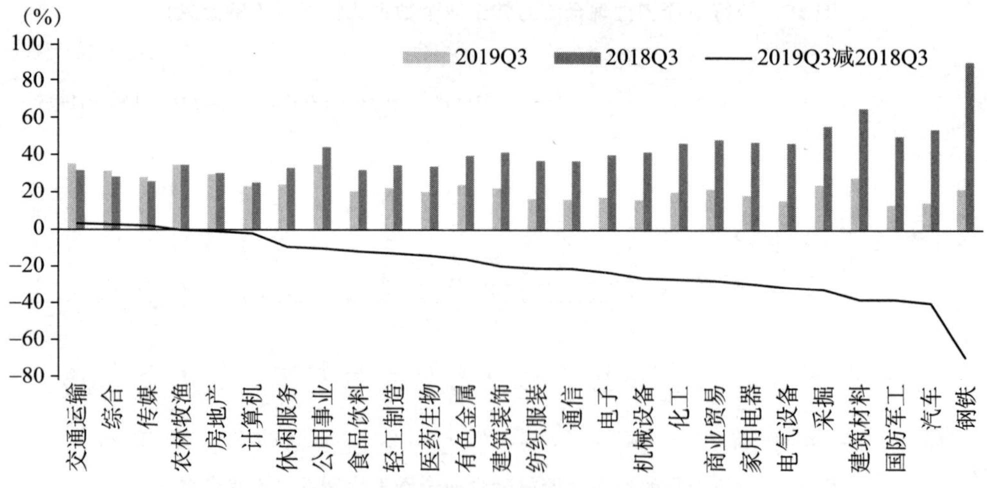

图 13　分行业货币资金/短期债务比值上升企业数量占比（剔除金融）

长期偿债能力有所好转，长期债务与营运资金比率上升企业数量占比较2018年同期减少，其余18个行业如建筑材料、农林牧渔、有色金属、化工、国防军工、钢铁等该占比增加，周期性行业长期偿债能力恶化明显（见图14）。从房地产行业看，在市场调控常态化及融资持续收紧双压下，房地产行业生产经营面临压力，2019年第三季度资产负债率较2018年同期小幅回落，但较2018年底有所回升，绝对水平仍居高不下；与此同时，企业长短期偿债能力均持续弱化，货币资金/短期债务波动下行，长期债务与营运资金比率在各行业中居首且呈上升态势（见图15和图16）。

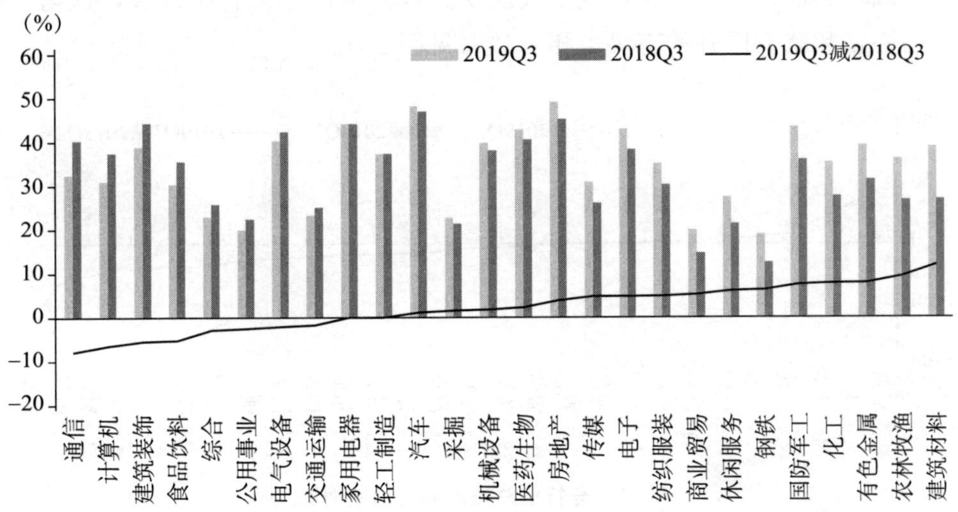

图14　分行业长期债务与营运资金比率上升企业数量占比（剔除金融）

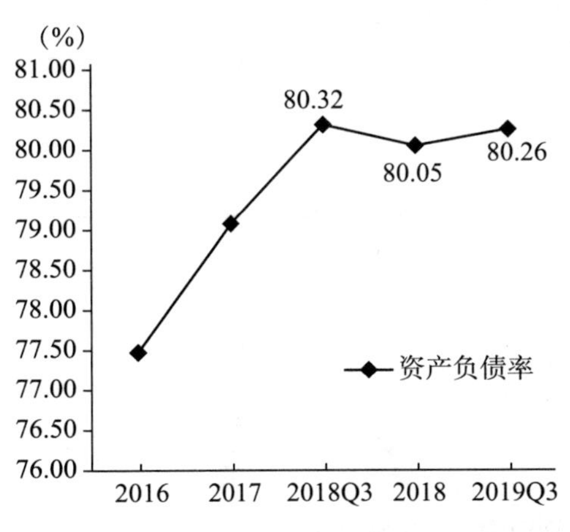

图15　房地产行业资产负债率走势

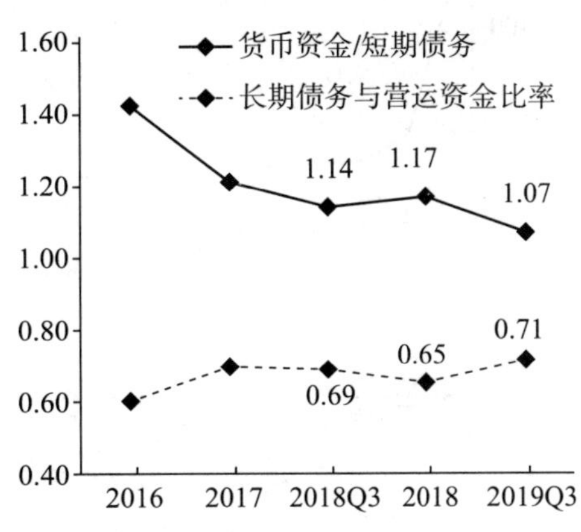

图16　房地产行业偿债指标走势

4. 从扩大再生产来看，上游行业在建工程提速，贸易摩擦波及行业再生产意愿较弱①

从总资产同比增速看，建筑材料、机械设备、国防军工等 11 个行业同比增速上升，企业扩大再生产能力较强；电子、商业贸易、计算机等贸易摩擦波及行业同比增速回落，企业扩大再生产能力受限；综合、家用电器、休闲服务、农林牧渔等行业总资产同比增速由正转负，企业再生产能力较弱（见图 17）。从在建工程增速看，剔除金融行业的剩余 26 个行业中仅家用电器及计算机两个行业在建工程同比增速由正转负，或与中美贸易摩擦长期化背景下企业生产预期回落有关，企业扩大再生产意愿较弱，制造业及上游周期性行业如采掘、钢铁、有色金属等在建工程同比增速增幅位居前列，在一定程度上或反映企业再生产意愿有所改善，这与三季度企业家信心指数略有回升的态势也相一致（见图 18）。

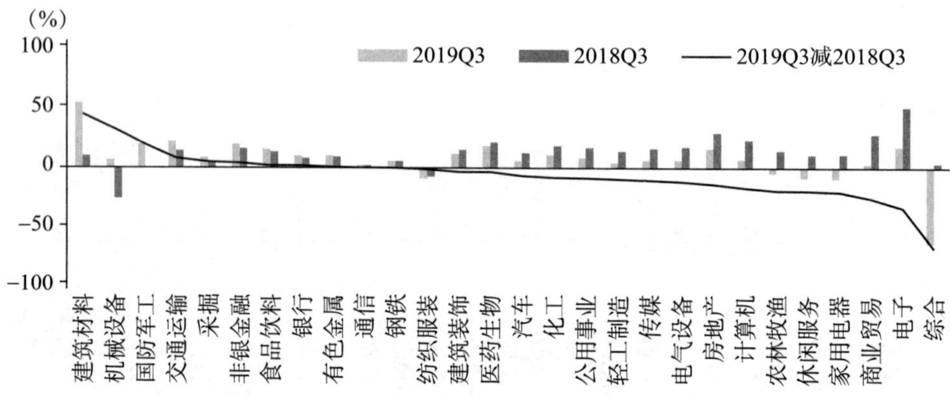

图 17 分行业总资产同比增速情况

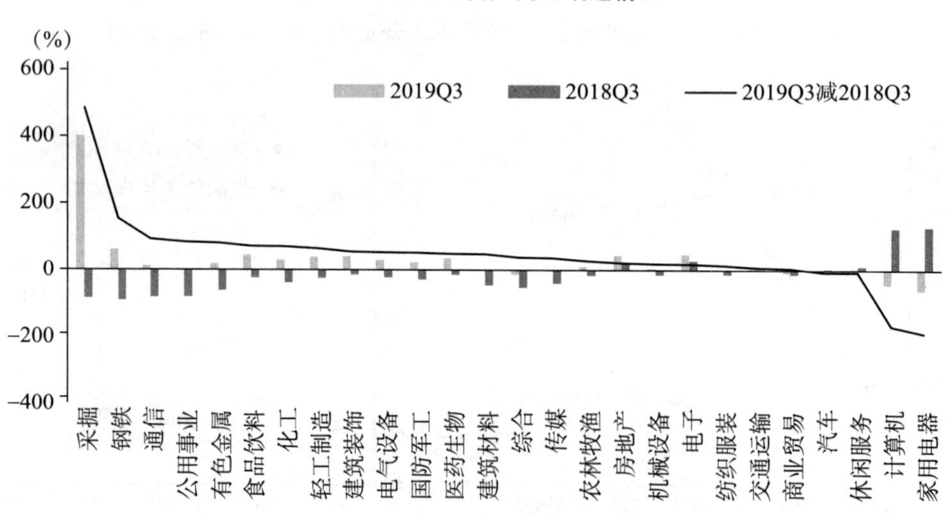

图 18 分行业在建工程同比增速情况（剔除金融）

① 在本文的分析中，我们以企业总资产增速近似地考量上市企业扩大再生产的能力，以在建工程增速近似地考量上市企业未来扩大再生产的能力或反映当前企业扩大再生产的意愿。

(二) 从区域维度分析：贸易摩擦持续，东部地区企业盈利承压，中部地区企业利润增长放缓明显；各区域企业偿债能力恶化，中西部地区尤为明显

1. 从盈利情况来看，东北地区企业盈利能力恶化，东部地区出口外向型企业受贸易摩擦影响显著

在经济下行背景下，2019 年第三季度全国四个地区（东北地区、东部地区、西部地区、中部地区）上市企业盈利能力均有所恶化，营业收入及净利润同比增速均放缓。其中，东北地区企业营业收入同比增速下滑明显，降幅超过 10%，净利润同比增速由正转负，盈利能力大幅恶化；中部地区企业营业收入及净利润同比增速均回落超 5%，净利润同比增速降幅最大；西部地区企业营业收入及净利润同比降幅均最小，盈利能力恶化程度相对较弱；值得注意的是，受中美贸易摩擦影响，东部地区企业尤其是出口外向型企业盈利能力不断恶化，营业收入及利润增长持续放缓。按 2018 年对美出口额，排名前列的行业如通用设备制造业、电气机械制造业、家具制造业、金属制品业、纺织服装业、塑料制品业等主要集中在浙江、江苏、广东、山东等东部沿海省份，这些省份企业的营业收入及净利润同比增速自 2018 年以来呈现回落态势，受贸易摩擦的影响愈加显著（见图 19 至图 22）。

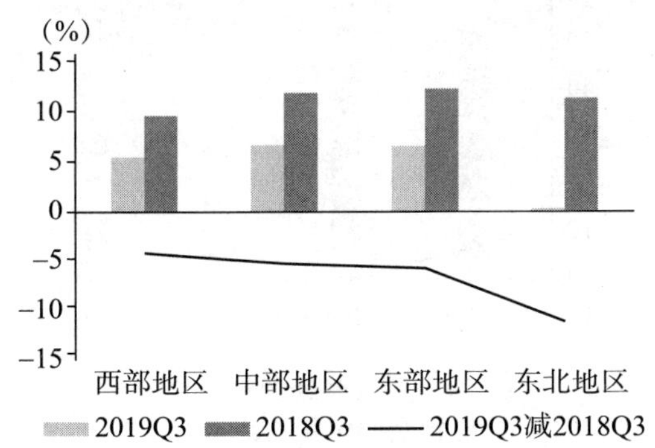

图 19　分区域营业收入同比增速情况

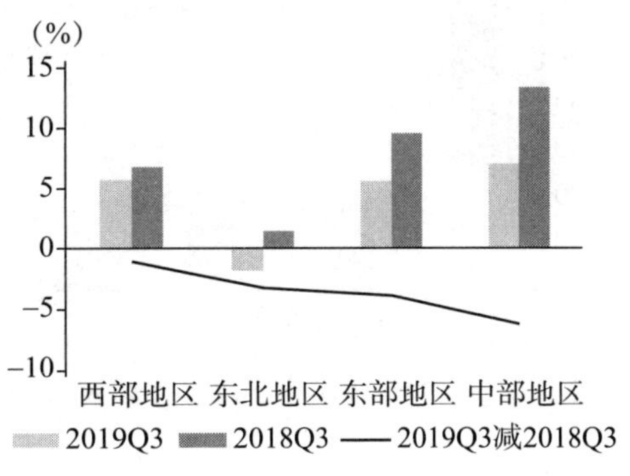

图 20　分区域净利润同比增速情况

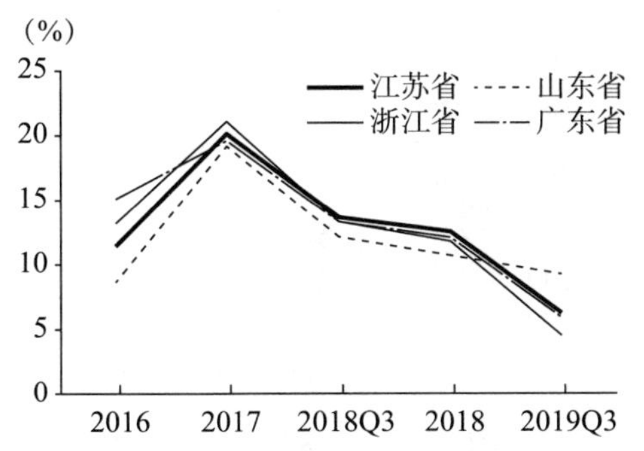

图 21　东部出口型省份营业收入同比增速情况

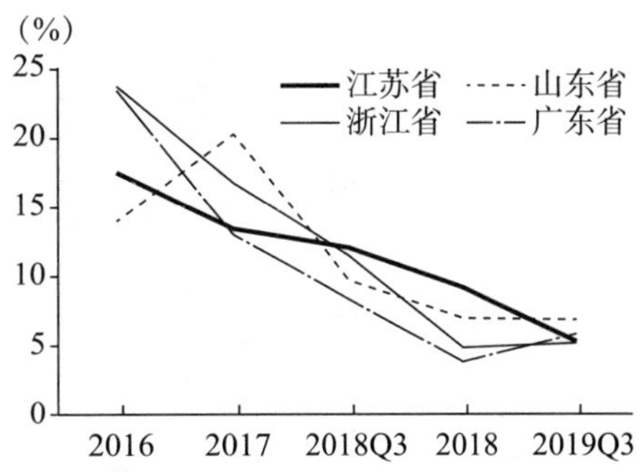

图 22　东部出口型省份净利润同比增速情况

2. 从现金流情况来看，东部地区企业现金流整体好转，西部地区企业筹资性现金流改善明显，中部地区企业投资性现金流恶化显著，东北地区企业经营性现金流有所弱化

从上市金融企业区域分布看，东部地区金融企业数量共76家，占上市金融企业总数的67%，而东北地区仅3家上市金融企业，在一定程度上反映了各区域金融环境的差异情况（见图23）。在区域经济发展及金融资源不均等的背景下，各区域上市企业现金流情况也出现明显分化。从经营性现金流看，东部及中部地区经营性现金流好转企业数量占比高于2018年同期，西部及东北等经济欠发达地区企业经营面临压力，经营性现金流出现恶化（见图24）。从投资性现金流看，东部及西部地区投资性现金流好转企业数量占比高于2018年同期，或与区域内资产型企业较多有关，东北及中部地区好转企业占比下滑（见图25）。从筹资性现金流看，社会融资回暖企业融资均有不同程度的改善，其中，西部地区筹资性现金流好转企业数量占比增加明显，或与2019年来支持小微企业的政策密集出台以及前期西部大开发规划初有成效有关；受制于较滞后的金融发展水平，东北地区筹资性现金流改善程度最小（见图26）。

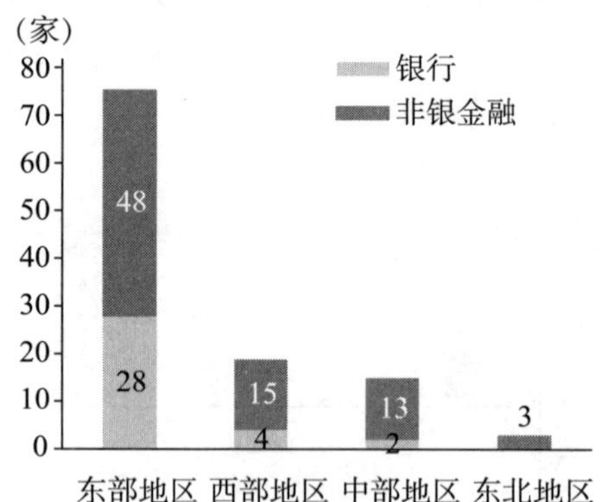

图23　分区域上市金融企业数量

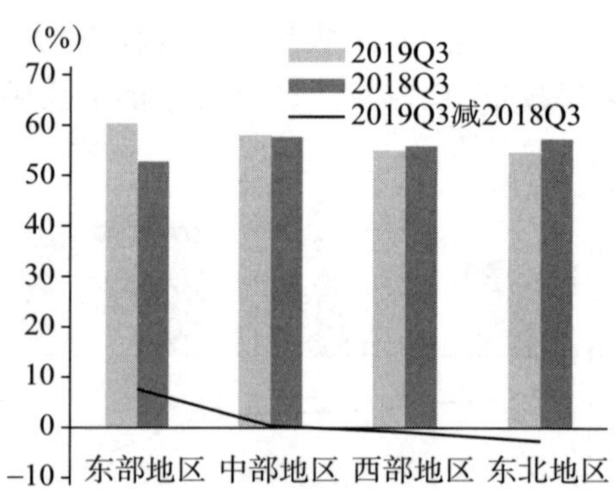

图24　分区域经营性现金流好转企业个数占比情况

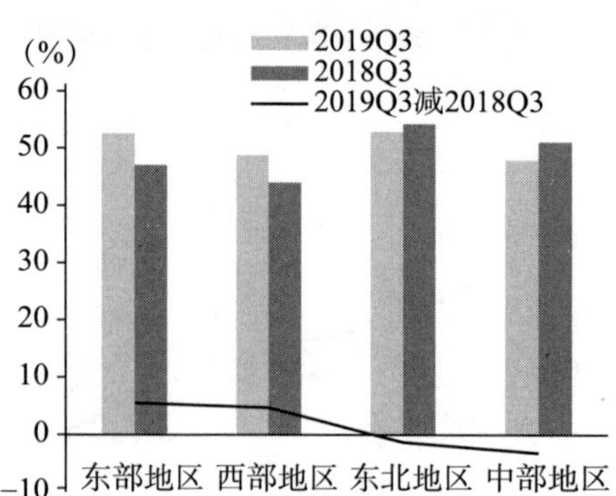

图25　分区域投资性现金流好转企业个数占比情况

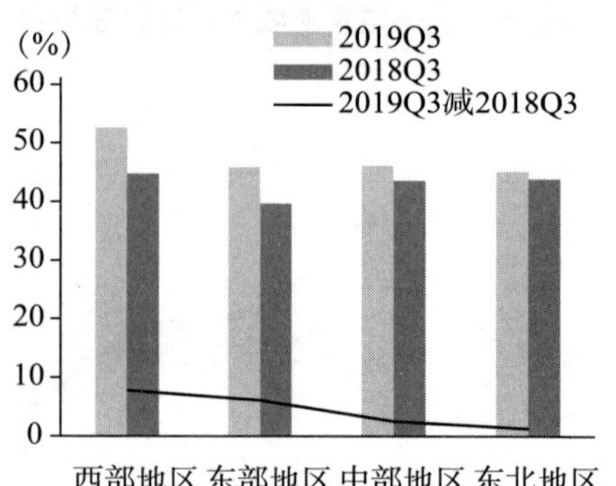

图26　分区域筹资性现金流好转企业个数占比情况

3. 从偿债能力来看，东北地区企业资产负债率较高，东部地区企业资产负债率增长最快，中、西部地区企业偿债能力恶化明显

在资产负债率方面，东北地区经济发展水平落后，经济下行期企业经营状况不佳，资产负债率居首位；东部地区资产负债率较低但在2019年第三季度增长较快，债务压力有所增加（见图27）。从短期偿债能力看，四个区域中货币资金/短期债务比值上升的企业数量占比均较上年同期下滑，短期偿债能力整体恶化，中部及西部地区企业恶化最为明显，东部地区企业弱化程度较小；从长期偿债能力看，除东北地区外，其余区域企业长期偿债能力均恶化，长期债务与营运资金比率上升企业数量占比均较2018年同期增加，西部及中部地区长期偿债能力恶化较显著（见图28和图29）。

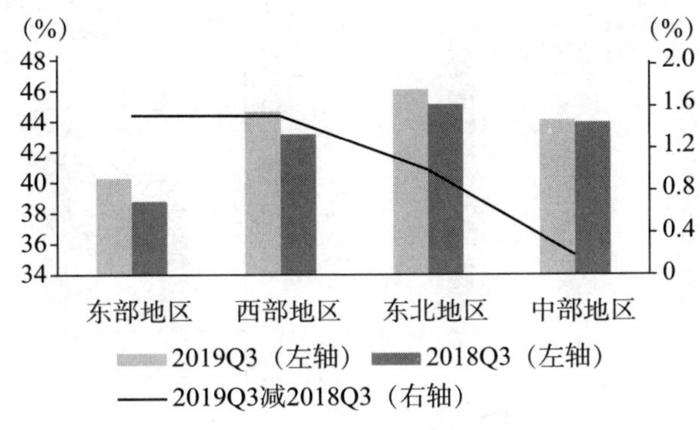

图27　分区域资产负债率情况

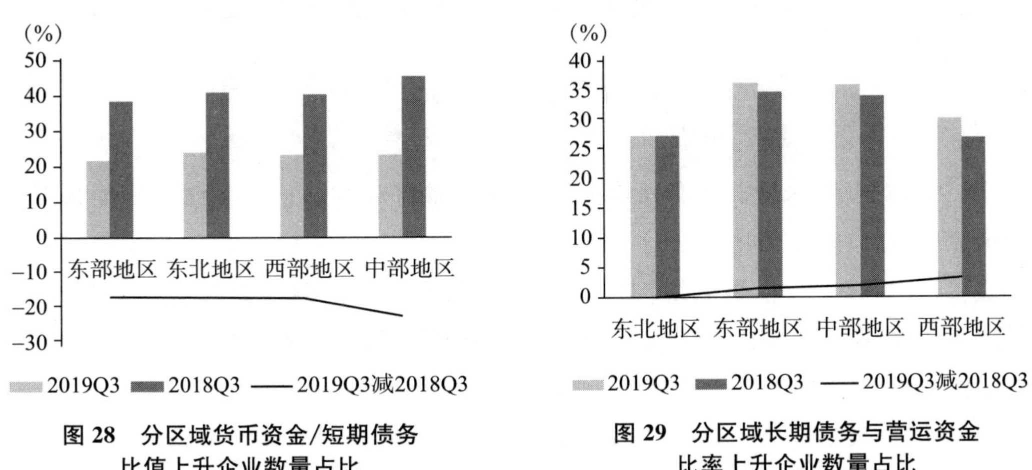

图28　分区域货币资金/短期债务比值上升企业数量占比

图29　分区域长期债务与营运资金比率上升企业数量占比

4. 从扩大再生产来看，中部地区在建工程加快扩容，东部及东北地区企业再生产需求较弱

从总资产同比增速看，四个区域上市企业总资产同比增速均较2018年同期回

落，经济下行期企业扩大再生产能力受限，但中部地区降幅较小或表明区域内企业具备一定再生产能力。近年来，中部地区积极承接产业转移，引进高端项目，加快推动新旧动能转换，战略性新兴产业快速发展，例如江西正通过航空、VR、数字经济、物联网等新兴产业的快速集聚推动潜力型产业加速向支柱型产业发展，因此，与其他地区相比，中部地区未来有较大发展空间（见图 30）。从在建工程同比增速看，四个区域中仅中部地区在建工程规模同比增速较 2018 年同期有所上升，考虑到当前中部地区发展已进入转型升级、提质增效的重要阶段，企业再生产意愿较为强烈；而产业相对成熟的东部地区以及发展环境欠佳的东北地区企业再生产需求则相对薄弱（见图 31）。

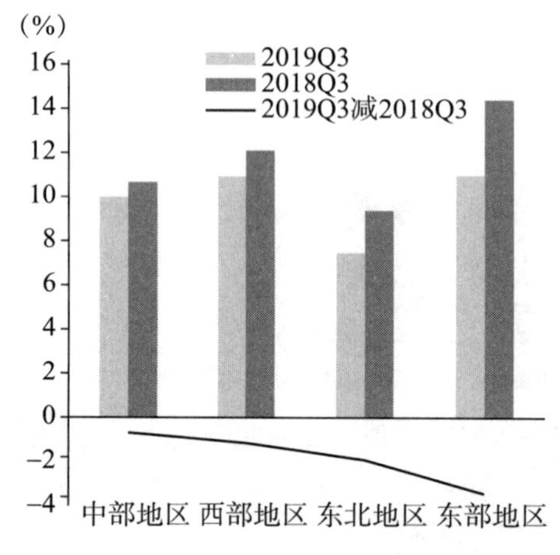

图 30　分区域总资产同比增速情况

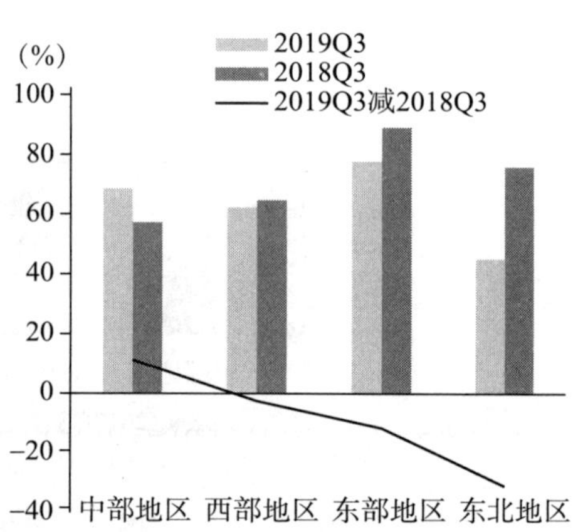

图 31　分区域在建工程同比增速情况

(三) 从所有制维度分析：上市民企融资略有缓解但偿债能力恶化，国企短期偿债能力弱化更为显著

1. 从盈利情况来看，多数所有制企业盈利增长放缓，民企营收增速降幅明显，国企利润增速回落更加显著

2017 年以来，在供给侧结构性改革的推动下，在上游行业占比较大的国有企业经营效益出现一定程度的改善，而主要位于中下游的民营企业经济效益改善幅度则有限。2019 年以来，随着供给侧结构性改革的趋缓和经济下行压力的加大，企业经营环境普遍出现恶化，第三季度除公众企业外其余所有制企业营业收入及净利润增长均放缓（见图 32 和图 33）。从营业收入增速看，国有企业营业收入同比下滑 1.2 个百分点，民营企业回落幅度最大，企业经营仍面临较大压力；从净利润增速看，民营企业净利润同比略有下滑，国有企业回落 5.4 个百分点，利润增长放缓更为明显。

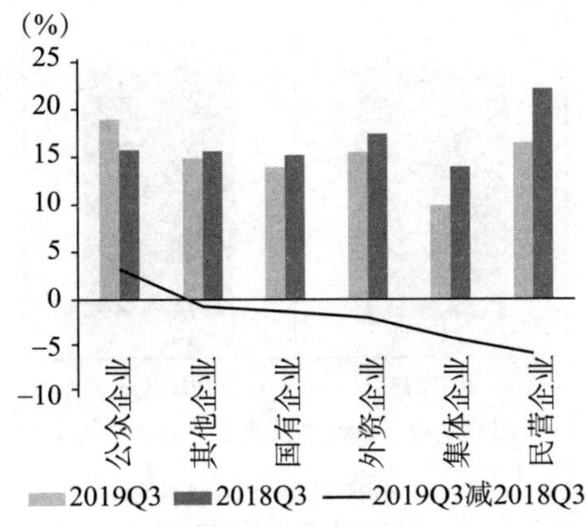

图 32　分所有制营业收入同比增速情况

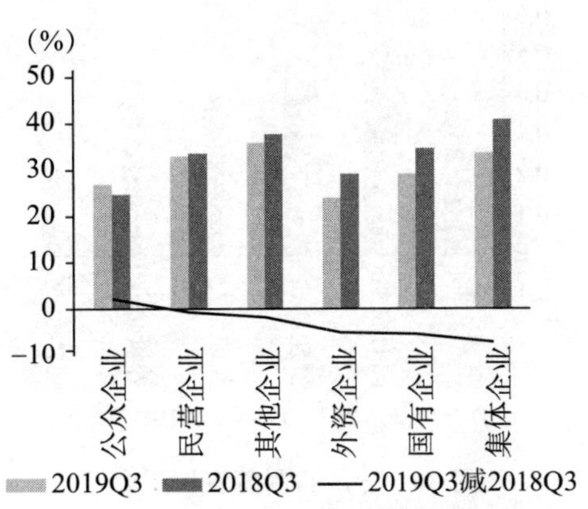

图 33　分所有制净利润同比增速情况

2. 从现金流情况来看，前期针对行业龙头民企的融资纾困政策初步起效，多以行业龙头为主的上市民企现金流改善情况优于国企，再融资压力略有缓解

从经营性现金流看，除国有企业及其他企业外，其余所有制企业经营性现金流好转数量占比高于 2018 年同期；从投资性现金流看，除其他企业外，多数所有制企业投资性现金流情况有所好转；从筹资性现金流看，除集体企业和外资企业外，其余所有制企业融资均有所改善，其中民营企业改善程度最高（见图 34 至图 36）。从上述三类现金流情况可以看出，民企表现基本好于其他所有制企业；与此同时，如图 37 所示，截至 9 月底，新增股权质押企业中民企占比较 2018 年同期有所下滑，上市民企再融资压力稍有缓解；综合来看，前期支持民企的政策初步起效。但考虑到上市民企大多为行业龙头，经营能力及融资能力本就强于大多数非上市民企，且目前对民企的扶持措施主要见效于龙头企业，因此上市民企融资改善并不能

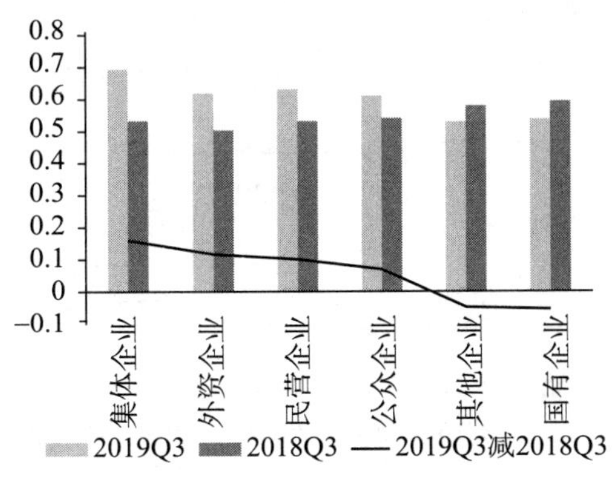

图 34　分所有制经营性现金流好转企业个数占比情况

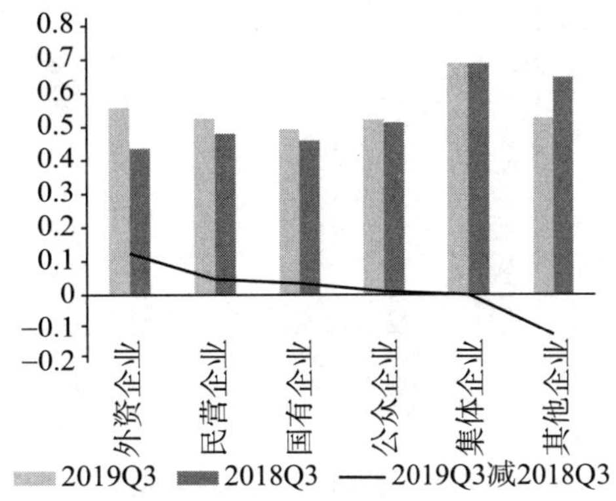

图 35　分所有制投资性现金流好转企业个数占比情况

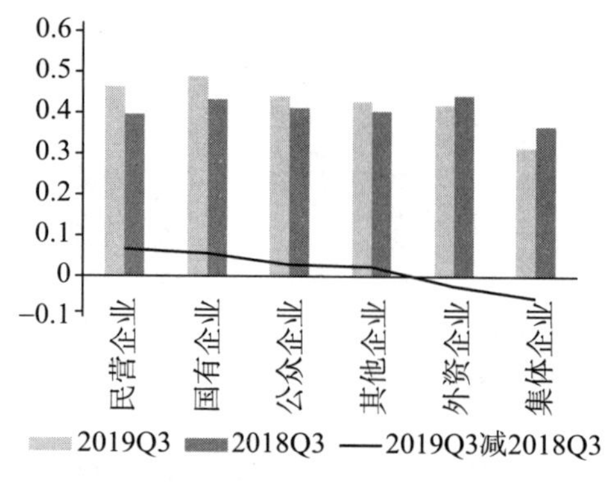

图 36　分所有制筹资性现金流好转企业个数占比情况

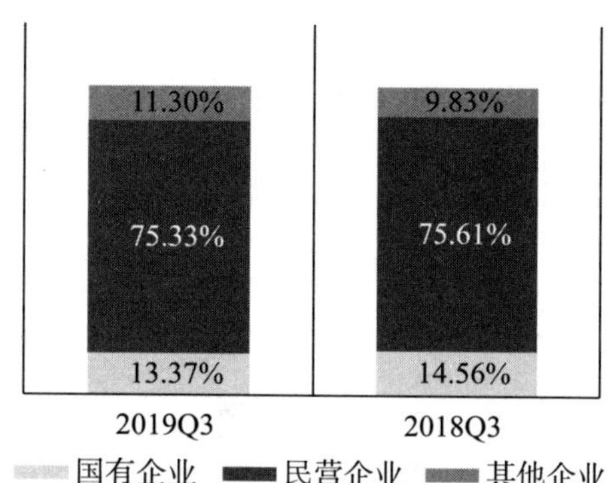

图 37　分所有制新增股权质押企业数量占比情况

代表所有民企，在当前经济下行期，民企信用风险仍将释放，金融机构风险偏好也难改上移趋势。此外，值得注意的是，作为民企中的行业龙头，上市民企在新增股权质押企业中的数量占比超过七成，再融资依然承压，民企融资难的问题仍然无法忽视。

3. 从偿债能力来看，民企资产负债率波动攀升，长期偿债能力弱化程度超过国企，但国企短期偿债能力恶化较为明显

从资产负债率看，2018 年以来，伴随国有企业去杠杆的政策相继出台，当前我国国有企业杠杆率稳中有降，正逐步进入更深层全面的“结构性去杠杆”阶段，第三季度资产负债率与 2018 年同期水平基本持平；在“融资难”问题尚未根本解决的背景下，民营企业债务压力加大且资产扩张受限，导致杠杆率被动攀升，第三季度资产负债率较 2018 年同期增幅最高，债务风险不断积聚。基于国企去杠杆、民企加杠杆的现状，两者偿债能力进一步分化（见图 38 和图 39）。从短期偿债能力

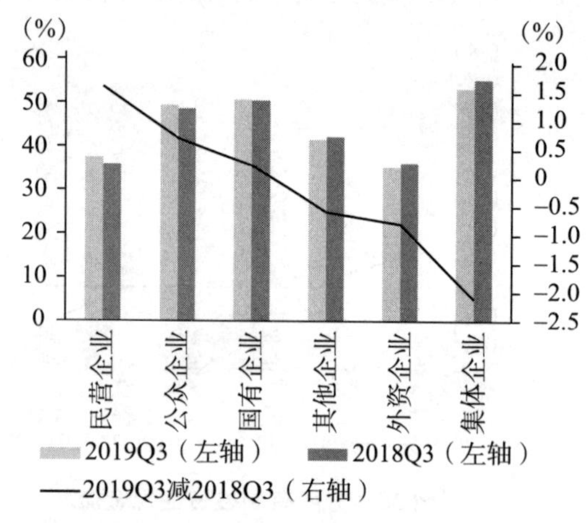

图 38　分所有制资产负债率情况

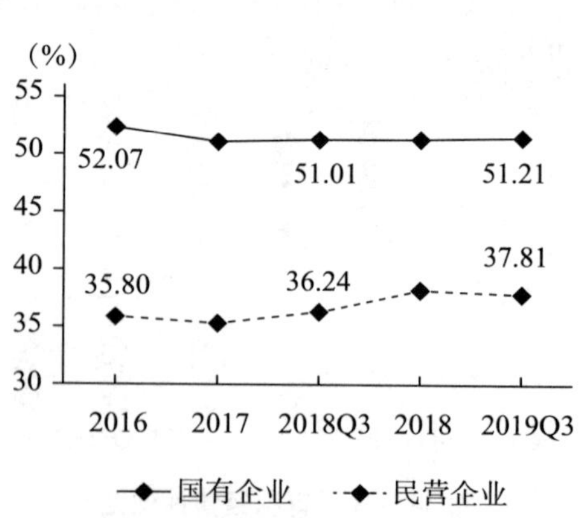

图 39　国企和民企杠杆率走势

看，各所有制企业中货币资金/短期债务比值上升的企业数量占比均较 2018 年同期下滑，短期偿债能力整体恶化，国企恶化程度最大；从长期偿债能力看，除公众企业长期债务与营运资金比率上升数量占比与 2018 年同期持平外，其余所有制企业该占比均上升，长期偿债能力普遍恶化，集体企业恶化最为明显，民企恶化程度较国企严重（见图 40 和图 41）。

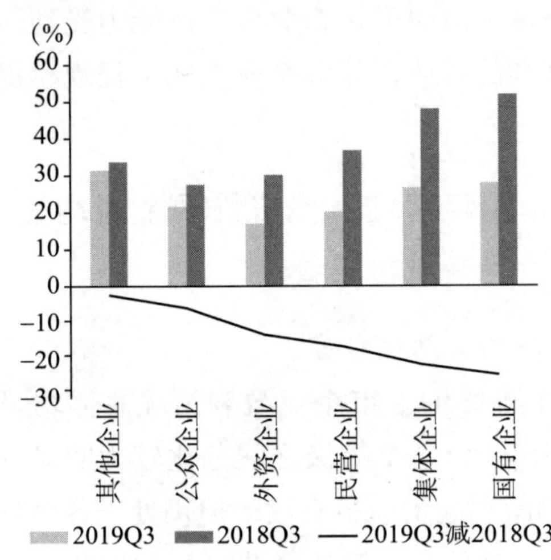

图 40　分所有制货币资金/短期债务比值上升企业数量占比

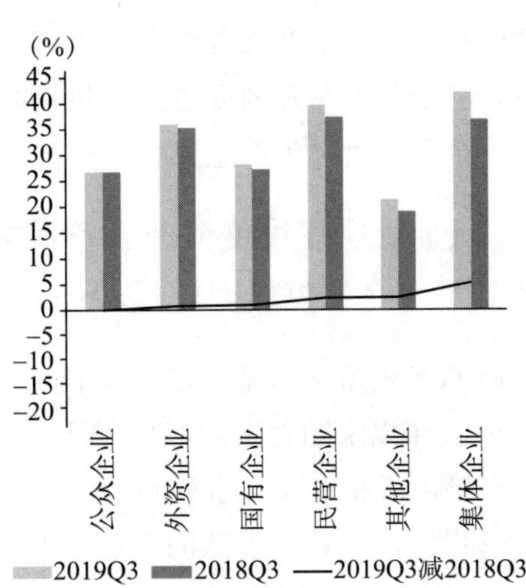

图 41　分所有制长期债务与营运资金比率上升企业数量占比

4. 从扩大再生产来看，国企在建工程增长加快，民企扩大再生产意愿较弱

如图 42 和图 43 所示，2019 年第三季度，多数所有制企业总资产及在建工程同比增速较 2018 年同期出现下滑。从国有企业看，国有企业主要位于上游行业，受供

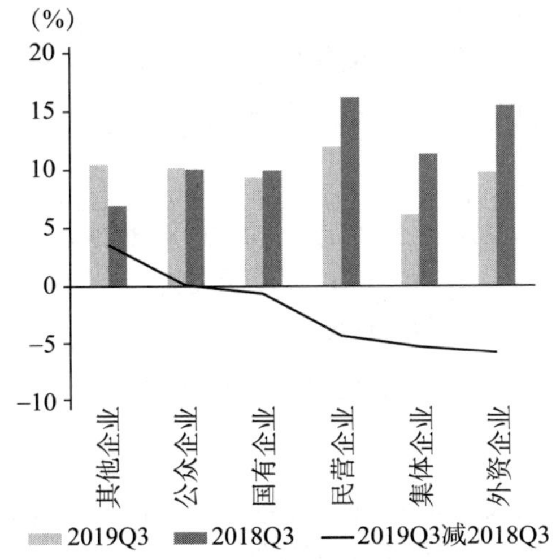

图 42　分所有制总资产同比增速情况

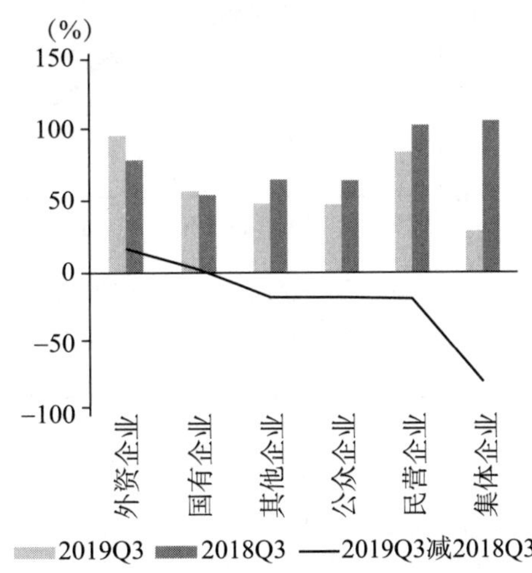

图 43　分所有制在建工程同比增速情况

给侧结构性改革影响，总资产同比增速下滑，企业再生产能力受到一定影响，但在建工程同比增速较 2018 年同期回升，扩大再生产需求仍较强。从民营企业看，民营企业在下游占比更大，总资产及在建工程同比增速均较 2018 年同期下滑，企业再生产意愿较弱。从外资企业看，当前我国鼓励外商投资范围主要集中在现代农业、先进制造、高新技术、节能环保、现代服务业等轻资产型领域，叠加中美贸易摩擦因素，第三季度外资企业总资产同比增速下滑明显，企业再生产能力受到一定影响，但受益于一系列促进外商投资政策红利的释放，外资企业在建工程规模提速扩容，企业扩大再生产意愿相对较强。

（四）从企业规模维度分析：不同规模企业经营性及投资性现金流均恶化，但筹资性现金流好转，规模较小企业融资改善最为显著

1. 从盈利情况来看，不同规模企业[①]盈利均呈恶化态势

2018 年以来随着宏观经济的下行，四个等级的上市企业盈利情况总体均呈现恶化态势，营业收入、净利润增速均持续回落，但各个等级之间分化较为明显（见图 44 和图 45）。第一梯队的企业营业收入和净利润增速虽有放缓但仍处于各序列前列，净利润增速下滑边际减弱，呈现一定的企稳特征；第四梯队净利润增速同样呈现底部企稳迹象，2018 年第三季度以来净利润增速基本平稳；第二梯队的企业营业收入和净利润增速下滑态势最为明显，2019 年前三个季度净利润增速已经跌至四

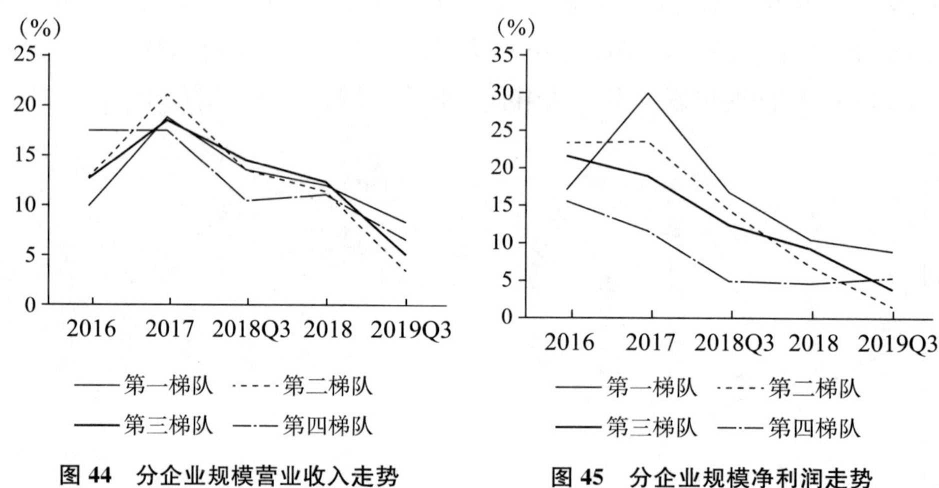

图 44　分企业规模营业收入走势

图 45　分企业规模净利润走势

① 本文根据 2019 年三季报总资产规模来对剔除了银行及非银金融的 3 593 家上市企业进行排序。在具体的划分过程中，将总资产排名前 10%（含）的企业列为第一梯队，将总资产规模排名前 10%（不含）～30%（含）的企业列为第二梯队，将总资产规模排名前 30（不含）～50%（含）的企业列为第三梯队，将总资产规模排名后 50% 的企业列为第四梯队。下同。

个梯队最低，中上规模企业经营状态恶化态势值得关注。第一梯队企业中大型国有企业占比较高，头部企业利润的企稳或主要是由于大型国企利润改善的带动；而第四梯队中下游企业占比较高，反映出下游企业利润或有所企稳。

2. 从现金流情况来看，不同规模上市企业经营性及投资性现金流恶化加剧，但融资性现金流均有好转，其中规模较小的上市企业改善最为明显

在经济下行的背景下，四个梯队的上市企业经营性净现金流及投资性现金流好转的企业占比均出现明显下滑。与经营性现金流、投资性现金流恶化加剧形成鲜明对照的是，在宽信用政策的支持下，四组上市企业的融资情况均有所好转，其中第四梯队的企业融资改善最为明显，说明规模较小的上市企业受宽信用影响较为显著（见图 46）。

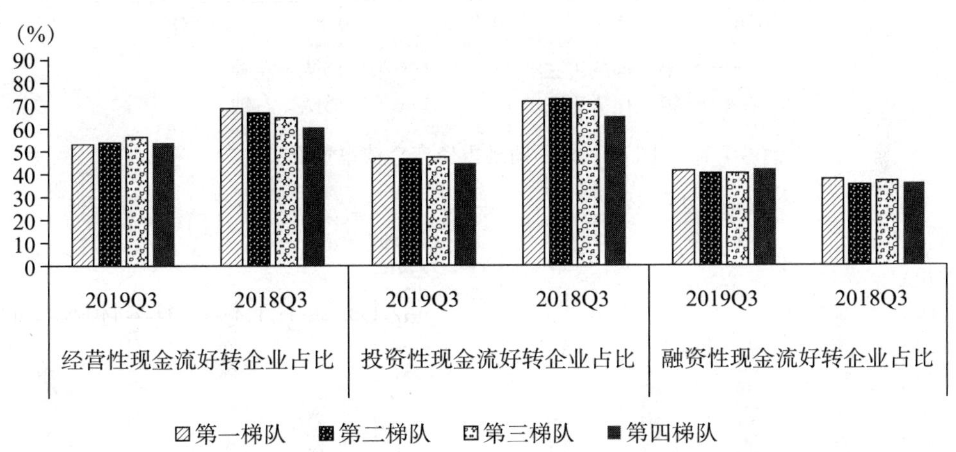

图 46　不同梯队上市企业现金流好转企业个数占比情况

3. 从偿债能力来看，小规模上市企业杠杆率攀升值得关注，不同规模上市企业短期偿债能力普遍弱化

从资产负债率来看，受宽信用政策影响，不同规模上市企业杠杆率较 2018 年同期均有上升，基本维持稳中有升态势，其中第四梯队上市企业资产负债率上升幅度最大。但值得一提的是，第一梯队上市企业杠杆率比其他组的资产负债率水平都高，且是其他组的两倍以上，说明大型企业加杠杆能力明显大于中小型企业（见图 47）。从长期债务比营运资金比率来看，除第二梯队小幅下降之外，其他三个梯队长期债务与营运资金比率均有上升，长期偿债能力总体弱化；同时，不同规模货币资金/短期债务比率均同比回落，不同规模上市企业的短期偿债能力同样出现恶化态势（见图 48 和图 49）。

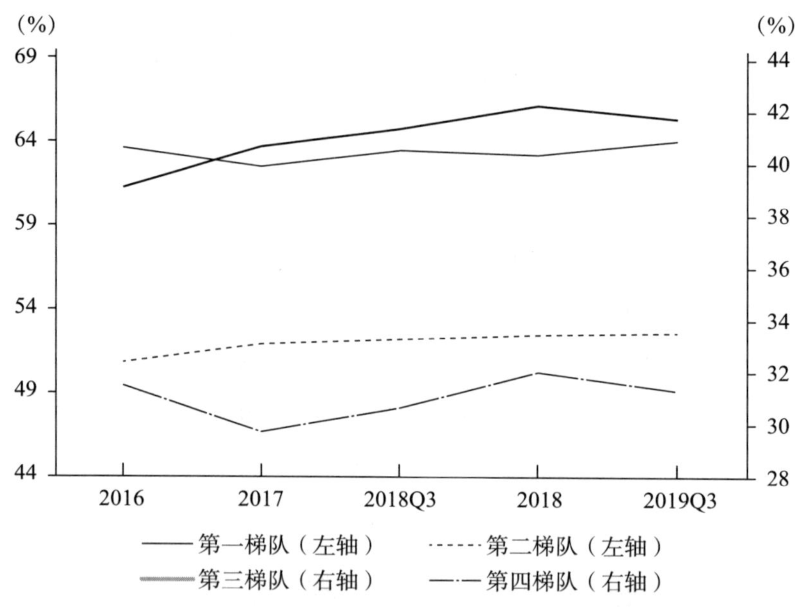

图 47　分不同规模资产负债率情况

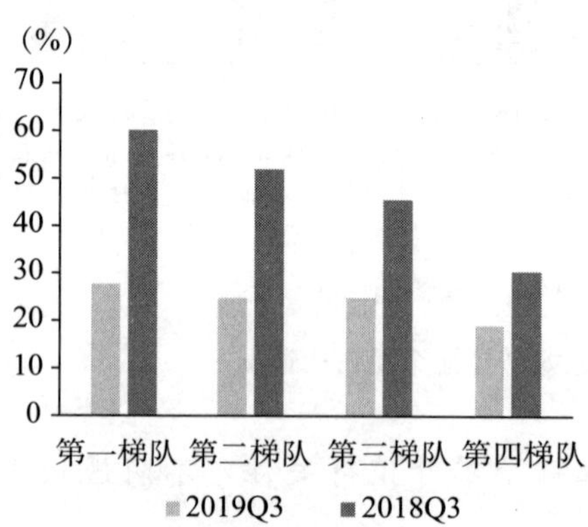

图 48　分规模货币资金/短期债务比值上升企业数量占比

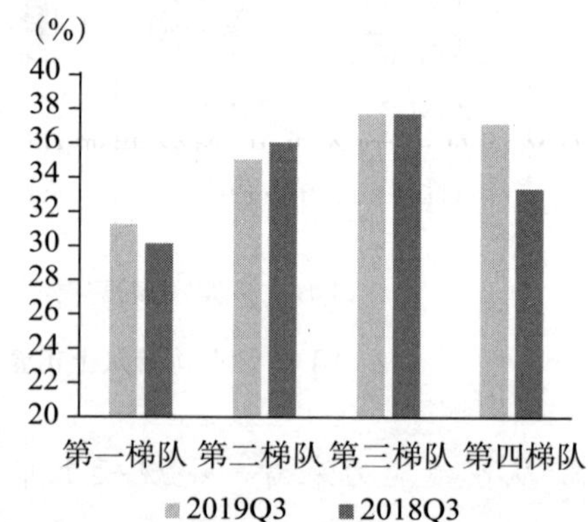

图 49　分规模长期债务比营运资金比率上升企业占比

4. 从扩大再生产来看，不同规模上市企业总资产及在建工程增速均放缓

从总资产同比增速来看，四个梯队总资产增速均有放缓，其中第三梯队放缓最为明显，同比增速回落 4.17 个百分点（见图 50）。从在建工程来看，不同梯队在建工程增速中位数均出现放缓态势，其中第二梯队在建工程增速放缓最为明显，同比增速大幅回落 13.44 个百分点，未来仍需关注中等偏上规模上市企业扩大再生产步伐大幅放缓给工业生产带来的压力（见图 51）。

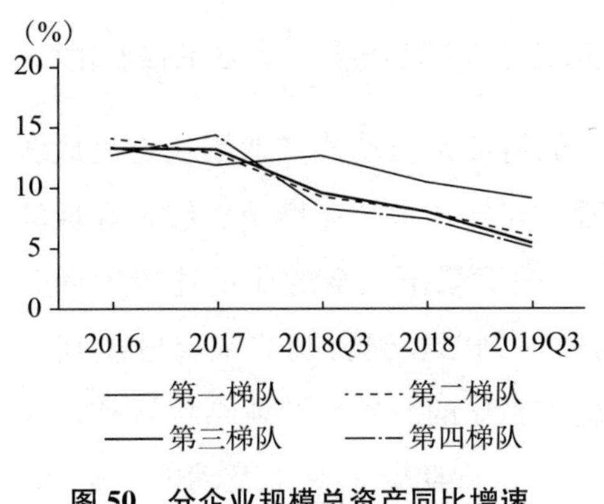

图 50　分企业规模总资产同比增速

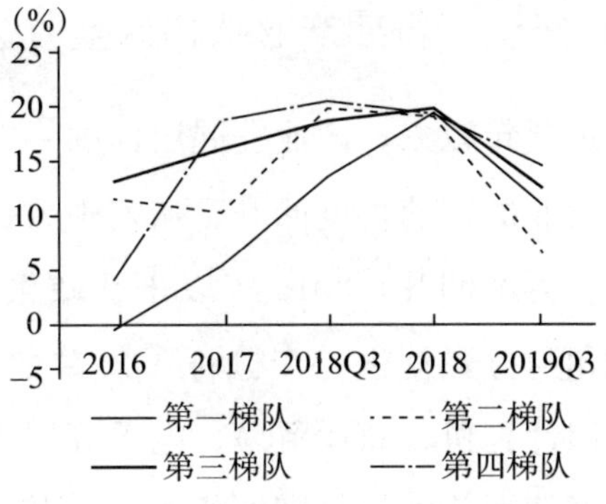

图 51　分企业规模在建工程同比增速

三、整体走弱与结构分化下我国实体经济运行需关注的问题

结合宏观经济数据及上市企业财务数据我们可以发现，当前我国实体经济运行呈现整体走弱、结构分化的特点，这既有产业发展之间的分化，也有区域发展之间的分化，还包括不同所有制企业以及不同规模企业之间的分化。我们认为，在当前的经济下行期，在实体经济整体走弱、结构分化、外部复杂性上升背景下，尤其需要重点关注外向型企业生产经营恶化、产业结构调整放缓、民企债务风险仍存及民间投资低迷等四方面问题。

（一）外部环境恶化对企业的影响已经显现，后续发展仍需要密切关注

中美贸易摩擦是 2018 年以来我国经济运行所面临的最大的外部不确定性，贸易摩擦一波三折不仅对我国金融市场带来了一定冲击，也对我国宏观经济运行及政策选择产生了深远影响。2019 年前三个季度，受全球经济增长放缓及中美贸易摩擦影响，我国出口步入负增长区间。从上市企业财务数据来看，外部环境恶化对我国企业生产经营的影响已经显现，一方面体现为受中美贸易摩擦影响较大的计算机、电子、机械设备、家用电器、通信、纺织服装等行业盈利增长的放缓，另一方面还体现为出口外向型企业占比较高的东部地区企业盈利增长的放缓。虽然当前中美之间或有望达成阶段性协议，中美贸易摩擦阶段性缓和，但大国博弈背景下中国与美国发生各种形式冲突的可能性依然存在，不排除在部分产业仍存在冲突加剧的风险。此外，当前全球经济仍处于下行期，全球贸易增长放缓，外需放缓对出口依赖程度较高的产业和区域的负面影响仍将继续存在。

（二）经济下行期产业结构调整放缓，制造业转型升级受到的制约加大

近两年以来，产业发展层面的一个重要的特征是新动能产业增长再度放缓，高耗能行业的增速再度回升。从宏观数据来看，高新技术产业增速放缓，高耗能产业增加值再度回升，2019年以来在政策稳增长的背景下，金融业增速再度回升。上市公司财务数据进一步验证了宏观数据的这一判断，银行及非银金融盈利增速加快，但计算机、商业贸易、电子等均出现盈利恶化的现象。产业结构调整放缓一方面与经济形势不景气密切相关，尤其是在经济下行期资本对于新动能的热捧退潮，新经济泡沫回归常态化，另一方面双创政策红利递减也产生了一定的影响。在新经济增长放缓的情况下，为了保持一定的经济增长，传统产业尤其是高耗能行业再度出现回升势头，这固然有前两年传统行业产能得到较大程度的去化、当前企业存在补库存的需要等积极因素，但在当前我国产业转型升级的关键点出现新兴产业增长的放缓与传统产能增速的回升，并不符合提升我国制造业实力和竞争力的整体要求。

（三）宽信用下民企和资质较好的中小企业有所受益，但企业风险尤其是民企债务风险仍需关注

2019年以来，货币政策结构性调整，加大对中小企业融资的支持力度取得了较为明显的效果，社会融资增速回升，上市企业中多数行业融资性现金流均出现好转，尤为值得一提的是，上市民企融资情况好转程度明显优于国有企业，中小规模上市企业融资好转程度优于头部及规模较大的上市企业，充分体现了政策“精准滴灌”所带来的效果。但是，不同规模、不同所有制企业短期偿债能力仍处于持续恶化态势，近两年债券市场违约仍处于高发势头，其中民营企业债券违约尤为突出，偿债能力弱化态势也尤为明显（见图52和图53）。伴随着未来偿债高峰期和民企杠杆率的提升，民企的债务风险警报并未完全解除。此外，上市企业可以说是我国企业中的精英，在所属细分行业领域多属于头部企业或竞争力较强的企业，在融资改善的情况下较容易受益，但目前我国仍存在大量的未上市的中小型企业乃至微型企业，这部分企业在吸纳就业方面的能力较强，却往往不容易受到金融机构的青睐，这部分企业的融资压力与债务风险尚难以通过宏观经济数据及上市企业财务数据得以体现。

（亿元）
140
120
100
80
60
40
20
0
1 200
1 000
800
600
400
200
0
2014年
2015年
2016年
2017年
2018年
2019年以来
违约债券只数（左轴）
新增违约主体数量（左轴）
违约规模（右轴）

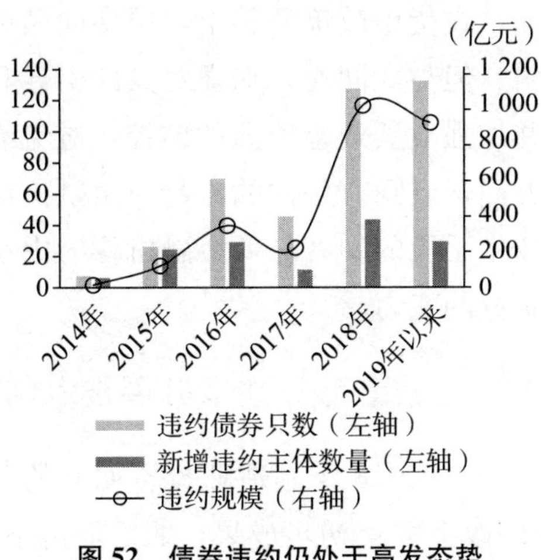

图 52 债券违约仍处于高发态势

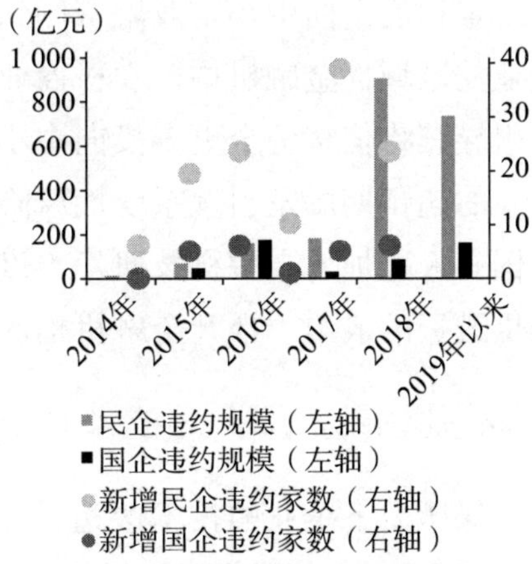

（亿元）
1 000
800
600
400
200
0
40
30
20
10
0
2014年
2015年
2016年
2017年
2018年
2019年以来
民企违约规模（左轴）
国企违约规模（左轴）
新增民企违约家数（右轴）
新增国企违约家数（右轴）

图 53 不同企业性质违约概况

（四）政策稳增长或有望带动投资，但民企投资意愿仍偏低

2019 年以来，政策投资加大了基建投资的支持力度，一般公共财政支出前置，进一步发挥专项债稳基建的作用，允许专项债用作重大项目资本金并将 2020 年专项债额度提前至 2019 年第四季度发行。基建投资对上下游发展均有重要的带动作用，从上市公司财务数据来看，目前基建企稳对制造业投资的带动作用或已经有所显现，主要体现为基建投资力度较大的中西部地区在建工程增速回升，同时承载基建投资较多的国有企业的在建工程增速同样出现回升。但值得一提的是，相比之下，民营企业以及市场经济程度较高的东部地区在建工程增速持续回落，或说明民企投资动力依然不足。民企投资动力不足一方面受到其营业收入增长放缓的影响，另一方面也受到对未来预期不足的制约。

四、政策建议

（一）继续实施结构性货币政策，继续加大对民营企业、中小企业的支持力度

从整体社会融资的回暖和上市企业融资性现金流的改善可以看出，2019 年以来我国持续实施结构性货币政策与金融监管政策取得了较为良好的效果，尤其是中小上市企业受惠最为明显。但是，民营企业、中小企业融资难问题的解决与改善并非一日之功，而民营企业、中小企业对于吸纳就业具有非常重要的作用，在当前民营企业投资与中小企业扩大再生产意愿不足的情况下，货币政策及金融监管政策仍

需在一定程度上向中小企业融资倾斜。一方面，在货币政策调整上，更多向贴近中小企业的区域性金融机构、农村商业银行倾斜，但与此同时，加强对其的引导和监管，引导其将信贷资金更多投向中小企业，并加强对其资金流向的监控，避免流动性风险的超预期爆发引发系统性风险。另一方面，鼓励有条件的银行业金融机构尤其是国有大行加大金融科技研发力度，通过技术手段的发展降低金融机构为中小企业提供融资的成本，提升金融机构服务中小企业的能力。

（二）鼓励创新，加大对技术改造投资的支持力度，鼓励企业开展技术创新

环保压力下企业的技术改造需求是支持 2017—2018 年制造业投资回升的重要力量。但自 2019 年以来，随着企业环保方面的改造取得初步成果，兼之经济下行、企业利润增长放缓等内外部因素的冲击，企业技术改造步伐明显放缓，改建投资增速明显放缓，成为拖累投资尤其是制造业投资增速的重要影响因素。当前我国正处于稳增长与促进结构转型的关键时期，通过加大技术改造投资不仅可以稳定制造业投资带动制造业投资的改善，更为重要的是，技术改造投资有利于促进企业生产方式的转变，促进经济结构的转型升级，甚至会对提供技改设备的通用设备制造业、专用设备制造业等高新技术产业带来拉动作用，促进高新技术产业的发展。在当前技术改造投资有所退坡、制造业投资持续低迷的情况下，尤其需要通过政策导向上的调整加大对企业技术改造投资的支持力度，如加大财政资金对企业进行技术改造与技术创新的支持力度，完善金融服务，鼓励银行加大技术改造升级信贷投放等。

（三）进一步改善营商环境，为民营企业发展营造良好的政策环境

民营企业对于吸纳就业、提升经济增长内生动能具有重要作用。但是，当前民营企业债务风险持续存在，仍然需要适当运用好信用风险缓释凭证（CRMW）、纾困基金等金融工具，缓释民营企业流动性风险。同时，继续落实好减税降费等支持民营企业发展的措施，从根本上改善民营企业的经营状况，降低企业成本。此外，进一步加强知识产权保护，加强对企业家人身权和财产权的保护，提振企业家信心。但值得一提的是，激活民营经济活力的政策尤其是缓释民营企业流动性风险的政策的落地要把握好尺度，避免政策的滥用加剧风险。

当前中国经济结构性分化的重大现象、突出症结与破解思路

张　杰

摘　要

当前，中国经济发展过程中暴露出一系列结构性分化问题，突出表现为南北区域板块、制造业部门和服务业以及不同所有制企业部门之间的经济结构性分化现象日益凸显。经济结构性分化的重大事实表现有：出现了以“传统动能加速衰退、新动能增长停滞”为苗头的经济新旧动能结构性分化；一旦以制造业为主的实体经济部门面临持续下滑压力，突破了与第三产业互动发展、相互制约、相互支撑的门槛值，第三产业增长动力和投资预期就很有可能面临突然下滑的内在风险；中国制造业部门可能正在进入新一轮通货紧缩周期，这就意味着，不仅中国制造业部门内部的结构性分化现象必然会变得愈加突出，而且以制造业为主的实体经济部门成为影响当前中国经济发生诸多结构性分化现象的核心因素。经济结构性分化的突出困局体现在：对于中国仍然处于特定的“投资增长驱动发展模式”的基础性和重要性认识不够，对制造业部门的高质量投资对中国未来潜在增长率的决定性提升作用认知不够；政府一味依赖的“土地财政”以及由此诱发的高房价、高房租和房地产泡沫，既对以制造业为主的旧动能国际竞争力造成了突出的挤出效应，也对新动能的发展壮大产生了难以忽略的阻碍效应甚至抑制效应；针对困扰中国中小微企业发展的融资难、融资贵困局，中央政府针对银行机构推出的各种金融政策举措，非但没有有效缓解中小微企业的制度扭曲性融资约束难题，切实降低中小微企业和创新型企业的融资成本，反而导致中小微企业和创新型企业的融资成本“不降反升”，这已经成为影响和阻碍中国新经济新动能发展壮大的重要因素。在深入剖析这些重大问题的形成动因和机制体制障碍的基础上，我们提出了相应的改革突破口和具体政策建议。

关键词：经济结构性分化；重大现象；突出困局；机制体制障碍；改革突破口

一、高度关注当前中国经济发展过程中暴露出的结构性分化重大现象

第一，相比于东中西三大区域板块，南北区域板块[①]之间的经济结构性分化现象愈加显现，已经上升为当前中国经济发展进程中最为突出的问题之一。

首先，从图 1 提供的中国南方区域和北方区域的实际 GDP 增速的对比来看，在 2001—2012 年期间，二者的实际 GDP 增速呈现基本一致的增长态势，表明中国南方区域和北方区域尚未显现出经济结构性分化的特征。然而，自从进入 2012 年之后，南方区域的实际 GDP 增速呈现出高于北方区域实际 GDP 增速，具体来看，在 2012—2018 年期间，中国南方区域实际 GDP 增速的均值为 9.42%，同期，北方区域实际 GDP 增速的均值为 6.77%，南方区域高于北方区域 2.65 个百分点。由此可见，在 2012 年之后，中国南北区域板块经济发展的结构性分化现象凸显，中国经济的地区分化中，南北区域分化问题超过了东中西区域分化问题。

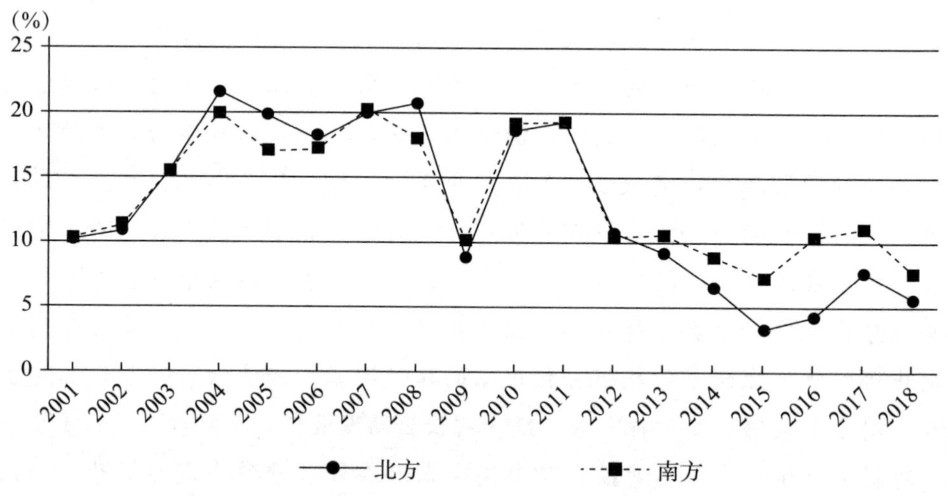

图 1　中国南方区域和北方区域实际 GDP 增速的变化趋势

其次，从图 2 提供的中国南方区域和北方区域固定资产投资额的变化趋势对比来看，可以观察到的现象是，在 2000—2013 年期间，二者呈现出基本一致的增长态势，类似的变化逻辑是，自从进入 2013 年之后，南方区域固定资产投资额和北方区域固定资产投资额之间的变化趋势发生了落差趋势扩大的现象。从图 3 提供的

① 我们划分中国南方和北方区域板块的标准是秦岭—淮河划界，其中，北方区域板块包括天津市、山西省、河北省、内蒙古自治区、北京市、辽宁省、黑龙江省、吉林省、河南省、山东省、西藏自治区、甘肃省、宁夏回族自治区、青海省、陕西省、新疆维吾尔自治区，其余省份为南方区域板块。

中国南方区域和北方区域固定资产投资额同比增速的变化趋势对比来看，虽然在2001—2013年期间，中国南方区域和北方区域的固定资产投资额同比增速的波动幅度不同，但是基本一致的变化趋势仍然明显。关键的现象是，在2013年之后，南方区域固定资产投资额同比增速开始显著高于北方区域，而且二者的差距呈现持续扩大态势。由此可见，在2013年之后，中国南北区域板块固定资产投资的结构性分化现象凸显。

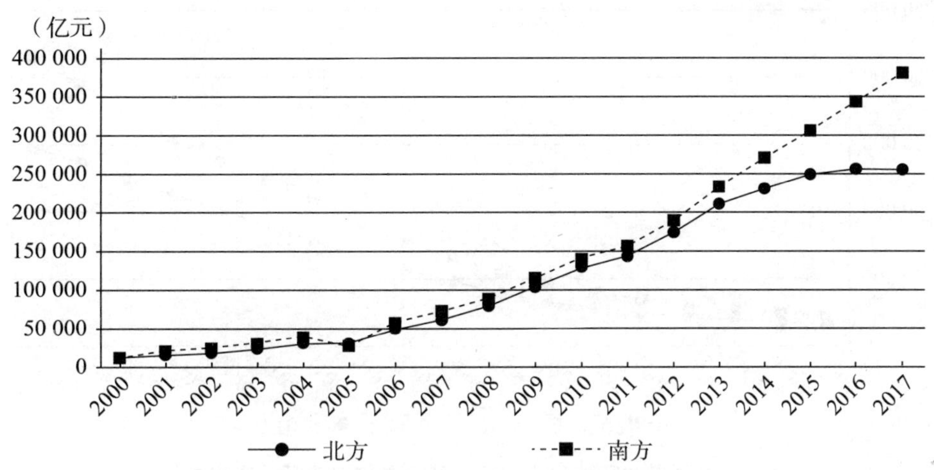

图2　中国南方区域和北方区域固定资产投资额的变化趋势

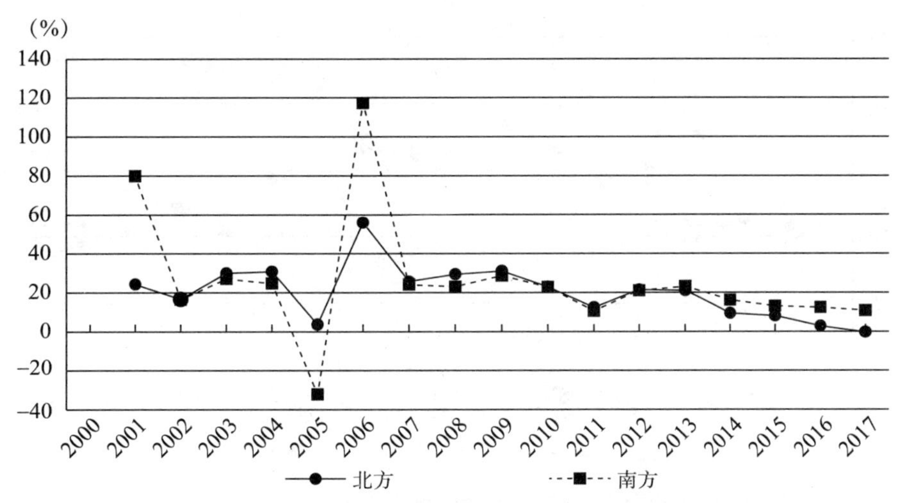

图3　中国南方区域和北方区域固定资产投资额同比增速的变化趋势

最后，从图4提供的中国南方区域和北方区域社会零售消费额的变化趋势对比来看，可以观察到的现象是，2001年之后，二者之间就呈现出逐步扩大的基本态势。从图5提供的中国南方区域和北方区域社会零售消费额同比增速的变化趋势对比来看，虽然在2001—2014年期间，中国南方区域和北方区域的社会零售消费额同比增速的波动幅度有差异，但是二者之间的差距并未呈现显著扩大态势。突出的现象是，在2014年之后，南方区域社会零售消费额同比增速开始显著高于北方区域，而且二者的差距呈现持续扩大态势。由此可见，在2014年之后，中国南北区域板块内需市场的结构性分化现象开始凸显。

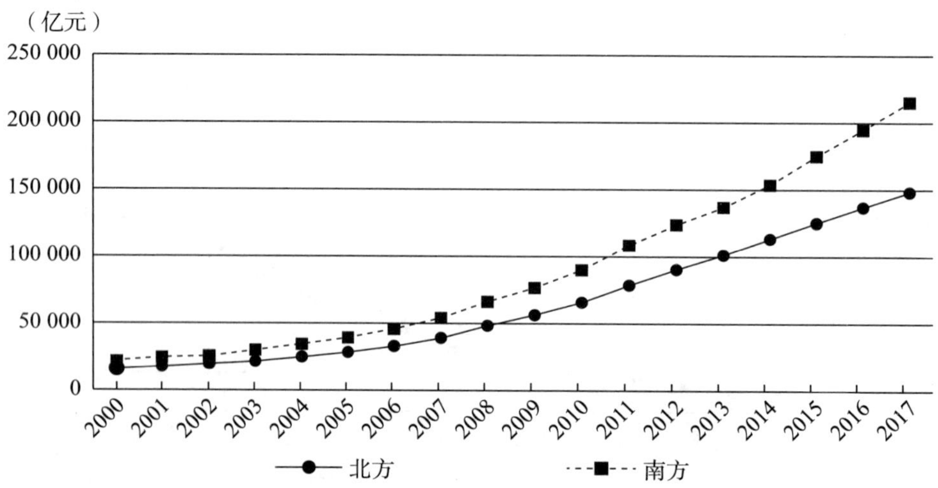

图4　中国南方区域和北方区域社会零售消费额的变化趋势

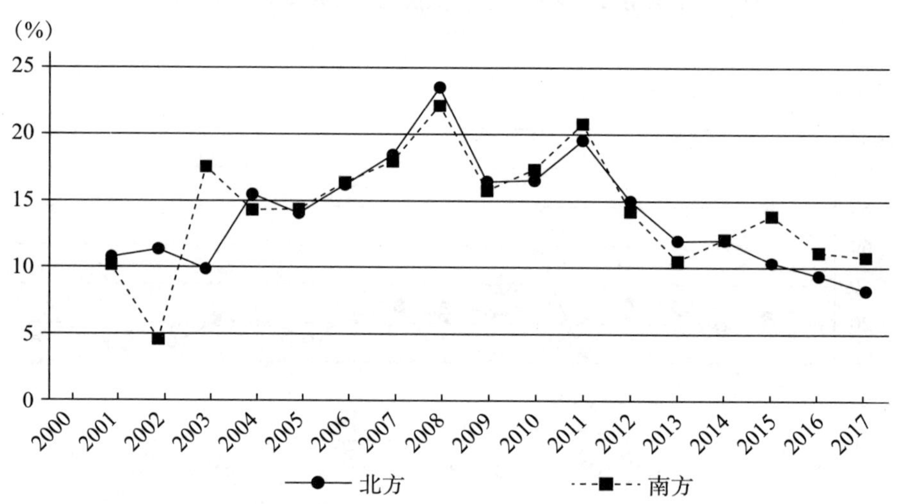

图5　中国南方区域和北方区域社会零售消费额同比增速的变化趋势

第二，制造业部门和服务业部门的“表面性”结构性分化日益明显，已经成为影响中国经济发展内生动力源泉的最大变数和最大隐患。

首先，从图6提供的工业部门和服务业部门增加值的变化趋势对比来看，可以观察到的现象是，自从2011年以来，二者之间就呈现出逐步扩大的基本态势。而在 2011 年之前，二者之间保持了较小差距的一致增长态势。一方面，在 2009—2018 年期间，服务业部门增加值额呈现稳定增长的态势；另一方面，自 2011 年之后，工业部门增加值总体上呈现较小幅度的变化趋势。从图 7 提供的制造业部门和服务业部门全社会固定资产投资总额的变化趋势对比来看，可以观察到的类似规律是，自 2011 年以来，二者之间的差距呈现出逐步扩大的基本态势。这就表明，在 2011 年之后，中国工业部门和服务业部门的结构性分化现象开始凸显。

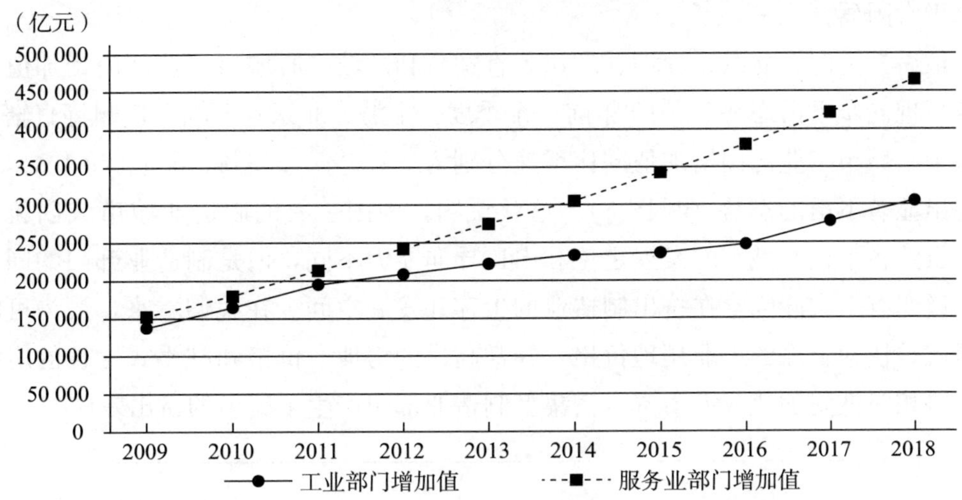

图 6　中国工业部门和服务业部门增加值总额的变化趋势

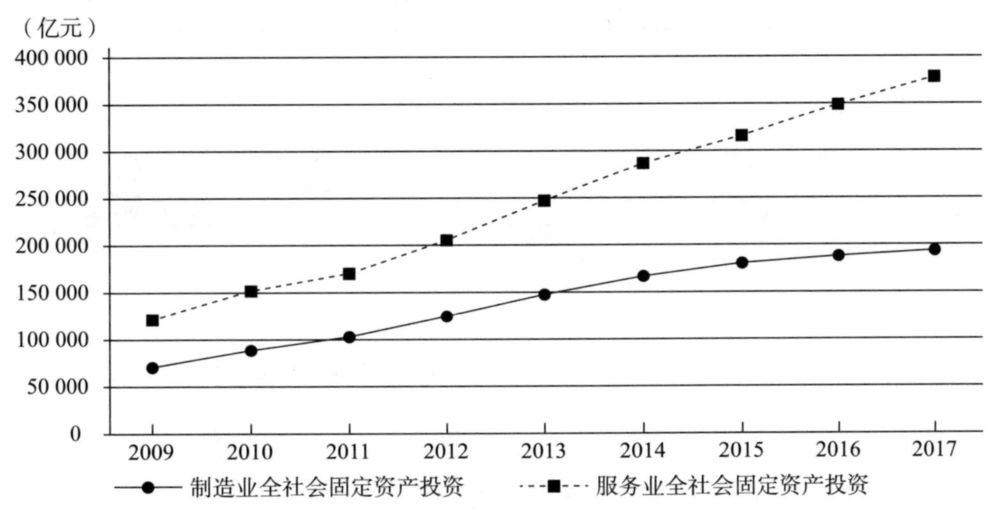

图 7　中国制造业部门和服务业部门固定资产投资总额的变化趋势

其次，东部发达地区的固定资产投资下滑趋势明显。2019 年 1—10 月，中国东部地区投资同比增长 4.0%，中部地区投资增长 9.2%，西部地区投资增长 5.2%，东北地区投资下降4.5%。经过对比可以观察到的基本事实是，在中国经济进入新旧动能转换的关键期，比较发达的东部地区的各种经济行为主体，应该在通过高质量投资来促使企业竞争力全面提升、自主创新能力全面提升方面有先行行为和表现。然而，东部地区固定资产投资同比增速低于处于后发位置的中部地区和西部地区的现象就说明，中国东部地区的经济新旧动能转换必然遇到了各种突出的机制体制障碍，高质量投资动力的活力远未得到激发激活，使得中国经济潜在增长率提升面临极大阻碍。

最后，上海、北京、深圳、广州等直辖市和区域中心城市工业部门增加值同比增速呈现同步下滑态势。2019年前三个季度，上海、北京、深圳、广州等直辖市和区域中心城市工业部门增加值同比增速分别为−1.6%、2.9%、5.3%和4.4%，均呈现出显著下滑的态势（见图8）。这就说明，中国主要的制造业城市或创新型城市，虽然各个核心城市的发展定位和出口导向能力不同，但是制造业部门的同步下滑，说明有个共同因素在挤出制造业的生存和发展空间。在我们看来，最为可能的因素就是快速上涨的工业用地价格、异常高昂的房地产价格和翻番式增长的房租价格，对相对低附加值或人力资本密集型制造业部门产生了突出的挤出效应。

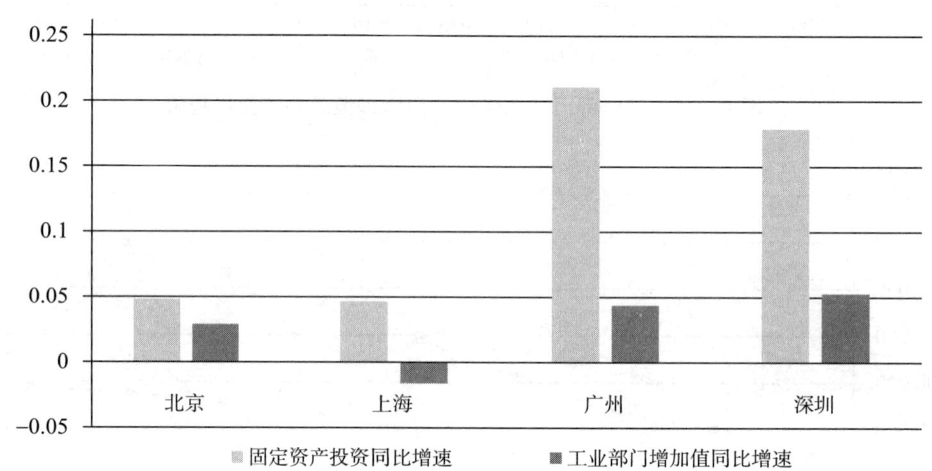

图8　2019年前三季度北上广深固定资产投资和工业部门增加值同比增速

第三，不同所有制类型部门之间的经济结构性分化逐步显著，这就反映了当前中国经济在微观层面企业发展活力方面的弱化。

首先，从图9提供的中国不同所有制部门固定资产投资总额的变化趋势对比来看，可以观察到的现象是，在2015年之前，国有企业、股份制企业、民营企业以及外资和港澳台企业部门的固定资产投资额呈现一致的变化趋势。然而，自从2015年以来，它们之间就呈现出不一样的变化态势。其中，国有企业部门的固定资产投资额在2015年后出现了下滑态势，而股份制企业的固定资产投资额在2015年后出现了上升态势，民营企业以及外资和港澳台企业部门的固定资产投资额在2015年后的发展趋势基本保持不变。由此可见，在2015年之后，中国不同所有制类型企业部门之间的结构性分化现象开始暴露和凸显。

其次，在2019年1—10月期间，图10提供的数据显示，从区分经济类型角度来看，在中国工业部门中，国有控股企业增加值同比增长4.7%；股份制企业增长6.7%，外资和港澳台企业增长1.5%；民营企业增长7.7%。对比来看，外资和港澳台企业的增加值增长动力处于弱化态势之中，这就表明，以出口为导向的外资和港澳台企业部门，在中美贸易摩擦以及发展中国家制造业加速替代的情形下，出口利润和企业利益受到较大程度的挤压。

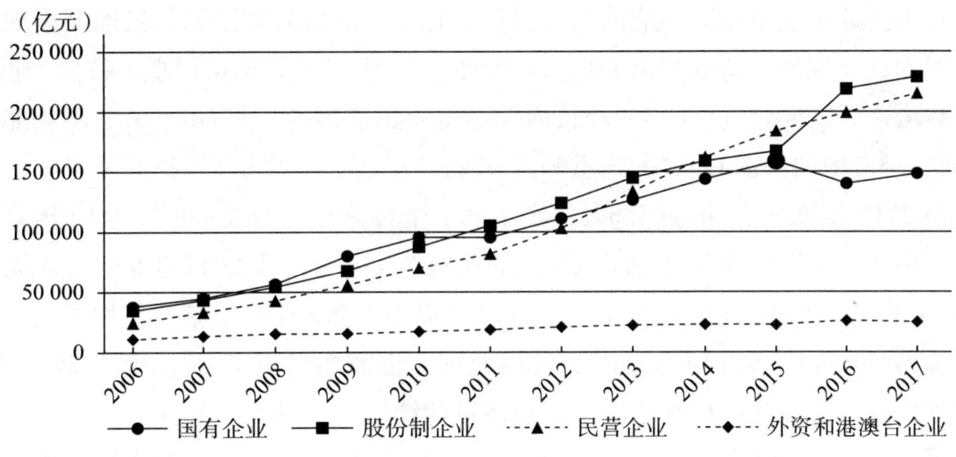

图9 中国不同所有制部门固定资产投资总额的变化趋势

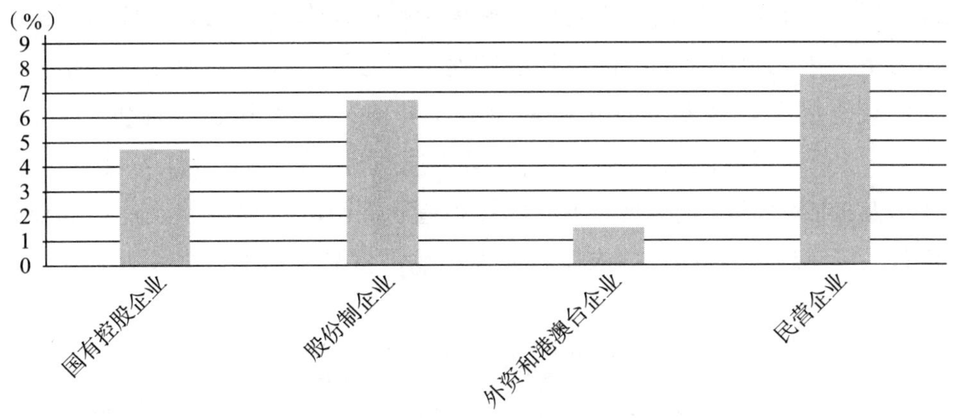

图10 2019年1—10月不同所有制部门工业增加值同比增速

二、当前中国经济结构性分化表现出的重大事实与突出困局

第一，当前，中国经济出现了以“传统动能加速衰退、新动能增长停滞”为苗头的经济新旧动能结构性分化重大现象。2018年国家统计局发布的数据显示，2018年中国“三新”[①] 经济增加值占GDP的比重为16.1%，比2017年提高0.3个百分点，而2017年“三新”经济增加值占GDP的比重，比2016年提高了0.4个百分点。这个重要现象深刻说明，一方面，以“三新”经济为代表的新经济新动能，离30%甚至50%比重的“爬坡期”门槛仍然有相当大的距离，尚未成为中国经济的核心内生动力，对中国经济高质量发展模式并未形成足够的有效支撑。另一方面，在中国处于经济新旧动能的关键转折期时，经济新旧动能的转换速度出现了相对过慢的重要现象，这既突出表现为，即便要达到30%的比重门槛，按照当前4%的平均增速，需要将近35年的较长周期，也突出表现为，2018年第二产业部门中“三新”经济增加值占GDP的比重为6.9%，较2017年的6.6%提高了0.3个百分点，而2017年较2016年的6.5%提高了0.1个百分点。与此同时，2018年第三产业部门中“三新”经济增加值占GDP的比重为8.5%，较2017年的8.4%提高了0.1个百分点，而2017年较2016年的8.0%提高了0.4个百分点。按照当前的第二产业和第三产业中经济新旧动能的转换速度，也需要将近30～35年的较长周期。事实上，这已经成为困扰和束缚中国经济可持续增长的最大困局。

更为重要的问题是，在我们看来，中国经济还出现了结构性分化现象：一方面，“传统动能加速衰退”现象突出表现为，在以土地、劳动力为主的要素成本快速上涨，传统制造业出口面临中美贸易摩擦影响以及发展中国家替代等因素的内外双重压力下，传统制造业部门的增加值增速、固定资产投资增速等核心指标，均处于明显的衰退周期，短期内难见触底反弹的机会。表1和表2提供的数据显示，2019年1—9月，以农副食品加工业、食品制造业、纺织业、化学原料和化学制品制造业以及橡胶和塑料制品业为主的传统制造业部门的规模以上企业增加值同比增速均值仅为3.82%，同期，以农副食品加工业、食品制造业、纺织业、化学原料和

① “三新”是新产业、新业态、新商业模式的简称，是经济中新产业、新业态、新商业模式生产活动的集合。国家统计局指出，新产业具体表现为：一是新技术应用产业化直接催生的新产业；二是传统产业采用现代信息技术形成的新产业；三是由于科技成果、信息技术推广应用，推动产业的分化、升级、融合而衍生出的新产业。新业态具体表现为：一是以互联网为依托开展的经营活动；二是商业流程、服务模式或产品形态的创新；三是提供更加灵活快捷的个性化服务。新商业模式具体表现为：一是将互联网与产业创新融合；二是把硬件融入服务；三是提供消费、娱乐、休闲、服务的一站式服务。

化学制品制造业、有色金属冶炼和压延加工业以及金属制品业为主的传统制造业部门的规模以上企业固定资产投资同比增速为－3.58%。而且，2019年1—9月，制造业利润总额同比下降3.9%，下降幅度比同期全国规模以上工业企业利润总额2.1%的降幅高出1.8个百分点。另一方面，“新动能增长停滞”现象突出表现在为，在各级政府沿袭以往的财政资金刺激型和优惠政策依赖型产业政策的多重扭曲效应甚至抑制效应的综合作用下，中国不少地区的新动能出现增长停滞的重大现象，具体体现在，如图11显示，从高技术制造业的发展状况来看，其规模以上企业增加值同比增速从2010年的16.6%持续下滑到2019年1—9月的8.7%，装备制造业的规模以上企业增加值同比增速从2014年的10.5%缓慢下滑到2018年的8.1%。重要的是，战略性新兴产业的规模以上企业增加值同比增速从2016年的10.5%下滑到2018年的8.9%。从非传统制造业部门的发展趋势来看，表1和表2提供的数据显示，2019年1—9月，以医药制造业，电气机械和器材制造业，计算机、通信和其他电子设备制造业等为主的非传统制造业部门的规模以上企业增加值同比增速均值仅为6.64%，同期，这些部门的规模以上企业固定资产投资同比增速为2.11%。这些数据充分说明了中国新动能增长停滞的现象非常突出。

表1　　主要制造业规模以上企业增加值同比增速（%）

制造业部门类型	制造业部门	2019年9月同比增速	2019年1—9月同比增速	2019年1—9月同比增速均值
传统制造业部门	农副食品加工业	－1.2	3.0	3.82
	食品制造业	4.2	5.6	
	纺织业	0.6	1.5	
	化学原料和化学制品制造业	3.3	4.1	
	橡胶和塑料制品业	5.7	4.9	
	非金属矿物制品业	7.0	9.6	8.9
	黑色金属冶炼和压延加工业	9.5	10.1	
	有色金属冶炼和压延加工业	7.7	9.9	
	金属制品业	2.6	6.0	
非传统制造业部门	医药制造业	7.3	6.9	6.64
	通用设备制造业	3.5	3.9	
	专用设备制造业	7.0	7.1	
	汽车制造业	0.5	－0.8	
	铁路、船舶、航空航天和其他运输设备制造业	4.7	10.5	
	电气机械和器材制造业	12.1	10.0	
	计算机、通信和其他电子设备制造业	11.4	8.9	

表 2　　主要制造业规模以上企业固定资产投资同比增速（%）

制造业部门类型	制造业部门	2019 年 1—9 月同比增速	2019 年 1—9 月同比增速均值
传统制造业部门	农副食品加工业	−10.8	−3.58
	食品制造业	−3	
	纺织业	−8.2	
	化学原料和化学制品制造业	7.6	
	有色金属冶炼和压延加工业	−2.6	
	金属制品业	−4.5	
非传统制造业部门	医药制造业	7.0	2.11
	通用设备制造业	1.6	
	专用设备制造业	8.7	
	汽车制造业	1.8	
	铁路、船舶、航空航天和其他运输设备制造业	−8.3	
	电气机械和器材制造业	−7.6	
	计算机、通信和其他电子设备制造业	11.6	

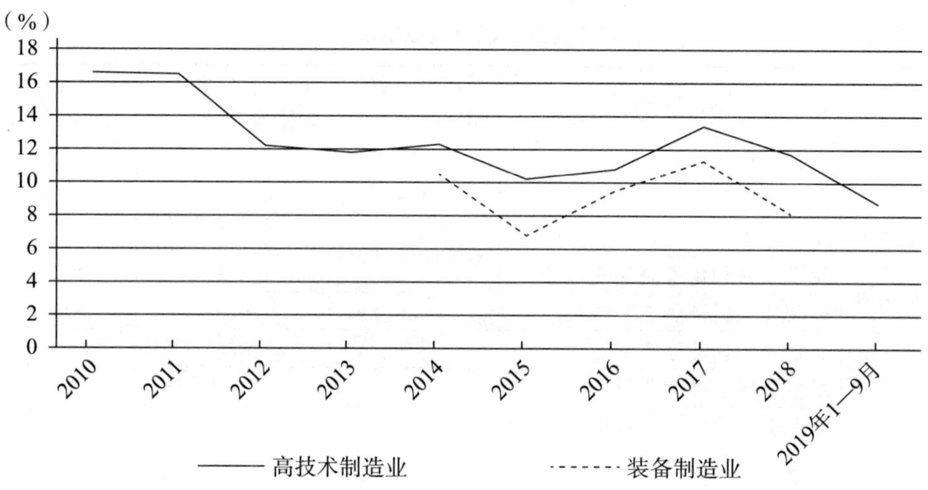

图 11　高技术制造业和装备制造业规模以上企业增加值同比增速变化趋势

第二，当前中国经济发展过程中蕴含着第三产业增长动力突然较大幅度下滑甚至断崖式下滑的重大风险。一旦以制造业为主的实体经济部门面临持续下滑压力，突破了与第三产业互动发展、相互制约、相互支撑的门槛值，第三产业的增长动力和投资预期就很有可能面临突然下滑的内在风险。在当前发展阶段，第三产业对中国经济增长的贡献越来越起到主导作用，且其贡献率一直处于持续提升状态。2019

年前三季度，第三产业和第二产业增加值占 GDP 的比重分别为 54.02%和 39.82%，第三产业增加值占 GDP 的比重比第二产业高出 14.2 个 GDP 百分点，其中，第三产业增加值占 GDP 的比重比上年同期提高了 0.9 个百分点，而第二产业则下降了 0.58 个百分点。并且，第三产业增长对 GDP 增长的贡献率为 60.6%，已经远远高于第二产业 24.3 个百分点，与上年同期相比，贡献率提高了 0.3 个百分点。无法忽略的基本事实是，当前，中国第三产业部门中以新商业模式、数字经济和“互联网+”为主导创新模式的新经济新动能的兴起，在一定程度上对冲了中国经济的下行压力，然而，在我们看来，当前中国经济发展过程中仍然蕴含着第三产业增长动力突然较大幅度甚至断崖式下滑的重大风险，判断的理由在于：一方面，从经济发展的短期视角来看，一个基本事实是，中国当前以第三产业部门为主要动力的新经济新动能的发展，难以完全替代第二产业部门中经济新旧动能的转换对中国经济可持续增长的支撑作用。从第三产业的发展阶段和内在规律逻辑来看，基于新商业模式、数字经济和“互联网+”模式创新的生产服务业和生活服务业，虽然在一定程度上和一定范围内可以实现独立式的发展格局，但是，正由“相互孤立增长模式”阶段逐步过渡到“相互支撑型发展模式”或者“相互依赖型发展模式”阶段，即第三产业和第二产业之间的互动性和相互支撑性非但没有弱化，相反正在逐步加强，特别是中国经济全面进入创新驱动发展阶段，以制造业为主的实体经济部门的创新研发活动对第三产业部门中新型生产服务业的支撑作用是主导型的，第三产业增长最终无法脱离以制造业为主的实体经济部门的内生需求和派生需求的硬性约束，必然会遇到增长“天花板”效应。另一方面，从中国发展的中长期视角来看，第三产业部门由于劳动生产率和全要素生产率的“鲍莫尔效应”，其占 GDP 的比重过快增长或者“被动式”增长，既有可能降低经济增速，也有可能通过“过度服务化”造成经济潜在增长率的结构性下降现象。图 12 显示，至少在 2004—2018 年间，中国第三产业的劳动生产率就远远低于制造业部门的劳动生产率，二者的较大差距一直比较稳定，且有逐步扩大趋势。在这种情形下，由于第三产业的劳动生产率“拖累效应”，伴随着第三产业占 GDP 的比重持续提高，产业结构越来越偏向第三产业，很有可能会对中国经济潜在增长率造成结构性“下拉”效应。因此，只有持续性地大幅度提高制造业部门的劳动生产率，才能抵消第三产业部门的相对较低的劳动生产率的发展困局，进而持续提高中国整体经济的劳动生产率，提升中国经济的潜在增长率。

基于以上内在逻辑的分析和判断，我们认为，一旦以制造业为主的实体经济部门面临持续下滑压力，突破了与第三产业互动发展、相互制约、相互支撑的门槛值，中国第三产业增长动力和投资预期就很有可能面临突然下滑的内在风险。随着中国工业部门生产景气指数的持续低迷，必然会逐步传导和制约第三产业生产景气指数。图 13 显示，中国非制造业 PMI 在当前具有显著下滑趋势，这就深刻说明，我们不可盲目乐观，当前中国经济发展过程中仍然蕴含着第三产业增长动力突然较大幅度甚至断崖式下滑的重大风险。

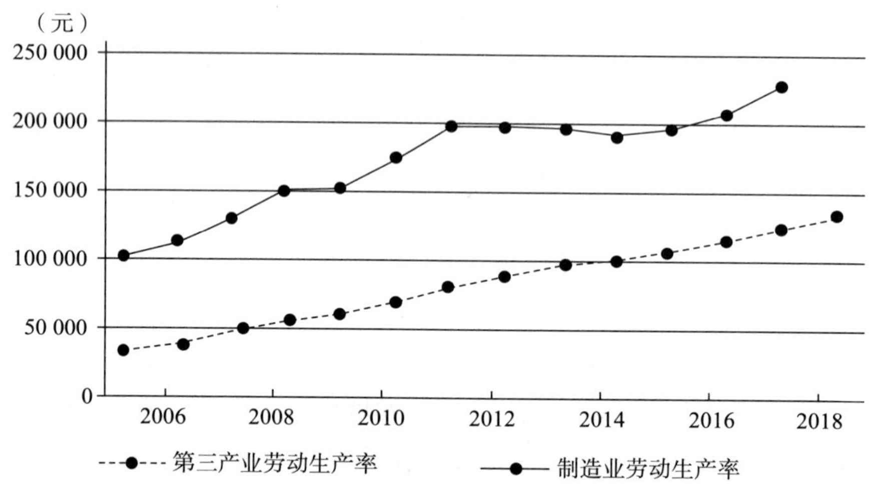

图 12　中国第三产业和制造业劳动生产率变化趋势

资料来源：根据国家统计局数据计算得出。

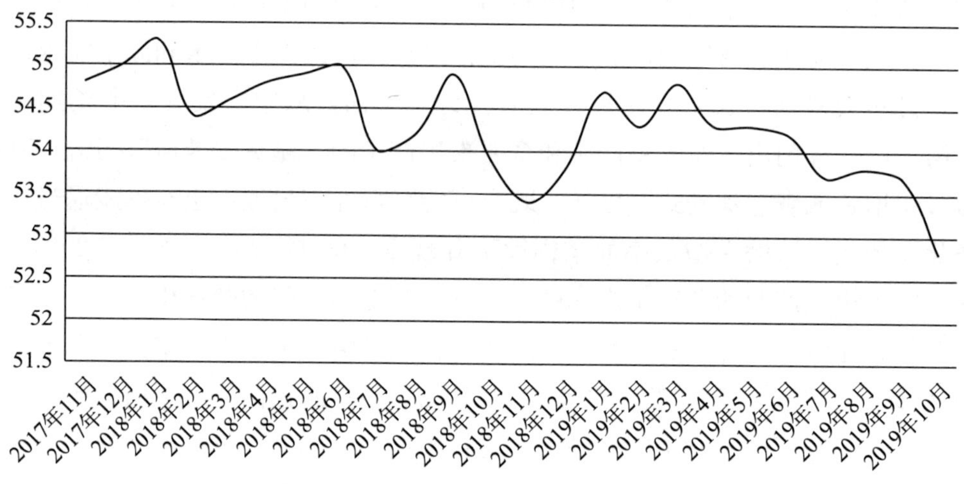

图 13　中国非制造业 PMI 变化趋势

第三，中国制造业部门可能正在进入新一轮通货紧缩周期。与此伴生的是中国制造业持续相当长一段时期以及可能会持续恶化的“低利润率”困局，产业研发效率出现普遍持续下滑态势。这就意味着，不仅中国制造业部门内部的结构性分化现象必然会变得愈加突出，而且以制造业为主的实体经济部门必将愈发成为造成当前中国经济发生诸多结构性分化现象的核心因素。图 14 显示，自从 2019 年 6 月开始，中国工业生产者出厂价格指数（PPI）就进入负增长阶段，已经连续 4 个月处于负增长阶段，短期内负增长状态呈现加速下滑态势。这就说明，中国制造业部门可能正在进入新一轮通货紧缩周期。在可能存在的通货紧缩周期压力之下，中国工业部门必然会进入持续的“低利润率”困局。图 15 显示，自从进入 2019 年以来，中国规模以上工业企业实现利润总额同比增速就进入了负增长通道。其中，制造业部门内部的结构性分化现象异常突出，具体体现在：一方面，从所有制类型来看，出现了“三降一升”现象。2019 年 1—9 月，规模以上工业企业中，国有控股企业

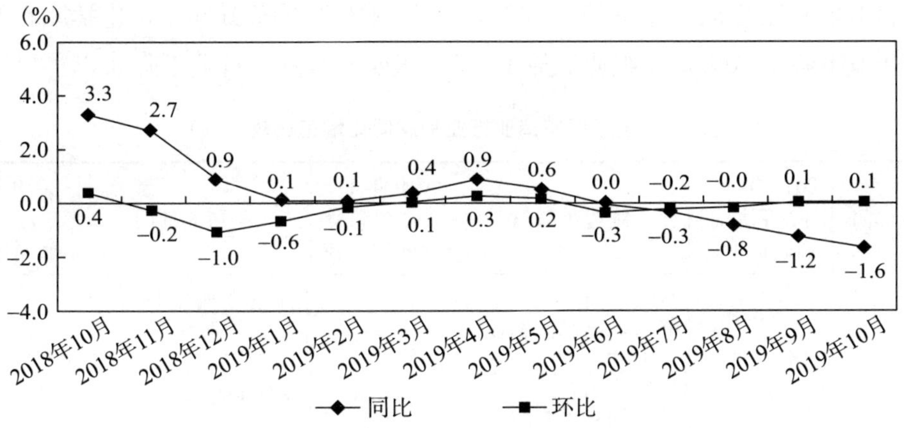

图 14　中国工业生产者出厂价格指数的变化趋势

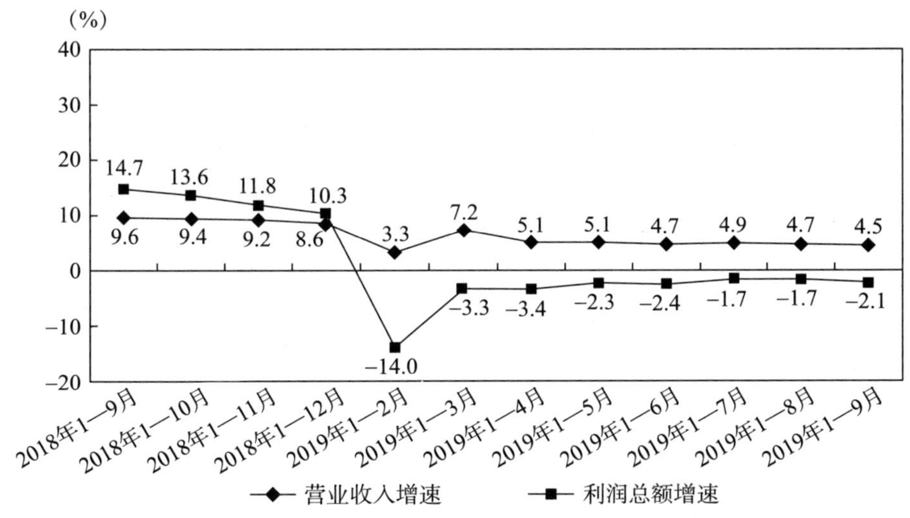

图 15　中国工业部门累计营业收入与利润总额同比增速变化趋势

实现利润总额同比下降9.6%；股份制企业实现利润总额同比下降1.2%；外资及港澳台企业实现利润总额同比下降4.2%；民营企业实现利润总额同比增长5.4%。另一方面，从行业角度来看，无论是传统制造业行业，还是高技术行业，结构性分化现象愈加显著。2019年1—9月，在41个工业大类行业中，30个行业利润总额同比增加，11个行业减少。其中，电力、热力生产和供应业利润总额同比增长13.7%，电气机械和器材制造业增长13.5%，专用设备制造业增长12.9%，非金属矿物制品业增长11.8%，有色金属冶炼和压延加工业增长8.1%，石油和天然气开采业增长7.9%，计算机、通信和其他电子设备制造业增长3.6%，农副食品加工业增长3.5%，通用设备制造业增长3.0%，石油、煤炭及其他燃料加工业下降53.5%，黑色金属冶炼和压延加工业下降41.8%，汽车制造业下降16.6%，化学原料和化学制品制造业下降13.0%，纺织业下降4.3%，煤炭开采和洗选业下降3.2%（见表3）。

表3　　中国不同制造业行业利润同比增速比较（%）

制造业部门	2019年1—9月利润总额同比增速	制造业部门	2019年1—9月利润总额同比增速	制造业部门	2019年1—9月利润总额同比增速
煤炭开采和洗选业	−3.2	皮革、毛皮、羽毛及其制品和制鞋业	8.5	有色金属冶炼和压延加工业	8.1
石油和天然气开采业	7.9	木材加工和木、竹、藤、棕、草制品业	−4.4	金属制品业	10.6
黑色金属矿采选业	178.0	家具制造业	18.9	通用设备制造业	3.0
有色金属矿采选业	−23.6	造纸和纸制品业	−20.2	专用设备制造业	12.9
非金属矿采选业	18.5	印刷和记录媒介复制业	8.3	汽车制造业	−16.6
开采专业及辅助性活动	129.5	文教、工美、体育和娱乐用品制造业	12.0	铁路、船舶、航空航天和其他运输设备制造业	22.7
其他采矿业	75.0	石油、煤炭及其他燃料加工业	−53.5	电气机械和器材制造业	13.5
农副食品加工业	3.5	化学原料和化学制品制造业	−13.0	计算机、通信和其他电子设备制造业	3.6
食品制造业	11.5	医药制造业	10.0	仪器仪表制造业	4.8
酒、饮料和精制茶制造业	17.2	化学纤维制造业	−29.1	其他制造业	10.4

续表

制造业部门	2019年1—9月利润总额同比增速	制造业部门	2019年1—9月利润总额同比增速	制造业部门	2019年1—9月利润总额同比增速
烟草制品业	21.5	橡胶和塑料制品业	12.9	废弃资源综合利用业	9.4
纺织业	—4.3	非金属矿物制品业	11.8	金属制品、机械和设备修理业	6.0
纺织服装、服饰业	—1.6	黑色金属冶炼和压延加工业	—41.8	电力、热力生产和供应业	13.7
燃气生产和供应业	1.5	水的生产和供应业	17.1		

特别需要关注的现象是，正如表3提供的数据显示，中国制造业部门行业间利润结构性分化呈现出的重要特征为：以纺织业，纺织服装、服饰业等为主的劳动密集型出口部门的利润持续处于负增长状态；以计算机、通信和其他电子设备制造业，仪器仪表制造业等为主的创新密集型行业利润总额增速处于低位水平；以食品制造业，酒、饮料和精制茶制造业，家具制造业，文教、工美、体育和娱乐用品制造业等与普通民众“吃住娱乐”紧密相关的行业利润总额增速处于较高水平；而资源型行业的利润总额增速出现了更为突出的分化现象。这些重要现象说明，一方面，针对中国的行业发展来看，越是创新研发投入密集型以及创新研发投入增速相对越高的行业的利润获取能力在相对弱化，这就意味着，中国各级政府积极鼓励和扶持的战略性新兴产业、高技术制造业等行业的创新研发投入增长政策，并未带来研发效率的同比例增长，这就必然造成创新研发活动对中国经济支撑作用的弱化，也预示着短期创新研发激励政策的失效；另一方面，这也可能说明，中国居民收入持续增加所带来的消费结构优化升级效应，并未传导到对中国本土制造业部门中的创新产品或高端产品的需求，而是被国外产品替代或者被掌握产业链、产品链关键核心技术创新的国外企业所攫取。换言之，我们担心的问题是，中国本土需求的升级效应和本土企业创新产品、高端产品之间的内生传导机制，在开放背景下容易存在“被阻断”的发展风险，从而加剧和扭曲中国经济的结构性分化效应。

第四，中国不少地方政府“盲目自信”或“拔苗助长”式地将中国经济增长的内生动力寄托于消费驱动增长模式的加速形成，对中国仍然处于特定的“投资增长驱动发展模式”的基础性和重要性认识不够，对制造业部门的高质量投资对中国未来潜在增长率的决定性提升作用认知不够，这是造成中国经济结构性分化的重要因素。客观事实是，虽然当前中国经济增长的内生动力由一味依赖粗放型投资扩张驱动，逐步转换到消费扩张和升级换代带来的内需增长驱动，但是在中国的城乡收入差距结构、不同地区区域收入差距结构、不同经济部门收入差距结构等方面并未得到彻底破解和化解的情形下，居民的收入差距持续存在甚至持续扩大的现象仍然突出，全民"收入倍增计划"难以落实，导致中国收入增长效应并未完全传导到普通居民的消费能力持续提升方面，实质上造成了短期内中国消费结构的重大变异现象以及内需驱动增长模式的"天花板"效应（张杰，2018），换言之，中国在现实的收入差距形成的制度条件制约和发展路径锁定前提下，短期之内内需驱动增长模式的提升和强化存在关键"短板"现象，内需对中国经济增长的支撑作用并未达到绝对主导阶段。有鉴于此，必须深刻理解支撑当前中国经济高质量发展模式形成的关键，在于以企业创新研发投入、技术改造投入、先进设备更新投入、机器替代人、生产线替代简单劳动力、人力资本投资等形式为主的巨额高质量投资；深刻理解供给侧结构性改革的落脚点，在于必须推动企业生产部门通过高质量投资来实现自身对高质量产品、新产品的提升，以及制约产业链、产品链基础能力和国际竞争优势提升的众多关键核心技术创新方面的突破。

其中，必须深刻理解高质量投资特别是制造业部门的高质量投资，对中国短期和长期经济增长具有的独特作用效应和传导机制：一方面，从高质量投资→短期创造 GDP 的机制来看，高质量投资是中国经济短期内构成 GDP 增长的重要组成部分。需要认识到的基本规律是，在一定范围内和一定区域内可以认为，投资驱动增长模式仍然是中国经济的主要动力，中国经济并未达到由消费驱动发展模式主导的特定阶段；另一方面，从制造业部门高质量投资→提升制造业部门全要素生产率和全社会全员劳动生产率→塑造中国经济未来潜在增长率→维持中国经济长期 GDP 中高层次增速的传导机制来看，针对中国当前的经济发展阶段和内生动力基础的特点而言，以制造业为主的实体经济部门的高质量投资，既是对冲和遏制中国制造业部门增长内生动力持续下滑的重要手段，也是促进制造业部门转型升级以及制造业部门全要素生产率持续提升的核心途径。在第三产业部门特别是服务业部门的劳动生产率和全要素生产率增长存在"鲍莫尔效应"以及"拖累效应"的前提下，以制造业为主的实体经济部门的高质量投资，既是促进中国全社会劳动生产率持续增长的基础性因素，又是通过产业结构的转换升级来促进中国未来潜在增长率提升的决定性因素。然而，依据我们的实地调研和访谈观察，针对中国经济当前发展阶段的高质量投资驱动模式的决定性作用，不少地方政府对此重大现象的认识远远不足，而是简单地判断中国经济全面进入了内需驱动发展模式，对唤醒和激发地区高质量投资的激励动力严重不足，任由制造业部门的投资动力弱化，对制造业产生了漠视情绪甚至排斥情绪，而并非采取切实有效的改革政策举措，来恢复和激活制造业部门的投资动力和盈利预期。

第五，政府一味依赖的土地财政以及诱发的高房价、高房租和房地产泡沫，既对以制造业为主的旧动能国际竞争力造成了突出的挤出效应，也对新动能的发展壮大产生了难以忽略的阻碍效应甚至抑制效应，这个重大问题迄今为止尚未得到足够重视和有效解决。中国作为全球制造业出口规模最大的国家，劳动力成本始终是影响中国制造业出口产品国际竞争力的重要因素。然而，在最近的一个发展周期中，造成中国制造业出口产品国际竞争优势的劳动力工资快速上涨的驱动因素中，既有中国劳动力市场供需关系变化导致的合理上涨压力，也有一个特殊因素导致的不合理上涨压力，这就是，在中国各级政府持续严重依赖的土地财政压力和刺激效应下所导致的土地交易价格持续攀升，再叠加部分开发商和众多投机者的短期投机逐利行为的盛行，导致最近一段时期以来，无论是一线或二线城市，还是其他城市甚至乡镇的房地产价格乃至产业用地价格均出现了大幅上涨甚至翻番的现象。客观事实是，这就对众多地区的劳动力成本乃至中高端人力成本的持续上涨形成了重要的推动效应，其中的传导机制具体表现在：一方面，持续快速上涨的房地产价格会直接加大普通劳动者和中高端人才的生活居住成本，必然迫使普通劳动者和中高端人才对工作岗位提出更高的工资要求并以此来覆盖基本的居住需求；另一方面，持续快速上涨的房地产价格，必然会传导和滞后式地带动租房价格的上涨，这种传导效应特别是在中高端人才集聚的一、二线城市中尤为明显，这就会造成普通劳动者以及中高端人才或人力资本的生活居住成本大幅上涨，进而通过劳动力工资上涨机制倒逼制造业部门的生产成本持续上涨。前者为中国的新动能持续发展带来看似隐蔽但却愈加凸显的挤出效应，后者对中国以劳动密集型产业为主的出口部门的国际比较优势，造成了愈发严重的抑制效应，扭曲和加剧了中国劳动力成本优势的快速下滑压力。然而，在中国多数地区财政压力日趋加大以及财政赤字呈现逐步紧张的情形下，特别是在中央积极推进减税降费政策而导致地区财政收入增速下降的大背景下，即便中央一再强调“房子是用来住的，而不是用来炒的”这一发展思维，导致各地区政府被迫出台加强购房管控政策，然而，各级政府对土地财政体制的依赖不仅不会弱化，相反可能更为强化，依靠土地价格持续提升来谋求地区财政收入的动机愈加强烈，这就必然会产生中国不少地方政府对土地财政诱发的高房价、高房租和房地产泡沫问题带来的劳动力成本不合理提升现象的“故意”漠视行为。

第六，当前针对困扰中国中小微企业发展的融资难、融资贵困局，中央政府针对银行机构推出的各种金融政策举措，非但没有有效缓解中小微企业的制度扭曲性融资约束难题，切实降低中小微企业和创新型企业的融资成本，反而导致中小微企业和创新型企业的贷款难度提升的融资成本的“不降反升”，这已经成为影响和阻碍中国新经济新动能发展壮大的重要因素。当前中国地区和产业层面经济结构性分化的重要因素之一，是与中小微企业特别是创新型中小微企业的活跃程度、发展能力与生存周期等因素紧密相关的。从中国经济已经全面进入创新驱动的发展阶段性特征来看，中小微企业，特别是掌握产业链关键核心技术创新的、具有一定基础研究和应用基础研究能力的创新型中小微企业，日益成为中国新经济新动能的重要来源。客观事实是，各地区的中小微企业的活跃程度与发展活力，也是影响乃至决定中国地区和产业层面经济结构性分化的重要因素。

然而，中国不少地区政府对此重要现象的重视程度极度不够，或者说是表面上重视实质上轻视的现象普遍存在，既表现在招商引资的目标主要集中优先针对跨国企业、外资企业、中央企业和地方国有企业或者投资额达到某个门槛的大项目、大企业方面，针对这些企业实施特殊的大力度多种优惠政策或政府财政资金的奖励补贴政策，也表现在中小微企业特别是民营中小微企业，在获取产业用地和工业用地的优先权利方面、获取政府各种政府扶持政策以及创新鼓励政策方面、获取政府税收减免政策方面、获取金融体系贷款的政府担保支持方面等，均存在普遍的“所有制歧视”和“规模歧视”，造成的结果是中国的中小微企业的平均寿命只有3.7年，远远低于美国的8.2年和日本与欧盟的12.5年。最为重要的现象是，针对当前困扰我国中小微企业发展的融资难、融资贵困局问题，中央政府高度重视，连续推出一系列针对性的金融改革政策举措，比如，精准降准降息政策、强制性要求银行机构放宽针对中小微企业的贷款条件和贷款比例、要求银行机构成立专门的中小微企业贷款事业部以及放宽针对中小微企业的不良贷款率、不允许银行对具有发展前景的中小微企业突然抽断贷款等举措。然而，事与愿违，客观事实是，这些政策举措不仅没有按照政策预期缓解中小微企业的融资约束难题，也没有降低中小微企业特别是民营中小微企业的融资贵困局，相反，在中国经济处于持续下行压力和以制造业为主的实体经济部门发展内生动力弱化的双重背景下，在中国银行机构的风险识别和处理体制和盈利模式没有得到根本性改革的情形下，却强化了银行机构对中小微企业的惜贷和断贷行为动机，强制性的行政贷款命令却通过风险转移机制提高了中小微企业的真实贷款利率，这已经成为当前影响和阻碍中国新经济新动能发展壮大的突出因素之一。

三、当前中国经济结构性分化的症结所在与关键性机制体制障碍

第一，中国不少地方政府特别是中西部地区以及长江以北地区的政府在扶持地方新动能发展过程中，仍然沿袭旧有的财政资金补贴奖励或一味依赖减税、降低土地价格等优惠政策方式，对营造与经济高质量发展相匹配的营商环境的科学认识和改革力度不足，对破解阻碍全面降低制度性交易成本的制度藩篱的改革动力不足。

正如我们前文所描述的基本事实，当前，中国经济的结构分化现象，不仅表现在东中西部不同区域之间，而且更为突出地表现在以“秦岭—淮河”为界的中国南方地区和北方地区之间。在我们看来，造成中国经济在东中西部不同区域之间的发展差异以及产业结构的分化乃至经济结构的分化，既与地理区位差异和要素禀赋差异导致的经济发展基础、出口优势调降等因素密切相关，也与不同区域的市场化进程和制度完善程度有关。而造成中国经济在南方和北方不同区域之间的发展差异以及产业结构的分化乃至经济结构的分化，除了以上因素之外，更多地与北方地区中政府干预经济的动机相对较强、普遍存在路径依赖式的计划经济思维、市场化改革相对滞后等制度性因素密切相关。在这种情形之下，中国不少地方政府特别是中西部地区以及长江以北地区的政府，在鼓励和扶持地方新经济新动能发展过程中，要么是仍然沿袭旧有的财政资金补贴奖励等主导的优惠政策，要么是一味依赖减税、降低土地价格等优惠政策，要么是一味迷信招商引资“大项目”或“大企业”等一系列违背“市场竞争中立”“所有制中立”或“普惠”原则的优惠政策方式，来培育和发展地区的新经济、新产业和新动能。相反，对高技术产业、战略性新兴产业、创新密集型产业培育发展所需要的，以高端要素集聚、人力资本集聚、完善的知识产权保护制度、良好的市场契约运行机制等因素为主的营商环境建设认知不足，改革动力不足，对通过破解制度藩篱和降低诸多制度性交易成本来促进传统制造业转型升级的改革力度远远不足。这些行为举措不仅造成了招商引资来的新经济、新产业、新动能，由于没有要素环境和制度环境的支撑而缺乏根植性以及可持续性，进而造成“高新技术企业泡沫”甚至“新动能泡沫”现象，也会导致地区中原有的主导型传统制造业市场竞争优势的加速流失和过早消亡，最终导致新旧动能或新旧产业的“断层”甚至“断裂”现象，即旧产业旧动能失去了，而新产业新动能却招不来，在实施“腾笼换鸟”的过程中，旧的鸟飞到别的发展中国家了，而新的凤却吸引不来。这已成为当前中国不同地区之间以及地区之中产业结构分化和经济结构分化的重要因素。

第二，当前中国内需市场规模不能得到有效持续释放的根本原因在于收入阶层的固化，特别是收入阶层固化所导致的“钱生钱、权生钱”与“劳动创造财富、知识创造财富”之间财富创造能力的鸿沟以及巨大的收入差距。更为重要的是，中国消费者收入的持续增长，已经被二、三、四、五线城市的房地产价格“翻番式”增长空间所侵吞，被快速增长的国外消费所替代，无法对国内企业的供给面形成有效支撑，实质上造成变异的“母市场”的规模收缩效应以及“本土市场”有效需求不足。

我们经过实地调查发现，导致当前中国众多企业特别是制造业企业投资动力弱化和自主创新研发动力不足的主要原因，是对企业产品销售的市场前景弱化和市场信心不足。这里就产生了一个重要问题：近年来，中国城镇居民和农村居民的实际收入以及可支配收入一直处于快速增长通道，中国的中等收入阶层日益扩张，由此导致中国本土市场的内需规模逐步扩张以及消费结构的优化升级，那么，为什么众多的企业特别是制造业企业，却将内需市场不足列为影响企业发展的最重要因素？在我们看来，这显然与中国传统制造业部门中的产能过剩现象有关，但是，更加需要关注的因素是，导致中国市场有效需求不足的内在原因，在于中国不同阶层之间的相对较大收入差距、持续存在的城乡居民收入差距，更为突出的原因是当前中国不同阶层的收入固化以及所导致的消费结构性重大变异问题。这具体表现在：一方面，在当前中国的经济发展阶段中，在存在房地产投资投机机会、金融市场投资投机机会甚至特定短缺产品的投资投机机会的前提下，通过“钱生钱、权生钱”渠道积累财富的速度，要远远大于通过“劳动创造财富、知识创造财富”渠道的财富积累能力，这就会导致当前阶段中国收入差距的存在甚至持续扩大，因此，这就必然导致中国居民收入增长效应，无法最大范围、最大程度地直接转化为居民的有效需求规模。换言之，由于不同收入阶层的边际消费倾向的差异性，在不同收入阶层财富差距持续扩大的情形下，必然就会导致居民收入增长效应难以转化为有效需求，进而产生有效需求不足的现象。而且，在中国不同收入阶层财富差距持续扩大以及由于教育前期巨额投入所造成的收入阶层固化现象，造成中国特定阶层特别是乡镇或农村层面的初中毕业生、高中毕业生乃至高职学校的专科毕业生的人力资本无法适应高端劳动力市场需求，导致这部分群体的收入增长遇到“天花板效应”以及“生产线替代劳动力”“先进机器替代人”造成的低端劳动力失业风险，造成这个相对庞大群体的消费增长出现停滞现象，拖累中国整体的消费增长动力。另一方面，客观事实是，中国消费者收入的持续增长能力，特别是覆盖范围最为广泛、人员规模最为庞大、月均收入在 3 000～6 000 元的居民群体，主要包括从农村到城市的打工群体、城市的相对低人力资本群体以及初次就业的职高毕业生群体等，其收入已经被城市的房地产价格“翻番式”增长空间所侵吞，被快速增长的国外消费所替代，无法对国内企业的供给面形成有效支撑，实质上造成“母市场”的变异性规模收缩效应以及“本土市场”的有效需求不足。最为有力的证据是，自从进入 2008 年以来，中国汽车市场上 10 万元以下价位的汽车销售量呈现逐步下滑态势，相反，30 万元以上价位的汽车销售量呈现逐步上升态势，这就在一定程度上说明了中国特定群体的有效需求不足的重大现象。

第三，在中国劳动力市场存在众多扭曲性非市场性因素的刺激下，“超国民收入分配”格局的形成，进一步压缩了制造业的利润空间，极大地压缩了中国以制造业为主的实体经济部门的高质量投资能力，抑制了通过自主创新研发投入来促进企业市场竞争力提升的收益预期，也必然会进一步下拉中国经济的潜在增长率。

值得关注的一个重要现象是，中国经济发展过程中出现了“超国民收入分配”格局，其含义可从两个层面来加以理解：一是发生了居民真实收入增长率超过人均实际 GDP 增速的现象，二是居民真实收入增长率与制造业部门的利润增速之间发生了突出的背离现象。具体来看，图 16 显示，一方面，在 2014—2018 年期间，中国居民真实收入增长率的均值为 7.10%，同期，人均实际 GDP 增速均值为 6.34%，居民真实收入增长率要高出人均实际 GDP 增速 0.76 个百分点，而且这种差距在近期内稳定存在；另一方面，更为重要的现象是，在 2014—2018 年期间，中国居民真实收入增长率的均值为 7.10%，要远远高于同期制造业部门利润增速 −0.37%，高出 7.47 个百分点。

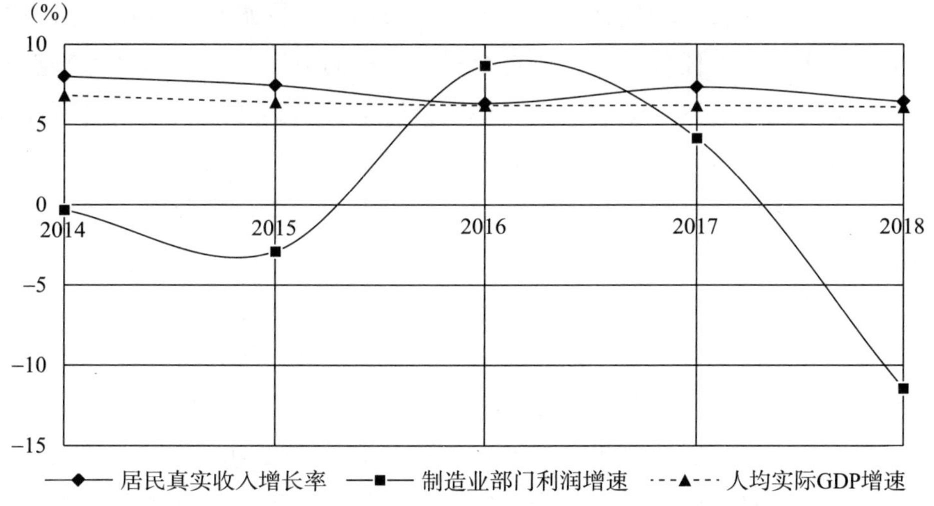

图 16　中国居民真实收入增长率、制造业部门利润增速与人均实际 GDP 增速

当前这种特定的“超国民收入分配”格局的形成，给中国经济带来的重要影响效应体现在，一方面，进一步压缩了以制造业为主的实体经济部门的利润空间，极大地抑制了中国以制造业为主的实体经济部门的高质量投资能力，压缩了通过自主创新研发投入来促进企业市场竞争力提升的收益预期，是当前中国制造业部门“低利润率→投资预期低迷＋创新研发能力不足”之间恶性循环路径形成的重要因素之一；另一方面，更要看到的是，“超国民收入分配”格局自身对经济影响具有双重效应，既可以通过促进居民收入增长来带动消费增长，进而拉动内需市场扩张，促进经济增长，也可能由于其带来的消费增长效应小于对制造业利润的挤出效应，对经济增长形成抑制效应。特别是在中国的消费结构因为收入阶层固化效应而导致的扭曲性因素和有效需求不足的约束条件下，再叠加中国制造业部门中“低利润率→投资预期低迷＋创新研发能力不足”之间的恶性循环路径效应，就会进一步下拉中国经济的潜在增长率，使得“超国民收入分配”给中国的长期经济增长造成难以忽略的负面效应。

从中国当前“超国民收入分配”格局形成的机制体制因素的角度来看，一方面，我们认为，这并不是完全由所谓低成本劳动力绝对过剩主导的人口红利消失以及低成本劳动力市场供需关系的逆转所造成的，在很大程度上是与房地产价格过快过早上涨导致的劳动力成本和人力资本过快过早上涨、制度性交易成本和物流成本过高导致的商品价格过高、类似金融业和快递服务业等生产生活服务业的劳动力成本快速增长以及由此诱发的制造业部门劳动力供给短缺等一系列因素密切相关；另一方面，高度警惕由民粹主义、绝对平均主义或福利主义推动的劳动力工资水平的过快过早上涨。不能将一味提高全社会居民的劳动力工资水平上涨作为当前中国特色社会主义的主要发展任务，而是要将全社会居民的劳动力工资水平上涨空间，置于全社会全员劳动生产率和全要素生产率的持续增长基础之上和约束之下，要构建工资水平和社会全员劳动生产率和全要素生产率协同增长的分配机制，特别是要在以制造业为主的实体经济部门中优先构建工资水平和社会全员劳动生产率和全要素生产率协同增长的分配机制。要把握中国特色社会主义制度的基本精髓，既要坚持全民收入共同增长、贫富分化逐步缩小的发展目的，也要兼顾中国长期处于经济发展初级阶段的客观事实，实施“以人民为中心”的发展立场，既不能陷入民粹主义和绝对平均主义陷阱，也不能陷入发达国家鼓吹的“超前”福利陷阱。

第四，当前中国制造业部门“低利润率→投资预期低迷＋创新研发能力不足”之间的恶性循环路径的形成，既与中国制造业部门相对较高的总体税费水平密切相关，也与大中小企业协同合作网络体系尚未有效形成密切相关。

需要更为深入地认识的基本事实是，一方面，当前中国制造业部门“低利润率”现象的形成，是与中国制造业部门总体面临的相对较高的总体税费水平密切相关。该问题的关键不在于中国总体宏观税负水平与发达国家相比而言的高低，核心在于以制造业为主的实体经济部门所面临的税费水平，与其创造附加值能力或盈利水平的对比值。中国多数制造业产业仍然是以劳动密集型、低技术创新水平为主的生产模式，相比发达国家制造业部门的以资本密集型、高技术创新水平为主的生产模式，创造附加值能力和盈利水平必然相对较低。这样的客观现实就决定了中国制造业部门的总体税费水平，必然要低于发达国家的总体税费水平，才能获得相应的、对等的全球竞争优势。然而，如果按照中国制造业部门中总体税费额和利润总额的比值来看，很显然，已经远远高于美国、韩国等发达国家以及巴西、越南等新兴市场国家。在我们看来，导致中国制造业部门总体税费水平相对较高的根本性体制因素，在于中国在全球所有国家中相对较高的财政供养人口与劳动人口的比例。另一方面，当前中国制造业部门“低利润率→投资预期低迷＋创新研发能力不足”之间的恶性循环路径的形成，是与大中小企业协同合作网络体系尚未有效形成密切相关。无论是从产业链还是创新链的分工协作体系来看，抑或从产业链和创新链的对接融合体系来看，大中小企业之间的分工体系不仅能带来专业化经济、规模经济和范围经济，而且能够充分地进行创新知识溢出和技术创新能力交流，而创新链的分工更是能够带来特殊专业化经济、规模经济和范围经济。特别是对于创新研发前期投入额巨大、产业化面临较高市场不确定性的创新密集型产业和战略性新兴产业而言，依附于产业链分工体系的大中小企业创新链分工合作体系，是解决中国产业链的基础能力严重短缺、关键核心技术创新能力积累不足的重要方式，更是降低总体创新研发投入成本、提高单个企业和总体产业链、产品链利润率水平的重要途径。

第五，金融体系体制改革的全面滞后以及金融利益集团的强力阻碍，是造成“高质量投资驱动发展模式”难以加速形成困局的核心因素，导致现有的、以银行体系为主的间接融资渠道，无法为以制造业部门为主的实体经济部门和中小微企业的高质量投资需求、创新研发投入需求所引发的融资需求提供有效的渗透和下沉通道。

中国当前的新型“高质量投资驱动”模式能否形成，高质量投资对中国经济未来潜在增长率的重塑和提升作用，取决于将家庭储蓄和企业储蓄通过合理的金融融资渠道，在合理的贷款利率水平、较长的融资周期前提以及适宜的风险识别和控制制度之下，满足以制造业为主的实体经济部门的企业技术改造投入、先进设备更新投入、机器替代人和生产线替代简单劳动力投入、人力资本投资以及企业创新研发投入等形式的巨额高质量投资需求。然而，中国当前以“垄断大银行主导、中小银行经营行为大银行化”为主要特征的间接融资渠道金融体系，在自身的风险识别、运营和监管制度方面，已经与建设创新型国家和构建现代化产业体系中所内含的高风险、长周期的创新研发投入需求和技术改造资金投入需求之间产生日益凸显的内在冲突和矛盾；在自身所秉持的一味追逐短期商业利益最大化的经营行为和盈利机制方面，已经与以制造业为主的实体经济部门的相对低利润率的基本发展状态整体上格格不入；在或多或少、或有意识或无意识地偏离“市场竞争中立”原则和“所有制中立”原则的以银行体系为主的间接融资体系基本经营行为逻辑方面，已经与建设现代化经济体系所需要的多样化、多层次的直接融资金融体系发展目标总体上完全不匹配。

此外，当前中国以银行为主的金融体制，还存在两方面的突出问题：一方面，受到政策管制的银行体系为了追逐利润最大化动机而诱发和催发的影子银行体系的盛行，实质上已经成为银行体系应对政府降低银行利率存贷差对自身利益造成冲击的策略，通过各种形式的影子银行体系，银行机构仍然可以利用自身的相对垄断地位最大限度地挤占和侵占实体经济部门的利润。迄今为止，中国五大商业银行的利润总额仍然大幅高于所有上市制造业企业的利润总额，这就是最有利的证据。另一方面，在我们看来，在巨大利益的刺激下，中国的银行体系特别是大银行体系事实上已经成为中国金融体制深化改革的突出制度藩篱和重要机制体制性障碍。由此造成的问题是，即便中央为了缓解困扰中国经济发展的中小微企业的融资难、融资贵顽疾，为了加快促使金融体系资金渗透和下沉到以制造业为主的实体经济部门，为了降低影子银行体系盛行诱发的局部性金融风险，所实施的一系列精准型“降息降准”政策、采用窗口指导鼓励和干预银行体系直接为中小微企业和制造业企业提供有效贷款服务等举措，均不能从根本上解决以上这些内在矛盾和冲突，必须对中国现行的银行体制进行突破性的改革，打破既有的银行体系已经形成的利益集团藩篱，才有可能彻底打破这些发展困局，加快形成实体经济、科技创新、现代金融和人力资本协同发展的现代化产业体系。

四、今后必须高度关注的改革突破口与具体建议

针对当前中国经济发展过程中逐步暴露出的一系列结构性分化的重大现象，在剖析这些经济结构性分化重大现象的突出表现、症结所在以及内在形成机制的基础

上，我们发现，对于如此错综复杂问题的改革思路，难以依靠短期的政策加以系统化解决，必须着眼于短期政策和中长期改革政策相融合的策略，由此，我们提出如下短期和中长期视角的具体改革建议。从短期视角来看，改革举措主要有以下几点：

第一，在短期内中国收入结构所决定的消费结构难以调整的情形下，必须高度重视“高质量投资驱动”发展模式对当前维护中高层面GDP增速和拉动经济潜在增长率的极端重要性，加快推动和积极发挥“高质量投资驱动发展模式”的形成，强调高质量投资在中国经济高质量发展中的基础性作用。当前及今后一段时期之内，中国各级政府的改革突破口，必须聚焦于激发微观企业的高质量投资动力以及创新研发投入动力，实施的政策举措重心，必须聚焦于降低微观企业的高质量投资以及创新研发投入的成本。一方面，必须通过持续推进“结构性降利率”政策以及持续推进“结构性减税”政策，来降低企业短期的融资成本和投资成本；另一方面，加快收紧和限制企业的短期市场投机机会和空间，诱使和迫使企业特别是制造业企业将自身的资金聚焦于企业主业和强化企业核心竞争力的技术改造、产品质量提升、新产品研发以及关键核心技术创新突破等方面的转型升级活动。

第二，强调持续推进“结构性降利率”政策的重要性以及考虑针对以制造业为主的实体经济部门实施“负利率”空间的可能性。当前，保制造业就是保中国经济的未来，特别是不能任由中国具有全球综合竞争优势的所谓“传统”制造业或“低端”制造业向海外转移。针对中国以制造业为主的实体经济部门的相对较低利润率这个困局，长期的相对较低利润率，不仅是影响企业高质量投资能力和创新研发投入能力的核心因素，也是影响企业家未来发展信心和预期的关键变量。因此，我们建议，在短期内，为了更大程度地通过切实降低融资成本、降低融资难度来提升制造业企业的盈利能力，尽可能激发制造业部门的高质量投资能力和创新研发投入预期，必须持续实施“结构性降利率”政策。“结构性”的含义，就是要让以制造业为主的实体经济部门中的企业以及具有发展前景的创新型中小微企业，切实获得降利率政策带来的融资成本降低和企业利润提升，而不是让那些房地产泡沫行业抢先获得降利率的好处和收益；“降利率”的含义，就是当前中国央行要实施大幅降利率特别是降低实际利率的政策，甚至可以考虑针对制造业部门实施特别的“负利率”政策的可能性。

第三，高度重视持续推进“结构性减税”政策的重要性和紧迫性，要尽早制定和尽快实施针对特定产业、特定领域制造业部门以及创新型中小微企业的特殊减税政策。当前，中央推出的持续性减税降费政策，对稳定当前以制造业为主的实体经济部门的信心与预期，起到了相应的重要作用。然而，我们认为，当前实施的持续性减税降费政策需要进一步的结构性优化，要加快实施特别的“结构性减税”政策。“结构性减税”的含义，就是要针对特定的制造业部门和创新型中小微企业，实施特殊的减税政策，特别是要实施差别性的降低增值税政策。针对那些处于产业链、产品链外包环节的创新型中小微企业以及出口导向的劳动密集型企业，要较大幅度地降低企业增值税，可以将特殊部门的企业增值税税率降低到3%～5%。针对那些处于关键核心技术创新突破方面、产业链基础能力方面的企业，要优先实施研发加计扣除政策以及创新研发设备购进、先进生产设备、高端人才团队引进的抵扣政策，并逐步加大抵扣力度。

从中长期视角来看，改革举措主要有以下几点：

第一，必须将中国针对经济发展不平衡的区域调整和改革战略，由以往所实施的促进中东西不同区域的经济发展平衡战略，逐步转向促进南北区域经济发展平衡的战略重心，将之作为化解中国区域间经济结构性分化的重要改革突破口。当前，针对中国南北区域的突出经济结构性分化现象，在中国经济新旧动能的转换和产业结构的转型升级过程中，北方区域包括东北区域更为普遍地爆发出“新旧动能转换停滞、新旧产业转化断裂”的突出现象和发展困局。当然，在中国东部的局部区域（主要是地级市层面、县市层面以及乡镇层面）、中西部的局部区域（主要是地理自然环境相对较差地区、高端要素禀赋不足地区），均出现了“新旧动能转换停滞、新旧产业转化断裂”的重要现象，但客观事实是，中国的北方区域板块中该现象尤为突出。因此，为了尽可能促进中国新经济新动能的发展壮大，实现不同区域的协调协同发展战略，特别是着重中国经济新旧动能转换和新旧产业转化在内部不同区域板块的延续性和传递性，必须将促进南北不同区域板块经济发展平衡作为区域发展的战略重心，这是中国今后一段时期内充分发挥新动能对经济支撑作用，快速提高新经济占 GDP 比重的重要途径。我们建议，应该将深入推进市场化改革和降低政府干预经济动机，特别是将推进市场一体化和以提高要素的自由流动性为主的营商环境建设，维护“市场竞争中立”原则和“所有制中立”原则的核心作用，作为北方区域综合改革的重点任务。

第二，全面实施降低制度性交易成本的行政体制改革，将之作为长期内遏制中国经济结构性分化现象的重要制度化改革突破方向。导致中国经济整体层面、特定区域地区的经济结构性分化的核心，在于以制造业为主的实体经济部门的发展动力持续下滑和弱化，其中，增长过快的综合制度性交易成本，是造成以制造业为主的实体经济部门发展内生动力弱化的重要因素。为此，我们认为，从降低中国以制造业为主的实体经济部门的制度性交易成本来看，一方面，要继续扎实推行以“放管服”为主的行政体制改革，收缩政府不合理的干预经济的行政权力，降低企业正常经营活动可能遭受的腐败寻租空间和机会，减少企业额外的不合理收费名目和缴费成本；另一方面，要鼓励通过收缩中国政府层级结构以及加快合并乡镇级政府机构，降低财政供养人口比例，缓解政府财政支出刚性压力，降低各种因为政府官员对自身利益福利诉求的难以遏制的内在动机而对政府干预经济造成的各种制度性交易成本。

第三，深入推进以提高直接融资比重为导向的金融体制改革，将之作为激活中国经济高质量投资模式加快形成的根本性改革途径。要彻底化解中国经济结构性分化的症结，就要将金融体系的资金，以长周期和合理利率形式引进到及时满足制造业部门和创新型中小微企业的技术改造投入、先进设备更新投入、机器替代人和生产线替代简单劳动力投入、人力资本投资以及企业创新研发投入等形式的巨额高质量投资需求中。为实现这个核心目标，一方面，必须打破中国银行体制的间接融资功能主导的法律禁止条款，鼓励商业银行特别是中小地区性商业银行具备实施混业经营行为的功能。在我们看来，只有依靠打破商业银行体系的单一融资功能，赋予商业银行体系混业经营功能的金融体制改革，才可化解金融体系与制造业部门转型升级活动不匹配的金融体制困局。特别是要针对商业银行体系实施风险识别、评估、定价、监管等方面的根本性机制体制性改革，彻底改革中国商业银行机构的经营模式和盈利机制，将其利益与制造业部门的转型升级深度融合。另一方面，将“市场竞争中立”和“所有制中立”原则，全面贯彻到科创板、新三板等机制设计、正常运营和风险监管制度的改革方面，将促进创新型中小微企业的发展壮大，作为中国资本市场构建和改革的核心目标。

提升居民消费与推动中国经济高质量发展

陈彦斌　王兆瑞

摘　要

近年来，我国消费持续低迷，主要表现在三个方面：一是居民人均消费支出增速有所下滑，城乡消费增速差异显著；二是社会消费品零售总额增速持续下滑，必需品和非必需品消费分化明显；三是长期中消费处于升级趋势，但短期内消费降级现象凸显。导致当前消费低迷的既有短期因素又有长期因素。从短期来看，一是收入分配差距加大，作为消费主力军的中等收入人群收入增速显著下滑；二是居民部门债务攀升，对消费产生了抑制作用；三是新一轮房价上涨，对消费产生了挤出效应。从长期来看，居民消费率持续偏低根源在于我国以经济建设为中心的"高储蓄、高投资"的经济增长模式。未来应进一步扩大消费，提高消费占 GDP 的比重，这虽然不能维持经济的高速增长，却有助于更好地推动经济高质量发展。具体需要做好以下六个方面的工作：第一，转变增长方式，增强消费对经济增长的基础性作用；第二，通过积极的宏观政策稳定经济增长，为扩大消费提供有力支撑；第三，提高居民收入，降低收入差距，改善居民资产负债表；第四，减少预防性储蓄，尤其是房贷对消费的挤出效应；第五，深化供给侧结构性改革，提高产品质量；第六，改善消费环境，提高居民消费意愿。

关键词：消费；经济增长；宏观政策；高质量发展

一、当前消费低迷的主要表现

党的十九大报告指出："我国社会主要矛盾已经转化为人民日益增长的美好生活需要和不平衡不充分的发展之间的矛盾。""美好生活"的内涵无疑是丰富的，从经济学的视角来看，其核心在于扩大居民消费从而提升居民福利水平（陈彦斌，2019）。近年来，我国最终消费规模不断攀升，经济结构转型也取得了显著成效。2018 年我国最终消费对 GDP 增长的贡献率达到 76.2%，这是自 2001 年以来的最高值。① 但值得关注的是，我国消费低迷的现象依然存在，消费提升仍然具有较大的空间，主要表现在以下三个方面。

1. 居民人均消费支出增速有所下滑，城乡消费增速差异显著

2019 年前三季度全国居民人均消费支出名义增速为 7.5%，比 2018 年同期下降 1.3 个百分点，接近 2013 年国家统计局实施居民消费支出新统计口径以来的最低点。② 剔除价格因素后，2019 年前三季度全国居民人均消费支出实际增速仅为 5.7%，比 2018 年同期下降 0.6 个百分点，这也是 2013 年以来的最低水平。其中，城镇居民人均消费支出下滑较为明显，2019 年前三季度名义和实际增速分别为 7.2%和 4.7%，分别比农村居民人均消费支出的名义和实际增速低 2.3 和 2 个百分点。由此可见，城镇居民消费的疲软是当前消费持续低迷的重要原因之一（见图 1）。

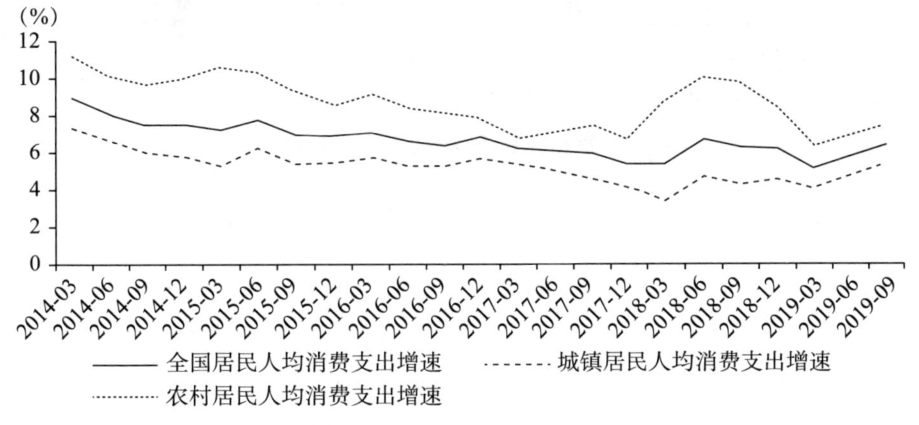

图 1 居民人均消费支出实际增速

---

① 如无特别说明，本文数据均来自世界银行数据库、国家统计局官网和中经网统计数据库。

② 2013 年之前，城乡居民收支数据来源于分别开展的城镇住户抽样调查和农村住户抽样调查。2013 年之后，国家统计局开展了城乡一体化住户收支与生活状况调查，因此，2013 年及以后的数据来源于此项调查，与 2013 年之前的分城镇和农村住户调查的调查范围、调查方法、指标口径有所不同。

2. 社会消费品零售总额增速持续下滑，必需品和非必需品消费分化明显

2019 年前三季度社会消费品零售总额增速为 8.2%，比 2018 年同期下降了 1.1 个百分点。剔除价格因素后，2019 年前三季度社会消费品零售总额实际增速仅为 6.4%，接近 2013 年以来的最低点。从商品消费的结构来看，居民必需品消费和非必需品消费增速出现明显分化。2019 年前三季度必需品（食品烟酒饮料类、服装衣帽类与日用品类）零售总额增速为 8.2%，虽然较 2018 年同期有所下降，但仍处于 8%以上的高位。而非必需品（体育娱乐用品类、化妆品类与汽车类）零售总额增速仅为 0.2%，在 2018 年同期 0.8%的基础上再次下降 0.6 个百分点，增速接近零值（见图 2）。由于居民消费意愿下滑过程中会首先削减非必需品的消费支出，而必需品的消费支出则具有一定的刚性。因此，非必需品消费增速的显著下滑也印证了当前消费的低迷态势。

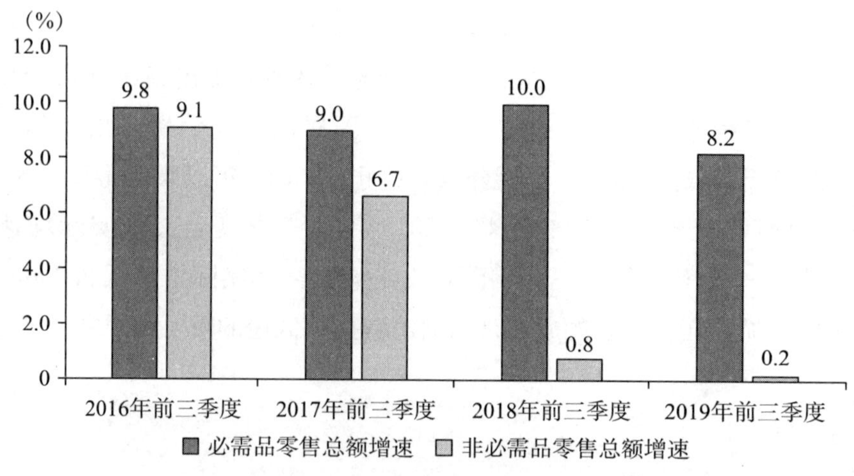

图 2　必需品和非必需品零售总额增速对比

3. 长期中消费处于升级趋势，但短期内消费降级现象凸显

从长期来看，我国消费结构不断优化，消费模式从生存型消费向享受型、发展型消费转变。2018 年全国居民恩格尔系数（全国居民人均食品烟酒消费支出占总消费支出的比重）为 28.4%，比 2017 年下降了 0.9 个百分点，居民恩格尔系数连续两年低于 30%，进入了联合国划分的 20%～30%的富足区间。回顾改革开放初期，1978 年我国城镇和农村居民家庭恩格尔系数分别为 57.5%和 67.7%，40 多年来我国居民恩格尔系数不断降低，人民生活水平显著提高（见图 3）。与此同时，我国消费结构也从物质型消费向服务型消费升级，居民服务消费占比不断攀升。本文根据刘哲希和陈彦斌（2018）的分类方法，使用居民文教娱乐、医疗保健与交通通

信这三项的人均消费支出来代替同期居民人均服务消费支出。[①] 本文测算得出，2019 年前三季度全国居民人均服务消费支出占人均消费支出的比重为 34%，分别比 2018 年和 2017 年同期提高了 0.7 和 0.9 个百分点。

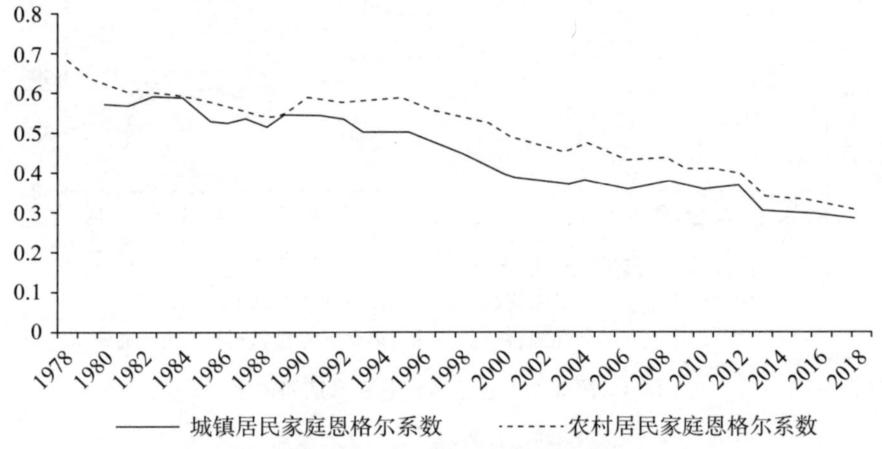

图 3　城乡居民家庭恩格尔系数

注：2013 年之后，国家统计局并未直接公布城镇和农村居民家庭恩格尔系数的具体数值，本文根据城镇和农村居民人均食品烟酒消费支出占总消费支出的比重计算得到。

但从短期来看，我国消费降级现象凸显。消费降级的特点之一就是居民从高品质的消费转向低品质的消费，近年来“拼多多”等新型电商平台增加了居民消费的选择空间，但同时也反映出一些群体相对较低的消费意愿。进一步地，可以通过限额以上企业消费品零售总额增速以及限额以上企业消费品零售总额占社会消费品零售总额比重的变化来判断。[②] 这是因为，相比于限额以下单位，限额以上单位或企业提供的零售商品或服务的品质一般较高。2019 年前三季度，限额以上企业消费品零售总额增速为 4.1%，比 2018 年同期下降了 2.8 个百分点，为 2013 年以来的同期最低点。与此同时，2019 年前三季度，限额以上企业消费品零售总额占社会消费品零售总额的比重为 36.0%，较 2018 年同期下降了 2.2 个百分点，延续了 2018 年以来低于 40%的低迷走势（见图 4）。

---

① 根据国家统计局的统计口径，全国居民消费支出主要划分为八个大项，分别是食品烟酒、衣着、居住、生活用品及服务、交通通信、教育文化娱乐、医疗保健、其他用品及服务。其中，交通通信、教育文化娱乐、医疗保健这三个大项直接与服务消费相关。而生活用品及服务、其他用品及服务的消费支出中，也有与服务消费相关的部分。然而 2013 年之后，统计局并未公布每一大项下各细分小项的具体数值，因此这种测算方法可能在一定程度上低估了居民服务消费支出占总支出的比重。

② 限额以上单位是指年主营业务收入 2 000 万元及以上的批发业单位或企业、500 万元及以上的零售业单位或企业、200 万元及以上的住宿和餐饮业单位或企业。

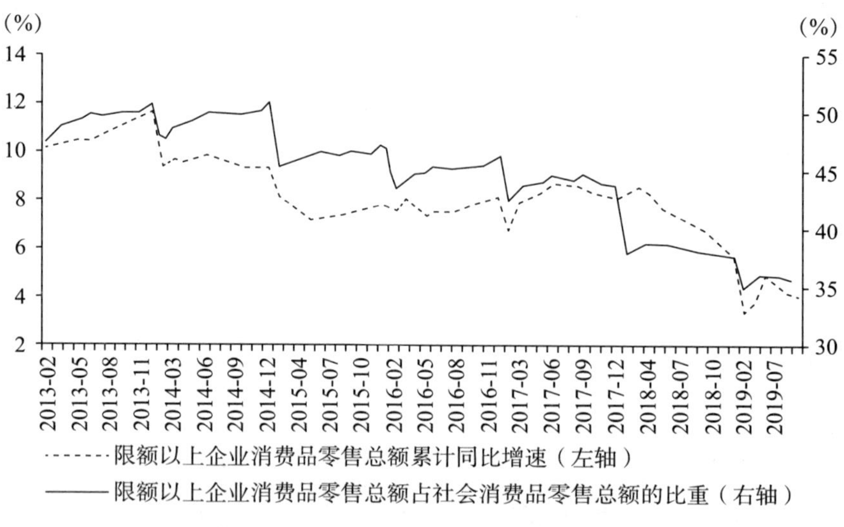

图 4　限额以上企业零售总额增速和占比

二、抑制当前消费增长的新原因

当前，我国消费持续低迷，难以起到有效拉动经济增长的作用。长期以来，我国“高投资、高储蓄”的经济增长模式导致了消费持续低迷的状态。但从短期来看，我国收入分配结构的变化以及居民部门所承受的高债务与高房价的压力，都成为抑制当前消费增速上涨的新原因。

1. 收入分配差距加大，作为消费主力军的中等收入人群收入增速显著下滑

消费源于收入，收入不平等是消费不平等变化的重要因素（Cai et al.，2010；邹红等，2013）。近年来，我国收入分配差距不断加大，收入不平等问题愈加严重。从可支配收入的增速来看，中等收入人群人均可支配收入增速显著放缓。2018 年中等偏下收入人群、中等收入人群和中等偏上收入人群的人均可支配收入增速分别为 3.7%、3.1%和 5.6%，分别比 2017 年下降了 3.6、4.4 和 2.4 个百分点，更是大幅低于 2014 年 12.8%、12.3%和 10.6%的水平。而 2018 年低收入人群和高收入人群的人均可支配收入增速则分别高达 8.1%和 8.8%，较中等收入人群分别高出了 5 和 5.7 个百分点之多（见图 5）。

从可支配收入的比值来看，高收入人群人均可支配收入与中等收入人群人均可支配收入的比值呈上升趋势。2018 年高收入人群人均可支配收入与中等收入人群人均可支配收入的比值为 3.05，这一数值分别比 2017 年和 2016 年高出 0.16 和 0.22，这表明高收入人群与中等收入人群的收入差距逐渐加大。与此同时，2018 年

中等收入人群人均可支配收入与低收入人群人均可支配收入的比值为 3.6，比 2017 年和 2016 年均降低了 0.18，这说明中等收入人群与低收入人群的收入差距逐渐缩小（见图 6）。

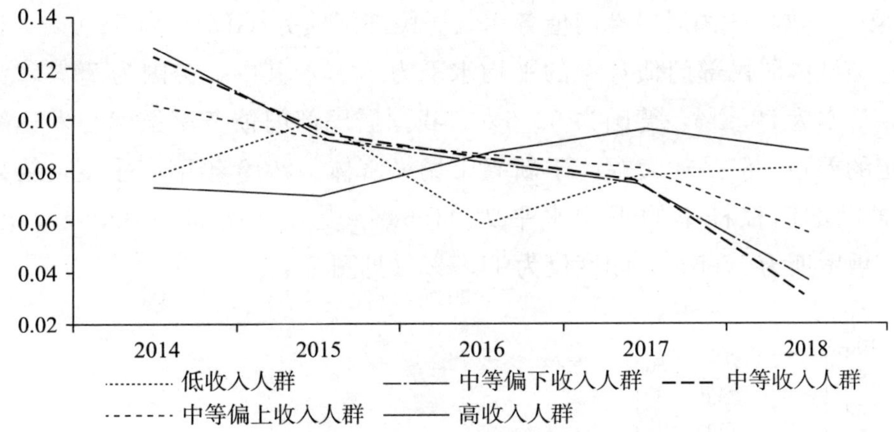

图 5　各收入阶层人均可支配收入增速对比

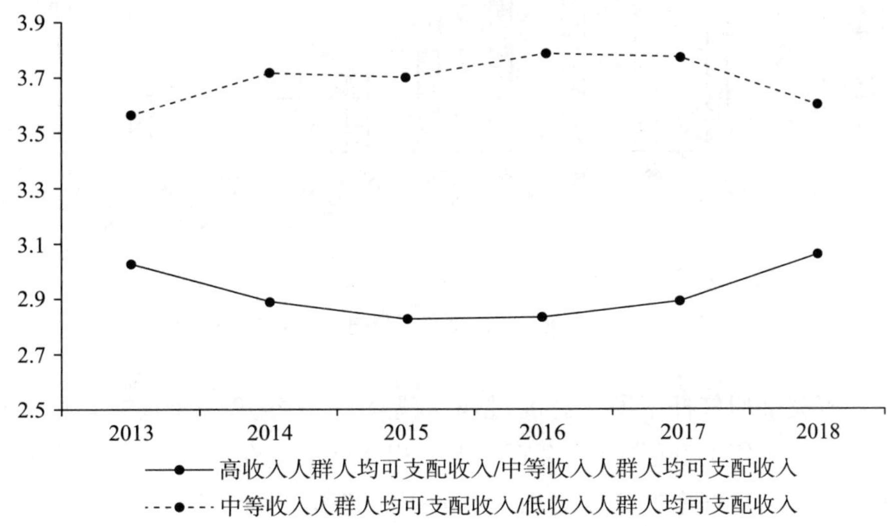

图 6　不同收入阶层人均可支配收入比值

自 2013 年中央提出精准扶贫的政策以来，我国低收入人群的人均可支配收入有了明显的提高，表明我国扶贫攻坚工作取得了阶段性成果。但值得关注的是，中等收入人群依然是消费的主力军。相比于高收入人群，中等收入人群拥有更高的边际消费倾向，对于居民整体消费扩张的作用也更强。在现阶段，我国中等收入人群的规模在不断扩大，但消费和生活水平与发达国家相比仍低很多（王阳和常兴华，2018）。中等收入人群收入增速放缓，成为制约我国消费增长的重要原因之一。

2. 居民部门债务攀升，对消费产生了抑制作用

近年来，我国居民部门债务迅速扩张，居民债务风险有所加剧。第一，居民部门债务率高于大多数新兴市场经济体。根据国际清算银行（BIS）最新公布的数据，2019 年第一季度，我国居民部门债务率（居民部门债务/GDP）为 53.6%。相比之下，发达经济体居民部门债务率的平均水平为 72%。其中，美国为 75%，英国为 86.6%，日本为 58.2%，德国为 53.6%。我国居民部门债务率虽然与发达经济体仍有一定的差距，但是却大幅高于新兴市场经济体。2019 年第一季度，新兴市场经济体居民部门杠杆率的平均水平为 41.6%。其中，南非为 33.8%，巴西为 27.9%，俄罗斯为 17.5%，印度仅为 11.7%（见图 7）。

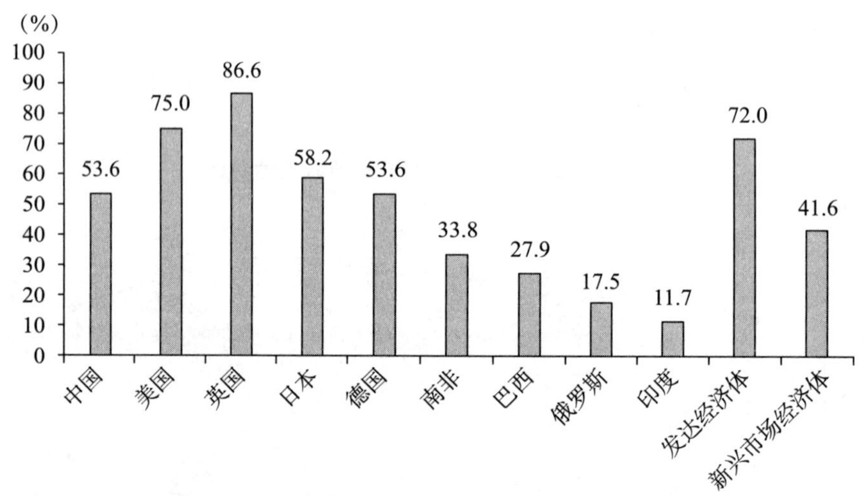

图 7　2019 年第一季度居民部门债务率国际对比

第二，家庭部门杠杆率攀升速度过快。截至 2019 年第一季度末，中国居民部门杠杆率在过去 5 年上升了 19.6 个百分点。相比之下，在 2008 年金融危机爆发之前，美国居民部门杠杆率在 5 年之内（2002—2007 年）的上升幅度也仅为 19.7%。如果进一步使用居民部门债务与可支配收入之比来衡量居民部门杠杆率，可以发现，2018 年中国居民部门杠杆率为 120.2%，超过美国同期水平多达 20 个百分点。当前我国居民部门杠杆率上涨速度过快，甚至与美国次贷危机之前的增速持平，居民部门债务风险凸显（见图 8）。

第三，居民部门债务分布不均衡，部分家庭的债务负担过重。中国居民部门债务主要以房贷为主，截至 2018 年末，中国居民部门债务总额为 47.3 万亿元。其中，个人住房贷款余额为 25.8 万亿元，约占债务总额的 55%。而背负房贷的主要是城市家庭，尤其是一、二线城市家庭，因此对于中国居民部门而言，较小一部分

人群承担了绝大部分的家庭债务。

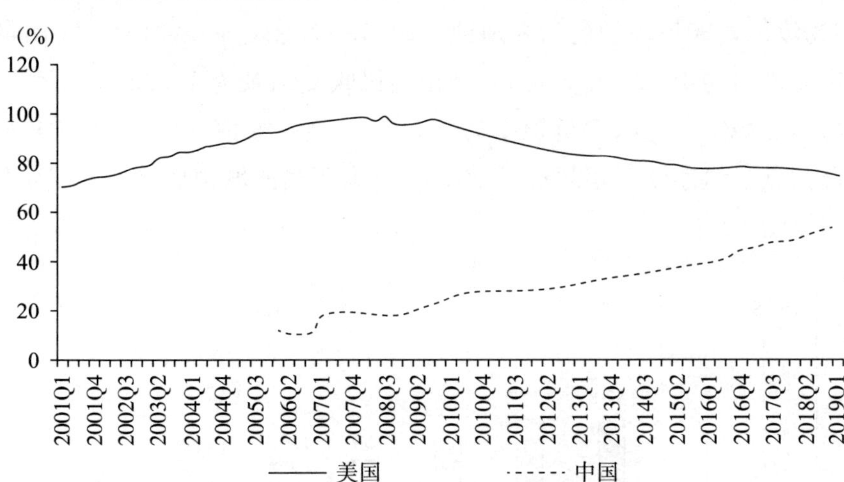

图 8　美国与中国居民部门债务率对比

从数据的走势可以看出，随着居民部门债务增速的上升，居民消费支出增速也逐渐下滑至历史最低位。研究表明，居民部门债务高企会对消费支出产生直接的负向影响。这是因为，随着负债的增加，居民获得消费信贷的可能性减小，限制了居民的消费支出。与此同时，负债产生的还款增加会造成短期内流动性的收紧，进一步迫使居民削减消费支出（Dynan and Edelberg，2013）。从实证研究的结果来看，潘敏和刘知琪（2018）基于中国家庭追踪调查（CFPS）数据的研究表明，我国居民部门债务的上升会显著地抑制总支出的增加，对提高消费和促进消费结构升级不能产生直接影响。由此可见，当前过快上涨的居民债务规模已经对居民消费产生了显著的抑制作用。

3. 新一轮房价上涨，对消费产生挤出效应

中国最近一轮的房价上涨始于 2015 年，2015 年央行实施了较为宽松的货币政策，不断出台的“降息降准”政策为社会释放了充裕的流动性。与此同时，政府在年末又将房地产去库存列入 2016 年的政策计划，这些因素共同带动了新一轮房价上涨。截至 2016 年底，70 个大中城市中，新建商品住宅销售价格较 2015 年上涨的有 65 个，其中涨幅超过 10%的有 25 个。随后，2017 年政府出台了一系列的限购限贷政策，加强了对房地产市场的调控力度，在一定程度上遏制了房地产价格的过快上涨。截至 2019 年第三季度，70 个大中城市新建商品住宅销售价格较 2015 年平均上涨 37.7%，其中涨幅超过 50%的城市有 10 个（见图 9）。

有不少研究认为，房价上涨会对消费产生明显的挤出效应。这主要是因为，随

着房价的上涨，居民为满足日后的购房需求进行更多的储蓄，减少当前的消费开支（陈斌开和杨汝岱，2013；颜色和朱国钟，2013；李春风等，2014）。2018 年我国城镇居民购房总支出为 10.25 万亿元①，城镇居民收支结余为 10.92 万亿元②，由两者之比计算得到的城镇居民购房负担率为 93.9%。这一数值虽然比 2017 年略微降低了 1.6 个百分点，但连续三年超过了 90%，这表明当前城镇居民的购房负担已处于较高水平（见图 10）。

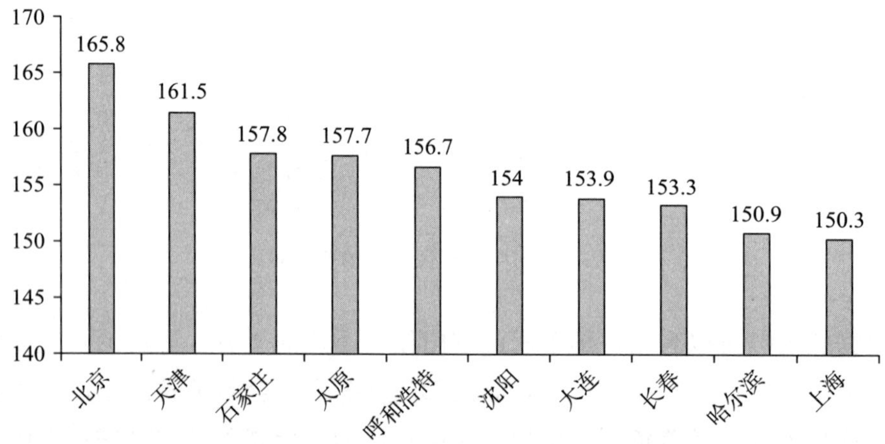

图 9　2015 年以来房价累计上涨最快的十个城市的新建商品住宅价格指数（2015 年＝100）

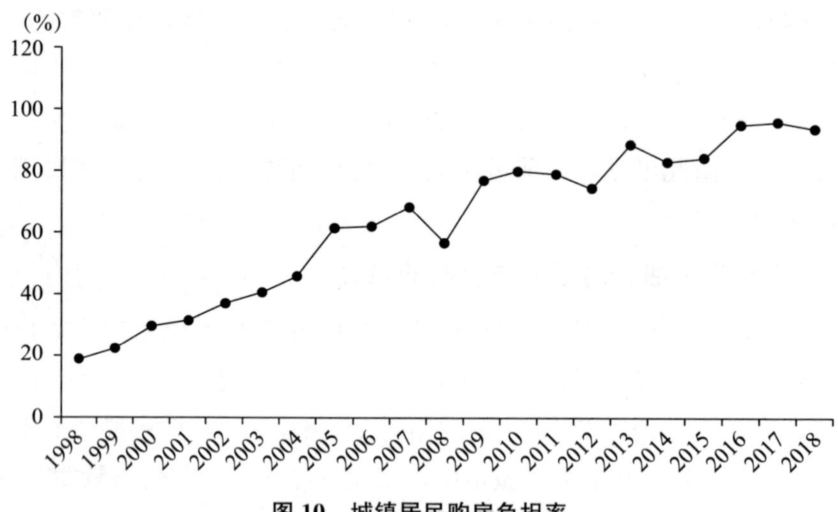

图 10　城镇居民购房负担率

① 我国在 1998 年实施了住房商品化改革，本文以 1998 年为基期，先按照商品房销售面积与销售均价的乘积计算得到商品房销售总额。再假设每年的商品房销售总额中城镇居民购房首付为 30%，20 年等额还本，年利率为 6%，计算得到城镇居民当年的购房总支出。

② 城镇居民收支结余的计算公式为：（城镇居民人均可支配收入－城镇居民人均消费性支出）×城镇常住人口。

与以往不同的是，最新一轮房价上涨还具有明显的信贷驱动特点。数据显示，每年新增房地产贷款占新增人民币贷款的比重从 2014 年的 28.1%迅速攀升至 2016 年的 44.8%，创下了该项指标有记录以来的最高值。受房地产市场调控力度增加的影响，2017 年和 2018 年新增房地产贷款占新增人民币贷款的比重分别为 41.1%和 39.9%，虽然较历史最高值有所降低，但依然位于 40%左右的高位。[①] 由于房贷规模的迅速扩张，居民承受了较大的偿债压力，对消费产生了挤出效应。

随着房价的上涨，房租价格也不断上涨，进一步挤占了居民在其他领域的消费。2019 年前三季度，居民人均居住消费支出增速为 10.7%，与 2018 年同期基本持平，分别比 2017 年和 2016 年高出 2.7 和 3.6 个百分点。从居住消费支出占比来看，2019 年前三季度，居民人均居住消费支出占总消费支出的比重为 31.6%，分别比 2018 年和 2017 年上升了 0.7 和 1.3 个百分点（见图 11）。居民居住消费的被动增加和占比的上升，进一步印证了房价上涨对居民消费的挤出效应。

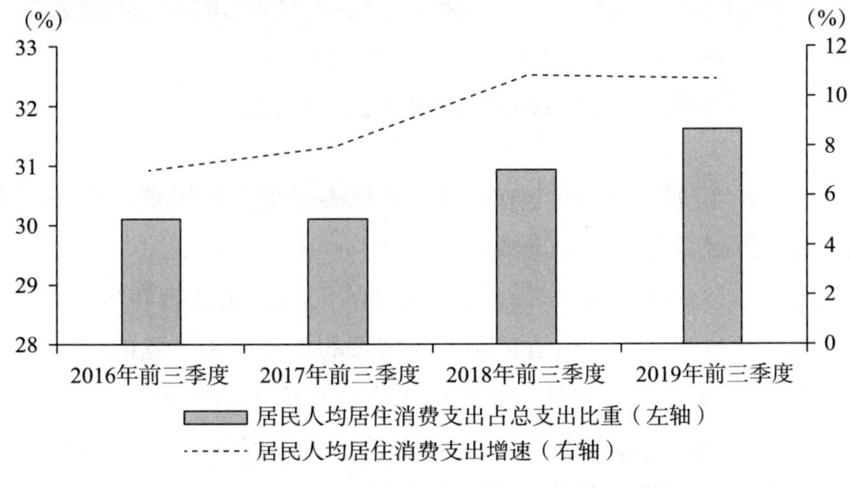

图 11　居民人均居住消费支出占比和增速

三、居民消费率偏低根源于中国经济的增长模式

居民消费率是指居民部门消费总额占 GDP 的比重，是衡量国民经济中消费水平的重要指标。2017 年我国居民部门消费率为 38.7%，较 2016 年下降了 1 个百分点，仍处于 2011 年以来的较高位。然而从国际对比来看，不论与世界平均水平相比，还是与经济合作与发展组织（OECD）36 个成员的平均水平相比，中国居民部

① 资料来自中国人民银行每季度发布的《金融机构贷款投向统计报告》。

门消费率均处于较低水平。1978 年以来，我国居民部门消费率整体位于世界平均水平以下。截至 2017 年，世界居民部门消费率的平均水平为 57.8%，经济合作与发展组织 36 个成员的平均水平为 60%，分别比中国居民部门消费率高出了 19.1 和 21.3 个百分点（见图 12）。

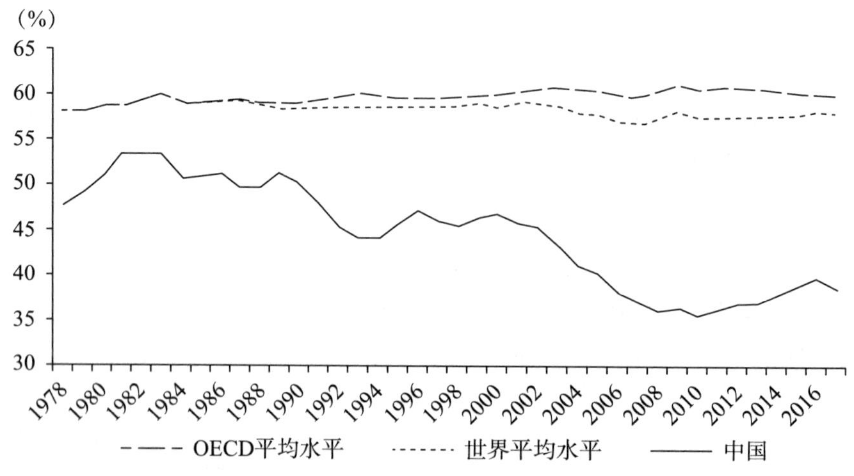

图 12　居民部门消费率走势国际对比

事实上，早在 20 世纪 90 年代末，政府就致力于提升居民消费水平。为应对亚洲金融危机对我国经济增长造成的影响，政府在 1998 年实施了大规模增发国债、下调存贷款利率和存款准备金率等一系列积极的宏观政策，旨在进一步扩大需求、刺激消费。随后，政府不断重视消费对经济增长的重要作用。党的十六大报告提出“调整投资和消费关系，逐步提高消费在国内生产总值中的比重”。党的十七大报告强调要“坚持扩大国内需求特别是消费需求的方针，促进经济增长由主要依靠投资、出口拉动向依靠消费、投资、出口协调拉动转变”。党的十八大报告中也有“加快建立扩大消费需求长效机制”等表述。党的十九大报告更是首次提出要“增强消费对经济发展的基础性作用”。

一直以来，政府都非常重视居民消费水平的提升，然而我国居民消费率却长期位于世界较低水平，这主要是由我国的经济增长模式造成的。改革开放以来，为满足广大人民群众对生活水平提高的迫切需求，改变国家贫穷落后的面貌，我国走向了以经济建设为中心的增长主义发展道路（陈彦斌等，2013；陈彦斌和郭豫媚，2014）。高投资与低消费并存成为中国经济运行的典型特征（李扬等，2007；吕冰洋和毛捷，2014），而长期通过高投资拉动经济增长的发展模式就必然导致投资效率的降低以及资本的过度积累。从资本产出比的变动来看，中国的资本产出比在不断上升，每单位资本形成导致的产出增加在下降，投资的边际效率在递减（李扬和殷剑峰，2005）。从扣除折旧后的资本净回报率与经济增速的对比来看，新常态以来中国的资本净回报率平均为6.8%，而同期的经济增速则达到了7.5%（陈彦斌，2017）。由此可以初步判断，中国资本积累已经过度。

根据索洛增长模型，当经济体处于资本过度积累的状态时，若要增加消费就需要减少资本存量，最优的选择就是将资本存量减少至能使消费最大化的黄金律水平。然而，将资本存量减少至黄金律水平的过程中，经济体需要承受总产出的减少以及经济增速的下滑。从国际经验来看，美英等发达国家居民部门消费率均超过了60%，但GDP增速却很低。对于改革开放之后追求经济高速增长的中国而言，经济增速的过快下滑是难以接受的，这也是中国居民消费率持续偏低的根本性原因。

四、提升消费有助于更好推动中国经济高质量发展

党的十九大报告首次提出“我国经济已由高速增长阶段转向高质量发展阶段”，这是对经济发展新常态新的表述，更是对新时代中国经济发展基本特征的新概括。经济高质量发展是创新成为第一动力、协调成为内生特点、绿色成为普遍形态、开放成为必由之路、共享成为根本目的的发展，拥有极其丰富的内涵（任保平和文丰安，2018）。推动经济高质量发展，就是要更多地关注经济发展的质量和人民生活水平的提升，而不能只将目光局限于经济增长的速度。

改革开放以来，中国依靠粗放型经济增长模式取得了经济的高速增长，一跃成为世界第二大经济体。然而，在经济高速增长的背后，却产生了环境污染、产能过剩、经济结构失衡等诸多亟待解决的问题。与此同时，由于资本过度积累，投资效率降低，资本“脱实向虚”问题较为严重，造成了潜在的金融风险（彭俞超和黄志刚，2018）。随着2008年全球金融危机的爆发，各国经济都深陷泥潭，对中国的出口造成了前所未有的打击。2018年以来，中美贸易摩擦趋于长期化，更让中国出口贸易雪上加霜。在投资和出口对经济增长的拉动作用乏力时，就需要进一步提升消费，增强消费对经济发展的基础性作用，更好地推动中国经济高质量发展。

提升消费虽然无法维持GDP的高速增长，却有助于更好地推动经济的高质量发展，其主要表现在两个方面。从供给侧来看，党的十九大报告将“深化供给侧结构性改革”列为“建设现代化经济体系”的首要任务，凸显了供给侧结构性改革在当前政策体系和经济工作中的重要地位。当前推进的供给侧结构性改革不是笼统地让“供给创造需求”，而是通过供给结构的调整，更好地满足人们对高品质产品的

需求，进一步释放消费活力（陈小亮和陈彦斌，2016）。因此，推动消费规模的扩大和消费升级，有助于促使企业提高产品的质量，加快产业结构的优化升级，为实现高质量发展提供有力保障。

从需求侧来看，提升消费与经济高质量发展的最终目标是一致的。经济高质量发展的最终目标是满足人民群众日益增长的美好生活需要，提高居民的福利和生活水平，其本质在于“质量”的提高而非“速度”的增长。消费是美好生活需要的直接体现，也是生产的最终目的和动力。通过提升消费进而提高居民福利水平，即使经济增速出现一定程度的下滑也是可以接受的。反之，如果居民福利水平没有得到有效提升，那么维持经济高速增长也是没有意义的。因此，提升消费与经济高质量发展的内涵是一致的，有助于经济高质量发展的实现。

五、扩大消费的根本性举措

面对纷繁复杂的国际国内形势，中央提出要用改革的方法来扩大消费，激发消费增长的内在动力。提升消费占 GDP 的比重对推动我国经济高质量发展有着至关重要的作用，因此，针对当前我国消费持续低迷的现象以及抑制消费增长的新原因，需要从以下六个方面着手，进一步刺激消费潜能，提升居民福利和生活水平。

1. 转变增长方式，增强消费对经济增长的基础性作用

推动经济高质量发展的典型表现之一就是经济增长的动力由要素和投资驱动转向通过技术进步提高全要素生产率的创新驱动，资本存量由过度积累的状态向黄金律水平转变。在经济增长模式转型的过程中，投资和净出口对经济增长的拉动作用会逐渐减小，经济增速也会产生一定的下滑。但是，人们应该转变传统的增长观念，不应将追求经济增速作为第一目标。经济增长的最终目的是实现人民福利水平的提高，而福利水平的提高是由消费的扩大和升级实现的。因此，应进一步加快增长方式的转变，增强消费对经济发展的基础性作用。这是一国发展的长久之计，也是人民生活水平提高的根本之策。

2. 通过积极的宏观政策稳定经济增长，为扩大消费提供有力支撑

当前，中国经济下行压力较大。2019 年前三季度，我国 GDP 增速为 6.2%，比 2018 年同期下降了 0.5 个百分点，也是自 20 世纪 90 年代以来的最低点。为应对经济的下行，政府实施了较为积极的宏观政策。在货币政策方面，截至 2019 年第三季度，M2 增速为 8.4 %，比 2018 年同期提高了 0.1 个百分点。社会融资规模存

量同比增长10.8%，比2018年同期提高了0.2个百分点。与此同时，货币市场利率也有所下行。2019年第三季度末，同业拆借加权平均利率和质押式回购加权平均利率分别为2.55%和2.56%，均比2018年同期降低了0.04个百分点。在财政政策方面，2019年前三季度全国一般公共预算支出178 612亿元，同比增长9.4%，较2018年同期提高了1.9个百分点。未来应进一步加大货币和财政政策力度，通过积极的宏观政策稳定经济增长，为扩大消费提供有力支撑。

3. 提高居民收入，缩小收入差距，改善居民资产负债表

中国拥有全球规模最大的中等收入群体，2017年中国中等收入人群就已经超过了4亿人，具有相当大的消费潜力。然而，作为消费的主力军，中等收入人群的可支配收入增速不断下滑，与高收入人群的收入差距也在逐渐扩大。由于高收入人群的消费倾向一般低于中等收入人群，收入差距的加大也成为抑制居民消费增长的一个重要原因。相关研究也表明，收入差距对消费有负向影响，收入差距缩小有利于促进消费（梁艳艳等，2018）。因此，未来应进一步提高居民收入，缩小收入差距，尤其是加快提升中等收入人群的收入。这样才能有效刺激消费增长，进而推动经济的高质量发展。

在提升居民收入、降低收入差距的同时，也应进一步改善居民资产负债表，减轻居民部门债务对消费的抑制作用。近年来，居民部门高债务风险已成为掣肘我国居民消费增长的重要因素，快速攀升的债务负担加大了居民的偿债压力，从而使得居民削减其他方面的消费支出。2018年，以“居民部门债务/可支配收入”衡量的居民部门杠杆率上涨至120.2%的高位，说明居民部门的债务增速已经超过了可支配收入增速，居民部门债务高企对消费的挤出效应已经不容忽视。因此，未来应合理控制居民部门债务的过快上涨，减轻居民部门债务负担，使居民将更多的可支配收入用于消费。

4. 减少居民预防性储蓄，尤其是房贷对消费的挤出效应

从国际经验来看，凡是社会保障体系较为完善的国家，居民的消费倾向也相对较高，消费对经济增长的拉动作用也更大。然而，近年来“上学难、看病难、养老难”等民生问题凸显，迫使家庭进行更多的预防性储蓄，在一定程度上抑制了居民消费需求的释放。当前，社会保障体系的不平衡不充分发展格局仍然存在，制度分割、权责不清以及供给短板等问题依然制约着社会保障体系的健康发展（郑功成，2017）。因此，未来应进一步健全社会保障体系，深化教育、医疗、养老等方面的体制改革。完善的社会保障体系有助于降低居民的生活压力以及未来预期的不确定性，促使居民减少预防性储蓄，为消费腾出更多的空间。

在完善社会保障体系、解决民生问题的同时，尤其要关注房贷的快速攀升对消费的挤出效应。早在2013年，政府工作报告就明确提出要“完善稳定房价工作责任制和房地产市场调控政策体系，健全房地产市场稳定健康发展长效机制”。随后，中央还多次强调要“加快建立房地产市场平稳健康发展的长效机制”。然而，房地产市场发展长效机制并未充分发挥作用。2015年以来的房价上涨使得越来越多的家庭背负了严重的房贷负担，随之而来的房租价格上涨也使得居民的居住消费被动增加，进一步挤占了其他消费的空间。因此，未来应坚持“房子是用来住的，而不是用来炒的”定位，将房价增速纳入中央对地方政府的考核体系，进一步完善房地产调控长效机制建设（陈小亮等，2018）。通过控制房价的过快上涨，减轻居民背负的房贷负担，进而增强居民的消费意愿。

5. 深化供给侧结构性改革，提高产品质量

近年来，我国限额以上企业消费品零售总额增速不断走低，2019年更是降至5%以下，创造了2013年以来的新低。限额以上企业消费品零售总额增速放缓，不仅说明当前居民消费意愿的低迷，更表明了供给市场提供的高技术含量、高附加值产品较少，已经无法满足消费者对高品质产品的消费需求。党的十九大报告指出，建设现代经济体系，必须“把提高供给体系质量作为主攻方向，显著增强我国经济质量优势”。因此，应进一步深化供给侧结构性改革，在“三去一降一补”的基础之上，更多地关注产业结构的升级和产品质量的提升。加速资源密集型、劳动密集型产业向技术密集型、知识密集型产业的转变，制造更多高技术含量、高附加值产品，这样才能从源头刺激居民的消费意愿，释放居民的消费活力。

6. 改善消费环境，提高居民消费意愿

当前，我国消费环境整体欠佳，消费者维权投诉数量显著上升。根据中国消费者协会发布的全国消费者协会组织受理投诉情况来看，2019年第三季度全国消费者协会组织共受理消费者投诉236 144件，比2018年同期增加3.7万件，更是比2017年同期增加了8.7万件。其中，售后服务与产品质量的投诉占比最大，两者之和占投诉总量的54.1%。面对不良的消费环境，消费者在购买商品时会反复权衡消费收益和可能发生的消费风险，往往选择持币待购、推迟消费乃至放弃消费，从而抑制了消费潜力的释放（刘晓昆，2008）。因此，未来应进一步加大市场监管力度，为消费者营造良好的消费环境，提高居民的消费意愿。

参考文献

[1] 陈斌开，杨汝岱．土地供给、住房价格与中国城镇居民储蓄．经济研究，2013，48（1）：110－122.

[2] 陈小亮，陈彦斌．供给侧结构性改革与总需求管理的关系探析．中国高校社会科学，2016（3）：67－78，156－157.

[3] 陈小亮，李三希，陈彦斌．地方政府激励机制重构与房价调控长效机制建设．中国工业经济，2018（11）：79－97.

[4] 陈彦斌．增强消费对经济发展的基础性作用．光明日报，2017－12－19.

[5] 陈彦斌．用改革办法扩大消费．中国金融，2019（17）：72－73.

[6] 陈彦斌，郭豫媚．高投资发展模式如何转变为适度投资发展模式？．学习与探索，2014（8）：87－92.

[7] 陈彦斌，姚一旻，陈小亮．中国经济增长困境的形成机理与应对策略．中国人民大学学报，2013，27（4）：27－35.

[8] 李春风，刘建江，陈先意．房价上涨对我国城镇居民消费的挤出效应研究．统计研究，2014，31（12）：32－40.

[9] 李扬，殷剑峰．劳动力转移过程中的高储蓄、高投资和中国经济增长．经济研究，2005（2）：4－15，25.

[10] 李扬，殷剑峰，陈洪波．中国：高储蓄、高投资和高增长研究．财贸经济，2007（1）：26－33，128.

[11] 梁艳艳，杨巧，陈诚．收入分配、房价与居民消费．宏观经济研究，2018（12）：79－92.

[12] 刘晓昆．我国消费环境对消费者行为的影响及对策．经济纵横，2008（2）：64－66.

[13] 刘哲希，陈彦斌．消费疲软之谜与扩大消费之策．财经问题研究，2018（11）：3－12.

[14] 吕冰洋，毛捷．高投资、低消费的财政基础．经济研究，2014，49（5）：4－18.

[15] 潘敏，刘知琪．居民家庭“加杠杆”能促进消费吗？——来自中国家庭微观调查的经验证据．金融研究，2018（4）：71－87.

[16] 彭俞超，黄志刚．经济“脱实向虚”的成因与治理：理解十九大金融体制改革．世界经济，2018，41（9）：3－25.

[17] 任保平，文丰安．新时代中国高质量发展的判断标准、决定因素与实现途径．

改革，2018（4）：5－16.

[18] 王阳，常兴华．当前我国中等收入群体的规模、范围及扩大路径．经济纵横，2018（9）：28－36.

[19] 颜色，朱国钟．"房奴效应"还是"财富效应"？——房价上涨对国民消费影响的一个理论分析．管理世界，2013（3）：34－47.

[20] 郑功成．全面理解党的十九大报告与中国特色社会保障体系建设．国家行政学院学报，2017（6）：8－17，160.

[21] 邹红，李奥蕾，喻开志．消费不平等的度量、出生组分解和形成机制——兼与收入不平等比较．经济学（季刊），2013，12（4）：1231－1254.

[22] Cai，H.，Y. Chen，and L. Zhou，2010，"Income and Consumption Inequality in Urban China：1992－2003"，*Economic Development and Cultural Change*，58（3），385－413.

[23] Dynan，K.，and W. Edelberg，2013，"The Relationship Between Leverage and Household Spending Behavior：Evidence from the 2007－2009 Survey of Consumer Finances"，*Federal Reserve Bank of St. Louis Review*，95（5）：425－448.

肉价、油价与通货膨胀前景分析

范志勇

摘 要

本文对近期我国通货膨胀的形势进行了分析研究。近期我国CPI和PPI走势出现了比较明显的分化。CPI在猪肉和食品价格的推动下出现了较快的上涨，但是剔除食品和能源价格之后的核心通货膨胀基本保持稳定，甚至有微降的苗头。PPI以及生产资料环比负增长的事实表明我国实体经济面临下行压力。结合我国工业产出和投资等实体经济层面的表现和CPI、PPI分化的事实，本文认为当前CPI指数的上升并不表明我国具有已经发生或者将要发生较高通货膨胀的基础。

为抑制猪肉价格上升可能对下游其他消费品价格产生的传导效应，除了在供给方面积极稳定生产、适时扩大进口之外，还应该通过预期管理稳定消费者和全社会对未来通货膨胀的预期。在此基础之上，本文进一步分析了未来也能影响我国通货膨胀的三方面主要因素：一是中美贸易摩擦对市场供需及其预期造成的冲击；二是人民币汇率变化对进口价格和国内通货膨胀水平的传导；三是全球货币政策再次进入宽松状态可能推升石油等大宗商品价格上涨，给国内通货膨胀水平造成直接的冲击和压力。

当前中国经济并不具备滞胀特征。在控制食品价格上涨方面仍然有较大的政策空间。事实上，除了猪肉价格之外，核心通货膨胀率和PPI均出现环比下滑的倾向。这表明实体经济出现比较明显的负产出缺口。货币政策应该利用当前通货膨胀预期稳定的有利条件，适度进行调整，将货币政策的重心调整到稳定宏观经济上来。

关键词：猪肉价格；油价；通货膨胀；货币政策

一、近期我国通货膨胀走势分析

（一）在猪肉和食品价格推动下，CPI 出现结构性分化

2019 年以来我国 CPI 价格指数不断走高，同比增长率从年初的 1.7%上升至 2019 年 10 月的 3.8%。10 月 CPI 同比上涨 3.8%，比上月涨幅扩大 0.8 个百分点。CPI 上升背后所隐含的食品价格和猪肉价格的快速上升才是社会各界所关注的问题。畜肉类价格上涨 66.8%，影响 CPI 上涨约 2.92 个百分点，其中猪肉价格上涨 101.3%，影响 CPI 上涨约 2.43 个百分点，占 CPI 同比总涨幅的近三分之二。① 在猪肉和食品价格推动下，CPI 走势出现严重的结构性分化。

从食品价格来看，自年初以来蔬菜、鲜果和猪肉价格轮番上涨，推动食品价格同比增速从 1.9%上升至 9 月的 11.2%。蔬菜和鲜果价格具有明显的季节性因素，随着生产条件和产量的恢复，价格走势渐趋平稳。而猪肉价格则成为近期最受关注的问题。猪肉价格同比增长率从年初的－3.2%上升至 7 月的 27.0%，10 月上升速度进一步提升，达到 101.3%。

在猪肉价格的带动下，牛羊肉价格也出现了一定幅度的上涨。截至 2019 年 9 月，牛羊肉的价格分别比 2018 年同期上涨 18.8%和 15.9%，导致整个畜肉类商品的价格同比上涨达到 46.9%。猪肉在我国居民食品消费支出中占据较大份额，价格持续上升可能会对未来食品价格和整体通货膨胀造成一定的压力。事实上，为应对近期食品价格的快速上升，政府已经采取了扩大进口、动用储备物资等多种政策。②

事实，当前的猪肉价格同比增长率和 CPI 增长率很可能还会进一步升高。一方面，在测算猪肉价格的同比增长率时，分母的最低值可能会在 2020 年 2—3 月才会出现。即使从 11 月起猪肉价格保持不变，猪肉同比价格指数、食品价格指数和 CPI 价格指数仍然会持续上升到 2020 年 2—3 月。考察集贸市场猪肉价格绝对水平或者猪肉价格定基比可以发现，本轮猪肉价格上涨之前的价格低点出现在 2019 年 1 月（见图 1）。非洲猪瘟暴发初期造成的需求不足使得猪肉价格指数从 2018 年 12 月到 2019 年 1 月猛然下降了接近 18%。直到 2019 年 2—3 月之间猪肉价格才恢复到

① 国家统计局解读 2019 年 10 月份 CPI 和 PPI 数据．国家统计局网站，2019－11－09.

② 于春海（2019）发现，自 2019 年 4 月以来我国城市 CPI 月度同比增速持续低于农村，这是 2014 年以来首次出现。城市 CPI 增速低于农村 CPI 增速主要表现在禽肉、蛋、水产品、鲜果和交通通信及服务等类别。这说明相关政策在稳定城市消费者价格变化方面起到了一定的作用。参见于春海．内部结构分化和外部风险增加的中国宏观经济．中国宏观经济论坛月度报告，2019 年 10 月。

2018 年 10 月的水平。另一方面，目前猪肉生产的形势并未得到全面改善。从能繁母猪存量恢复到生猪存栏增加有其固有的生产周期。同时，由于猪瘟疫苗和鼓励生猪养殖政策到位尚需时间，生产企业和农户的养殖意愿恢复也需要时间。因此，可以预期的是本轮猪肉价格同比增速上升至少要持续到 2020 年第一或第二季度。如果生猪养殖形势得不到显著改善，可能会持续更长的时间。

然而，如图 2 所示，剔除食品和能源价格的核心 CPI 在 2019 年却显示出稳中有降的趋势，从年初的 1.9%平稳下降至 9 月的 1.5%。此外，服务类消费品的同

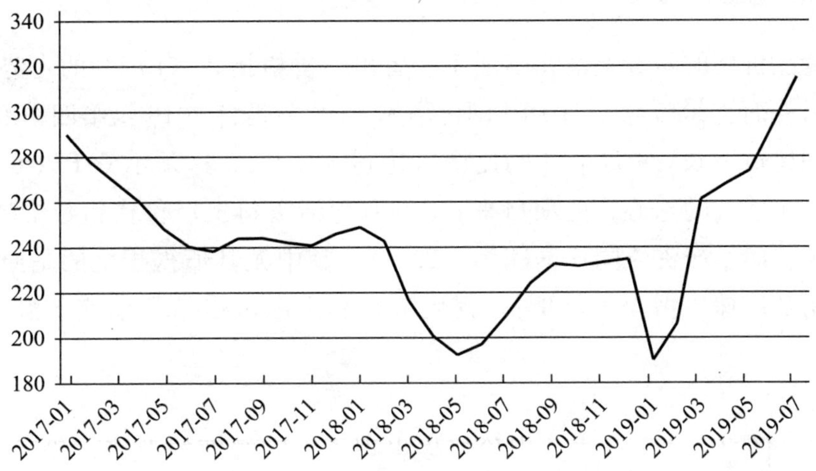

图 1　集贸市场猪肉价格定基比指数

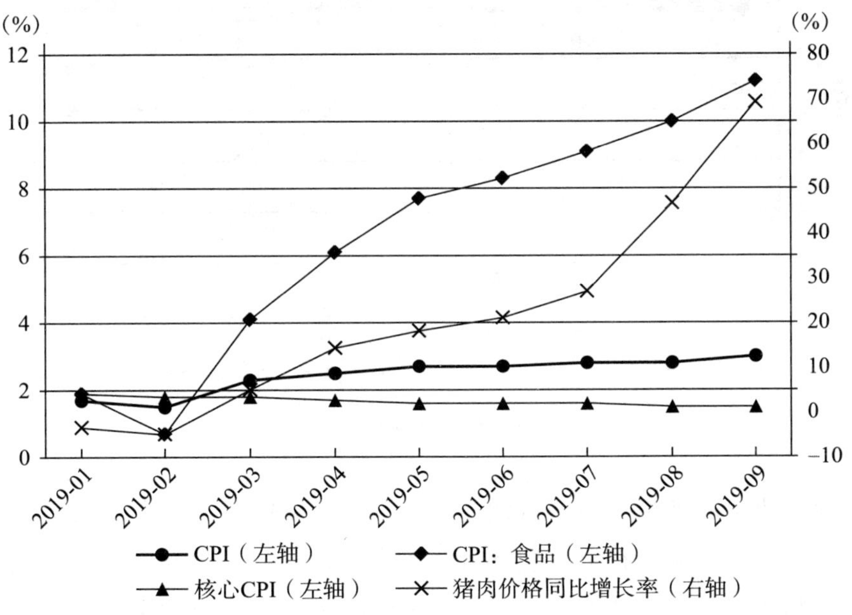

图 2　2019 年 1—9 月 CPI 走势

比价格增速从年初的 2.4%下降至 1.3%。这显示除食品之外的其他消费品的价格均维持在平稳区间。由猪肉和食品价格上升所导致的生活成本上升尚未影响到劳动力市场。CPI 是货币政策当局调整货币政策的重要参考指标之一。CPI 走势的变化也关系到未来货币政策的调整方向。核心 CPI 和服务类消费品价格的平稳走势表明，当前的消费者价格上升主要是由供给方面的因素造成的。只要未来通货膨胀预期稳定，核心 CPI 和整体消费者价格的变化就会相对稳定。

（二）PPI 下滑趋势明显

对比食品价格的强势上涨，工业生产者出厂价格指数（PPI）的走势显示了宏观经济的另一面。2019 年 7 月 PPI 同比增速－0.3%是自 2016 年第四季度以来 PPI 再次出现同比负增长，9 月 PPI 同比增速达到－1.2%，这预示着 PPI 负增长的缺口存在进一步放大的趋势。分项目来看，9 月生活资料出厂价格指数维持在 1.1%的温和增长，而生产资料同比增速为－2.0%。其中尤其值得担忧的是原材料工业出厂价格指数增速下滑至－4.8%，耐用消费品出厂价格指数增速下滑至－1.8%（见图 3）。

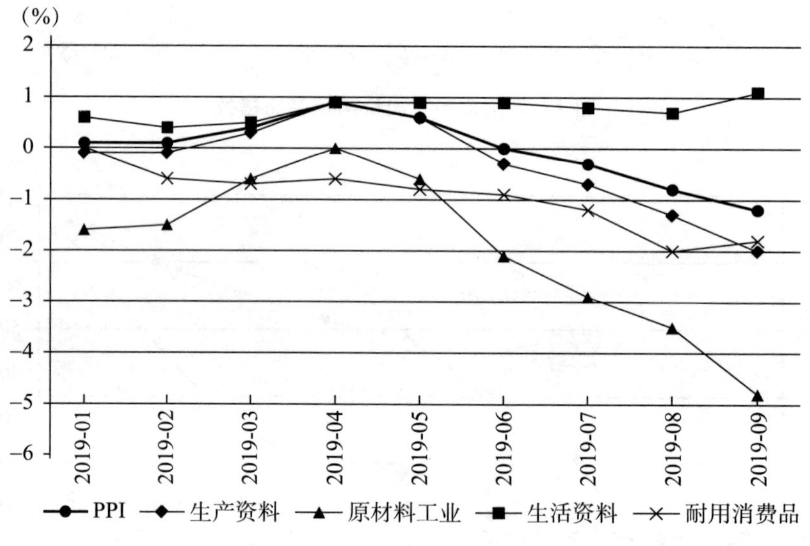

图 3　PPI 同比价格指数

原材料工业出厂价格下滑一方面显示投资需求疲弱，另一方面对上游原材料产业的利润造成严重影响。在 PPI 整体处于下滑通道时，黑色金属矿采选业、有色金属矿采选业和非金属矿采选业三个行业的工业品出厂价格指数逆势上涨。2019 年 9 月三个行业的 PPI 同比增长率分别达到 15.7%、5.7%和 5%。

（三）当前价格变化的基本特征

CPI 和 PPI 展现出明显的分化趋势。CPI 除去食品价格之外，其他商品价格上涨均处于温和状态。核心 CPI 定基比 3 月环比折年率 9 月为 2.0％，处于理想区间。PPI 定基比的 3 月环比折年率 9 月为－2.2％，显示 PPI 进入通货紧缩区间。事实上，PPI 的下行趋势并非始于近期。大致从 2017 年初以来，PPI 的定基比就一直处于温和的下行通道（见图 4）。

基于 CPI 和 PPI 展现出来的明显分化趋势，以及导致 CPI 上行的因素集中在猪肉等少数食品价格等基本事实，可以判断出当前消费者价格指数的上升是由结构性的供给面因素造成的。严格来说，这种少数商品价格上升并不是真正意义上的通货膨胀。相应地在应对措施方面，也主要不应采取总需求管理政策。根据本文的分析，在剔除猪肉和食品价格之后，包括 CPI 的剩余部分以及 PPI 的主要组成部分均进入下行区间。经济政策需要应对的不是通货膨胀，而是潜在的通货紧缩风险。

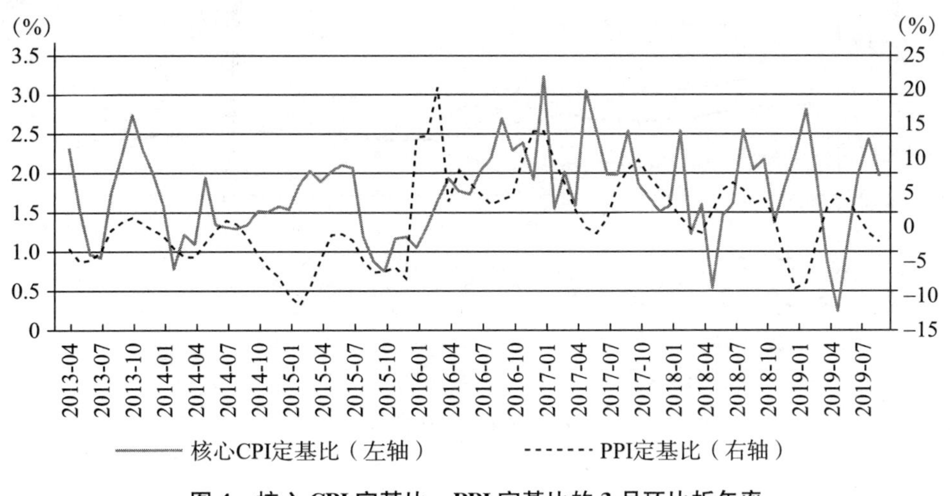

图 4　核心 CPI 定基比、PPI 定基比的 3 月环比折年率

二、CPI 和 PPI 分化的原因分析

与 CPI 相比，近期 PPI 的变化趋势则更能反映出当前宏观经济的供给和需求的基本面变化趋势。工业品中相当大部分是投资品和用于工业生产的中间产品，其价格变化受投资需求和工业产出的影响比较显著。

（一）投资需求不足是导致 PPI 下滑的原因

导致 PPI 下滑的主要因素是近期投资增速下滑。2019 年前 3 个季度，全社会固定资产投资累计同比增长 5.4%，增速与 2018 年同期持平。其中，第一产业固定投资下降 2.1%，第二产业固定投资增长 2.1%，第三产业固定投资增长 7.2%。全社会固定投资保持平稳增长，第三产业投资增速的提高缓解了全社会固定投资增速下滑的趋势。与 2018 年同期相比，第一和第二产业的固定投资增速都出现了较大幅度的下滑；第三产业投资增速提高了 1.9 个百分点，房地产投资增速提高了 0.6 个百分点。基础设施投资增速较上年同期提高了 3.2 个百分点，对于保持全社会固定投资平稳增长起到了重要作用（见图 5）。

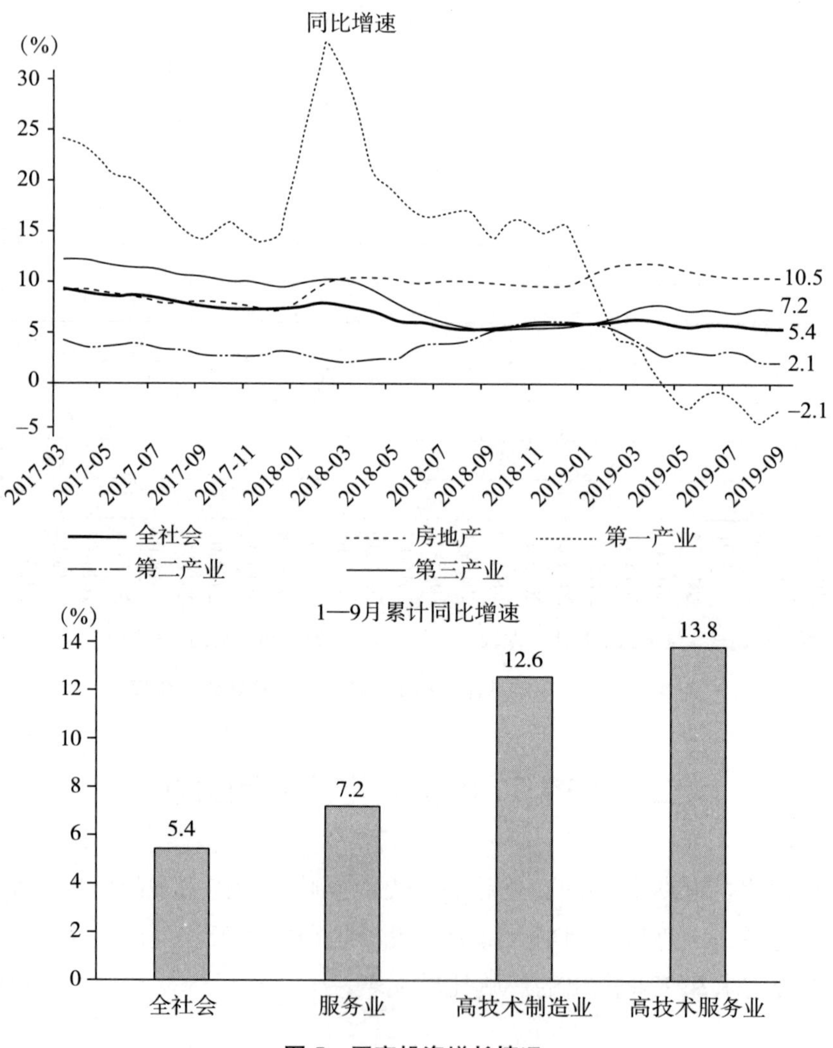

图 5　固定投资增长情况

（二）工业增加值增速下降同步印证 PPI 下滑趋势

根据最新的数据，2019 年前 2 个季度工业部门增加值累计增长 5.8%，较 2018 年同期下降了 0.6 个百分点；工业部门累计拉动 GDP 增长 2 个百分点，较 2018 年同期下降了 0.2 个百分点。第二季度工业部门当季同比增长 5.6%，较 2018 年同期下降 0.9 个百分点。工业部门的增长速度持续下滑，创下了多年来的新低。2019 年 1—10 月全国规模以上工业增加值累计同比增长 5.6%，10 月当月增长 5.8%；制造业累计增长 5.9%，10 月当月增长 5.6%。尽管高新技术制造业、战略性新兴产业、医药、化纤、运输设备、电气机械及器材、计算机、通信和其他电子设备、专用设备和仪器仪表等行业的增速均明显高于制造业整体增速。工业增加值整体的弱势表现印证了 PPI 的下滑走势（见图 6）。

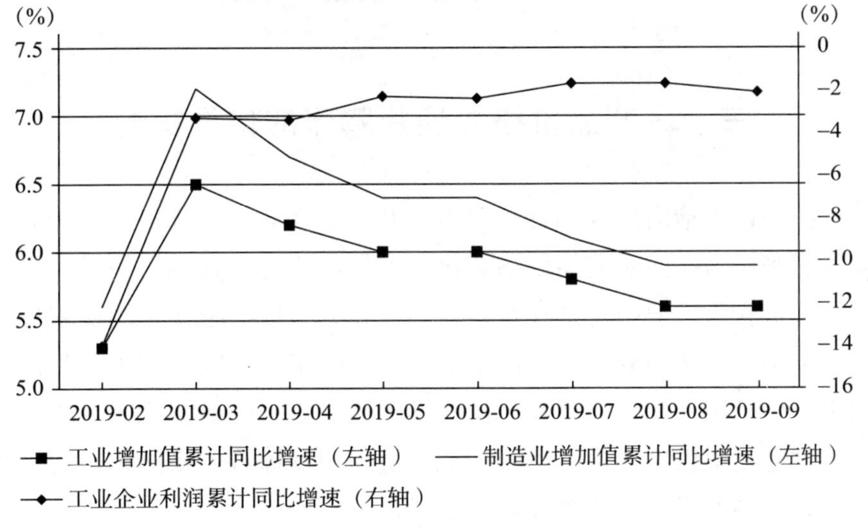

图 6　工业增加值即工业企业利润增长率

作为实体经济指标的全社会发电量和用电量情况也显示出实体经济低位运行的基本状态。从发电量来看，2019 年 1—9 月全国规模以上工业发电量同比增长 3.0%，增速比 1—8 月提高 0.2 个百分点。9 月当月发电量同比增长 4.7%，增速比上月回升 3 个百分点。从用电量来看，2019 年 1—9 月全国全社会用电量同比增长 4.4%。其中，第一、二、三产业和居民生活用电量同比分别增长 4.7%、3%、8.7%和 6.3%，第三产业和居民生活用电继续保持相对较快增长。9 月当月全社会用电量同比增长 4.4%，增速比上月回升 0.8 个百分点（见图 7）。

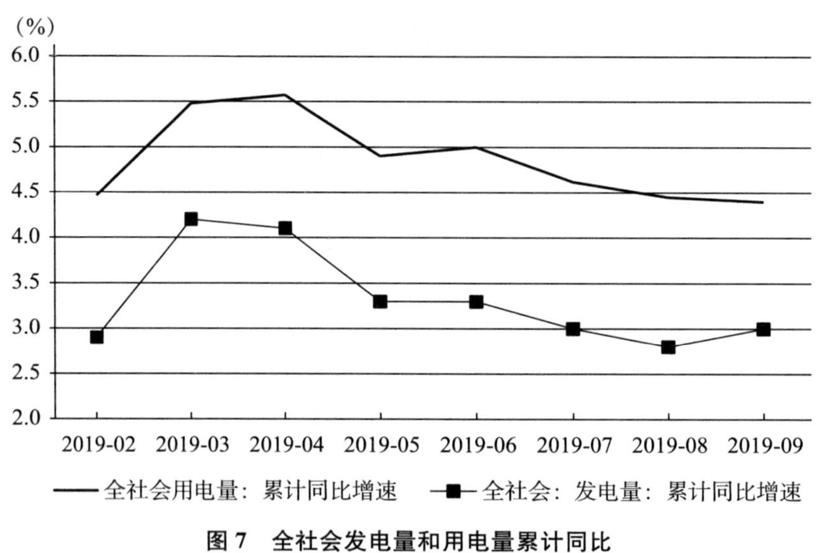

图7　全社会发电量和用电量累计同比

三、农产品价格向通货膨胀的传导机制

有一种担心认为猪肉价格和食品价格上升可能推动未来价格水平走高，造成进一步的通货膨胀压力。面对商品价格变化，人们习惯通过具体商品供需平衡的价格规律来理解通货膨胀，但两者是存在差异的。导致通货膨胀变化的供求方面的因素一定是总需求和总供给的变化。经济学中将通货膨胀的原因归结为三种因素，分别是需求因素、供给因素和预期因素。虽然导致通货膨胀的最初原因各不相同，但是总需求，特别是货币供给在通货膨胀的形成过程中发挥着主要作用。所以总需求管理政策一直是控制通货膨胀的主要政策手段。

在我国也有一个著名的案例。早在“猪肉价格周期”引发关注之前，更加引人注目的是粮食价格和通货膨胀的关系。在改革开放之后相当长的时间内，我国的粮食价格上涨和通货膨胀之间保持着密切的同步关系，而且每当通货膨胀发生剧烈变化的时候，粮食价格的变化幅度都高于通货膨胀的变化幅度。于是人们直觉地认为粮食价格上涨是导致当时通货膨胀上涨的主要原因，特别是在粮食出现减产的时期。这种直觉非常符合人们朴素的认识。作为最主要的食品来源和工业原料，粮食价格上涨不仅会推动下游工业品价格上升，而且会造成劳动力成本增加。粮食价格上升极有可能造成通货膨胀的上升。

然而，有经济学家提出了相反的看法，因为每当通货膨胀上升的时候，粮价的上升幅度总会超过通货膨胀的上升幅度。换句话说，如果有一家企业能够在通货膨胀期间囤积粮食，那么它的收益率一定是远远跑赢通货膨胀的。因此粮食价格和通货膨胀之间还可能有另外一重关系，那就是通货膨胀及其预期导致粮食价格上涨。卢峰和彭凯翔（2002）在一项很有影响力的研究中对粮食价格和通货膨胀之间的关系进行了实证检验。[①] 结果发现，是通货膨胀上升导致了粮食价格上升，而不是人们直观想象的粮食价格上升推动通货膨胀上升。这意味着，当通货膨胀上升时，人们把囤积粮食作为一种投资行为，导致粮食需求和粮食价格以更快的速度上升。粮食价格的上升进一步强化了人们关于通货膨胀的预期。于是通货膨胀和粮食价格进入下一轮恶性循环的上涨过程。直到政府采取紧缩的经济政策制止通货膨胀。

在发生通货膨胀的时候，有不同的投资方式。一种是把钱存在银行里收取固定的利息，另一种是把钱投资到实物资产上，比如粮食。在利率市场化之前，中央银行调整利率的速度往往赶不上通货膨胀的水平，因此银行存款的收益往往是负利率。而粮食等农产品由于可以贮存，通货膨胀加剧了这些农产品的投机性需求，导致粮价上涨速度超过通货膨胀水平，获得正的收益率。因此高通货膨胀时，农产品的投机需求和价格涨幅往往较大。除了粮食之外，大家所熟悉的还有“豆你玩”“蒜你狠”等。

近年来粮食的投机需求和粮价的暴涨暴跌已经越来越少，导致这一变化的原因主要有两个。一是随着利率市场化的改革，利率随通货膨胀的变化越来越灵活，负利率出现的频率越来越低。投机性存粮的收益率越来越低导致粮食投机性需求下降。二是我国建立起越来越完善的粮食价格平准机制。双管齐下，使得粮食价格的稳定性越来越高（见图 8）。因此，从稳定食品价格和通货膨胀的关系而言，主要可以从两个渠道着手。第一是尽可能稳定产品的供给；第二是稳定产品价格的预期。除非在极端情况下或者对于个别农产品，供给侧的影响相对较小，同时也可以通过国际贸易弥补国内产出不足的影响。更重要的是稳定消费者关于物价水平和通货膨胀的预期，避免形成物价上涨和预期通货膨胀之间的恶性循环。

与粮食相比，猪肉的可储藏性和可投机性要小得多。一方面，冷冻猪肉降低了猪肉的品质，并不受市场欢迎；另一方面，生猪养殖达到一定重量之后，生产效率降低，延长养殖时间将导致成本上升，并不具有经济性。因此为控制猪肉价格向其他商品价格的传播，最重要的渠道是切断通货膨胀预期的产生路径。如果公众能够认识到猪肉价格的上升纯粹是单一商品价格的变化，不会发生大规模的通货膨胀率

---

① 卢锋，彭凯翔．中国粮价与通货膨胀关系（1987—1999）．经济学（季刊），2002（3）．

上升现象，那么未来通货膨胀的预期就可以得以控制。未来通货膨胀走势将会相对稳定。

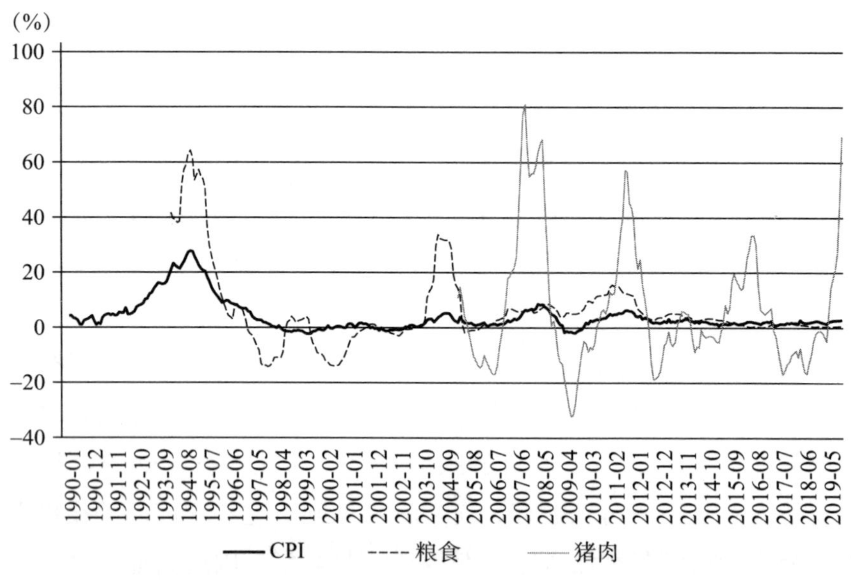

图 8　消费者价格指数、粮食价格和猪肉价格同比增长率

四、近期影响大宗商品价格的不确定性因素分析

（一）猪肉和大豆等农产品的国内外市场供需情况分析

尽管猪肉和石油两种商品看起来风马牛不相及，但本轮导致两种商品价格上涨的原因基本是类似的，大致都是源于商品供给短缺。受非洲猪瘟等因素的影响，自2018年以来我国猪肉供给能力出现持续下滑，猪肉价格相应地呈现趋势性的上升。与一般的工业品相比，猪肉价格变化的特殊性在于生猪的生产具有明显的周期性。生猪生产中包括繁殖、生产和育肥等环节，周期一般在17个月左右。在我国，猪肉价格变化具有明显的周期性。一旦猪肉价格偏离了正常水平，需要较长时间才有可能恢复。据农业农村部的数据，2019年9月生猪存栏环比减少3.0%，比2018年同期减少41.1%。当前非洲猪瘟疫情在我国南方地区的蔓延形势有所缓解，但在疫苗短期内无法上市的背景下，养殖户生猪复养依旧有难度。短期内生猪市场供应偏紧格局仍难改善。

但是应该看到，在我国影响生猪生产和供给的因素并非疫病这一单一要素。近年来，在环境保护的压力下，生猪养殖业也受到一定的影响。一些地区以改善生态环境质量为由，超过法律法规规定，随意扩大禁养区范围，给生猪生产与发展带来了一定影响。目前相关部门已经对相应政策进行了调整，国家取消了15亩养殖用地上限的规定，目的在于保障养殖用地。稳定养殖企业或农户的预期与信息是保证猪肉长期稳定供给的重要供给措施。2019年9月10日，国务院办公厅印发了《关于稳定生猪生产促进转型升级的意见》，提出了猪肉自给率、养殖规模化率和规模养殖场（户）粪污综合利用率三方面量化目标，强调各省（区、市）人民政府对本地区稳定生猪生产、保障市场供应工作负总责，还鼓励地方政府与大型养殖集团签约生猪养殖合同，规模化生猪养殖企业将从环保审批、用地资源审批、物流运输等方面获得便利和优惠。生猪生产和供给得到空前重视，有利于稳定消费者对未来猪肉供应的预期。

除了猪肉之外，令市场普遍感到压力的是大豆及其产品的价格。多年以来，我国是全球第一大大豆进口国。2017年我国大豆的总进口量达到9 556万吨，而当年我国大豆产量为1 528万吨。国产大豆在市场中的总份额仅占13.8%。除此之外，我国还进口了65万吨豆油和6万吨豆粕（见图9）。2018年我国的大豆进口量出现微幅下降，比2017年减少近750万吨，下降幅度约为8%。豆油的进口规模呈现单边下降趋势，2008年全年进口量约为250万吨，2018年下降至50万吨左右，下降比例达到80%。除对国际市场依赖程度较高之外，我国大豆市场存在的另一个重要问题是国产大豆和进口大豆的可替代性较差。国产大豆蛋白质含量较高，主要用于食品加工业；而进口大豆脂肪含量较高，主要用于生产豆油。我国对豆油的需求量上升是造成对进口大豆高度依赖的主要原因。

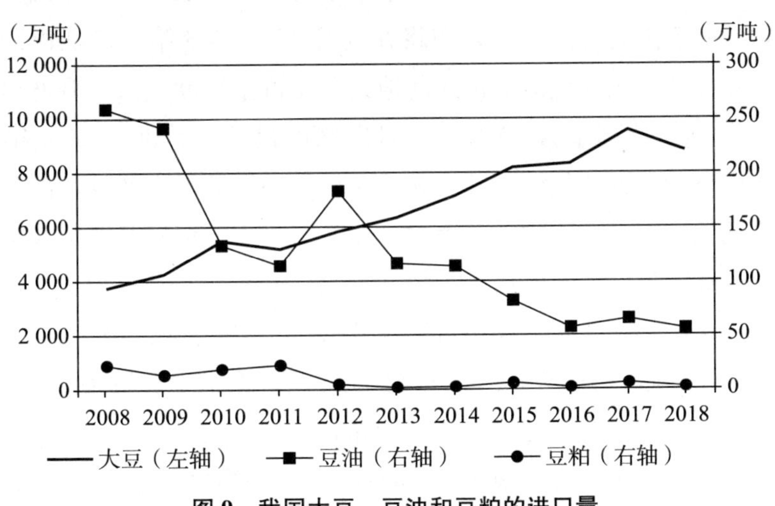

图9 我国大豆、豆油和豆粕的进口量

中美贸易摩擦发生之后，大豆成为我国对美国进行反报复的主要武器，由此导致进口大豆价格波动和传统市场结构的急剧变化。据统计，美国2017年向中国出口的大豆是 3 285.4 万吨，占中国整个大豆进口的 34.38%。由于南美大豆和美国大豆在收获时间和品质方面都有差异，短期内进口来源的变化可能会造成一定的市场波动。2018 年下半年，大豆市场价格约为 3 700 元/吨，截至 2019 年 9 月，价格上升至 4 100 元/吨左右，每吨增长 400 元左右，上升幅度约为 11%，相对于对美国大豆征收 25%关税的影响而言，大豆市场价格上升相对温和。

与大豆价格的温和上涨相比，豆粕价格在 2018 年之后经历了较为明显的变化。豆粕是重要的蛋白性动物饲料，在生猪和水产养殖业中大量使用。豆粕价格的变化必然对上游的养殖业及下游的肉类和水产品价格造成影响。因此稳定豆粕价格对稳定猪肉和食品价格具有重要意义。2018 年下半年以来，受中美贸易摩擦的影响，市场预期发生剧烈变化，导致豆粕价格出现“过山车”式的变化。豆粕价格波动叠加疫病造成的双重破坏，对我国生猪的生产造成不利影响。

具体来看，2018 年 6—10 月豆粕价格快速上涨，从 6 月的约 2 900 元/吨上升至 10 月的 3 590 元/吨，上升比例达到 24%（见图 10）。在此时期豆粕价格的上升主要是由中美贸易摩擦爆发造成的。2018 年 3 月 23 日美国政府开始对 600 亿美元的中国商品加征关税，正式拉开了中美“贸易战”的序幕。2018 年 4—10 月，中美贸易关系经历了摩擦“升级—谈判—再升级—再谈判”的反复过程，其间豆粕价格也经历了上下波动的“过山车”行情。2018 年 4 月，中国在第一轮关税清单中宣布将对美国进口大豆加征 25%的关税，导致豆粕价格发生跳涨。5 月初中美第二次贸易谈判之后，双方达成共识并发表联合声明，表示将不打“贸易战”并停止加征关税，豆粕价格应声下跌。此后随着美国再度宣布将在 6 月 15 日落地第一轮征税清单，中方对此进行反制，双方第一轮征税清单正式落地。豆粕价格再度进入上升通道，价格一度上涨至 3 539 元/吨，达到了自 2016 年 8 月以来的最高点。进入 2018 年第四季度之后，我国的猪瘟疫情在各地频繁出现，导致对豆粕的终端需求疲软，部分地区饲料厂调整配方，降低豆粕用量，豆粕库存增加。加之当时中美贸易摩擦缓和带来的利好逐步被市场消化，豆粕价格大幅下跌。2019 年 4 月，豆粕市场价格仅为 2 547 元/吨。

进入 2019 年下半年之后，豆粕价格又出现了一波上涨行情。2019 年 9 月豆粕价格接近 3 000 元/吨，相比 4 月时上涨约 17.8%。除了中美贸易摩擦的反复之外，生猪生产的回升也是这一时期豆粕市场复苏的原因之一。随着生猪和猪肉价格的上升，部分生猪养殖企业可以扩大规模，同时政府加强措施扶持和稳定生猪生产都对豆粕市场起到了一定的推动作用。未来政府应对豆粕等主要饲料产品价格进行重点监测，根据价格变化适时对生猪生产企业进行政策补贴和扶持，防止由于豆粕等饲料价格的过度波动对生猪生产造成“二次冲击”。

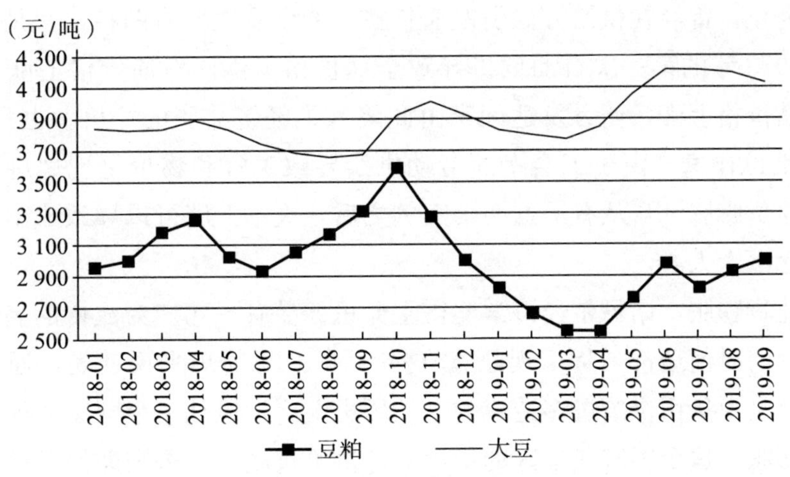

图 10　大豆和豆粕市场价格

（二）国际大宗商品价格走势分析

除了猪肉、大豆等农产品之外，作为“工业血液”的石油的价格也普遍受到关注。石油期货价格在 2019 年 9 月中旬达到一个小高峰后出现震荡下行。石油价格的波动和近期中东地区的局势动荡有关。沙特最大的原油生产设施在 2019 年 9 月 15 日遭受袭击，造成原油减产，而且估计减产可能还将持续一段时间，因此原油期货价格在 9 月 16 日之后出现了剧烈波动。但是经过月度平均之后，9 月整体的世界石油价格并未出现显著的异常波动。整体来看，近期石油价格基本保持平稳，甚至还有向下的趋势（见图 11）。

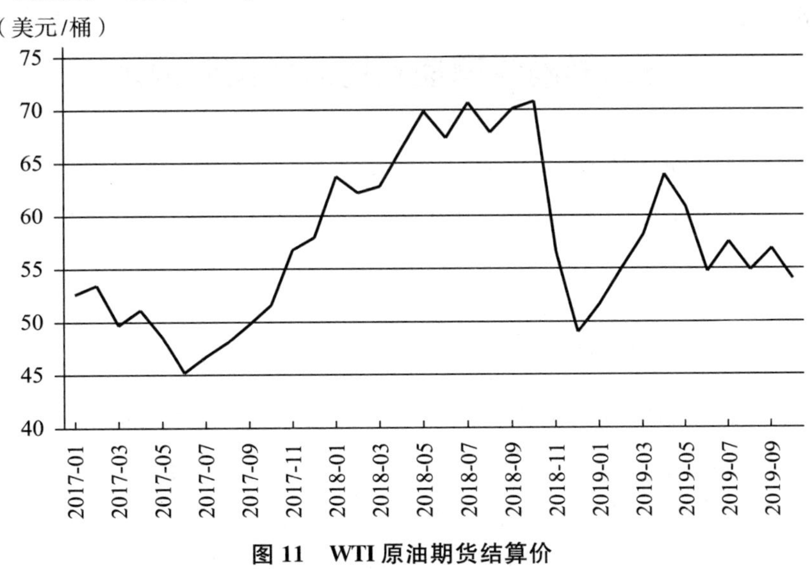

图 11　WTI 原油期货结算价

迄今为止，曾经在供给方面引发通货膨胀的商品大概有两种，一是石油，二是劳动力。1973 年的第一次石油危机导致全球价格上涨。石油价格上涨进而推动下游工业产品价格上涨，西方发达国家由此陷入了经济滞胀的危机。也是在 20 世纪 70 年代的北欧国家，由于工会垄断劳动供给导致工资和物价呈现螺旋式上升，形成结构性通货膨胀。自从有了这两个案例之后，成本上涨可以导致成本推动型通货膨胀的观念深入人心。

针对通货膨胀，诺贝尔经济学奖得主弗里德曼有一句广为流传的名言，即“通货膨胀无论何时何地都是货币现象”。这句话的意思简单来说就是，通货膨胀无论何时何地都是由货币供给过多造成的。从历史上看，但凡一个国家或地区发生了严重的通货膨胀，这个国家或地区的货币必然供给过度了，否则即便是严重的供给短缺，缺少了货币供给的配合也无法形成持续的通货膨胀。美国经济学家麦金农在《失宠的美元本位制》这本书里指出，无论是 1973 年还是 1979 年的石油价格上涨，都是发生在全球货币供给放量增加之后。到 1991 年海湾战争时，在一个紧缩的货币环境下，石油供给减少并未引发全球油价持续上涨和通货膨胀。

从以上分析中可以总结出的基本规律是，并不存在绝对意义上的成本推动型通货膨胀。离开了宽松的货币政策环境，即使经济遭受某种产品供给的短缺以及相对价格的上涨，也不大可能发生持续性的通货膨胀。不仅如此，当经济发生供给冲击时，货币政策当局也倾向于采取紧缩的货币政策，从而避免公众产生通货膨胀预期。当然，成本冲击和紧缩货币政策可能导致经济衰退。这是为了避免通货膨胀不得不付出的代价。

五、影响我国通货膨胀的国际因素

影响我国未来通货膨胀走势的国际因素集中在 3 个方面：一是中美贸易摩擦的发展情况，二是人民币汇率的走势，三是全球主要国家货币政策和金融市场的变化情况。

（一）中美贸易摩擦与我国通货膨胀

2018 年中美开始出现贸易摩擦，我国出口到美国的产品被征收的关税不断提升。作为贸易摩擦的反制手段，我国也对美国的产品征收报复性关税，其中包括大豆和猪肉等大宗农畜产品。关税不仅直接提高了进口产品的价格，而且对原有的供应网络造成了巨大冲击。贸易摩擦所产生的不确定性会影响到消费者对未来通货膨胀的预期。2018 年 4 月公布的我国对原产于美国的进口商品中止关税减让清单中就包含了猪肉，关税减让中止后对美国猪肉及制品加征的关税税率为 25%。目前我国从美国进口的猪肉占国内猪肉销量的比重较低，对美国进口猪肉加征关税税率产生的影响相对有限。

2018 年 4 月，我国政府决定对原产于美国的大豆加征 25%的关税。与猪肉相比，美国大豆在我国大豆进口中所占比重较大，影响面也更广。按 2017 年的数据估算，如果完全去除美国进口大豆，我国国内将会有 17%的食用油缺口以及 34.4%的饲料原料缺口。国家粮油信息中心的数据也显示，如果我国对美国大豆加征 25%的进口关税，将使得美国大豆进口成本每吨增加 700～800 元，比巴西大豆每吨高 300 元左右。这意味着原产自美国的大豆将很难进入我国市场。① 尽管在短期内，我国对美国进口大豆征收关税会造成全球大豆市场供需结构变化，而且由于南美大豆和美国大豆在收获时间和品质方面都有所差异，会造成一定的市场波动，但是随着南美国家大豆种植面积的调整，可以较快地弥补市场波动的影响。除此之外，随着国内大豆供给形势的变化和中美贸易摩擦的进展，我国也在适时调整相关政策。第一，我国出台了鼓励国内大豆生产的政策。我国已经开始实施国产大豆振兴计划。预计到 2020 年全国大豆种植面积将扩大到 1.4 亿亩，产量将增加到接近 1 900 万吨。② 第二，扩大进口大豆来源。我国正积极扩大从南美和俄罗斯等地区进口的大豆数量。第三，根据贸易摩擦的实际情况，适时调整自美国进口大豆的关税税率。2019 年 9 月中旬，国务院关税税则委员会对我国企业自美国采购一定数量的大豆、猪肉等农产品予以加征关税排除，这实际上是中国政府部分豁免进口美国大豆、猪肉的关税。国家发改委还向国内多家大型大豆压榨企业下发了进口美国大豆的关税豁免配额，截至 2020 年 3 月底，这些大豆压榨企业从美国进口的大豆将无须缴纳关税。③

（二）人民币汇率变化与通货膨胀的关系

影响通货膨胀的第二个因素是人民币汇率。本币贬值将导致进口品价格上升，推动通货膨胀率上涨。自 2018 年中美发生贸易摩擦以来，人民币有效汇率出现了两次比较大规模的波动。而这两次人民币汇率贬值在很大程度上和中美贸易摩擦有关。自 2018 年 3 月 23 日美国宣布对中国输美商品加征关税导致中美贸易摩擦开始，人民币兑美元汇率在 2018 年 4 月就开始出现下跌。2018 年 4 月之后，每当中

---

① 中国对大豆加征 25%进口关税 大豆贸易影响几何？. 央视网，2018-07-11.

② 进口美农产品下降七成 我国实施国产大豆振兴计划. 21 世纪经济报道，2019-06-02.

③ 中国豁免美国大豆猪肉进口关税，9 月进口回升. 腾讯网，2019-10-29.

美贸易谈判释放出积极信号，人民币兑美元汇率就趋稳甚至升值；每当中美贸易摩擦加剧，人民币兑美元汇率就面临新的贬值压力（见图 12）。[①]

2005 年“7·21 汇改”之后，人民币兑美元汇率开始进入持续升值阶段，并于 2014 年 1 月达到 6.04 元人民币/美元的历史高位。此后，随着中国经济增速的下降，经常账户顺差与 GDP 之比也较之前有明显下降。2015 年“8·11 汇改”之后，人民币兑美元汇率有明显波动，并在总体上呈现显著贬值。2018 年 10 月前后，离岸人民币兑美元汇率距“破 7”仅一步之遥。此后随着中美贸易摩擦的暂时性缓和，人民币兑美元汇率在 3、4 月回升至 6.7 元人民币/美元左右。2019 年 8 月，特朗普政府宣布对 3 000 亿美元的中国商品加征 10%的关税之后，人民币兑美元汇率“破 7”。2019 年 10 月，人民币兑美元汇率为 7.07 元人民币/美元，与 6.7 元人民币/美元相比贬值 5.5%左右。尽管贬值幅度有限，但势必对进口价格产生一定的影响。

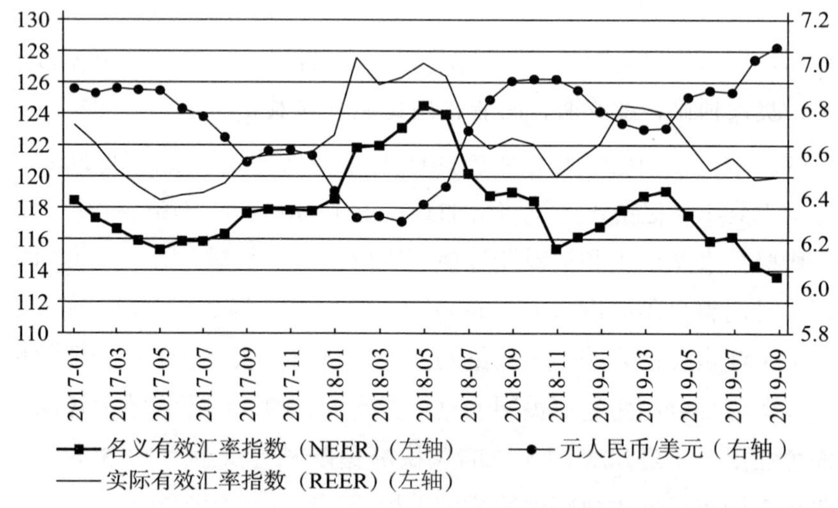

图 12　人民币有效汇率指数和人民币兑美元汇率

虽然中美贸易摩擦具有长期性和较大的不确定性，但人民币汇率在整体上并没有发生趋势性贬值的动力。首先，中国经济仍然保持较高的增长率。中国经济虽然面临着一定的下行压力，但是 6%的增长率仍然是大型经济体中最高的。联合国贸易和发展会议发布的《全球投资趋势监测报告》显示，2019 年上半年中国吸引外资 730 亿美元，仍然是全球第二大外资流入国。[②] 其次，人民币兑美元汇率中间价定价机制遵循“收盘价＋篮子汇率＋逆周期因子”的三因素定价模式，有助于保持

① 人民币有效汇率指数上升表示升值，下降表示贬值。

② 中国仍是全球第二大外资流入国 稳外资新政再助力．中国联合商报，2019－11－04.

人民币汇率的基本稳定。最后，中国的外汇储备规模依然庞大，在市场出现汇率恐慌式下跌时，有能力对外汇市场进行逆市干预。同时，中国金融账户尚未完全开放，短期跨境资本流动也受到比较严格的监管。人民币汇率根据中国经济基本面和外汇市场供求状况自由调整。人民币汇率弹性的增大，一方面可以充分发挥市场调节机制的作用，另一方面也有助于培养投资者的风险意识，促进外汇市场加速发展以及中国经济金融的国际化。

（三）主要国家货币政策和金融市场

面对全球经济活动放缓、通货膨胀下降和金融市场波动加剧的状态，各国央行纷纷采取降息政策。2019 年 9 月 12 日，欧洲央行将存款利率下调 10 个基点至－0.5％，并且重启资产购买计划，标志着欧洲中央银行重新进入 QE 状态。2019 年 10 月 30 日，美联储进行了 2019 年内的第三次降息，降息幅度为 25 个基点，联邦基金利率目标下调至 1.5％～1.75％的水平。除此之外，在全球范围内自 2019 年年初以来还有印度、新西兰、澳大利亚、俄罗斯、南非、乌克兰、埃及、马来西亚、菲律宾、印度尼西亚、韩国和土耳其等的 20 余家央行下调利率。根据 BIS 的统计，在主要新兴市场经济体中有 72％左右采取了降息政策，平均降息幅度达到 12.5％。这导致全球货币供给充裕，金融条件指数（financial conditions index）处于极为宽松的状态（见图 13）。[①]

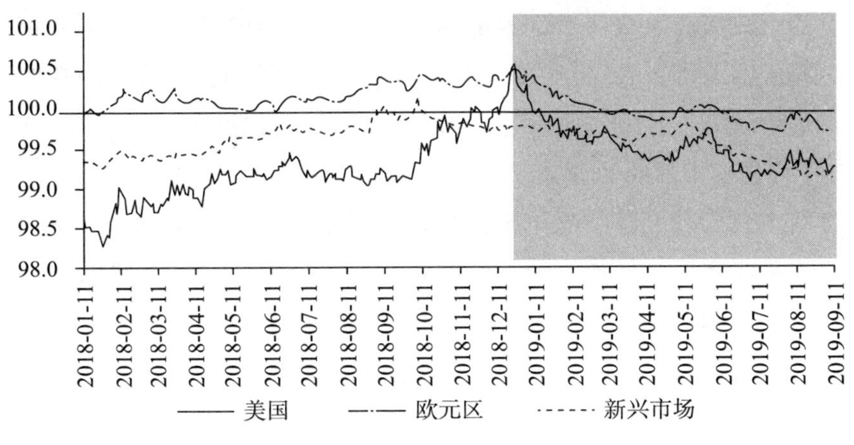

图 13　全球金融条件指数

从全球层面看，以美元和欧元降息为代表的全球货币政策转向可能对国际市场

① 金融条件指数是通过当前金融变量（主要包括货币政策变量、货币市场利差、信贷变量、汇率等）所包含的信息反映未来经济状态的宏观经济指标。金融条件指数上升表示金融市场流动性较为紧缩，下降表示金融市场流动性较为宽松。

产生两个方面的影响。一方面，基于美元的主导性国际货币地位，美国的金融条件、市场波动性和美元汇率变化对全球金融条件具有重要影响。美联储降息推动金融市场条件进一步放松和市场波动性下降，这有助于改善全球金融市场条件，推动新兴市场和发展中经济体的跨境资本流入的增长。美联储降息能在一定程度上缓解美元汇率指数的上升压力，对于新兴市场经济体和发展中经济体维持汇率稳定和金融稳定，以及增加货币政策操作空间，都有积极作用。

另一方面，美联储降息行动将进一步助长全球降息浪潮，金融危机之后又一轮全球性低利率环境可能再次出现。在全球经济面临多重结构性和制度问题的情况下，低利率环境下的风险追逐行为将会再次强化。由此带来的风险是全球性的资产价格泡沫和“脱实向虚”行为。以石油为代表的全球大宗商品价格有可能出现快速上涨的局面。2008 年金融危机之后，石油价格曾经达到超过 150 美元/桶的高价格。这可能对广大新兴市场经济体以及我国的通货膨胀造成新的冲击和压力。

六、控通胀和稳增长哪一个更重要？

通货膨胀和货币政策的相关理论在 20 世纪 80 年代初发生了重大变化，并形成了所谓的“新共识”货币政策理论框架。货币政策应该同时兼顾通货膨胀缺口和产出缺口。

首先，货币政策应该为一个国家的通货膨胀水平最终负责。这一共识并非凭空形成，而是源于西方国家 20 世纪 60—80 年代的反通货膨胀实践。而在此前相当长的时间内，货币政策在控制通货膨胀的政策菜单中仅仅处于从属地位。西方国家在 20 世纪 70 年代发生滞胀不断加剧的状况，同时货币主义和理性预期学派也在学术领域对凯恩斯主义宏观经济学理论提出批评。稳定价格水平是货币政策的主要目标在 20 世纪 80 年代之后已经成为理论研究者和政策制定者的基本共识。①

其次，除了控制通货膨胀之外，货币政策还应该兼顾产出缺口。虽然在短期内通货膨胀缺口是货币政策主要目标，但并非唯一目标。例如，美联储前主席耶伦就明确表示美联储货币政策的目标是要同时兼顾通货膨胀和国内就业。近期美国的通货膨胀率虽然呈现上升压力，经季节调整后的核心 CPI 同比从 2019 年 5 月的 2.0% 上升至 8 月和 9 月的 2.4%，但是美联储并未因此调高联邦基金利率目标值，反而是连续三次降低目标利率（见图 14）。

① 2008 年的金融危机证明这个“新共识”货币政策理论框架并非宏观经济政策菜单的全部内容。即使通货膨胀和经济增长保持在合理区间也不能排除发生金融危机的可能，但这并不妨碍货币政策应该对通货膨胀负主要责任。

对于中国的情况而言，尽管 CPI 和食品价格近期出现上涨的情况，但银行间市场基本保持稳定。2019 年 10 月，银行间市场 7 天质押式回购加权利率为 2.8%，自 8 月以来基本保持在该水平，并未随着 9 月之后 CPI 同比上升而出现明显的上涨。同时银行间同业拆借加权利率的变化情况也基本相似（见图 15）。这表明市场对未来通货膨胀的预期比较稳定，对于当前 CPI 指数上升的原因及其实质有比较统一的认识。从这个角度出发，就可以理解尽管猪肉价格出现了较快上升，也带动整个消费者价格指数的上涨，但这不是影响我国近期货币政策调整的主要因素。相反，在通货膨胀预期相对稳定的前提下，货币政策应该更加关注中国的实体经济面，特别是 PPI 下行、投资增速下滑等方面。

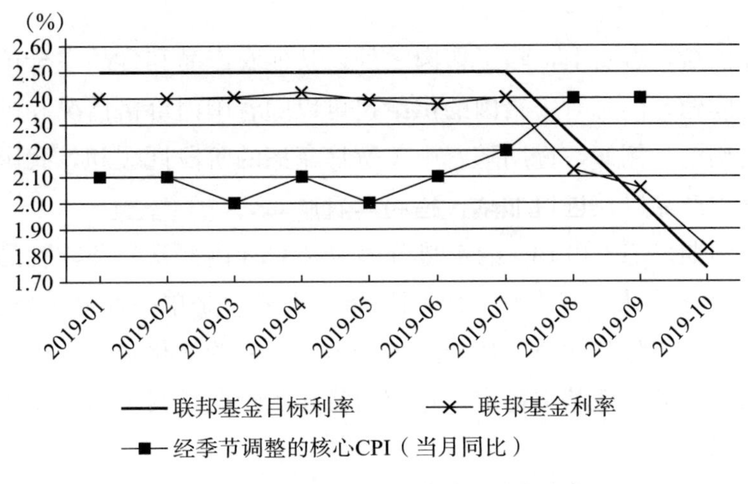

图 14　美国近期的通货膨胀和利率变化

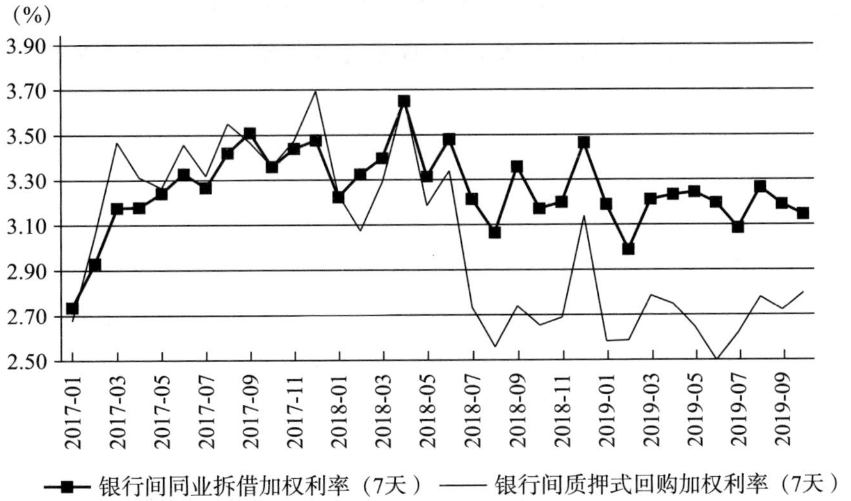

(%)
3.90
3.70
3.50
3.30
3.10
2.90
2.70
2.50
2017-01
2017-03
2017-05
2017-07
2017-09
2017-11
2018-01
2018-03
2018-05
2018-07
2018-09
2018-11
2019-01
2019-03
2019-05
2019-07
2019-09
银行间同业拆借加权利率（7天）
银行间质押式回购加权利率（7天）

图 15　中国短期利率变化

七、稳定通货膨胀的政策建议

随着 CPI 和食品价格的逐渐走高以及 GDP 增速下滑叠加局面的出现，一种观点认为中国经济存在滞胀的风险。滞胀是西方发达国家在 20 世纪 60—70 年代出现的独特现象。滞胀现象之所以出现，在一定程度上是由于持续的财政扩张和货币扩张导致形成持续的通货膨胀预期。尽管目前我国经济也遭遇了下行的压力，但是由于货币政策当局明确表示反对“大水漫灌”式的货币政策，因此我国目前的通货膨胀预期基本稳定。在此情况下，为稳定 CPI 和我国宏观经济，相关政策应该关注以下几个方面：

（1）保障供给。事实上，除了猪肉之外，其他农产品和食品在全球供给方面并不存在严重的问题。同时对于猪肉的供给也可以随着国内价格情况和国际贸易摩擦情况随时进行调整。例如，近期随着中美贸易摩擦的阶段性缓和，我国开始进口部分美国猪肉和农产品以及进口加拿大猪肉和农产品。

（2）稳定预期。CPI 和 PPI 的走势分离以及 CPI 内部食品和非食品价格指数走势的分离使公众充分认识到本轮 CPI 同比指数上升仅是单一商品价格上涨造成的，并不具备典型的通货膨胀性质。从金融市场短期利率的变化来看，市场对通货膨胀的预期和货币政策的预期基本稳定。稳定通货膨胀预期是实现通货膨胀稳定及其他政策调整的前提条件。

（3）更加关注实体经济方面。事实上，除了猪肉价格之外，核心 CPI 和 PPI 均出现环比下滑的倾向。这表明实体经济出现比较明显的负产出缺口。货币政策应该利用当前通货膨胀预期稳定的有利条件，适度进行调整，将货币政策的重心调整到稳定宏观经济上来。

货币政策回顾、立场选择与执行建议

于　泽

摘　要

面对经济下行压力，2019 年我国保持了政策定力，多种货币政策并举，从商业银行的负债和资产两端发力，维持了流动性供给基本稳定，改善了社会融资条件。一方面，银行间市场和银行贷款利率稳中有降，信贷可获得性增强；另一方面，通过准备金和 LPR 改革，进一步提升了货币政策传导效率。2020 年我国经济下行压力依然较大。最为突出的问题是民营企业焦虑、市场规模逐渐饱和、我国增长模式向消费型转型和世界价值链重构这四个结构性因素导致的投资下滑带动制造业下行和短期中非银金融机构过度收缩问题。面对结构性因素为主的情况，货币政策需要保持稳健中性。但是在执行中需要避免一些误区，例如，简单将货币增速和降准降息等同于“大水漫灌”。稳健中性的关键是协调好流动性供给和防风险。在明确稳健中性含义的前提下，建议 2020 年政策明确为货币增速适当快于名义 GDP 增速，确定为 8.5%～9%。为完成 2020 年的目标，建议进一步降低准备金率和 MLF 利率。同时，为了提高货币政策传导效率，建议尽快明确政策利率，并构建规则化利率调控机制，稳定金融机构的融资成本和资金可得性预期，降低金融机构风险规避态度。

关键词：货币政策；稳健中性；企业融资；货币供给

一、2019 年货币政策回顾

1. 货币政策操作与流动性供给

面对 2019 年国内外日益复杂的经济和金融环境，我国货币政策保持了稳健中性的趋向，没有盲目实施“大水漫灌”式的政策。货币政策紧紧抓住改善和优化商业银行资产负债表这一主渠道，多种货币政策并举，从商业银行的负债和资产两端发力，维持了流动性供给基本稳定，改善了社会融资条件。

自2016年以来，我国基础货币供给的主渠道从外汇占款逐步转向公开市场业务。从图1中我们可以看出，为了维护流动性稳定，央行加大了公开市场操作的货币投放力度与频率。2019年，7天逆回购利率维持在2.55%，14天逆回购利率维持在2.7%（见图2）。

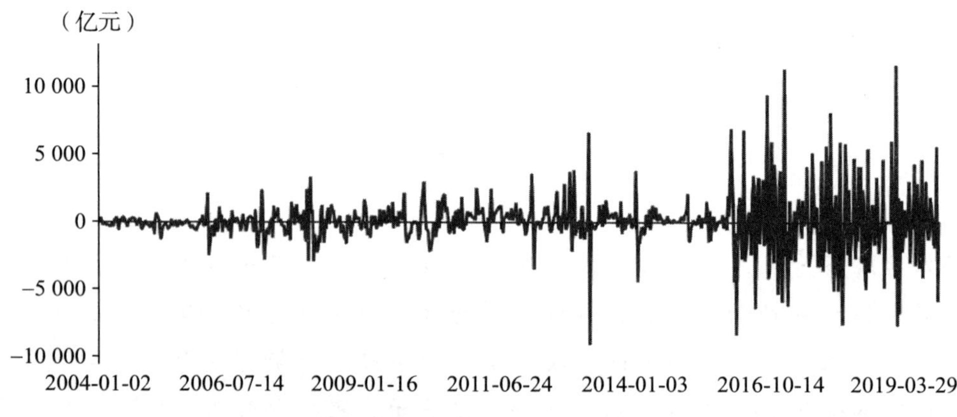

图1　公开市场操作

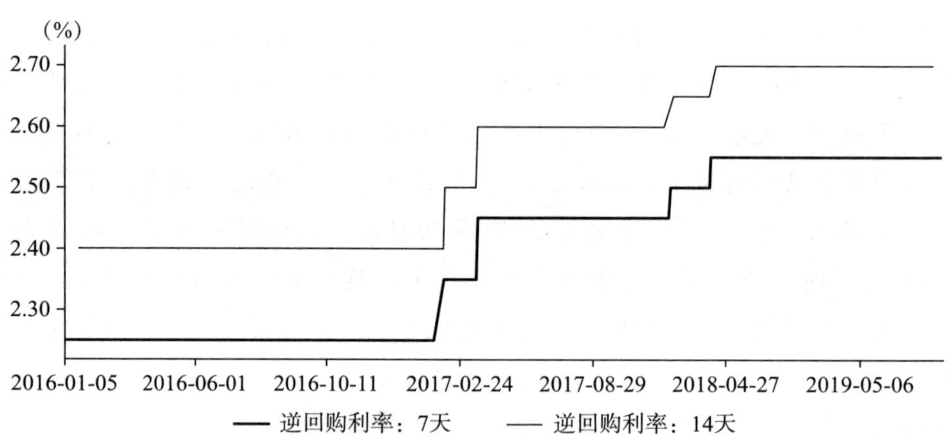

图2　逆回购利率

在通过公开市场投资流动性之外，2019年还通过降准的办法释放资金，降低银行业资金成本。这些组合拳促进了贷款保持较快增长，金融对实体经济支持力度稳固。2019年9月末，金融机构本外币贷款余额为155.58万亿元，同比增长

12%，比年初增加13.78万亿元。人民币贷款余额为149.92万亿元，同比增长12.5%，比年初增加13.62万亿元。增速比上月末高0.1个百分点，比上年同期低0.7个百分点（见图3）。前三季度人民币贷款增加13.63万亿元，同比多增4 867亿元。分部门看，住户部门贷款增加5.68万亿元，其中，短期贷款增加1.54万亿元，中长期贷款增加4.14万亿元；非金融企业及机关团体贷款增加8.22万亿元，其中，短期贷款增加1.47万亿元，中长期贷款增加4.84万亿元，票据融资增加1.73万亿元；非银行业金融机构贷款减少2 841亿元。9月份，人民币贷款增加1.69万亿元，同比多增3 069亿元。

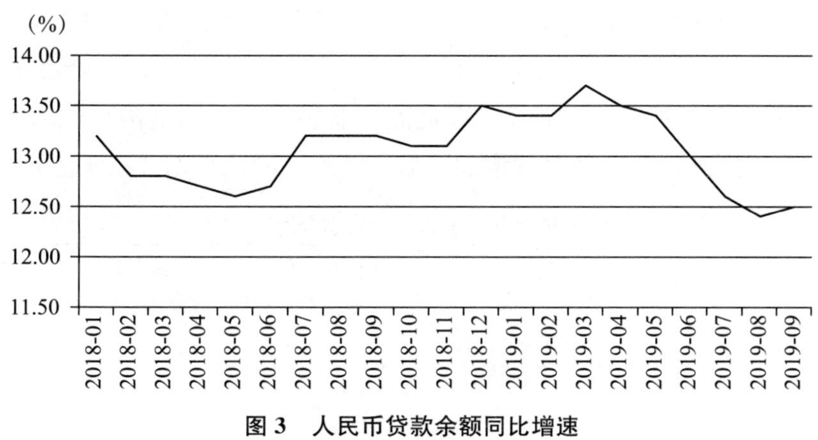

图3　人民币贷款余额同比增速

在数量稳步增长的情况下，信贷结构继续优化，普惠小微贷款增速持续加快。2019年第三季度末，普惠小微贷款余额为11.27万亿元，同比增长23.3%，增速比上季末高0.8个百分点，前三季度增加1.77万亿元，同比多增8 097亿元。从人民币贷款部门分布看，住户贷款增速继续放缓，9月末为16%，比6月末低1.2个百分点。非金融企业及机关团体贷款比年初增加8.2万亿元，同比多增1.1万亿元（见表1）。第三季度末中长期贷款增加9.0万亿元，同比增加2 200亿元，约占同期贷款增量的65.9%。

表1　2019年前三季度人民币贷款结构

	9月末余额（亿元）	同比增速（%）	当年新增额（亿元）	同比多增额（亿元）
人民币各项贷款	1 499 247	13	136 281	4 939
住户贷款	535 666	16	56 823	−184
非金融企业及机关团体贷款	950 424	11	82 135	11 279
非银行业金融机构贷款	7 919	−14	−2 841	−5 714
境外贷款	5 238	4	163	−442

在银行间市场资金成本下行的情况下，我国贷款利率有所下降。截至2019年6月，贷款加权平均利率为5.66%，比3月下降0.03个百分点，同比下降0.28个百分点。其中，一般贷款加权平均利率为5.94%，比3月下降0.1个百分点，同比下降0.14个百分点；票据融资加权平均利率为3.64%，与3月持平，同比下降1.47个百分点；个人住房贷款加权平均利率为5.53%，比3月下降0.15个百分点，同比下降0.07个百分点。

2019年度存款增长平稳。9月末，金融机构本外币存款余额为195.91万亿元，同比增长8.1%。月末人民币存款余额为190.73万亿元，同比增长8%，增速分别比上月末和上年同期低0.1和0.2个百分点。前三季度人民币存款增加13.21万亿元，同比多增1.19万亿元。其中，住户存款增加8.53万亿元，非金融企业存款增加1.47万亿元，财政性存款增加7 987亿元，非银行业金融机构存款增加1 323亿元（见表2）。9月份，人民币存款增加7 193亿元，同比少增1 709亿元。

表2　　2019年前三季度人民币存款结构情况

	9月末余额（亿元）	同比增速（%）	当年新增额（亿元）	同比多增额（亿元）
人民币各项存款	1 907 341	8	132 116	11 893
住户存款	801 298	14	85 260	28 510
非金融企业存款	577 652	6	14 676	9 664
机关团体存款	307 207	6	22 160	−5 024
财政性存款	48 526	−6	7 987	−2 662
非银行业金融机构存款	161 121	1	1 323	−18 331
境外存款	11 538	1	710	−264

广义货币供应量M2和社会融资规模增速与名义GDP增速匹配。9月末，广义货币（M2）余额为195.23万亿元，同比增长8.4%，增速分别比上月末和上年同期高0.2和0.1个百分点；狭义货币（M1）余额为55.71万亿元，同比增长3.4%，增速与上月末持平，比上年同期低0.6个百分点；流通中货币（M0）余额为7.41万亿元，同比增长4%。前三季度净投放现金921亿元。

前三季度社会融资规模增量累计为18.74万亿元，比上年同期多3.28万亿元。2019年9月当月社会融资规模增量为2.27万亿元，分别比上月和上年同期多2 550亿元和1 383亿元。社会融资主要有以下特点：第一，金融对实体经济信贷的支持力度持续增强，前三季度金融机构对实体经济发放的人民币贷款增加了13.9万亿元，比上年同期多增1.1万亿元。第二，企业债券的多增还是比较多的，而且占比也在上升，前三季度企业债券净融资是2.39万亿元，比上年同期多6 955亿元，从占比上看前三季度企业债券融资占同期社会融资规模的比重是12.8%，比上年同期要高1.8个百分点。第三，地方政府专项债发行力度比较大，前三季度地方政府专项债的净融资是2.17万亿元，比上年同期多4 704亿元。第四，表外融资下降的态势明显好转，前三季度表外融资的三项降幅缩小得比较明显。委托贷款减少了6 454亿元，比上年同期少减5 138亿元；信托贷款减少了1 078亿元，比上年同期少减3 589亿元；未贴现的银行承兑汇票减少5 224亿元，比上年同期少减1 562亿元。这三项合计比上年同期少减1.03万亿元（见表3）。

从结构来看，前三季度对实体经济发放的人民币贷款占同期社会融资规模的74.2%，比2018年同期低8.6个百分点；对实体经济发放的外币贷款占比为－0.4%，比2018年同期高0.8个百分点；委托贷款占比为－3.4%，比2018年同期高4.1个百分点；信托贷款占比为－0.6%，比2018年同期高2.4个百分点；未贴现的银行承兑汇票占比为－2.8%，比2018年同期高1.6个百分点；企业债券占比为12.8%，比2018年同期高1.8个百分点；地方政府专项债券占比为11.6%，比2018年同期高0.6个百分点；非金融企业境内股票融资占比为1.3%，比2018年同期低0.7个百分点。

9月末社会融资规模的存量是219.04万亿元，同比增长10.8%，增速比上年同期高0.2个百分点。其中，对实体经济发放的人民币贷款余额为148.58万亿元，同比增长12.7%；对实体经济发放的外币贷款折合人民币余额为2.19万亿元，同比下降10.6%；委托贷款余额为11.73万亿元，同比下降8.5%；信托贷款余额为7.68万亿元，同比下降4.1%；未贴现的银行承兑汇票余额为3.28万亿元，同比下降12.7%；企业债券余额为22.64万亿元，同比增长13.7%；地方政府专项债券余额为9.43万亿元，同比增长31.4%；非金融企业境内股票余额为7.24万亿元，同比增长4.1%（见表3）。

表3　　2019年前三季度社会融资规模情况

	2019年9月末		2019年前三季度	
	存量（万亿元）	同比增速（%）	增量（万亿元）	同比增减（亿元）
社会融资规模	219.04	10.8	18.74	3.28
其中：人民币贷款	148.58	12.7	13.9	1.1
外币贷款（折合人民币）	2.19	－10.6	－811	－1 102
委托贷款	11.73	－8.5	－6 454	－5 138
信托贷款	7.68	－4.1	－1 078	－3 589
未贴现的银行承兑汇票	3.28	－12.7	－5 224	－1 562

续表

	2019 年 9 月末		2019 年前三季度	
	存量（万亿元）	同比增速（%）	增量（万亿元）	同比增减（亿元）
企业债券	22.64	13.7	2.39	6 955
地方政府专项债券	9.43	31.4	2.17	4 704
非金融企业境内股票融资	7.24	4.1	2 343	−756
存款类金融机构资产支持证券	1.46	47.2	284	−1 240
贷款核销	3.66	38.5	1 686	−14

9 月末对实体经济发放的人民币贷款余额占同期社会融资规模存量的 67.8%，比 2018 年同期高 1.1 个百分点；对实体经济发放的外币贷款折合人民币余额占比为 1%，比 2018 年同期低 0.2 个百分点；委托贷款余额占比为 5.4%，比 2018 年同期低 1.1 个百分点；信托贷款余额占比为 3.5%，比 2018 年同期低 0.6 个百分点；未贴现的银行承兑汇票余额占比为 1.5%，比 2018 年同期低 0.4 个百分点；企业债券余额占比为 10.3%，比 2018 年同期高 0.2 个百分点；地方政府专项债券余额占比为 4.3%，比 2018 年同期高 0.7 个百分点；非金融企业境内股票余额占比为 3.3%，比 2018 年同期低 0.2 个百分点。

2019 年 9 月末，中国外汇交易中心人民币汇率指数报 91.53，较上年末下跌 1.75；参考 SDR 货币篮子的人民币汇率指数报 91.66，较上年末下跌 1.48。9 月末，人民币兑美元汇率中间价为 7.072 9 元人民币/美元，较上年末贬值 3.06%。自 2018 年起，人民币总体呈现贬值趋势。

2. 货币政策改革

2019 年我国的货币政策改革主要集中在三个方面：优化存款准备金框架、发行永续债和制定新 LPR 报价机制。

2019 年 5 月中国人民银行大幅度精简原有的结构性存款准备金框架，宣布建立“三档两优”的存款准备金政策框架。“三档”即设立大型银行、中型银行、服务县域的银行三个基准档，以此降低法定准备金率。“两优”是在基准档次基础上有两项优惠，即普惠金融定向降准政策和贷款比例考核政策。不同档次银行享受不同的优惠内容，因此商业银行实际的存款准备金低于基准档。“三档两优”模式增强了中小银行的资金实力，从制度上激励中小银行更好定位，体现了 2018 年以来央行对切实改进对民营和小微企业的金融服务，降低融资成本的一贯关注。

2018 年以来，在信贷“回表”的大环境下，商业银行面临着资本金不足的约束，制约了信贷创造能力。在中国人民银行的努力下，创造性地发行永续债补充资本金，以此作为突破口，缓解银行支持实体经济面临的资本约束，并创设央行票据互换工具（CBS），将合格的银行永续债纳入央行操作担保品范围，为银行发行永续债提供支持。截至 2019 年 7 月，中国银行、民生银行、华夏银行、浦发银行、中国工商银行 5 家已合计发行 2 300 亿元永续债，另有 13 家银行拟发行超过4 700 亿元永续债，市场预期明显改善，金融可持续支持实体经济能力不断增强。

2019 年货币政策最为重要的改革就是建立了新的 LPR 报价方式。在 2013 年，LPR 报价机制就已经推出，当时被称为贷款基础利率。此时的 LPR 由 10 家全国性银行参考贷款基准利率报出。虽然被定义为面向最优质客户的贷款利率，但其报价一方面缺乏政策利率的引导，未与银行资金成本挂钩，报价水平一直稳定在贷款基准利率的 0.9～0.95 倍；另一方面，在推广应用上也无刚性要求，大部分商业银行的贷款实际利率仍然盯住贷款基准利率，并未与 LPR 挂钩。由于贷款基准利率在 2015 年之后一直没有调整，而银行业贷款利率也相对稳定，甚至由于实体经济风险溢价上升等因素影响，于 2018 年出现了一定的上涨趋势。与此同时，货币市场、同业拆借市场利率持续下行，带动银行资金成本下降。这在客观上导致银行业利差加大，效益提升，一方面确实有效对冲了 2019 年的服务业下行趋势，有助于维护 GDP 稳定增长，但另一方面，实体经济仍然没有享受到资金成本下行的红利，在 PPI 负增长的情况下，反而抬升了企业的实际利率，在一定程度上加大了企业的财务负担。

改革后的 LPR 被称为贷款市场报价利率，在更名的同时扩大了报价行的范围，增加了城商行、农商行、外资行和民营银行，提高了报价的代表性；增加了 5 年期利率期限品种，丰富了利率期限结构。在这一系列操作中，最重要的是 LPR“换锚”，即在公开市场操作利率［目前主要指中期借贷便利（MLF）］的基础上加点形成。同时，刚性推广 LPR 报价在商业银行贷款利率形成中的应用，确定其基准利率地位。考虑到在过去十几年的利率市场化改革进程中，无论是出于自上而下的改革推动，还是出于自下而上的金融创新，商业银行负债端的构成已经出现了巨大的变化，同业资金、央行借款包括市场化定价的存款等项目，均已经与货币市场利率建立了清晰的联动关系，换言之，可以受到公开市场操作利率的有效引导。而正是由于这一点，LPR 与 MLF 利率挂钩，才能有效发挥从资金成本到贷款利率的传导作用。MLF 的引导作用是 LPR 效果发挥的关键起点。

总体来看，2019 年央行较好地执行了稳健中性的货币政策，并在一系列的改革中努力改善金融体系信用创造的能力与稳定性，提升货币政策传导效率。但是，从全社会各类型融资的总体情况看，虽然银行信贷供给上升，但是其他信用渠道受到了较大抑制，流动性从银行间市场向下传导还存在障碍，资金存在着沉淀现象，2020 年还需要着力加以解决。

二、中国经济下行趋势分析

1. 长期结构性因素

近年来，我国趋势增长率在多年维持高速之后，不可避免地进入了中高速阶段。图 4 描述了中国潜在产出的决定因素。近年来，我国潜在产出的驱动力量在持续减弱。

首先，我国正在进入老龄化社会，中青年劳动人口数量下降。从 2011 年开始，15～64 岁人口在总人口中的占比开始下降（见图 5）。从 2014 年开始，15～64 岁人口的绝对人数也开始下降。同时，女性劳动参与率下降，一部分女性退出劳动力市场，成为全职家庭主妇。这都使得我国劳动力数量下降，人口红利逐渐消失。

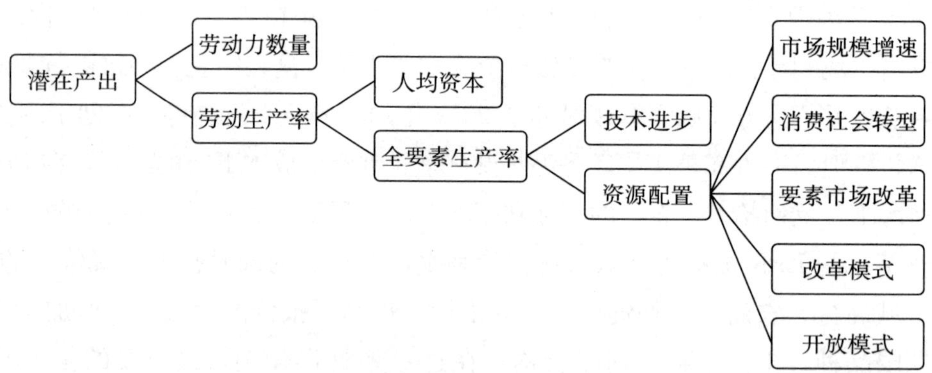

图 4　中国趋势增长因素分析

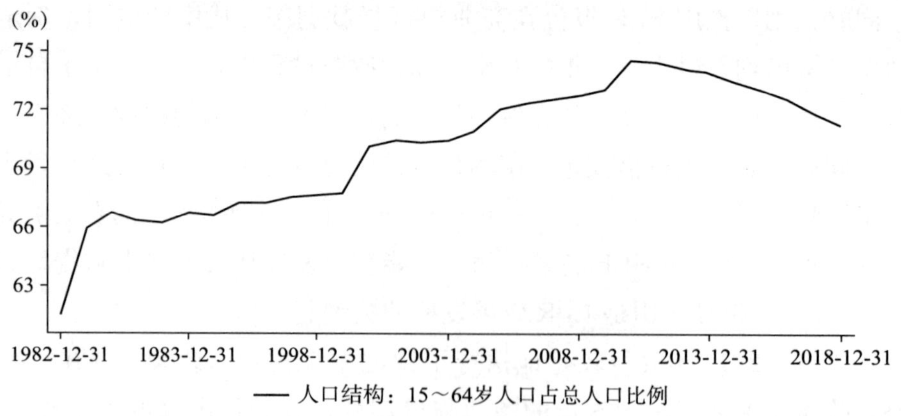

图 5　中国人口结构

其次，在劳动人口下降的情况下，可以通过劳动生产率的上升来弥补。但是，我国的全员劳动生产率在 2008 年，特别是 2011 年后呈现下降态势（见图 6）。

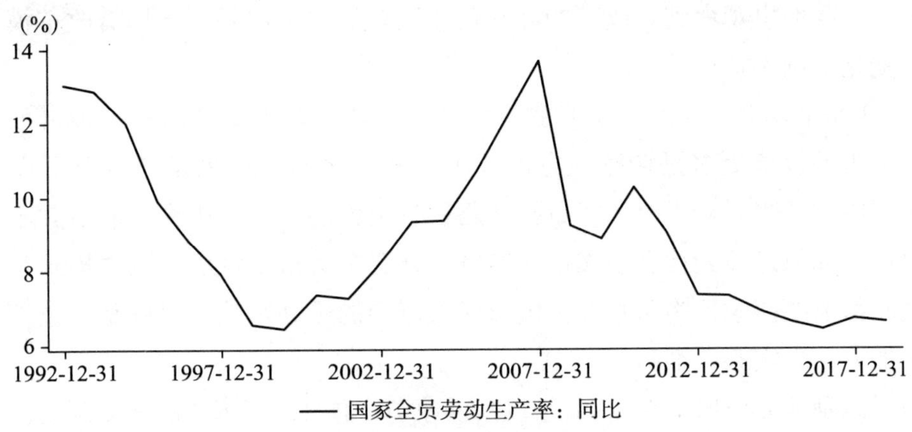

图 6　全员劳动生产率

劳动生产率的下降一方面来自投资增速放缓，人均资本增长率下降，另一方面来自全要素生产率的下滑。这两者更为重要的是全要素生产率的下滑。这在我国有五个方面原因。

（1）我国过去全要素生产率提高的重要动力是对前沿国际技术的学习，通过引进模仿，快速提高全要素生产率，实现赶超。从过去的历史来看，在我国对外开放加快时期，全要素生产率都得到了很大提升。一个重要的机制是通过开放带来了新技术，加快了向世界前沿的收敛。随着我国日益接近国际前沿，技术模仿的空间变小。

（2）由于此次全球化并没有带来包容性全球增长，甚至导致了对发展中国家的大量环境破坏等不对称影响，各国国内对参与这样的全球化意见不一。跨国公司产业链企业和金融企业积极参与，很多本土公司面临竞争举步维艰。在当前国际组织的调节能力缺失的情况下，全球化遇到了一系列问题，国内政治议题开始起到了越来越大的作用，逐渐压过了简单的自由贸易和金融议题。在全球价值链面临重构的背景下，企业全球投资会逐渐放缓，这对于我国的出口和制造业生产会有较大影响。

（3）我国产业结构更多是市场规模扩大红利的结果，在人口数量和年轻人群追求个性化偏好等变化下，产业结构需要进一步向质量型升级。但是我国企业的组织形式、内部管理和成本结构都更适应规模导向，而不是精细化品牌管理。这就导致了企业转型困难。

（4）我国的生产率提升是通过市场化改革来完成的。在这个过程中，先是乡镇企业，后是各类民间经济主体的大量涌现，极大提高了资源配置效率，提高了生产率。但是，我们也观察到，改革的红利正在逐渐消失。这是由于原有改革模式与经济环境变化逐渐不适应了。

自 1978 年以来，我国的改革主要发动权在地方，主要动力是一种自下而上的改革。中央的改革更多是调整地方的权力分布。之所以原来是进行自下而上的改革，主要原因是当时对于改革的目标和路径有很大的争议，中央政府也并不清楚改革的目标、如何过渡到社会主义市场经济、社会主义市场经济的具体模式是什么样的，这些都需要探索。为防止在全国形成大范围的不利影响，最好是将改革先局限在某个地方，先实验后推广。

为了激励地方政府，在 1978 年以来的改革中体现了 GDP 锦标赛制度。地方政府大胆试、大胆闯，哪个政府实现了更高的 GDP 增速，它就能得到更多的提升机会。例如，在每年进行官员考核的时候，GDP 增速较快地区的官员更容易获得优秀称号，更容易获得提升的机会，从而有利于一个地区的改革经验向其他地区推广。

要保证 GDP 锦标赛制度的实施，需要地方政府手中有资源、有权力。为此，中央政府进行了大规模的地方分权，将大量行政权下放。地方政府手里实质上有一整套行政权。中央政府保留了最高的人事权和决定分权程度的权力。但是在省和直辖市内部，省里有人事权，也保障了省里的权力结构完整。同时，中央保留了调整分权程度的权力，这就让地方明确，自己权力的来源是中央政府，需要遵从中央政府的命令。例如，1994 年分税制改革就是对分权结构的一次调整。需要注意的是，这次改革虽然调整了一些税收权力，但是并没有改变分权的实质。地方政府手里还是有着另外的财权，例如土地收入。

这种通过地方分权、自主实验来实施的改革极大地激发了市场活力，大量民间经济蓬勃发展。在锦标赛的激励下，中国各级政府成为最优秀的投资家，发现和吸引最能促进当地经济发展的企业。中国经济获得了快速增长。但是，在改革的推进过程中，这种改革的弊端也逐渐显现，改革的效果越来越弱。

首先，这种锦标赛改革模式更加适应通过要素积累和技术学习的赶超阶段，不适应创新发展的要求。在要素积累和技术模仿追赶型经济治理模式中，由于有技术国际前沿放在眼前，政府看得准发展方向，能够做出较为准确的规划，同时利用手里的资源实现政府主导的赶超战略。但是，随着经济逐渐步入新常态，增长动力更需要依靠创新。政府对手中的要素资源进行配置容易扭曲价格信号，让企业更多地从寻租中获利，而没有动力进行研发。

其次，为了促进自主改革，地方政府手中有着大量的公共资源，例如土地、市场准入资格等。这就使得企业寻求盈利的方法变为向政府寻租，和政府结成紧密的利益共同体。这种利益共同体会阻碍新企业的进入。在生产率的提升中，新企业起到了至关重要的作用。这种利益共同体构成的新企业进入障碍降低了生产率的提升。

最后，锦标赛竞争适合单目标，使得地方政府忽略一些次要目标，甚至会以一些目标为代价来实现 GDP 的快速增长。例如，在过去经济快速发展过程中，环境问题、产品质量问题、收入分配问题等不断发生，甚至愈演愈烈。这使得我国经济增长的代价越来越高，投资的社会效益不断下降，人民感受到的改革成果与中国经济成就并不匹配。在进入新时代后，由于经济基本矛盾的变化，原有改革和开放的一些做法已经不能适应新环境，改革开放红利减弱。目前正在新改革新开放启动期，在中央的部署下一系列改革进程正在稳步推进，效果释放还需要时间。

目前改革转型需要解决的迫切问题是民营企业焦虑。新改革要在新时代界定政府与市场的界限，更好地发挥好市场和政府的合力。在界限调整中，如何引导好民营企业的预期至关重要。

(5) 第五个方面，也是最重要的一个方面，是我国面临从投资、出口拉动型增长向消费型增长模式的转型。我国在加入世界生产体系后，借助国际价值链提升了产品生产空间，但是也导致世界投资品价格持续下降。这对于世界和中国经济都产生了再调整的压力。我国只有启动自身消费才能完成再平衡。这个转型的困难是前所未有的，在世界大国中没有足够的经验可循，需要进一步探索。

增长模式转型是很难通过市场完成的。市场经济可以容纳小规模、交错型创新与产业模式转型，新行业逐渐代替旧行业，这正是熊彼特提出的“创造性毁灭”可以推动社会经济增长。但是，面对全社会性的增长模式转型，市场机制是无法应对的，会发生协调失灵，从而导致经济波动。

经济转型是通过资源在不同部门之间再配置得以实现的。市场会通过相对价格调整引导资源从低效率用途流向高效率用途。这种相对价格调整表现在通过产品价格变化，企业受到激励进入新市场领域。为进入新市场领域，企业需要解决的核心问题包括新技术研发、劳动力再培训、企业组织改革等，而这些都需要进行融资。融资过程中最大的问题是转型引起的第二种相对价格变化，即资产价格变化。与旧产品相关的生产资产贬值，与新产品有关的资产升值。在局限于某些行业的小规模和各行业交错发生的转型中，相对价格调整比较有序，市场就可以自发完成调节。

但是，面对全社会性的整体大转型，就会出现大规模的旧资产贬值和新模式对应的新资产价格的暴涨。这时候，一方面，企业手中的旧资产失去了抵押功能，很难利用抵押或者二手市场重新进行融资；另一方面，金融机构因为持有太多与旧资产相关的金融产品，就会导致相应金融产品价格下跌，坏账率上升，经营困难，导致金融机构无力为新产业进行融资。同时，新模式对应新资产价格暴涨，容易引发金融泡沫。面对这种全社会同向的资产价格调整，市场调节职能并不能有效应对，容易产生宏观经济波动。

2. 短期总量因素

在长期结构性因素之外，我国短期经济下行压力主要来自金融监管政策处理高杠杆，尤其是金融结构高杠杆问题导致的融资渠道收窄。图7显示，金融机构总体的信贷增速在2019年出现了明显的下滑。这特别体现为图8中的非银行业金融机构贷款持续负增长。2019年我国融资渠道发生了较大的结构性变化，表外融资越来越困难（见图9）。这就导致了资金供需双方错配加重，降低了资金效率。

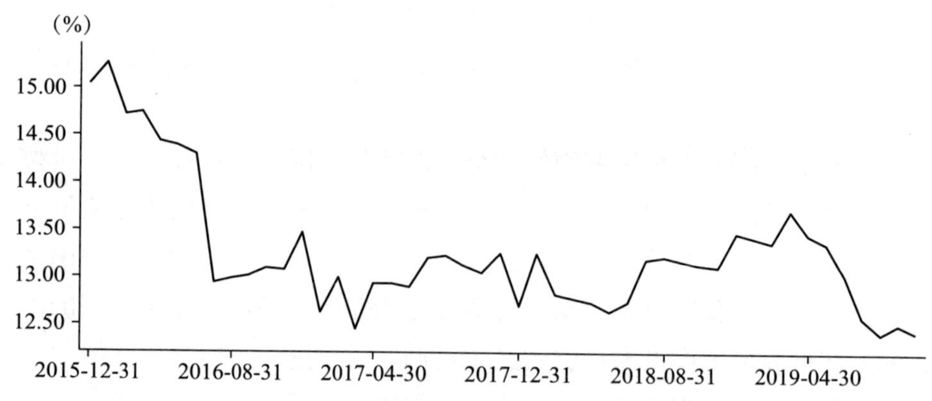

图7　金融机构各项贷款增速

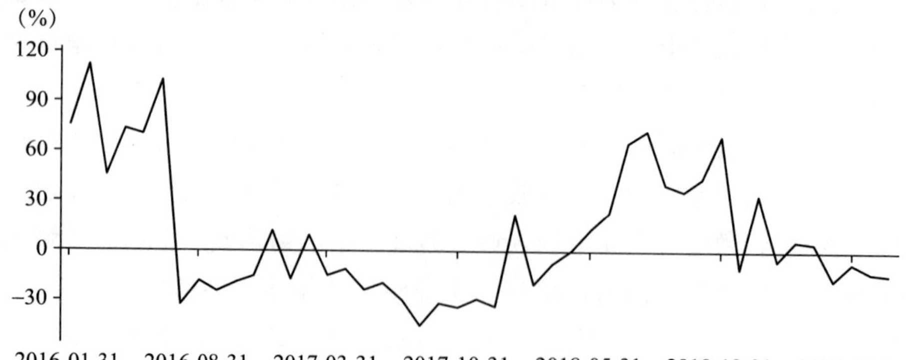

图8　金融机构对非银行业金融机构贷款增速

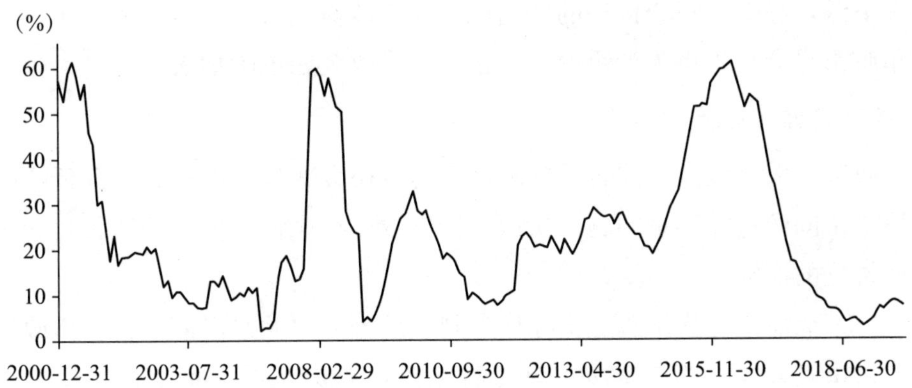

图 9　金融机构有价证券及投资增速

三、2020 年货币政策立场与执行

1. 货币政策立场维持稳健中性

鉴于我国经济波动特征和流动性传导渠道，货币政策在未来一段时间还需要维持稳健中性。我国面临的最大问题是如何实现经济再平衡，转型为消费型社会。这个问题在世界经济中曾经发生过多次，1929 年世界经济大萧条、20 世纪 80 年代拉丁美洲债务危机和中等收入陷阱等正是这种市场经济无法应对社会转型产生的结果。例如，在 1929 年大萧条之前，由于美国逐渐融入世界经济体系，美国丰富的土地资源加入世界禀赋，导致农产品全世界性供给过剩，农产品价格快速下跌，农民收入大幅下降。农民面对这样的市场信号本应减少农业供给，转向工业等，但是在这个过程中，土地价值大幅下降，农民财富下降，无法支付转型的固定成本。金融机构手中的土地相关资产价值下降，导致了很多金融机构破产。由于转型困难，农民只能减少消费，这又降低了工业品需求，使工业开始了下滑。就在农业转型困难的情况下出现了世界性大危机。在一定程度上，后来发生的第二次世界大战带动了工业需求，完成了农业向工业的转型，带来了战后的快速增长阶段。在大萧条期间，罗斯福新政并不是以大规模宽松货币为导向，而是采取社会改革等政策。面对结构转型，由于市场不能完成协调，政府的介入是十分有必要的。但是，介入更多是为了维持温和的环境，帮助完成转型。单纯总量性的宽松并不会解决相对资产价格调整，只会带来总资产价格的上涨，产生更严重的金融泡沫。

同时，虽然经过多年改革，我国流动性传导渠道还存在很多结构性扭曲，导致了下游利率和资产价格对上游政策利率和银行间市场批发利率存在着较大的放大效应，越往下游，利率和资产价格的波动性越快速地被放大。在这种渠道下，过度宽松的货币政策只会产生更为严重的金融扭曲，导致金融风险加大。

2. 谨防稳健中性的可能误区

货币政策"大水漫灌"与否的判断标准是放松金融机构的风控，降低金融风险要求，以增量问题掩盖存量问题。从这个标准看，在执行稳健货币政策过程中需要避免一些常见的误区。

第一，不能简单将货币总量指标作为判断是否为"大水漫灌"式货币政策的唯一标准。货币政策立场当然需要一些指标来进行判断，看看是不是实现了松紧适度。但是，不能简单用总量货币增速指标来直接判断。近年来，单一货币总量指标能够提示的信息含量正在大幅下降。货币总量指标的信息价值取决于货币创造渠道。在很长一段时间，外汇占款是我国货币创造的主要渠道。同时，居民财富持有形式相对简单，大量持有银行存款，货币需求稳定。在这两种力量的作用下，外汇的量与我国经济具有非常强的正相关性，其创造的货币供给也就和经济波动具有非常强的正相关性。在稳定的货币需求下，这种相关性不会被扭曲和掩盖。此时，货币量与经济增速之间的差异就体现了中央银行的调节力度，反映了中央银行的货币政策意图。随着外汇占款力量的逐渐消失，货币更加由贷款进行派生，其反映的经济活动日益多样化，很多借新还旧和各种金融交易也会通过贷款渠道派生货币。同时，金融创新导致居民财富持有形式多样化，贷款派生的货币最终表现为银行存款等货币形式的比重不断下降。这意味着货币总量包含的经济信号和中央银行政策立场信息日益下降。当前主要国家在制定货币政策时对货币总量的参考越来越少，在经济学理论中，货币总量基本游离在主流宏观模型之外。

第二，全面降息降准不能简单等价于"大水漫灌"。判断货币政策立场需要考虑各国自身的货币政策传导机制，考察整个传导机制中的资产价格变化，不能简单通过降息或者降准指标就等价于全面宽松的货币政策。从这个角度看，同样的货币政策措施，在不同的货币政策传导机制下会有不同的后果，不能都统一判断为一种货币政策立场。在我国的传导机制中，降息降准更多地是为了降低金融机构成本，进而通过金融体系的传导，降低实体经济融资成本。在当前实体经济融资贵、融资难问题依然突出的环境下，降息降准是松紧适度中适度宽松的应有之义，而不是盲目大水漫灌。

3. 建议 2020 年货币增速目标为 8.5%～9%。

在明确稳健中性含义的前提下，建议 2020 年政策明确为货币增速适当快于名义 GDP 增速，确定为 8.5%～9%。一方面，适度宽松的货币政策能维持资产价格，有利于相对资产价格在温和的环境中进行调整。如果政策偏紧，会导致总体资产价格下行，更加无法完成相对资产价格调整。另一方面，短期和长期的经济波动因素会相互影响。如果短期经济下行因素过大，会导致总需求持续偏低。这会导致总体价格下行压力加大，阻碍结构调整的完成。这就是经济学中著名的“后遗症”效应，即短期总需求不足应对不力，会导致经济患上长期经济下行的慢性病。

为了完成 2020 年的目标，建议降低准备金率。现有的准备金是为了对冲外汇占款而存在，但是在 2010 年之后，外汇占款已经不是中国基础货币投放的主渠道（见图 10）。较高的准备金率实际上是对银行的变相赋税，降低金融效率。

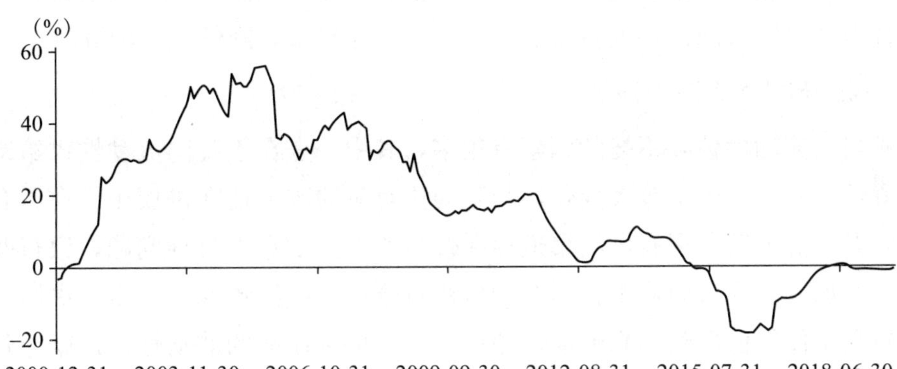

图 10　外汇占款增速

4. 进一步改革发挥好 LPR 定价机制效果

目前，LPR 定价机制很难有效对冲银行最终贷款利率的加点问题。在改革后，银行新增贷款将在 LPR 之上再加点形成最终贷款利率。改革前 1 年期 LPR 为 4.31%，一般贷款的加权利率在 6%左右，中间的点差实际体现了银行的风险溢价等因素。而在当前经济下行压力加大的情况下，商业银行风险偏好趋于谨慎符合其市场化经营的定位，风险溢价客观上是要上升的，也就是说加点部分实际还有上升的压力，因此在资金成本固定的情况下，贷款实际利率的下降幅度必然极为有限。当然，商业银行最终贷款的加点幅度还会受到金融市场一系列结构性因素的影响，包括企业融资渠道有限，商业银行的议价能力相对较强；企业的财务数据存在大量失真，社会信用建设还有待加强，导致银行的利差中隐藏了一部分反欺诈溢价等。这些结构性因素都是 LPR 改革无法解决的，需要其他改革措施的配套推进。

要想在短期内快速降低企业融资成本，还需直接对 LPR 中的基础定价，即 MLF 利率进行直接调整。建议在 2019 年略有下降的基础上，2020 年进一步降低

MLF 利率以对冲不断上行的风险溢价扩大因素。

5. 适度拓宽企业融资渠道

在金融去杠杆的大背景下，银行大幅收缩了表外业务。在有效地降低了金融风险的同时，也在一定程度上导致企业的很多其他融资渠道受阻，包括产业投资基金等。在其他渠道受阻的情况下，企业只能依靠银行这一主体。由于不同企业有不同的融资需求，银行在定价中面对着信息不确定性和自身的经营成本约束，只能采取相对平均的定价模式。这样做难以有效降低企业的融资成本，所以必须拓宽企业的融资渠道，用具有不同风险偏好和成本结构的金融主体满足企业的不同融资需求。这就需要在合规的基础上加大商业银行对其他金融主体的融资供给，通过各类金融主体的合力，将银行间市场的资金有效引导至实体经济，降低企业融资成本。

6. 调控好流动性供给预期

造成当前流动性传导不畅的因素有很多，其中一点在于我国流动性供给结构和供给渠道较前些年发生了较大变化，与新变化对应的改革还在进展中。在原有外汇占款投放渠道消失后，现有供给渠道存在较为严重的信息不对称问题，银行间市场利率波动性加大，导致商业银行等金融机构对流动性供给预期不稳定，更倾向于将资产投向利率债等低风险、高流动性领域，以匹配负债端的波动性。这就导致了资金向实体传导不畅。未来需要以改革提高流动性供给渠道的透明性和效率。一方面，中央银行可以考虑适度增加交易商等措施扩大政策覆盖面；另一方面，商业银行也需要更多地通过自身风控能力提升来将资金引导向实体经济。建议尽快明确政策利率，并构建规则化利率调控机制，稳定金融机构的融资成本和资金可得性预期，降低金融机构风险规避态度。

实质性减税降费的效应、政策困境及对策

尹　恒

摘　要

减税降费作为积极财政政策的重要方面，一直受到高度重视。早在2008年全球金融危机发生后我国就提出了结构性减税降费政策。随后的增值税转型改革、“营改增”改革、“三去一降一补”供给侧结构性改革中都包含了减税降费的政策意图。从国际背景看，新一轮减税浪潮正在形成。美国特朗普总统上台后，积极推动大规模的减税计划并最终经参众两院表决通过，美国公司所得税税率由最高35%下调至21%。在美国税改的压力下，各发达国家纷纷制订了较大规模的减税方案。为了在国际竞争中保持有利地位，吸引资金人才流入，我国有必要与国际社会同步进行税制改革，稳步降低企业税负。减税降费也是我国经济由高速增长阶段转向高质量发展阶段的战略决策，通过实质性、普惠式减税降费，有效降低企业税费负担和成本，激发企业活力和经济内在发展动力。

关键词：减税降费；税收改革；政策困境

一、社会保险降费的政策效果模拟

我国下调社会保险费率的尝试始于2015年，当年失业、工伤和生育三项保险的费率合计下调约1.75个百分点。2016年降费范围延伸到社会保险费的主体——基本养老保险，单位缴费比例下调至20%或19%，失业保险费率阶段性降至1%～1.5%。自2019年5月1日起实行的《降低社会保险费率综合方案》进一步将养老保险单位缴费率高于16%的省份的单位缴费率降至16%，并调低缴费基数，同时继续执行前期的阶段性降费政策。这是我国社会保险制度建立以来降费幅度最大的

一次，标志着我国结构性减税降费发展为以社会保险费降费、增值税减税为核心的实质性、普惠式减税降费。

在微观经济理论中，降低社会保险费率的影响机制很明晰：它降低企业的劳动成本和边际成本，使其短期供给曲线向右移动，但不会影响企业面临的需求曲线，从而均衡产出和就业需求会上升、价格会下降。费率下调在多大程度上传导至产出和就业，在多大程度上传导至价格，取决于企业需求曲线和供给曲线的斜率。因此，评估社会保险降费效应的关键，是同时估计需求函数和供给（边际成本）函数。我们提出了一个充分考虑生产端和需求端企业异质性、同时识别生产函数和需求函数参数的结构估计（structural estimation）模型，以评估和模拟降低服务业社会保险费率的就业、价格和保费收入的影响。

根据全国税收调查中的10个服务业行业数据，我们就服务业社会保险降费对产出、就业、价格水平和保费收入的影响进行了政策效应模拟（见图1)。我们发现，第一，服务业社会保险降费的产出效应和就业效应相当可观。服务业社会保险费率下调4个百分点，产出将增长5.7个百分点。社会保险降费幅度与企业产出和劳动需求增长的程度基本呈现稳定关系，降费的就业效应是降费幅度的2倍，降费4个百

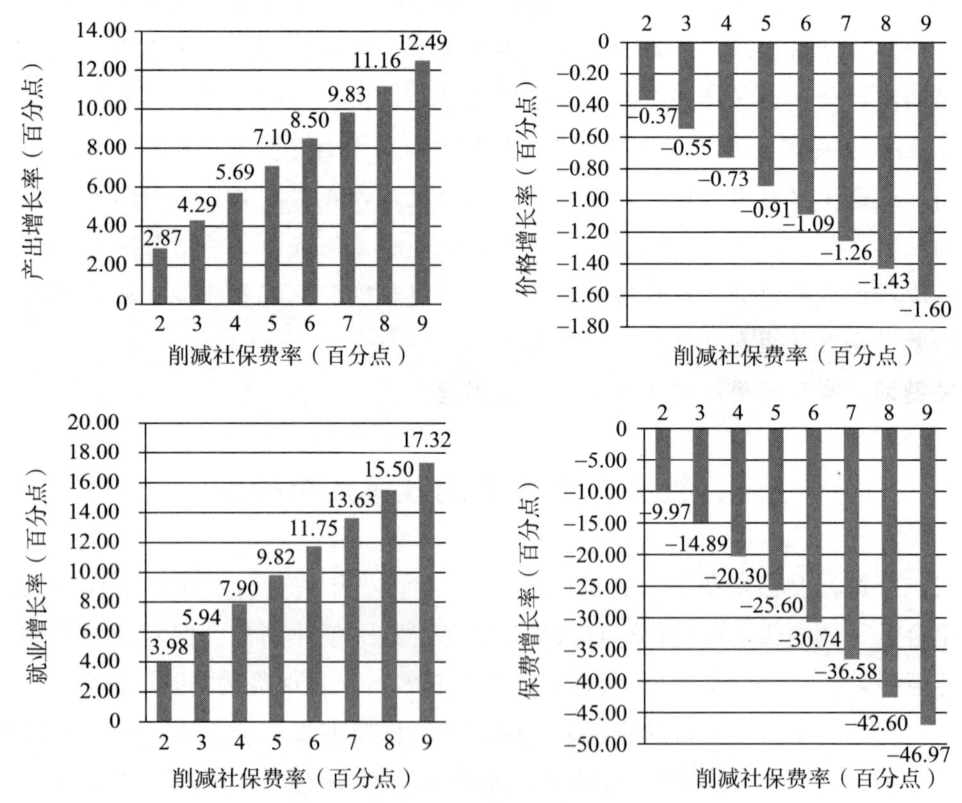

图1　服务业社会保险降费的政策效应模拟

分点，就业需求将增长近8个百分点。第二，服务业企业成本的变化更多体现为实质效应（产出和就业）而非传导至价格。面对劳动成本的下降，服务业企业更多地选择增加劳动雇佣量、提供更多服务，而不是削减服务价格。第三，服务业社会保险费收入对费率的变化相当敏感。这表明减费的积极效应不是“免费的午餐”，减费的同时需要寻找替代的社会保险收入来源以抵消这种负面影响。第四，降费能够明显改善服务业的资源配置效率，提升服务业整体全要素生产率。降费后生产率越高的企业增长越快、劳动需求增加越多，从而市场份额增加。第五，降费对小规模服务业企业的就业刺激效应更强。由于服务业中小规模企业为数众多，降费对社会就业的促进作用确实不可小觑。同时，由于小规模服务业企业对劳动成本的变化更敏感，社会保险征费体制改革应该有实质性降费政策加以配合，改善征管长期效率的同时缓解其对就业的短期冲击。

二、增值税减税的政策效应模拟

实质性的增值税减税是从2016年开始的。虽然“营改增”及相应的减税政策从2012年1月1日就已经开始试点，但不论是行业范围、地域范围还是税率，都是在2016年以后才发生重大变化。这主要包括如下两个方面内容：第一，“营改增”所适用的地区范围和行业范围不断扩大，最终覆盖全国。自2016年5月1日起，中央将试点范围从北京、上海和广州等10个省市扩大到全国范围，并且将建筑业、房地产业、金融业、生活服务业等行业全部纳入其中。第二，增值税的税率档次不断简化、税率不断降低。就税率档次而言，从2017年7月1日起，中央将增值税税率由四档减至三档，取消了13%这一档税率。就增值税税率而言，从2017年7月1日起，农产品等行业的增值税税率从13%降至11%；从2018年5月1日起，制造业等行业的增值税税率从17%降至16%，交通运输业、建筑业、基础电信服务业等行业及农产品等货物的增值税税率从11%降至10%。2019年4月，国家更是将原涵盖制造业等行业的16%增值税税率降为13%，将“营改增”后交通运输、建筑、房地产等行业适用的10%的税率降为9%。

确实，增值税减税存在不确定性。首先，对适用税率从16%降为13%的企业而言属于明显的降负行为，但对于原材料购进方而言，则会直接导致其可抵扣的进项税额减少，且往往不得不将税负成本层层转嫁至下游企业，由此使得产业链上各环节企业实际税负水平难有明显变化。其次，增值税名义税率由16%和10%分别下调至13%和9%，对纳税人而言，理论上同样属于明显的利好消息，但如果企业所销售的商品处于买方市场，则极易出现客户压价导致减税红利被抵消。最后，为照顾中小企业的经营困难，国家不断提高增值税起征点及一般纳税人认定标准，其直接后果是，即使是经济发达省份，其小规模纳税人占比也逾八成，全国范围内这一比例自然更高。被排斥在规范的增值税抵扣链条之外的小规模纳税人，或无法取得专用发票，或取得的专用发票只能抵扣 3%，因而也大大削减了增值税税率简并及下调的降负效果。

运用我们提出的充分考虑生产端和需求端企业异质性、同时识别生产函数和需求函数参数的结构模型，我们使用中国规模以上工业企业数据库中的 10 个制造业大类行业，评估和模拟增值税减税的产出、价格、就业和税收收入效应，得到了一些很有意义的发现（见图 2)。第一，增值税减税的短期实质效应相当可观。增值税减税后，产出会增长、就业会增加、价格水平会下降、税收收入会收缩；增值税减税的幅度越大，产出和就业的增长效应以及价格和税收收入的收缩效应就越强。以增值税减税 3 个百分点为例，制造业的总产出、价格、总就业和总税收收入的增长率分别为 4.30%、－0.60%、7.07%和－15.89%。这表明企业通过价格渠道向下游企业或者消费者转嫁税收负担的现象并不明显，也表明增值税减税确实不是“免费的午餐”，增值税减税激发微观活力的代价是税收收入的较大幅度减少。第二，完善增值税的抵扣链条、提升企业进项税抵扣的便利，同样具有重要的降税政策效应。例如，若这些政策使得销项税率虽降低 3 个百分点但进项税率只降 1.5 个百分

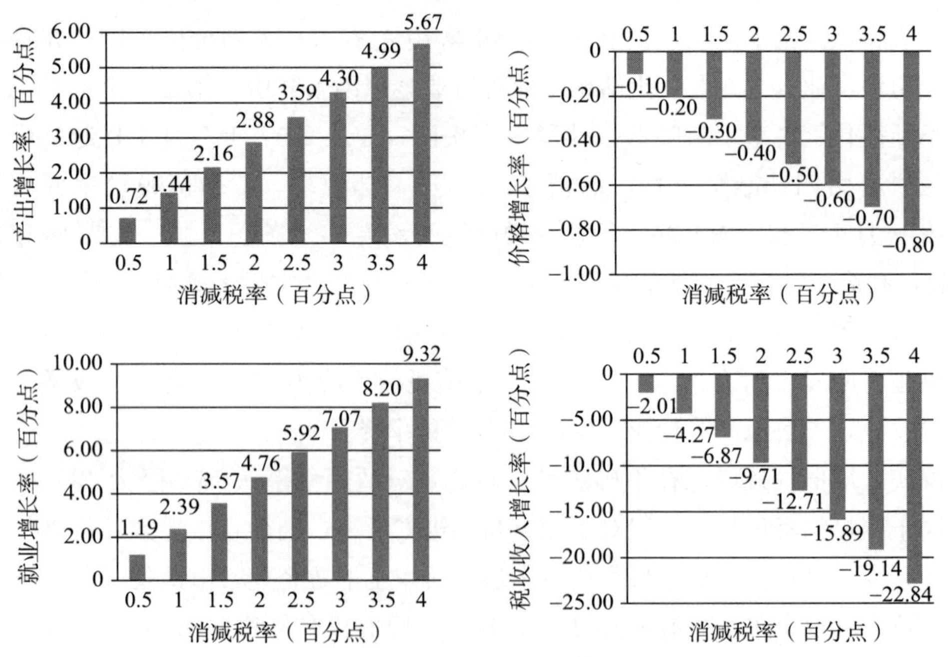

图 2　制造业削减增值税税率的效应

点，与基准结果相比产出增长率会提高 3.81 个百分点、价格多降 0.55 个百分点、就业增长率提高 3.37 个百分点、税收收入则多降 34.15 个百分点。这表明区分销项税率和进项税率两条影响渠道确实能够提供丰富的额外信息。第三，增值税减税能够明显改善制造业的资源配置效率、提升宏观生产率。削减增值税税率后生产率越高的企业增长越快。其雇用的劳动增加越多、产出增长越快，从而市场份额增加越多。同时，减税后生产率高的企业价格水平下降越多，消费者获益越大；减税后征自生产率高的企业的增值税收入下降幅度越小，从而生产率高的企业对财政收入的相对贡献越大。

值得注意的是，上述政策模拟显示制造业和服务业的税费收入对税费的下降相当敏感。例如，增值税税率每下调 3 个百分点，税收收入减少达 15.9 个百分点；社会保险费率每下降 4 个百分点，保费收入就减少达 20.3 个百分点。实际上这个下降幅度为我国当前的政策实践所印证。根据国务院总理李克强 2019 年 10 月 16 日主持的国务院常务会议发布的信息，2019 年前 8 个月全国减税降费超 1.5 万亿元，全年将超过 2 万亿元。对比 2018 年全国一般公共预算收入中的税收收入 15.6 万亿元（其中增值税为 6.2 万亿元），社会保险基金收入 5.6 万亿元，政策模拟中对税收和保费收入减少幅度的估计符合实际，这也从侧面印证了我们对减税降费产出、就业和价格模拟结果的合理性。

三、实质性减税降费的政策困境

如上所述，近年来我国减税降费的力度持续加大。从宏观层面看减税降费工作已取得明显进展，企业税费负担及制度性交易成本总体上呈下降趋势。然而从微观角度看政策效果仍不明确，企业的获得感不强，实质性减税降费面临以下政策困境。

1. 惠企减税降费政策密集出台，但企业获得感不强

我国近年频频推出的惠企减负政策呈现出数量大、类型多、力度不断加码等特征。然而，减税降费效果能否充分实现，还取决于政策作用于企业生产经营行为的传导机制是否顺畅，以及行业自身特点、内外部市场环境、交易对象的议价能力等诸多因素。一系列因素影响政策落实效果、导致企业“获得感”不强。

（1）土地成本、融资成本、用能成本等与税收负担共同影响企业的“获得感”。工业用地成本快速增长。近年来，伴随土地价格持续走高，工业用地成本成倍上涨，制造业企业投资建厂成本大增。而对于工业用地成本相对较低的地区，物流成

本又会过高，对企业来说，并无两全之策。近年来虽出台了一些工业用地降成本的创新办法，如土地租赁和年租制等新型出让方式，但政策效果相对有限，难以抵消土地成本的上涨幅度。

企业融资成本高企。近两年金融风险事件加速暴露，银行不良率攀升，导致银行机构对制造业信贷资源配置趋于审慎，审批周期变长、审批手续更为烦琐，普遍收紧压缩了贷款规模。在此背景下，制造业企业融资难度变大、融资成本普遍走高。部分企业由于资质欠佳或抵押品缺失，只得以信托、民间借贷等较高利率方式进行融资，企业成本负担大大加重。

水电油气等耗能成本居高不下。例如，电价中“基本电费”长期收取，“基金及附加”则不降反升，仅全国性的就有国家重大水利工程建设基金、可再生能源电价附加等五项。这还不包括各种地方性基金。直供电政策深受企业欢迎，但是受电网企业独家垄断的电力买卖格局、利益藩篱难以突破等因素的影响，目前这一政策在多数省份仅处于试点阶段，企业额度十分有限。

（2）政企关系仍然不清晰，企业仍然被地方政府和行业机构视为“钱袋子”。重收费、轻服务、不积极作为现象仍时有发生。例如根据政策规定，对于检验费、环境监测专业服务费、培训费、垃圾处理费等收费项目，政府部门收费之后须提供相应的配套服务，但很多地方理应跟进的政府服务并未完全落实，收费后不积极作为或服务不到位的现象时有发生。政府本应将更多财力投入提供公共服务和公共产品的供给，一些地方却存在将这些责任向企业转嫁的倾向。

基层行政、事业部门认识不足，仍然存在摊派动机，视企业为“摇钱树”。例如，部分基层行政、事业单位依然存在着摊派、变相摊派等问题，主要集中在捐助费、扶贫费、赞助费、报刊订阅费等方面。又如，工会、慈善总会等社会组织每年都以对口扶贫、援助、救助等名义到企业收取相关费用，金额从几万元到几十万元不等，无形中增加了企业的负担。

部分非政府性机构仍然借助政府的影响力违规收取不合理费用。部分行业协会、商会借助行政权力，利用行业资源垄断优势，强制企业入会，以参加各类活动等幌子擅自设立收费项目、提高收费标准，各类会费名目繁多，且呈持续增长趋势。企业加入相关协会，每年需缴纳数万元会费。部分中介机构依附于行政职能单位，利用政府的影响力开展与审批事项相关的审查、评价、评估等服务，提高收费标准，增加了企业成本。

（3）经济下行压力导致企业经营利润微薄。当前经济面临下行压力，很多企业生产经营形势严峻。与此同时，成本要素价格则持续上涨，企业盈利空间不断收窄。在多项成本上涨的情况下，价格又处于低位，企业利润微薄，造成企业对税费敏感度较高。

2. 税费征管日趋规范，反而可能导致企业成本上升

以社会保险费征缴为例。若社会保险费征缴流程采用税式管理模式，税务部门将加大“扩面征缴”力度，利用专业优势，强化缴费基数稽核。相应地，不仅企业逃费将面临更为严厉的法律责任，而且在税务机关专业化的征管能力和手段下，大部分企业面临的社会保险费负担水平均有可能随之大幅上升。对于劳动力密集型企业、知识密集型企业，以及此前未能为全体员工全额或足额缴纳社会保险费的企业，此举影响尤甚。一方面，上述企业员工工资占经营成本的比重相对较高，社会保险费基数大，社会保险费负担本身偏重；另一方面，部分员工来自农村，已享有新农保、新农合等社会保险待遇，且更注重眼前每月到手收益，但既有制度并无有效衔接，而是一律要求企业全员全额参保，企业若在“情”与“法”之间“走钢丝”，则涉费风险必将大幅攀升。因此，社会保险费征缴体制改革所可能带来的企业社会保险费负担跃升，一方面将进一步压缩企业利润空间，另一方面也将稀释员工的实收工资，致使部分企业可能会采取外迁、提高劳务派遣用工比例、改用机器人替代工人从而缩减用工数量等应对措施，更有甚者，部分盈利能力偏弱的企业还可能面临被迫关停的风险。

《国务院办公厅关于印发降低社会保险费率综合方案的通知》(国办发〔2019〕13号)提出稳步推进社保费征收体制改革，“企业职工基本养老保险和企业职工其他险种缴费，原则上暂按现行征收体制继续征收，稳定缴费方式，‘成熟一省、移交一省’”，正体现了这种政策困境。

3. 制度性交易成本有所下降，但企业隐性负担仍居高不下

制度性交易成本是企业在遵循政府制定的一系列规章制度时所需付出的成本，属于影响企业负担的非市场性因素，与政策和法律、法规制度以及政府机构的监管和运行效率密切相关，并成为投资者、生产经营者关注的重要问题。近年来，税务部门在优化纳税服务方面取得了积极成效，企业面临的税务营商环境得到明显改善，相关制度性交易成本总体上有所下降。然而值得注意的是，当前企业部分显性的制度性交易成本呈现隐性化发展态势。例如，增值税专用发票对于纳税人综合税负的形成具有举足轻重的作用，而重中之重又在于专用发票的获取与认证，在税收征纳实践中，若开票方企业被认定为走逃（失联）企业，则其开具的发票将被认定为“失控发票”，受票方将承担连带责任，对应的进项税额需转出。更有甚者，还

可能会被税务机关认定为“虚开发票”，被要求补缴税款、滞纳金以及一定比例的罚款。同时，由于增值税专用发票对增值税管理及增值税收入安全的重要性，税务部门对发票管控极为严格，包括企业开票数量、票面开具限额等限制过多，企业或难以取得足额发票，或为完成一笔交易一次性开具数十张甚至上百张发票，影响企业的正常生产经营。再以军品免征增值税为例，依据相关政策，申请享受该优惠的纳税人需取得科研生产许可证和增值税合同清单，并逐级审核上报，待财政部、国家税务总局最终审核并批准后，再由企业主管地税务机关通知纳税人，方能进入免税申报的办理程序。而合同清单申报办理过程复杂且漫长，加之纳税人销售的免征增值税的军品，如已向采购方开具增值税专用发票，还需将增值税专用发票追回后才能免税，导致相关企业或疲于准备相应的证明材料而放弃免税，或因难以获取合规的免税资格而无法享受免税。上述现象列举，均属于企业纳税过程中承受的制度性交易成本。

四、进一步减税降费的政策选择

减税降费是我国推进供给侧结构性改革的重要举措。针对当前推进实质性减税降费政策的政策困境，可以从短期和长期两个维度来考察近期政策选择和长效机制构建。从短期来看，应从企业税费构成入手，进一步挖掘减税降费空间，增强企业对减税降费政策的“获得感”；从长期来看，应从制度层面着眼构建减税降费的长效机制。

1. 减税降费的近期政策选择

第一，全面清理各类涉企财政补贴，拓宽减税降费的空间。地方财政的支出压力使得很多地方的减税降费政策难以实质性落地。财政支出结构仍有很大的调整空间，当前应该积极调整财政支出，释放财政尤其是地方财政的压力。我们认为一个重要的努力方向是清理涉企财政补贴。这些补贴消耗了巨额财政资源。然而大量研究表明，财政补贴扭曲企业行为，损害资源配置效率。很多对企业的直接财政补贴不仅起不到预期效果，反而成为一些低效甚至“僵尸”企业持续下去的依赖。企业骗取财政补贴的现象也屡见不鲜。

第二，妥善分解财政和社保基金的减收压力。一方面，减税降费是中央站在全局高度的战略部署。然而，当前地方政府债务问题特别突出，减税降费有可能进一步加重这一难题。部分地方财政的稳定可能受到更大的挑战，应该多加关注。另一方面，随着我国老龄化进程的加快，社会保险降费也可能会留下隐患。这需要合理、周密地在央地间分解减税降费的工作任务和减收压力，积极探索增加社会保险基金收入的途径（如国有资产划拨）。只有妥善协调好了财政稳定和社会保险基金缺口问题，当前实质性减税降费政策才有可能持续深入下去。

第三，降低企业所得税税率。全球数据显示 1996—2016 年间 178 个国家的企业所得税平均税率从 31%持续降到了 22%。这一期间 141 个国家降低了企业所得税税率，15 个国家维持税率不变，只有 22 个国家提高了税率。目前，美国公司所得税税率由最高 35%下调至 21%。在美国的压力下各发达国家纷纷制定了较大规模的企业所得税减税方案。现行《中华人民共和国企业所得税法》自 2008 年实施迄今已逾 10 年，25%的企业所得税法定税率已经不再具有优势。特别是与我国周边国家相比，现行企业所得税税率更是显得过高。例如，印度于 2019 年 9 月 20 日发布《税法修订法令》，将企业所得税从 30%削减到 22%，制造业甚至降低到 15%。为了使我国企业在国际竞争中保持有利地位，建议主动适应国际减税大趋势，进一步降低企业所得税税率。

第四，放宽企业固定资产折旧规定，缩短折旧年限。这也是可以努力的减税方向，能够在短期内起到快速降低企业实际税负的效果。从国际比较来看，现行 G20 国家的企业所得税制中仅阿根廷、巴西、中国、德国和墨西哥对部分设备器具等固定资产规定了 10 年的资产折旧年限，而加拿大、法国、美国和南非等国均将固定资产折旧年限设定在 3 年以内。可以考虑扩大设备器具等固定资产加速折旧方法所适用的固定资产范围，降低我国企业的有效边际税率。例如，将《关于设备器具扣除有关企业所得税政策的通知》所确定的固定资产加速折旧适用范围从新购进设备、器具扩展到最近几年内购进的、尚未折旧完的设备、器具。

第五，免征小微企业所得税。大量中小微民营企业的税后利润分配还需缴纳个人所得税。当前经济下行压力较大，为中小微企业“松绑”已经摆在十分重要的位置。特别是人员有限的小微企业，还需要花费大量时间与精力准备台账、申报表等财务资料以按时报税、缴税，税款收入相对于企业的税收遵从成本而言其实得不偿失。可考虑完全免征小微企业的企业所得税，将减轻企业税负进一步落到实处，还可以起到对小微企业“放水养鱼”、培育税源、促进就业的效果。

第六，进一步清理各类涉企收费和政府性基金，切实降低企业非税负担。一方面，税外各类收费助长了地方政府的不规范行为，破坏了市场秩序，给企业带来了沉重负担，是造成企业对减税降费政策获得感不强的重要根源，也是政府收入秩序失衡的主要原因，清理规范行政收费应当成为近期为企业减负的着力点。另一方面，政府性基金是地方政府非税收入的重要组成部分，加大对政府性基金的清理力度也是近期减税降费政策的重要抓手。

2. 构建实质性减税降费的长效机制

要使减税降费政策产生长期、稳定的效果，避免税费负担反弹，就必须构建有利于减轻企业税费负担的长效机制。长效机制的构建要着眼于以下四个方面，从制度层面为减税降费政策的持续推进提供保障。

第一，完善分税制财政体制，构建财权与支出责任相统一的央地关系。地方政府财权与支出责任的失衡是导致企业税费负担增加的重要因素。要构建有利于减轻企业税费负担的长效机制，有必要对中央和地方的财权与支出责任做出调整，以弥补地方政府的财力缺口。首先，以事权与支出责任划分改革为切入点，调整中央与地方相对应的可支配财力，实现各级政府财权与支出责任相匹配。《中共中央关于全面深化改革若干重大问题的决定》明确提出要“建立事权与支出责任相适应的财政制度”，指明了财政体制改革将围绕事权与支出责任划分展开。因此，要在理顺各级政府事权与支出责任的基础上改革分税制财政收入分配体制，以缓解地方政府财政压力，避免其通过增加企业税费负担来弥补财力缺口。其次，进一步完善地方税收体系，确保地方政府拥有持续、稳定的收入来源。当前我国地方政府主体税种不明确，收入划分不足以保障地方政府履行既有职能，通过非税收入等方式弥补财力缺口成为现实选择。要确保减税降费政策有效落实，地方税收体系建设不容忽视，例如面向居民个人征收的房产税适宜作为地方财政的重要税种。

第二，优化现有税制结构，逐步提高直接税比重。在我国现行以间接税为主的税制结构下，企业作为绝大部分税收的实际缴纳者，对税收负担的感受最为直接，也最为深切。从企业税负看，我国税收收入直接取自企业的比重长期超过90%，其中，直接取自企业的间接税超过直接税，直接取自企业的直接税又远超直接取自个人的直接税。尽管理论上间接税税负可以转嫁，但实际能否转嫁及转嫁的复杂程度与理论上所讲的不同，且过高的间接税对关乎企业生死的现金流具有重要的阻滞作用。企业综合税负水平与所得税税负水平过高均会对企业生存境况、投资活力、研发创新能力产生不同程度的影响。因此，企业不应成为税负承担的重心。尤其是在自然人所得与财富获得极大增长的情况下，我国将征管重心置于企业的状况亟待改变。这也是实质性减税降费必须以对企业纳税人实施更具实质性与普惠性的降负作为直接目标的基本原因。要从根本上降低企业税负压力，必须调整完善税制结构，降低间接税比重，提高直接税比重。

第三，进一步落实税收和收费法定原则，有效约束地方政府“攫取之手”。法治是市场经济的重要保障，也是国家治理体系和治理能力现代化的重要内容之一。

税收作为国家从企业和个人手中取得收入的手段，更应符合法治精神，遵循税收法定原则。长期以来，我国地方政府“注重收入任务而忽视支出绩效”的目标导向，进一步加重了企业税费负担。其背后深层次的原因在于，税收和收费法定原则尚未有效落实，地方政府的“攫取之手”难以约束。为此，首先应确保税率、征税对象、计税依据等基本税收和收费要素的法定，明确企业既定的权利和义务。其次应改善税收和收费法律执行状况，压缩地方政府的自由裁量权。各级地方政府在税收和收费法律的具体执行过程中，随意性、选择性过强，“按指标征税”“搞歧视性征税”等现象屡禁不止，严重影响减税降费政策的实施效果。作为落实税收和收费法定原则的难点，只有严格税收和收费法律的具体执行，压缩地方政府的自由裁量权，才能有效扼制任意征税、任意收费的行为。

第四，进一步转变政府职能，规范地方政府收费的权力基础，降低企业制度性交易成本。减税降费长效机制的构建还有赖于进一步明确政府和市场的界限，降低政府对市场的干预。应该进一步深化经济体制和行政体制改革，推进政府职能转变，提升国家治理体系和治理能力现代化水平。首先，按照使市场在资源配置中起决定性作用、更好发挥政府作用的要求，处理好政府与市场、社会的关系。明确划分政府和市场活动领域，加快推进政企分开、政事分开、政府与市场中介组织分开，将不该由政府管理的事项还给市场或社会，该由政府管理的切实管住管好，从根本上消除政府“越位”“缺位”“错位”现象。其次，改革政府行政管理体制，深入推进“放管服”改革。打造政府权力清单制度，改变以审批为主的事前准入制度，革除与审批权紧密关联的权力寻租根源。强化事中事后监管，创新监管机制，包容审慎，公开公正执法，打造现代化的国家治理体系和治理能力。

参考文献

[1] 陈晓光．增值税有效税率差异与效率损失：兼议对“营改增”的启示．中国社会科学，2013（8）.

[2] 陈烨，张欣，寇恩惠，刘明．增值税转型对就业负面影响的CGE模拟分析．经济研究，2010（9）.

[3] 范子英，彭飞．“营改增”的减税效应和分工效应：基于产业互联的视角．经济研究，2017（2）.

[4] 李明，李德刚，冯强．中国减税的经济效应评估：基于所得税分享改革“准自然试验”．经济研究，2018（7）.

[5] 李戎，张凯强，吕冰洋．减税的经济增长效应研究．经济评论，2018（4）.

[6] 申广军，陈斌开，杨汝岱．减税能否提振中国经济?：基于中国增值税改革的实证研究．经济研究，2016 (11).

[7] 许伟，陈斌开．税收激励和企业投资：基于2004—2009年增值税转型的自然实验．管理世界，2016 (5).

[8] 聂海峰，刘怡．增值税转型对投资和就业的影响：中部地区增值税转型效果评价．“2009中国公共经济学论坛暨公共经济与管理国际会议”会议论文．

[9] 聂辉华，方明月，李涛．增值税转型对企业行为和绩效的影响：以东北地区为例．管理世界，2009 (5).

[10] Ai, C. and X. Chen, 2003, "Efficient Estimation of Models with Conditional Moment Restrictions Containing Unknown Functions", *Econometrica*, 71 (6): 795 - 1843.

[11] Ai, C. and X. Chen, 2007, "Estimation of Possibly Misspecified Semiparameteric Conditional Moment Restriction Models with Different Conditioning Variables", *Journal of Econometrics*, 141: 5 - 43.

[12] Ackerberg, D., K. Caves, and G. Frazer, 2015, "Identification Properties of Recent Production Function Estimators", *Econometrica*, 83: 2411 - 2451.

[13] Aw, et al., 2011, "R&D investment, Exporting, and Productivity Dynamics", *American Economic Review*, 101 (4): 1312 - 1344.

[14] Berry, S., 1994, "Estimating Discrete Choice Models of Product Differentiation", *Rand Journal of Economics*, 25: 242 - 262.

[15] Berry, S., J. Levinsohn, and A. Pakes, 1995, "Automobile Prices in Market Equilibrium", *Econometrica*, 63: 841 - 890.

[16] Bond, S., and J. Van Reenen, 2007, "Microeconometric Models of Investment and Employment", *Handbook of Econometrics*, 6: 4417 - 4498.

[17] Brandt, L., J. Van Biesebroeck and Y. Zhang, 2012, "Creative Accounting or Creative Destruction? Firm-level Productivity Growth in Chinese Manufacturing", *Journal of Development Economics*, 97: 339 - 351.

[18] Chetty, Raj, 2009. "Sufficient Statistics for Welfare Analysis: A Bridge between Structural and Reduced-Form Methods", *Annual Review of Economics*, 1: 451 - 488.

[19] Cummins, J. G., K. A. Hassett, R. G. Hubbard, R. E. Hall, and R. J. Caballero, 1994, "A Reconsideration of Investment Behavior Using Tax Reforms as Natural Experiments", *Brookings Papers on Economic Activity*, 2: 1 - 74.

[20] De Loecker, J. , 2011, "Product Differentiation, Multi-product Firms and Estimating the Impact of Trade Liberalization on Productivity", *Econometrica*, 79 (5): 1407 - 1451.

[21] De Loecker, Jan, and Frederic Warzynski, 2012, "Markups and Firm-Level Export Status", *American Economic Review*, 102 (6): 2437 - 2471.

[22] De Loecker, J. , P. Goldberg, A. Khandelval, and N. Pavnik, 2016, "Prices, Markups and Trade Reform", *Econometrica*, 84: 445 - 510.

[23] Doraszelski, U. and J. Jaumandreu, 2013, "R&D and Productivity: Estimating Endogenous Productivity", *Review of Economic Studies*, 80: 1338 - 1383.

[24] Doraszelski, U. and J. Jaumandreu, 2018, "Measuring the Bias of Technological Change", *Journal of Political Economy*, 126: 1027 - 1084.

[25] Grieco, P. , and R. McDevitt, 2017, "Productivity and Quality in Health Care: Evidence from the Dyalisis Industry", *Review of Economic Studies*, 84: 1071 - 1105.

[26] Hsieh, C. , and P. J. Klenow, 2009, "Misallocation and Manufacturing TFP in China and India", *Quarterly Journal of Economics*, 124 (4): 1403 - 1448.

[27] Jaumandreu, J. and H. Yin, 2017, "Cost and Product Advantages: A firm-level Model for the Chinese Exports and Industry Growth", CEPR Discussion Paper DP11862.

[28] Jaumandreu, J. and H. Yin, 2018, "Comparing Productivity When Products Differ in Quality: China Manufacturing Growth 1998 - 2013", Working Paper, Boston University and Renmin University of China.

[29] Levinsohn, J. , and A. Petrin, 2003, "Estimating Production Functions Using Inputs to Control for Unobservables", *Review of Economic Studies*, 70 (2): 317 - 341.

[30] Liu, Q. and Y. Lu, 2015, "Firm Investment and Exporting: Evidence from China's Value-added Tax Reform", *Journal of International Economics*, 97: 392 - 4403.

[31] Olley, S. , and A. Pakes, 1996, "The Dynamics of Productivity in the Telecommunications Industry", *Econometrica*, 64 (6): 1263 - 1297.

[32] Restuccia, D. , and R. Rogerson, "Policy Distortions and Aggregate Productivity with Heterogeneous Plants," *Review of Economic Dynamics*, 11 (4), 2008: 707 - 720.

[33] Romer, C. D. , and D. H. Romer, 2010, "The Macroeconomic Effects of Tax

Changes: Estimates Based on a New Measure of Fiscal Shocks", *American Economic Review*, 100 (3): 763 - 801.

[34] Weyl, E. Glen and M. Fabinger, 2013, "Pass-Through as an Economic Tool: Principles of Incidence under Imperfect Competition", *Journal of Political Economy*, 121 (3): 528 - 583.

[35] Wooldridge, J., 2009, "On Estimating Firm-level Production Functions Using Proxy Variables to Control for Unobservables", *Economics Letters*, 104 (3): 112 - 114.

在高度不确定性的世界经济中探究确定性

——2019年世界经济形势分析及几大问题的判断

王晋斌

摘 要

本文的核心观点主要有：

1. 总体上，当前的世界不确定性指数、全球经济不确定性指数、全球贸易不确定性指数及美国贸易政策不确定性指数均处于历史最高位，世界经济正处于一个极度动荡和高度不确定性的时期。

2. 2019年全球经济处于低经济增速、低贸易增速、低物价水平、低劳动生产率和高就业“四低一高”的状态。

3. 全球经济信心指数下挫，对预期的不乐观使得全球金融市场再次开启降息或者宽松模式。长短期利差的倒挂在一定程度上反映了投资者对经济下行的担忧，而风险资产和国债利差的扩大则揭示了市场风险偏好尚未出现明确的逆转，整个金融市场表现出来的更多是处于风险偏好的选择期，表现为整个市场的避险情绪处于盘整与纠结状态。

4. 新兴市场债务增长速度虽然放缓，但中低收入国家债务高企成为影响全球经济持续增长的重要因素。

5. 高度不确定性的世界经济中存在的确定性包括：全球都在寻求结构性转型，服务贸易成为经济的边际新增长点；区域贸易在很大程度上替代全球化成为现实；由于大宗商品在中低位运行，制造业存在明显的下滑趋势，导致PPI有明显的向下压力，全球存在一定的通货紧缩压力；美联储进入降息通道，2019—2020年外汇市场的动荡将好于2018年，人民币对美元汇率将出现窄幅双向波动；中美贸易磋商仍存在一定的变数，全球贸易最大的不确定性因素很难在短期中解除。

关键词：不确定性；世界经济；确定性

一、高度不确定性的世界经济

（一）各大经济组织对全球经济预测差异显著，表明全球经济发展存在高度不确定性

2019 年全球经济存在显著的下行压力。表 1 给出的四大经济组织对全球经济和部分主要经济体经济增速的预测结果显示：不论是从全球经济增速的预测来看，还是从主要经济体增速的预测来看，预测值都存在相当大的差异。WTO 的预测最为悲观，IMF 的预测最为乐观。总体上对 2020 年全球经济增速的预测都持有谨慎乐观的估计，但对发达经济体 2020 年的预测普遍持不乐观的态度，对新兴市场及发展中经济体的预测持相对乐观的态度。此外，OECD 预测了 G20 的经济增速在 2019 年和 2020 年分别为 3.1％和 3.2％，对经济增长持谨慎乐观的态度；彼得森国际经济研究所 2019 年 10 月 8 日的报告预测 2019 年和 2020 年全球经济增速均为 3.3％（PPP 加权）。[①]

表 1　主要经济机构对全球经济和重要经济体经济增速的预测（％）

	IMF		WB		OECD		WTO	
	2019 年	2020 年	2019 年	2020 年	2019 年	2020 年	2019 年	2020 年
世界	3.0	3.4	2.6	2.7	2.9	3.0	2.6	2.6
发达经济体	1.7	1.7	1.7	1.5	NA	NA	1.7	1.4
新兴市场及发展中经济体	3.9	4.6	4.0	4.6	NA	NA	3.4	3.8
美国	2.4	2.1	2.5	1.7	2.4	2.0	NA	NA
欧元区	1.2	1.4	1.2	1.4	1.1	1.0	1.3	1.2
日本	0.9	0.5	0.8	0.7	1.0	0.6	NA	NA
中国	6.1	5.8	6.2	6.1	6.1	5.7	NA	NA

资料来源：IMF：来自 World Economic Outlook，October 2019。

WB：来自 Global Outlook：Weak Momentum，Heightened Risks，June 2019。

OECD：来自 Economic Outlook（Interim），19 September，2019。

WTO：新兴市场及发展中经济体仅指 WTO 界定的发展中国家；欧元区是指欧洲；实际 GDP 以市场汇率估算。

预测值的分歧也充分证实了全球经济存在高度的不确定性。尤其是中美贸易磋商存在的不确定性、英国脱欧存在的不确定性以及中东地缘政治存在的不确定性。

① Global Economic Prospects：Fall 2019，Peterson Institute for International Economics.

这些不确定性严重影响了市场参与者的预期，形成了当前经济下行的压力。

（二）世界重大事件处于高度频发期，世界经济和贸易的不确定性均处于历史高位

图 1 显示了由于中美贸易摩擦和英国脱欧问题使得世界不确定性指数（WUI）处于高位。

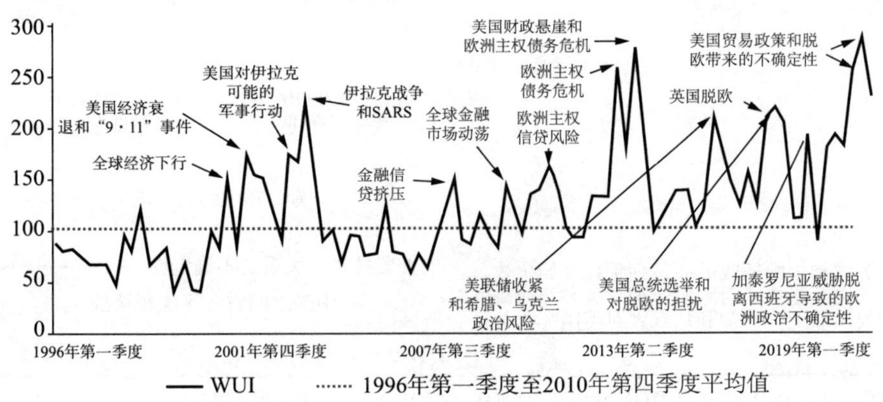

图 1　世界不确定性指数

资料来源：Ahir，H.，N. Bloom，and D. Furceri (2018)，"World Uncertainty Index"，Stanford mimeo.

全球经济不确定性指数也处于历史高位。全球经济不确定性指数在 2019 年 8 月达到高点 325.67，相对于次贷危机爆发时期，全球经济不确定性指数增长了 62.1%（见图 2）。

图 2　全球经济不确定性指数（2005 年 1 月—2019 年 8 月）

资料来源：PolicyUncertainty. com. 1997—2015 年的指数平均值为 100。

图 3 显示了由于中美贸易摩擦谈判的曲折使得全球贸易不确定性指数在 2018 年下半年骤然上升。从 2018 年第一季度的 5.11 上升到 2018 年第三季度的 30.90，2019 年第二季度达到 107.93，2019 年第三季度达到 99.67。从 2008 年第一季度到

2016 年第二季度，这一指数从来没有突破 2.0。

从美国贸易不确定性指数来看，2019 年 6 月该指数达到 635.38，5 月为 230.84，7 月下降到 199.43，但仍处于高位（见图 4）。美国贸易不确定性指数波动较大，原因在于美国对外贸易摩擦的政策扑朔迷离，市场难以预计。

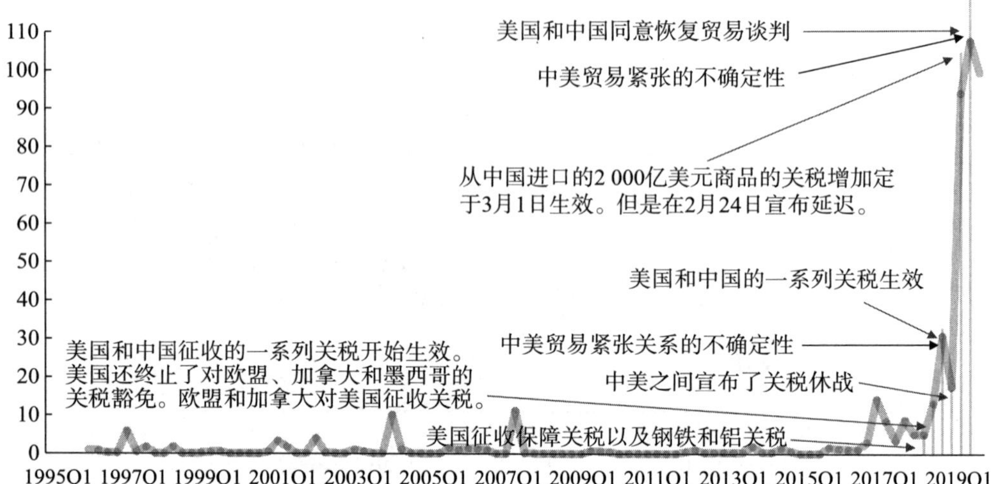

图 3　世界贸易不确定性指数

资料来源：Ahir，H.，N. Bloom，and D. Furceri (2018)，“World Uncertainty Index”，Stanford mimeo.

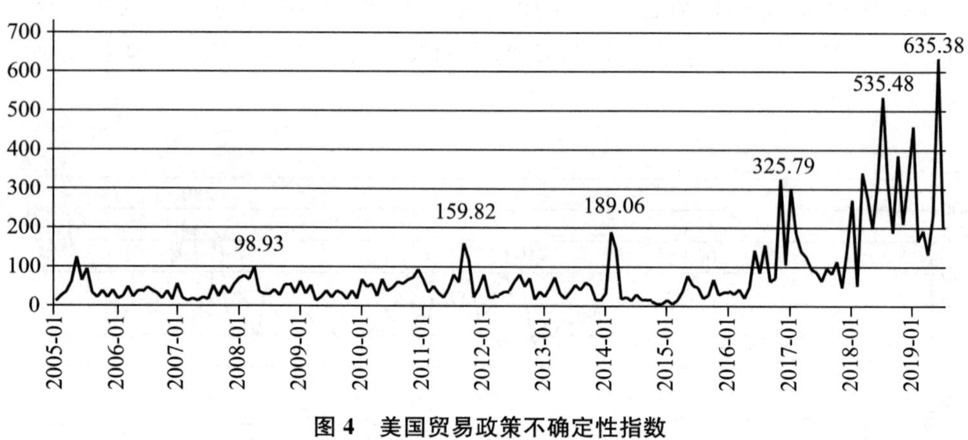

图 4　美国贸易政策不确定性指数

资料来源：Ahir，H.，N. Bloom，and D. Furceri (2018)，“World Uncertainty Index”，Stanford mimeo.

总体上，当前的世界不确定性指数、全球经济不确定性指数、全球贸易不确定性指数及美国贸易政策不确定性指数均处于历史最高位，因此，世界经济正处于一个极度动荡和高度不确定性的时期。

二、高度不确定性中的世界经济显露疲态

(一) 2019年全球经济总体呈现出“四低一高”态势，新兴市场经济体与发达经济体之间存在一定的分化

2019年全球经济处于低经济增速、低贸易增速、低物价水平、低劳动生产率和高就业的“四低一高”状态。当前全球贸易增速放缓，处于低速增长期。次贷危机爆发后，全球经济进入了“大平庸”时期，全球商品贸易增速下滑的速度超过了全球GDP增速下滑的速度。2008—2018年全球经济和商品贸易年均增速分别为2.3%和2.6%，而2000—2018年全球经济和商品贸易年均增速分别为2.6%和3.8%（见图5）。因此，次贷危机以来的低贸易增速在很大程度上给经济带来了下行压力，贸易作为经济增长的发动机进入了中低频运转的状态。

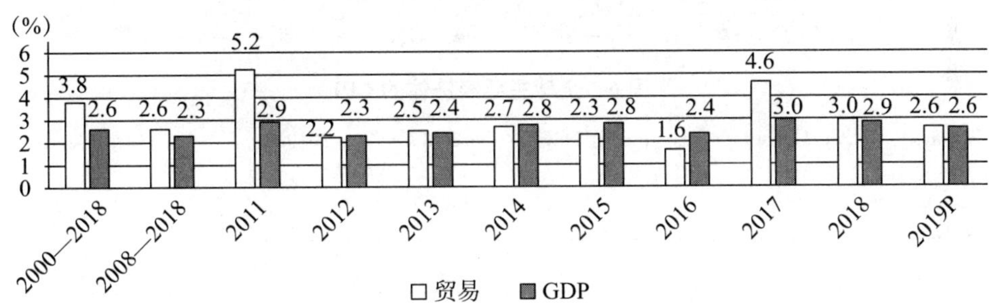

图5　全球商品贸易增速与实际GDP增速

资料来源：WTO Secretariat for Trade.

注：GDP增速以市场汇率计算。

从物价水平来看，主要发达经济体的物价水平处于各自央行警戒线之下，通货膨胀率均处于较低水平，与经济增速的减缓甚至下行一致。图6显示除中国之外，从2019年4月开始，全球主要经济体的通货膨胀水平均处于下行通道，OCED、G7、欧元区、G20、美国的通货膨胀水平由2019年4月的2.5%、1.8%、1.7%、3.8%和2%分别下降到8月的1.9%、1.4%、1%、3.2%和1.7%。中国通货膨胀率的上升主要是由食品类因素导致的，鲜果、猪肉成为拉动CPI上升的主要因素，呈现出一种非经济总供给和总需求决定的结构性通货膨胀状态。

G20整体上保持了温和的通货膨胀水平，但存在严重的结构性不平衡。G20在2019年1—8月的通货膨胀率始终保持在3%以上，主要是由阿根廷的恶性通货膨胀率，印度较高的通货膨胀率和俄罗斯、南非偏高的温和通货膨胀率导致的。2019年1—8月，阿根廷平均月度通货膨胀率高达54.1%，印度为7.4%，俄罗斯为

4.9%，南非为4.3%。

值得关注的是，全球贸易摩擦并没有显著推高整体物价水平。从美国进口价格指数来看，2017年8月到2018年8月，其进口价格指数上涨了3.8个百分点，而2018年8月到2019年8月其进口价格指数下降了2个百分点。其中，2019年1—8月中的6月和8月分别下降了1.1和0.5个百分点（见图7）。

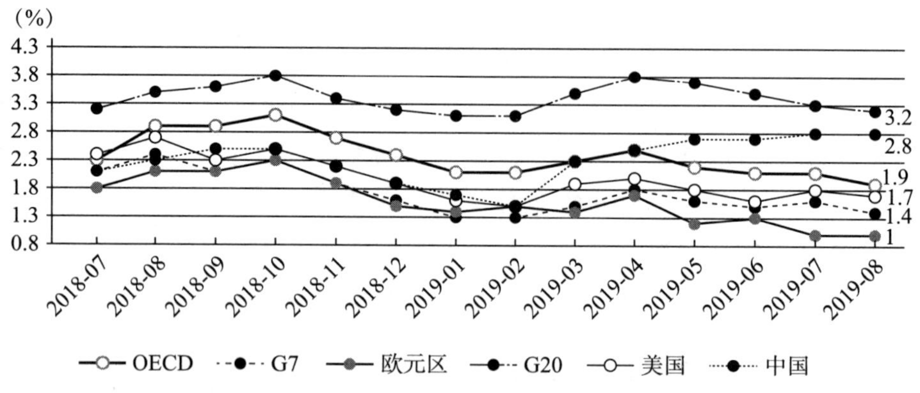

图6　全球主要经济体的CPI

资料来源：OECD Consumer Price Index，News Release：3 October 2019.

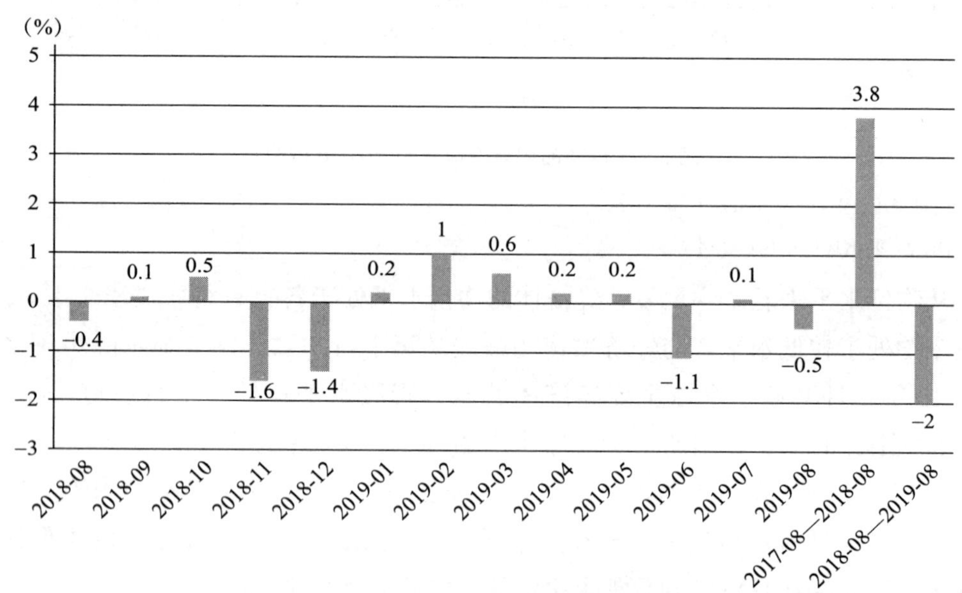

图7　美国所有商品进口价格指数

资料来源：BEA，U.S. Import and Export Price Indexes Summary，September 13，2019.

进一步从美国进口价格的分类指数来看，燃料类进口价格指数波动很大，2017年8月到2018年8月美国进口燃料类价格指数上涨了32.7个百分点。随着全球贸

易摩擦的升级和中东地缘政治摩擦的变化，美国进口燃料类的价格指数在 2018 年 8 月到 2019 年 8 月的一年时间里下降了 8.7 个百分点。而非燃料类进口价格指数也由 2017 年 8 月到 2018 年的上涨 0.9 个百分点转变为 2018 年 8 月到 2019 年 8 月下降了 1 个百分点（见图 8）。

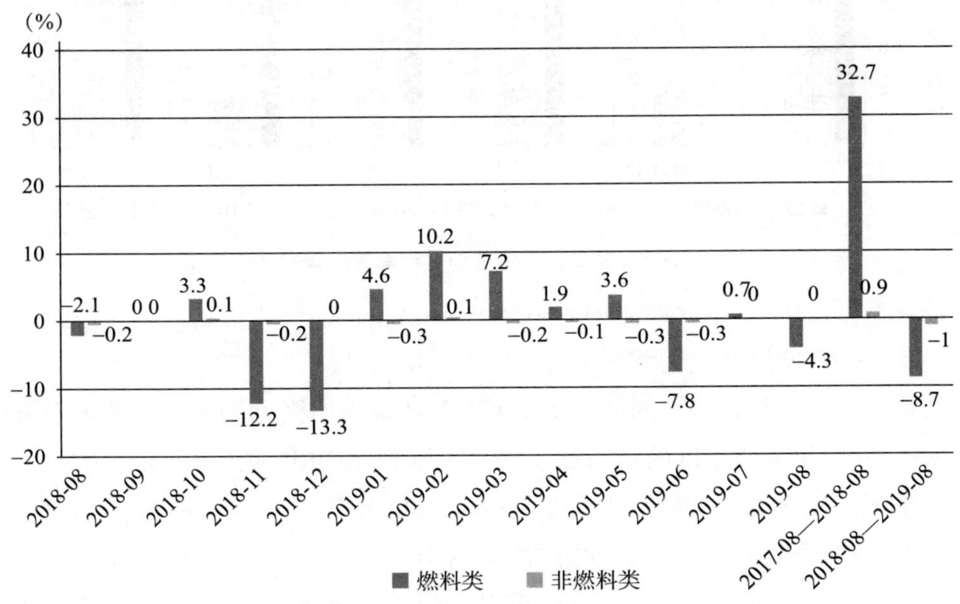

图 8　美国分类商品进口价格指数：燃料类和非燃料类

资料来源：BEA，U. S. Import and Export Price Indexes Summary，September 13，2019.

在全球主要经济体处于低通货膨胀的状态下，贸易摩擦反而降低了美国进口价格水平，关税的价格传递效应并没有推动美国整体进口价格水平的上涨。因此，可以判断全球贸易摩擦不会带来通货膨胀压力，全球的物价水平会因为总需求不足因素有下行压力。

从劳动生产率来看，全球发达经济体劳动生产率处于较低的水平。2014—2018 年，OECD、美国、英国、日本的劳动生产率比 2010—2014 年有所上升，但上升的幅度较小，整个 OECD 国家 2014—2018 年的劳动生产率仅比 2010—2014 年上升了 0.1%。而 2014—2018 年欧元区和德国的劳动生产率都比 2010—2014 年下降了 0.4 个百分点。从整体上看，相对于 1995—2005 年，发达经济体的劳动生产率是普遍下降的，但 2014—2018 年美国的劳动生产率较 2010—2014 年有较大幅度的增长，由 2010—2014 年的 0.3%上升到 2014—2018 年的 0.7%，不过，与 1995—2010 年相比仍有较大的差距（见图 9）。

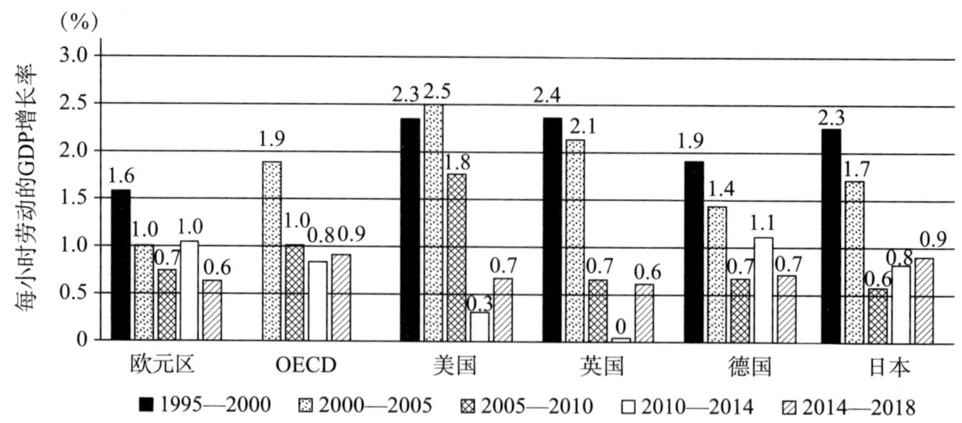

图 9　发达经济体劳动生产率的增长率

资料来源：OECD，Compendium of Productivity Indicators 2019.

注：OECD 缺少 1995—2000 年的数据。

从就业水平来看，在“四低”状态下，就业呈现出强劲的态势。美国经济中的失业率由 2009 年第四季度的最高点 9.93％下降到 2019 年第二季度的 3.63％，在 9 月进一步下降到 3.5％；欧元区的失业率从 2013 年第二季度的最高点 12.1％下降到 2019 年第二季度的 7.57％；欧盟的失业率从 2013 年第二季度的最高点 11％下降到 2019 年第二季度的 6.33％；整个 OECD 国家的失业率从 2010 年第一季度的最高点 8.51％下降到 2019 年第二季度的 5.19％；日本经济中的失业率从 2009 年第三季度的最高点 5.43％下降到 2019 年第二季度的 2.37％（见图 10）。

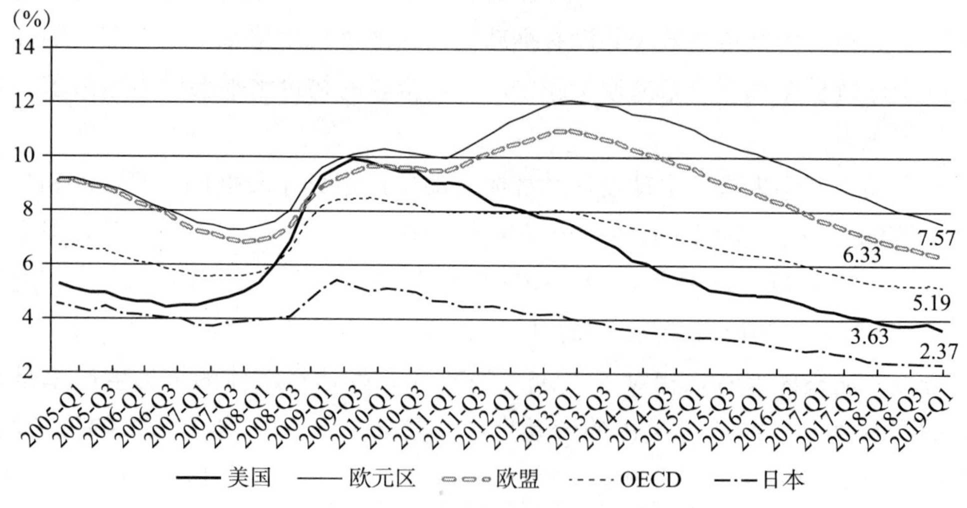

图 10　发达经济体失业率的变化

资料来源：OECD，Dataset：Short-Term Labour Market Statistics.

强劲的就业和下行的经济压力形成了对比，这就是菲利普斯曲线的扁平化甚至出现了反向的菲利普斯曲线（OECD，2018）[①]：经济（工资）下行、失业率下降。对于这一现象，OECD（2019）认为是低劳动生产率的工作持续推动了就业的增长。因为大多数工作都是在相对低劳动生产率和低工资行业创造出来的，在法国、德国和英国，在2010—2017年间就业人数最多的前三个部门占创造就业总额的三分之一，但低于平均工资。此外，在比利时、芬兰、意大利和西班牙，劳动生产率高于平均水平的行业出现净失业。在过去的15年里，赚取工资的劳动收入的份额在许多国家持续下降，最明显的是制造业。截至2017年，爱尔兰、波兰和葡萄牙的跌幅最大，但澳大利亚、匈牙利、以色列、日本和美国的劳动收入也大幅下降。[②] 对于这一现象来说，工资水平下降，人们倾向于工作，说明收入效应大于替代效应。这一现象的背后揭示的是发达经济体社会分配不公平程度在持续扩大，社会中低阶层收入下降：当工资下降时，人们被迫工作更多，以维持生活所需。

依据以上分析，总体上全球经济呈现出低经济增速、低贸易增速、低物价水平、低劳动生产率和高就业的“四低一高”态势，这一态势在近期会由于政治的不确定性、贸易紧张局势以及商业和消费者信心的下滑而持续。如果这种不确定性和贸易紧张局势得不到缓解，未来就业的压力或将逐步显现。

（二）全球经济信心指数下挫，对预期的不乐观使得全球金融市场再次开启降息或者宽松模式

长短期利差的倒挂在一定程度上反映了投资者对经济下行的担忧，而风险资产和国债利差的扩大则揭示了市场风险偏好尚未出现明确的逆转，整个金融市场表现出来的更多是处于风险偏好的选择期，表现为整个市场的避险情绪处于盘整与纠结状态。

从2018年年初以来，中美贸易摩擦、英国脱欧等不确定性因素，使全球的商业信心和金融市场的情绪一再受到打击。由于解决分歧的协议很有可能需要进行旷日持久的艰难谈判，全球经济的主要风险因素存在发酵的可能性，从而进一步恶化了投资者对未来增长的预期。

从OCED发布的商业信心指数来看，OECD、美国、中国的商业信心指数从2018年年中开始出现了下滑趋势，这也充分反映了全球贸易摩擦给商业信心带来的负面影响（见图11）。

① OECD, Employment Outlook 2018.

② OECD, Compendium of Productivity Indicators 2019.

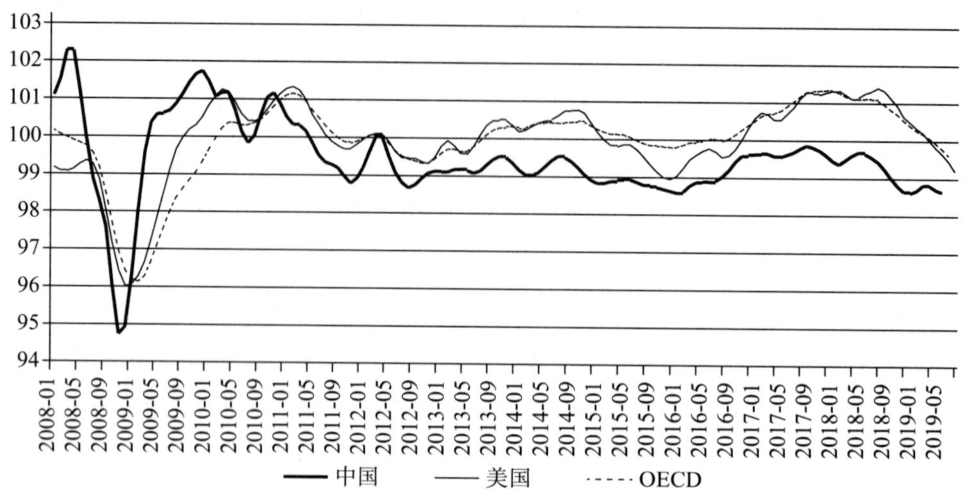

图 11　主要经济体商业信心指数：2008 年 1 月—2019 年 8 月

资料来源：OECD，Business confidence index（BCI），https：//data. oecd. org/leadind/business-confidence-index-bci. htm.

注：幅度调整指数，长期趋势＝100。

进一步从分类的指数来看，欧元区服务业、制造业、建筑业趋势信心指数也在 2018 年年中左右出现了明显的下滑。欧元区服务业信心综合指数从 2018 年 2 月的最高点 17.5 下滑到 2019 年 8 月的 9.3；制造业从 2018 年 8 月的最高点 22.6 下滑到 2019 年 8 月的一1.8；建筑业由 2018 年 8 月的最高点 8.3 下降到 2019 年 8 月的 3.7（见图 12）。

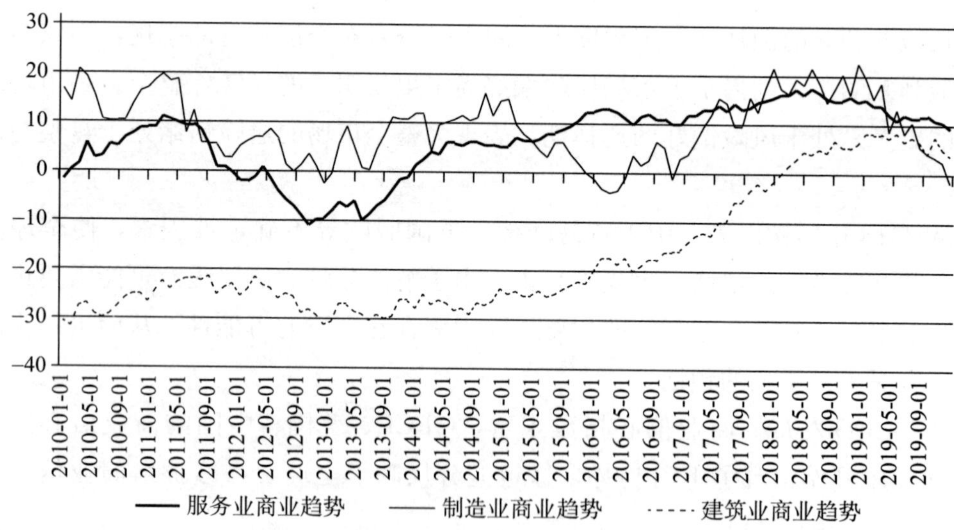

图 12　欧元区服务业、制造业和建筑业商业趋势信心指数的变化（综合指数）

资料来源：Federal Reserve Economic Data.

实体经济数据不佳，进一步带动预期下滑，反过来又影响实体经济的投资和消费。为促进经济的进一步复苏或者延长经济景气周期，全球开启了次贷危机以来的新一轮降息模式。与 2019 年年初相比，全球主要央行都下调了政策性利率水平，美联储 2019 年已经 3 次降息，联邦基金利率保持在 1.50%～1.75%的区间，全球短期基准利率下行。其中，日本、瑞士和瑞典都是负利率水平，欧元区利率为 0（见图 13），但存款便利利率为－0.5%。

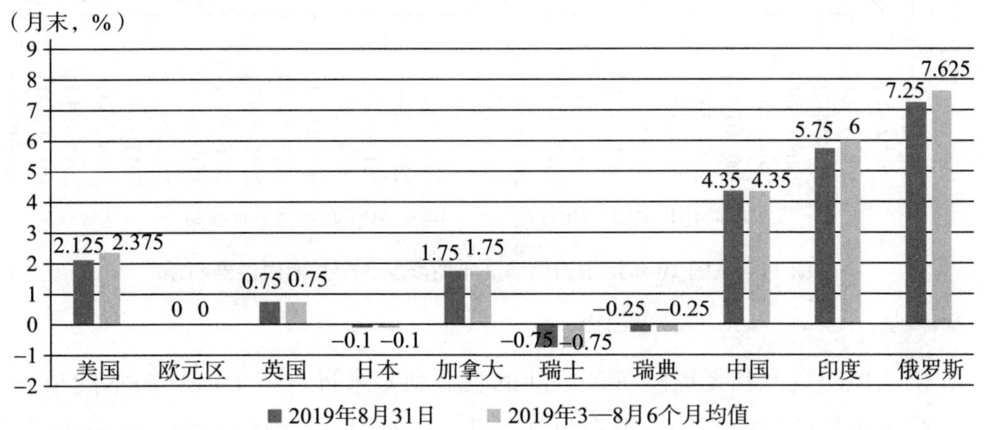

图 13　全球主要发达经济体和新兴市场经济体的央行政策性利率水平

资料来源：BIS.

注：各经济体的利率水平主要参照以下指标：美国：美联储目标利率的中值；欧元区：中央银行提供的官方流动性，主要是再融资利率和固定利率；英国：中央银行官方贴现利率；日本：市场操作指南；加拿大：中央银行隔夜利率；瑞士：瑞士央行政策利率；瑞典：中央银行固定回购/逆回购利率；中国：官方贷款利率（1 年期）；印度：官方隔夜回购利率，2019 年 10 月 5 日已经降至 5.15%；俄罗斯：官方法定利率。

值得关注的是，美联储 2019 年 10 月 11 日宣布从 2019 年 10 月 15 日到 2020 年第二季度，重启短期国债购买计划，规模为每月 600 亿美元，总规模高达 5 400 亿美元，将充足的准备金余额维持在等于或者高于 2019 年 9 月初所处的水平。同时美联储将继续实施隔夜或者定期回购至 2020 年 1 月，定期回购为每周 2 次，每次 350 亿美元，隔夜回购操作每日进行，每次至少 750 亿美元。通过回购确保在非准备金负债项急剧增加的时期，准备金供给充足。

图 14 显示，从美国 10 年期国债和 2 年期国债的收益利差来看，从 2013 年 12 月的 2.56%开始下行，到 2019 年 9 月只有 0.05%，两者收益率基本一致。10 年期国债和 3 个月期国债的收益率差从 2013 年 12 月的 2.83%开始下行，到 2019 年 9 月为－0.23%，这种长短期国债利差倒挂的现象出现在 2019 年 6 月（－0.15），已经连续 4 个月出现倒挂，引发了市场关于美国经济即将出现衰退的猜测。

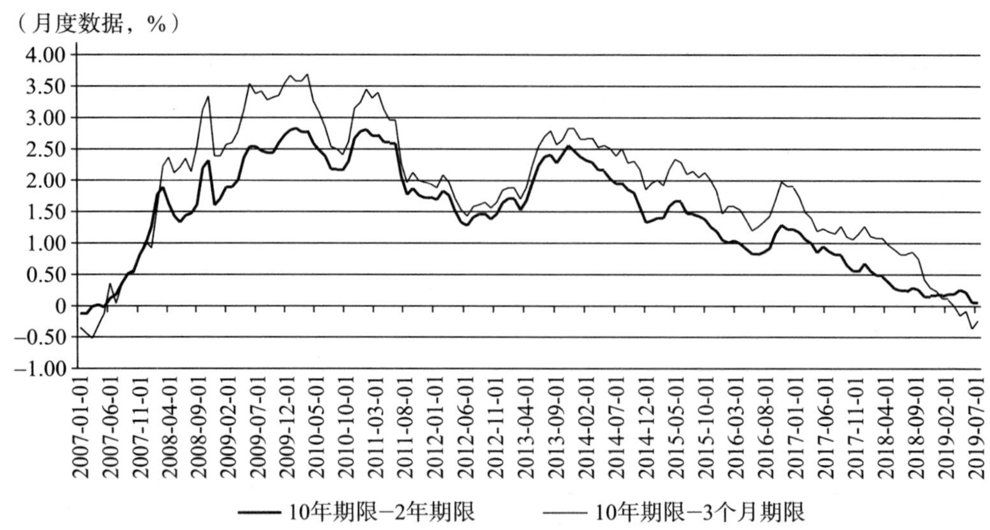

图 14　美国 10 年期限国债和 2 年期限及 3 个月期限债券利差

资料来源：Federal Reserve Economic Data，Interest Rate Spreads.

如果从风险资产和无风险资产之间的收益利差来看，整个市场揭示的是另一个信号：整个市场的风险偏好并没有出现逆转。穆迪 AAA 级债券收益率与 10 年期国债收益率的利差从 2018 年 1 月 1 日开始基本呈现出上扬态势。2018 年 2 月 1 日两者的收益率利差为 0.84 个百分点，目前基本维持在 1.3～1.4 个百分点（见图 15）。

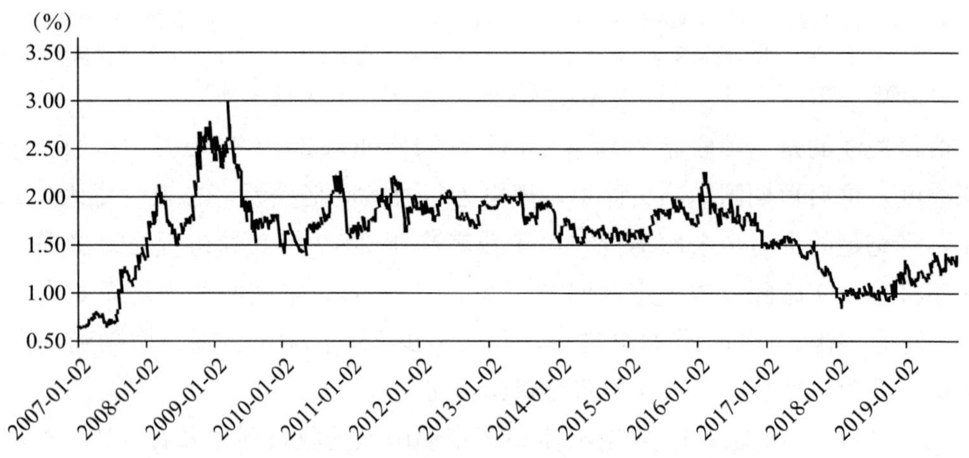

图 15　穆迪 AAA 级债券收益率和美国 10 年期国债收益率的利差

资料来源：Federal Reserve Economic Data，Interest Rate Spreads.

因此，全球开启的降息模式能否降低经济的不确定性尚需观察，因为风险事件的爆发存在多种潜在诱因，包括贸易紧张局势的进一步加剧、长期财政政策的不确定性以及一些高债务国家的债务动态恶化等，这些因素导致了市场投资者避险情绪的上扬，导致金融市场的情绪处于盘整与纠结状态。

(三) 新兴市场债务增长速度虽然放缓，但中低收入国家债务高企成为影响全球经济持续增长的重要因素

据世界银行的国际债务统计数据（2020），中低收入国家的外债存量在2018年增长了5.2%，比2017年增长慢。排除前十名借款人（阿根廷、巴西、中国、印度、印度尼西亚、墨西哥、俄罗斯、南非、泰国、土耳其），低收入和中等收入国家的外债存量上升了4%。

表2中的数据显示，与2008年相比，低收入和中等收入国家的债务总量都有所增长，且偿债压力有所加大。2018年低收入和中等收入国家的储备只能涵盖债务的74%，而在2008年为114%；2018年低收入和中等收入国家外部净债务占出口的64%，但到了2018年这一比例上升到101%。相比2008年，2018年低收入和中等收入国家的每年债务偿还占出口的比例以及短期债务占总债务的比例分别上升了4个百分点和7个百分点。

表2　　低收入和中等收入国家的债务及偿债能力（%）

	2008年	2014年	2015年	2016年	2017年	2018年
外部净债务/出口	64	95	100	108	105	101
债务偿还/出口	10	11	13	15	14	14
短期债务/总债务	21	30	25	24	26	28
储备/外部债务	114	92	90	82	79	74

资料来源：World Bank，*International Debt Statistics*，2020.

同时，还有更多国家的债务与国民总收入的比例更高。自2009年以来，在低收入和中等收入国家中，债务与国民总收入比例低于30%的国家所占比例较小（从2009年的42%降至2018年的25%）。在过去的10年里，债务占国民总收入比例超过60%的国家已经上升到30%，债务占国民总收入比例超过100%的国家已经上升到9%。从部分较大的新兴市场经济体来看，其债务压力更大。阿根廷、土耳其和巴西2018年外部净债务占出口的比例高达339%、194%和186%（见图16），尤其是阿根廷的外部净债务/出口增幅巨大。

进一步从储备能否涵盖债务的角度来看，2018年土耳其和阿根廷的储备分别只能涵盖债务总额的16%和23%，巴西的这一比例为67%。因此，土耳其和阿根廷的债务压力最大、偿债能力最弱，出现债务危机的可能性也最大（见图17）。

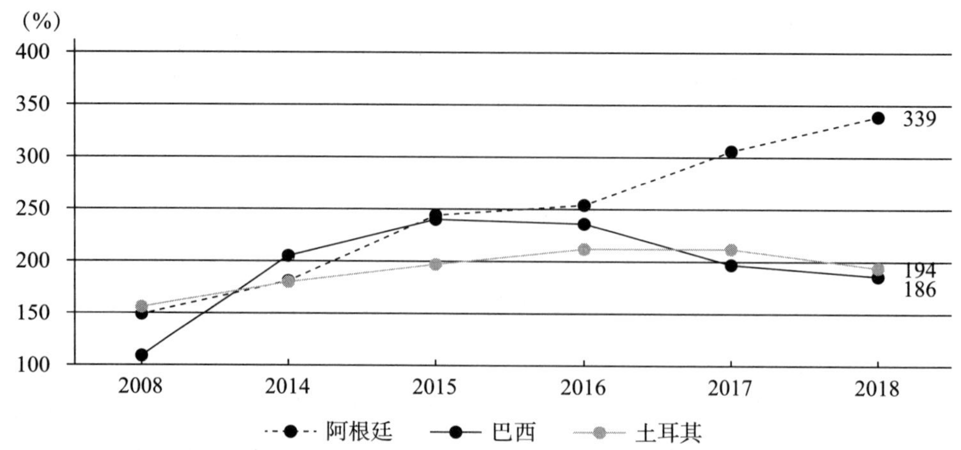

图 16　部分新兴市场经济体外部债务/出口的变化

资料来源：World Bank，*International Debt Statistics*，2020.

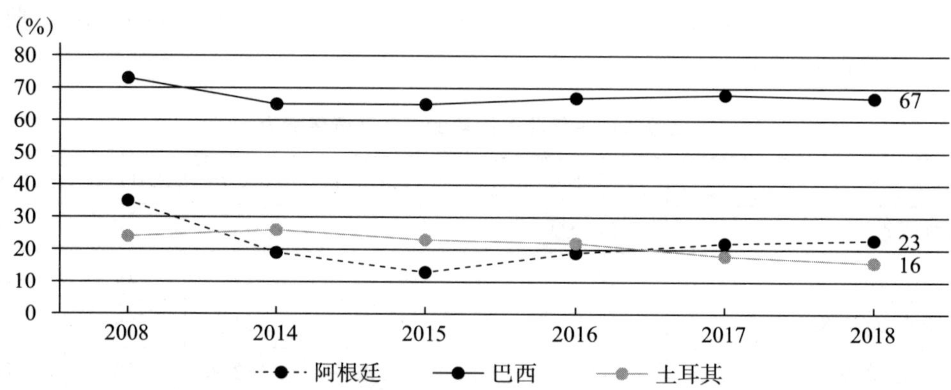

图 17　部分新兴市场经济体储备/总债务的变化

资料来源：World Bank，*International Debt Statistics*，2020.

三、高度不确定性的世界经济中存在的确定性

（一）全球都在寻求结构性转型，服务贸易成为经济的边际新增长点

全球都在寻求结构性转型，服务贸易和信息技术的增长清晰地表明了这一点。随着许多国家的劳动力成本开始上升，企业可能开始重新考虑投资决定。但政治不确定性、贸易紧张以及商业和消费者信心的侵蚀可能继续影响投资。通过政策刺激投资、利用数字信息服务转化提供的效率和规模经济来刺激高生产率活动的增长成为发达国家和部分发展中国家政策的核心部分。图 18 显示在全球贸易增速疲软的

背景下，商业服务出口保持了较高的增长率，这说明全球贸易出现了结构性的转型。

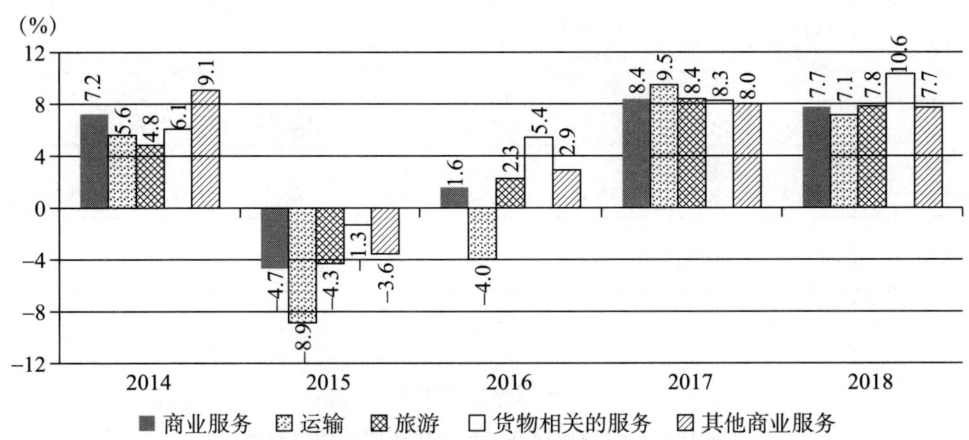

图 18　全球商业服务出口增长率

从全球商业服务贸易的领先者（前十大出口国，2018 年占全球服务贸易的份额为 53.2%）来看，在 2008—2018 年，只有 2 个国家被替代。意大利（2008 年有 150 亿美元逆差）和西班牙（2008 年有 440 亿美元顺差）在 2018 年被印度（280 亿美元顺差）和新加坡（3 亿美元逆差）替代。其他 8 个国家没有发生变化。2008 年全球十大商业服务贸易国的出口和进口分别为 20 825 亿美元和18 809 亿美元，2018 年分别增长到 30 840 亿美元和 29 000 亿美元，出口和进口的增幅分别为 48.09%和 54.18%。其中主要的变化是中国进口增长的幅度很大，相比 2008 年，2018 年进口增幅达到 236%。2008 年中国在商业服务贸易方面的出口和进口分别为 1 440 亿美元和 1 550 亿美元，2018 年两者分别为 2 660 亿美元和 5 210 亿美元。美国一直是全球最大的商业服务贸易国，十多年以来其商业服务进出口占据全球前十贸易国的份额基本没有变化（2008 年为 22.56%，2018 年为 22.47%）。

2018 年中国商业服务出口增速全球第一，增长率为 17%，进口增速为 12%，位居全球第二（次于印度的 14%）。但中国服务贸易存在大量的逆差，2018 年服务贸易逆差高达 2 550 亿美元，说明中国对服务贸易的需求比较强劲，也反映出中国整个经济结构处于转型加速期（见图 19）。

从图 20 给出的 2018 年全球商业服务贸易的市场份额可以看出，中国商业服务进口占据了全球的 9.5%，比美国仅低 0.3 个百分点，但出口只占全球的 4.6%，远低于美国的 14%，中国商业服务的出口有很大的提升空间。

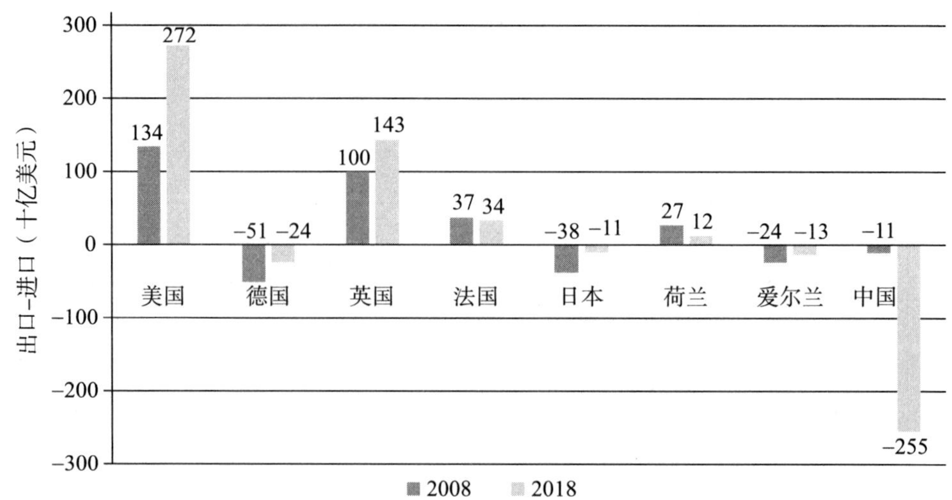

图 19　全球商业服务进出口领先国的贸易逆差

资料来源：WTO-UNCTAD-ITC.

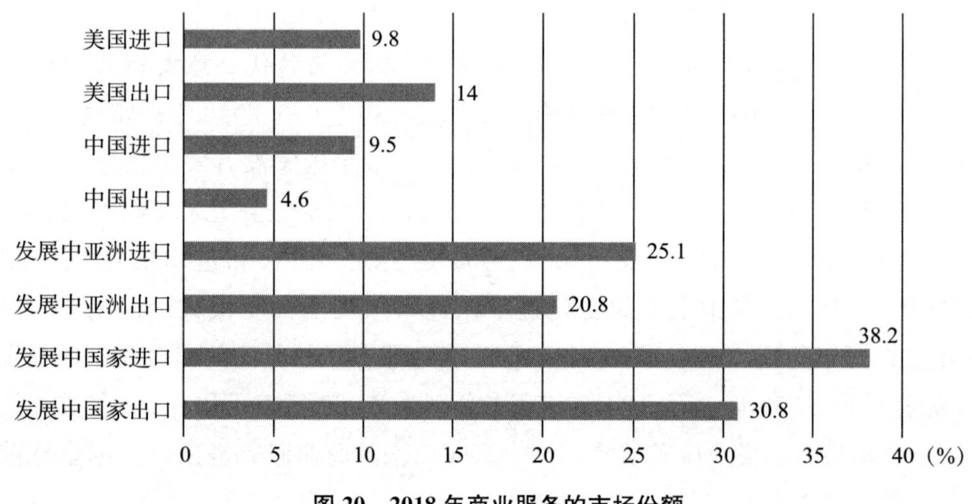

图 20　2018 年商业服务的市场份额

资料来源：WTO-UNCTAD-ITC.

表 3 中的数据显示 2008—2018 年电信、计算机和信息服务出口增长了 92.68%，其中计算机服务增长了 130.45%，电信服务基本无增长（仅增长了 0.31%），信息服务增长了 149.25%。计算机与信息服务成为全球贸易中增长最快的领域之一。

表 3　　信息与通信服务相关的贸易份额与增长率

	保险和养老服务	金融服务	知识产权使用费	电信、计算机和信息服务	其他商业服务	个人、文化和娱乐服务	总计
2018 年贸易份额（十亿美元）	144	490	404	606	1265	55	2 964
2008—2018 年增长率（%）	42.00	35.88	61.07	92.68	59.41	63.79	59.81

资料来源：WTO-UNCTAD-ITC.

(二) 区域贸易在很大程度上替代全球化成为现实

区域贸易在很大程度上替代全球化成为现实有几个显著的标志。第一，区域内贸易成为贸易的主流。全球基本形成了三个半区域内贸易区。北美、欧洲和亚洲是其中最大的三个，半个是指中东地区。2008—2018 年，北美区域内贸易的出口和进口分别增长了 5 290 亿美元、6 530 亿美元，欧洲区域内的出口和进口分别增长了 6 230 亿美元和 2 550 亿美元，亚洲区域内的出口和进口分别增长了 19 770 亿美元和 20 100 亿美元。中东地区的出口和进口分别增长了 1 060 亿美元和 1 100 亿美元。非洲区域内进口增长了 930 亿美元，同时其更多依靠外部出口，区域内出口减少了 830 亿美元。而独立国家联合体（Commonwealth of Independent States，CIS）区域内出口和进口分别减少了 620 亿美元和 650 亿美元，更多地依靠区域外的市场（见图 21）。尤其是亚洲区域内出口占总商品贸易的比例上升了 5.9 个百分点，2018 年区域内贸易是 2008 年的 1.5 倍。北美也增加了 0.6 个百分点，欧洲则下降了 3.4 个百分点，中东地区下降了 0.5 个百分点。

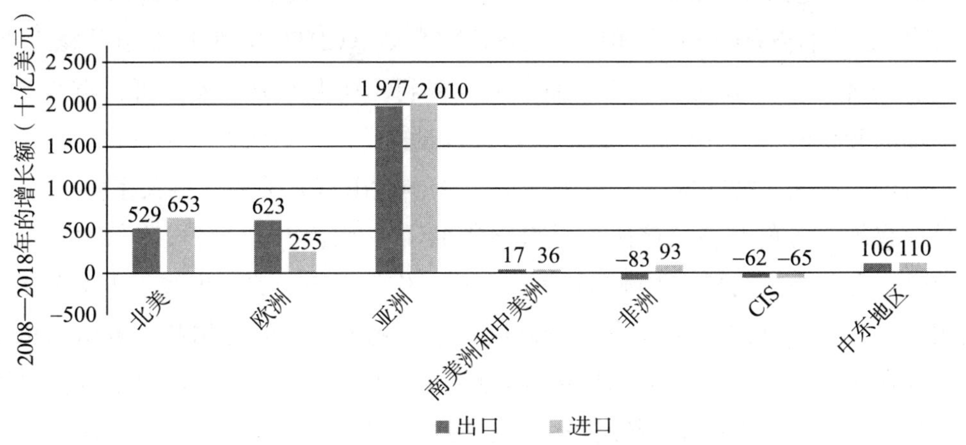

图 21　全球各个区域内出口和进口的货物贸易变化

资料来源：WTO-UNCTAD.

第二，区域贸易协议（RTA）成为贸易的重要方式，越是发达的区域，区域贸易协议的比例越高。表4给出了全球十大区域贸易协议的RTA贸易占其总贸易的比例，可以看出，EU的RTA贸易的比例高达65%左右，NAFTA的这一比例为50%。同时，ECOWAS、COMESA的这一比例也分别由2008年的8%和5%提高到10%和8%。

表4　　2008年和2017年全球十大区域贸易协议RTA贸易占其贸易的比例

	RTA贸易的比例（%）
欧盟（EU，28国）	67（64）
北美自由贸易协定（NAFTA）	50（50）
东南亚国家联盟（ASEAN）	25（24）
安第斯共同体（ANDEAN）	7（7）
南方共同市场（MERCOSUR）	12（13）
西非经济货币联盟（WAEMU）	14（14）
南部非洲发展共同体（SADC）	11（8）
西非国家经济共同体（ECOWAS）	8（10）
东部和南部非洲共同市场（COMESA）	5（8）
中非经济和货币共同体（CAEMC）	2（2）

资料来源：WTO-UNCTAD.

注：括号中为2017年的数据。

第三，贸易摩擦促使各种区域或跨区域的自贸区发展进入了加速阶段。自特朗普在2018年发起大规模的贸易摩擦以来，全球以美国为主导的自贸区发展进入了加速阶段。2018年9月24日，美国和韩国签署了美韩双边贸易修正后协议；2018年11月30日，《美国-墨西哥-加拿大协定》替代了1994年生效的《北美自由贸易协定》；2018年年底全面与进步跨太平洋伙伴关系协定生效（CPTPP，由日本领导修改协定，成员包括日本、澳大利亚、文莱、加拿大、智利、马来西亚、墨西哥、新西兰、秘鲁、新加坡和越南）。2019年9月25日，美日迅速达成自贸区贸易协议，但协议实际上只不过部分恢复了特朗普在2017年1月将美国撤出跨太平洋伙伴关系协定（TPP）时不计后果地丢掉的利益。该协议是有限制的，它规定日本分阶段降低对核桃、杏仁、蓝莓、葡萄酒、奶酪、牛肉和猪肉的关税。作为回报，美国削减了大部分工业产品的关税。双方打算在2020年春季重返谈判桌，就更广泛的货物和服务贸易以及投资改革议程进行第二阶段谈判。此外还有处于进一步谈判阶段的美欧自贸区协议等。

第四，在次贷危机后，全球贸易中南-南贸易所占比重明显上升。2018年南-南贸易中的出口有52.1%是在南-南市场中完成的，这一比例比2008年提高了6.2个百分点；发展中国家出口到发达国家和CIS的份额由2008年的54.1%下降到2018

年的 47.9%（见图 22）。这表明，在次贷危机后，随着发达经济体总需求的下降以及各种贸易摩擦的增长，发展中国家更多地是利用自己的市场做生意，而不是更多地利用发达经济体的市场做生意。

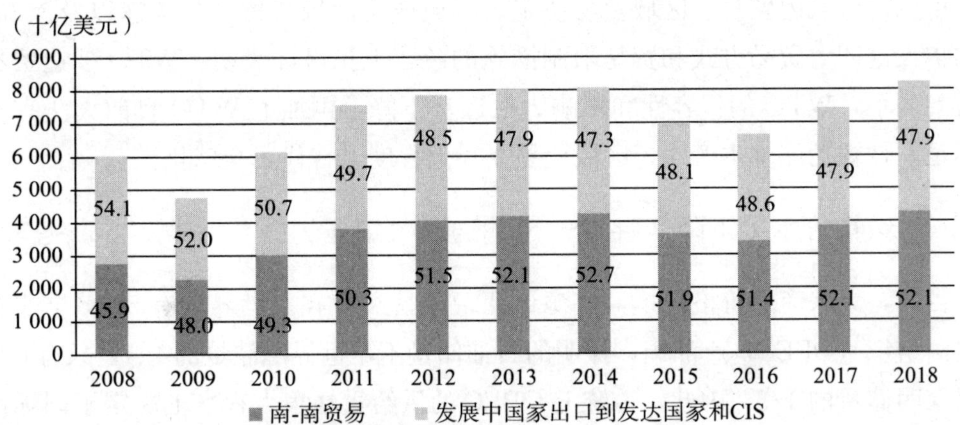

图 22 世界贸易格局：各自贸易占有的市场份额

资料来源：WTO-UNCTAD-ITC.

第五，全球贸易限制措施在不断上升，多边体系功能被弱化。图 23 显示，从 2017 年 10 月中旬开始，全球进口限制措施出现了急剧增长。2016 年 10 月中旬到 2017 年 10 月中旬，全球进口限制措施涉及的金额仅为 790 亿美元。随着贸易摩擦的升级，2017 年 10 月中旬到 2018 年 10 月中旬，全球进口限制措施涉及的金额高达

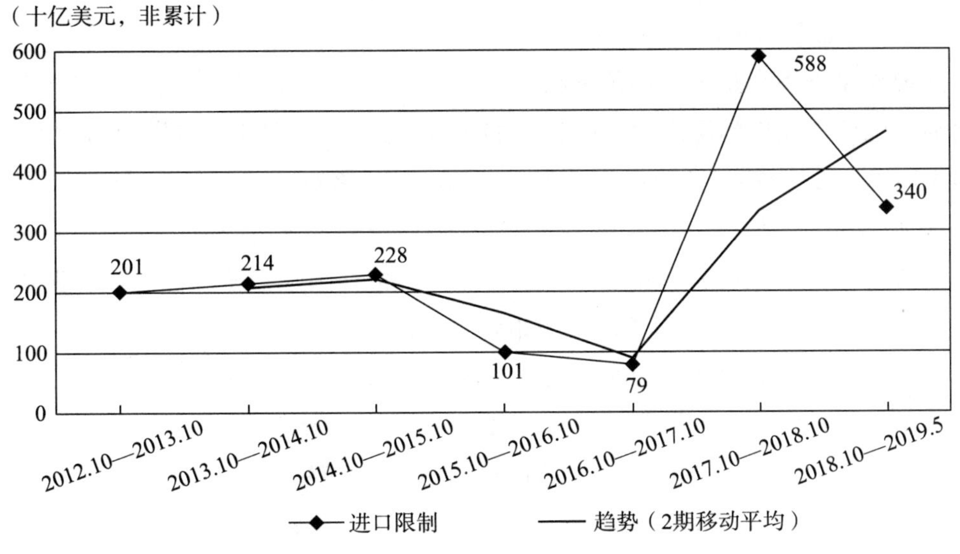

图 23 不同报告期新进口限制措施

资料来源：WTO Secretariat.

5 880 亿美元。2018 年 10 月中旬到 2019 年 5 月中旬 7 个月的时间，全球进口限制措施涉及的金额高达 3 400 亿美元，若换算成 1 年，那么金额将高达 5 830 亿美元左右。也就是说，2017 年 10 月中旬之后，全球进口限制措施涉及金额在年度水平上上涨了 600%多！

可见，区域内贸易、区域贸易协定、区域或跨区域自贸区的提速以及南-南贸易的扩大这四大贸易方式和贸易限制措施的急剧上扬已经表明：WTO 多边贸易体系被削弱了，WTO 的包容性和影响力在逐步下降。再加上 WTO 目前大法官的数量不足，仲裁功能基本瘫痪，区域贸易在很大程度上替代了全球化。

（三）全球物价水平下降，存在一定的通货紧缩压力

目前，大宗商品价格低迷，资源诅咒现象持续存在。世界上有 50 多个非石油输出国组织（OPEC）产油国，探明的石油储量不足世界总储量的 1/4，只有 OPEC 国家探明储量的 1/3。因此，传统上 OPEC 的供给量在很大程度上决定了国际市场原油定价，这就是卡特尔定价法则。而这一定价格局在 2014 年随着美国页岩油形成规模化的产能后发生了巨变，演变为成本比拼性质的伯川德（Bertrand）竞争性定价。当然，2014 年下半年至 2019 年下半年的国际市场油价深度下跌与原油的供给、强势的美元以及全球尚处于复苏进程中的疲软的制造业密切相关。但国际能源署（IEA，2014）的研究表明：在此轮油价的跌幅中，仅有 20%～35%是因为当时和现在这个时期石油需求的意外下降。那么原油价格是期货定价吗？是金融市场上的“投机”导致了石油价格的下跌吗？最近的研究表明，几乎没有证据支持这个观点（Arezki and Blanchard，2014）。[①]

这说明供给因素是推动油价下跌的重要原因。近年来，加拿大的油砂、美国的页岩油、巴西和北极的深水油田等新兴能源开采源侵占了 OPEC 的市场份额，并在 2014 年引发了以沙特阿拉伯和美国为主角的石油价格对抗。在 2014 年 10 月油价跌破每桶 90 美元之后，11 月 OPEC 拒绝为提振油价减少石油产量；12 月全球最大产油国沙特阿拉伯下调对美国和亚洲的出口原油价格，国际油价一路狂泻，跌破每桶 50 美元大关。油价成本成为长期捍卫市场份额的唯一手段。

从美国前三大页岩油田的成本来看，盈亏平衡价为每桶 60 美元左右。[②] 尽管目前美国出现了首家页岩油开采企业提交破产申请的案例，但 EIA 的数据显示这些油田的产量还在上升。[③] 而沙特阿拉伯的产油成本在每桶 20～30 美元。如果国际油

① Arezki，R. and O. J. Blanchard，2014，“Seven Questions About the Recent Oil Price Slump”，IMF direct.

② 美国前三大页岩油田是 Bakken、Eagle Ford 和 Permian。此外还有 Niobrara、Utica 等油田。

③ 美国能源信息署（EIA）网站。

价较长时间维持在 60 美元左右，可以预期高成本的美国页岩油企业将出现财务困境，倒闭重组在所难免。即使如此，美国能源独立的目标基本实现。美国的石油进口从 2006—2007 年的峰值 1 000 万桶/日下降到近几年的 700 万桶/日，而其产量在 2019 年则上升到 1 000 多万桶/日。美国页岩油供给的增长和油价下跌降低了美国经常账户逆差，石油出口国将无疑会受损①，资源诅咒现象会延续。

另外，由于特朗普要延长美国经济的景气周期，就必须保持较低的利率水平，这要求国际油价保持在一个比较低的位置，以防止成本推动型物价上涨，给美联储降息留下空间。

图 24 给出了大宗商品价格指数的走势。可以看出，以 2008 年为基期，IMF 给出的 2019 年的原油价格指数只有 61.06。2019 年除了食品和饮料价格指数达到 90.27 以外，大宗商品价格指数只有 72.72，而包括原油、天然气和煤炭的能源价格指数只有 57.33，大宗商品价格处于中低位。

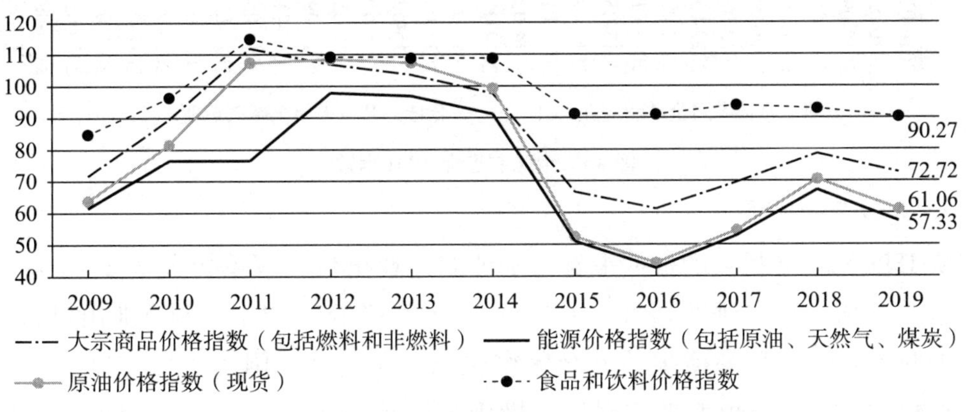

图 24 大宗商品价格指数的变化（2009—2019 年）

资料来源：International Monetary Fund，World Economic Outlook Database，April 2019（2008＝100）.

注：原油价格指数（现货）是指三大现货市场（布伦特现货、西得克萨斯中质原油和迪拜法塔赫）现货价格的简单平均值。

（四）制造业的下滑将使 PPI 在低位运行

在全球经济需求疲乏的背景下，收入增长预期不乐观，消费者首先减少的是耐用品支出。因此，制造业的景气状态是反映经济周期状态的重要指标。

① 石油出口的集中度要远大于石油进口的集中度，油价下跌时石油出口国的影响程度会更大。比如，能源收入占俄罗斯 GDP 的 1/4，占其出口的 70%和俄联邦收入的 1/2。中东石油出口占海湾合作委员会国家出口的约 64%，石油收入占其 GDP 的 1/4。

从摩根大通全球制造业 PMI 指数来看，从 2019 年 5 月跌破 50 以来，已经连续 5 个月位于枯荣线之下；而制造业新订单指数也是自 5 月跌破 50 后连续 5 个月位于枯荣线之下，全球制造业整体上处于收缩状态（见图 25）。

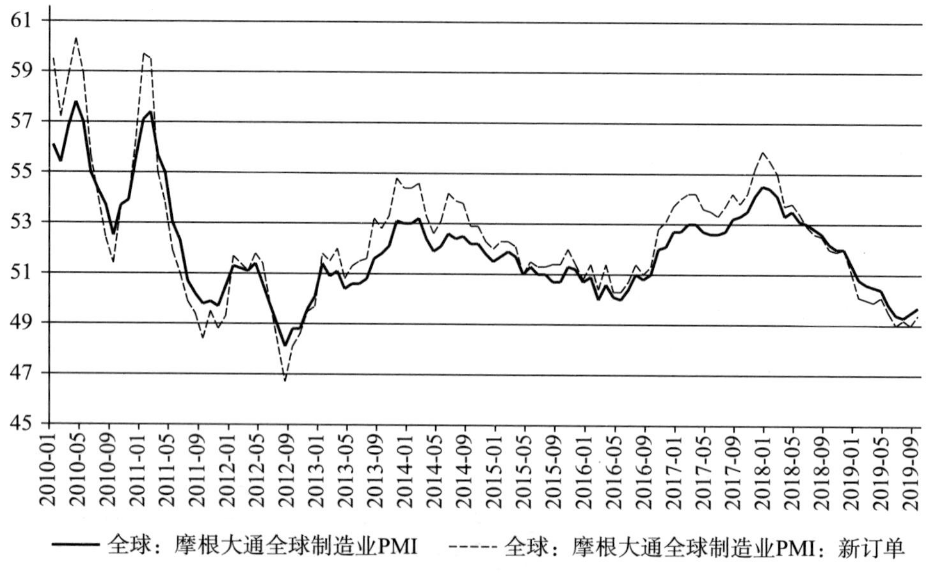

图 25　全球制造业 PMI 指数

资料来源：WIND 资讯。

从 IHS Markit 提供的数据来看，全球制造业出口新订单指数从 2018 年 7 月开始就跌破枯荣线，到 2019 年 8 月连续 13 个月位于 50 以下。制造业出口新订单指数的收缩与全球贸易摩擦的升级紧密关联，尤其是美国为了保护制造业的就业，通过大规模的关税或者“双反”措施来降低外国制造业在本国市场上的销售。因此，全球制造业出口新订单指数的下滑幅度要大于整体制造业指数的下滑幅度（见图 26）。

当前制造业的持续下滑是由经济总需求不足导致的，也受到贸易摩擦升级的影响。由于经济总需求在短期内很难提升，贸易摩擦也会继续延续，因此，制造业的不景气也决定了大宗商品价格在中低位运行，PPI 也在低位运行。

（五）美联储进入降息通道，2019—2020 年外汇市场的动荡将好于 2018 年，人民币兑美元汇率将在较小的幅度内双边波动

由于全球货币政策再次进入宽松阶段，美联储 2019 年已经 3 次降息，联邦基金利率维持在 1.50%～1.75%的水平。2019 年 10 月 11 日，美联储宣布自 2019 年 10 月 15 日起到 2020 年第二季度，重启短期国债购买计划，购债规模为每月 600 亿美元，以

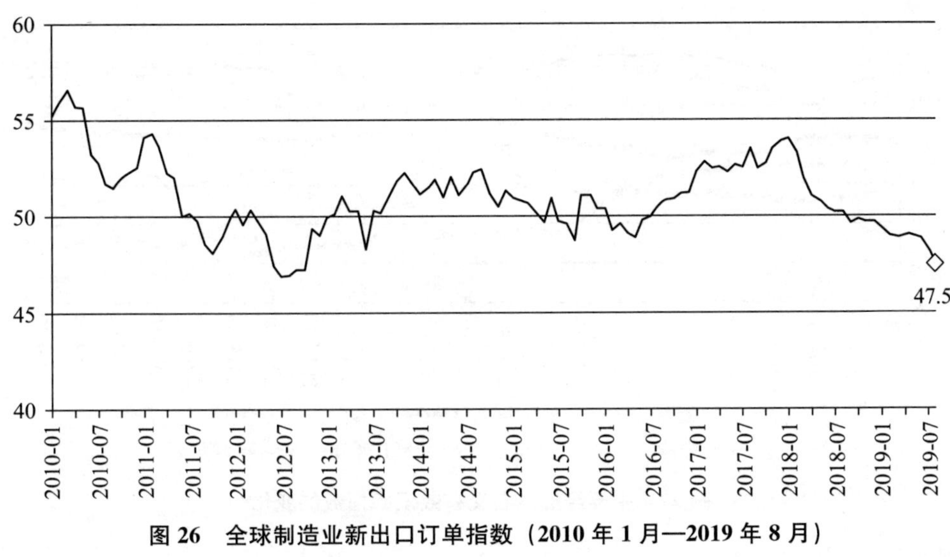

图 26 全球制造业新出口订单指数（2010 年 1 月—2019 年 8 月）

资料来源：IHS Markit.

此来维持准备金供给等于或高于 2019 年 9 月之前的充裕水平。10 月 24 日，美联储宣布将在 10 月 24 日和 10 月 29 日把定期回购的操作金额从 350 亿美元增加到 450 亿美元（增幅为 28.6%）；自 10 月 24 日起将隔夜回购操作规模从 750 亿美元提高到至少 1 200 亿美元（增幅为 60%）。

欧洲央行 2019 年 9 月也宣布了一项大规模刺激计划，以提振欧元区的经济。其中包括将存款利率下调 10 个基点，向商业银行提供新的贷款条件以及实施第二轮量化宽松政策。第二轮量化宽松将于 11 月 1 日开始，每月额度为 200 亿欧元。而当前的欧洲央行存款利率为−0.5%，隔夜担保利率为−0.4%，整体处于宽松状态。日本央行自 2016 年推出负利率政策以来，一直维持着宽松的货币政策。2019 年 10 月 30—31 日的央行会议维持政策性利率−0.1%不变。由于全球主要金融中心维持宽松的货币状态，尤其是美国，全球利率水平处于下行阶段。

从近些年外汇市场的情况来看，在美联储进入加息通道的背景下，外围的汇率市场就会承受过度波动的压力。随着市场预期 2014 年美联储进入加息通道，全球主要的名义一篮子货币发生不同程度的变化，2014 年 1 月—2019 年 8 月，美元名义有效汇率指数上涨了 23.07%，日元上涨了 12.7%，欧元基本保持不变，仅下降了 0.03%，人民币汇率指数贬值了 1.10%，英镑指数贬值了 11.61%，而巴西雷亚尔、土耳其里拉和阿根廷比索的货币指数分别贬值了 18.13%、52.39%和 82.44%（见图 27）。

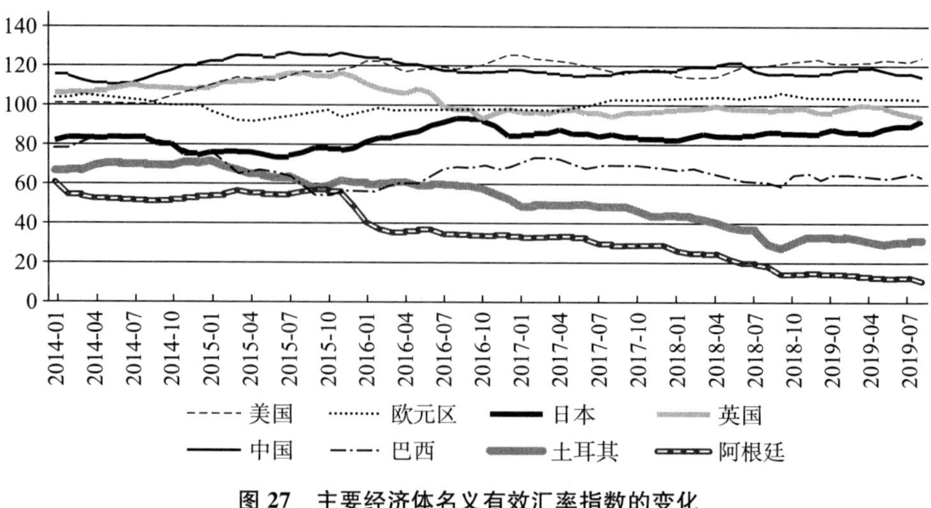

图 27　主要经济体名义有效汇率指数的变化

资料来源：BIS.

从双边汇率来看，自美联储 2015 年首次加息以来，美联储在之后 4 年的时间里已经加息多达 9 次，其中 2015 年和 2016 年各 1 次，2017 年 3 次，2018 年 4 次。2018 年美联储的 4 次加息直接导致了阿根廷比索和土耳其里拉分别对美元贬值 90％和 40％以上，引发了阿根廷和土耳其的货币危机。2019 年 8 月 1 日，美联储宣布降息 25 个基点，将联邦基金利率下调至 2％～2.25％，这是美联储自 2015 年 12 月加息以来的首次降息。9 月 19 日美联储再次降息 25 个基点，将联邦基金利率下调至 1.75％～2.0％；10 月 30 日再次降息 25 个基点，联邦基金利率目前维持在 1.5％～1.75％的水平。

而随着美联储进入降息通道，外围汇率市场的动荡要好于 2018 年。美元降息，外围市场的美元负债的偿债压力会相对减缓；美元的资金回流对外围市场的压力会减缓。由于欧元占据了美元指数 57.6％的比例，主要机构（包括 IMF、WB）预测欧洲经济在 2020 年将比 2019 年有所增长，在这个意义上，美元走弱是大概率事件。因此，2019—2020 年尽管外围市场还是存在一定的波动压力，但整体风险要显著好于 2018 年。

至于人民币汇率，尚存在较小幅度的贬值压力，主要原因是经济增速的放缓。2018 年至 2019 年下半年，人民币对美元双边汇率贬值了 12％左右（美元兑人民币由 6.2 元人民币/美元上升到 7.0 元人民币/美元），人民币贬值预期压力得到了较好释放；同时，由于加大了开放力度，允许外资开设全资银行、证券公司和保险公司等，外资的流入在一定程度上也会消除贬值压力。因此，有理由认为：人民币汇率将在现有的水平上窄幅双向波动，不存在大幅贬值或者升值的趋势。

(六) 中美贸易摩擦仍存在一定的变数，全球贸易最大的不确定性因素很难在短期内解除

2018 年全球贸易摩擦给世界经济带来了重大不确定性。从短期来看，贸易摩擦降低了全球贸易量，减少了总需求，影响了全球经济的增长。更为严重的是，从长期来看，贸易摩擦会打乱既有的全球价值链体系，拖累全球经济的长期增长动力。

图 28 揭示了 2005—2015 年全球重要的发展中经济体参与全球价值链体系的年度复合增长率。可以看出，中国已经深度融入全球价值链体系，年度复合增长率高达 10.1%，仅次于菲律宾的 10.4%和越南的 16.5%。

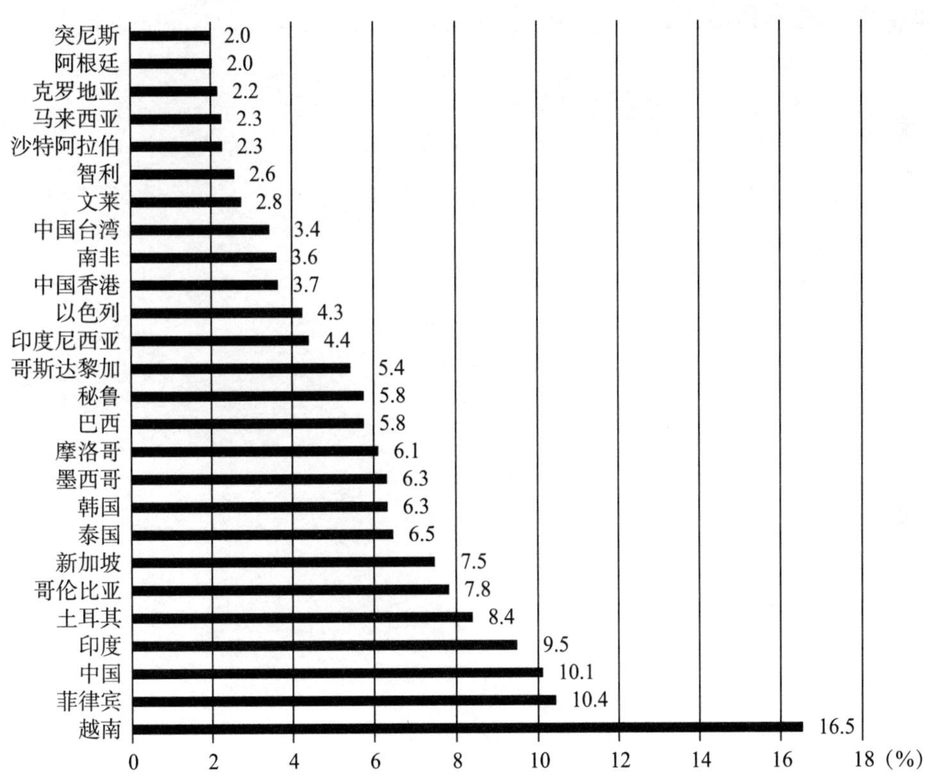

图 28 重要的发展中经济体参与全球价值链体系的年度复合增长率（2005—2015 年）

资料来源：OECD TiVA database.

中美贸易摩擦大幅提高了中国出口到美国的商品的关税水平。2017 年美国对中国商品征收的是最惠国待遇关税，税率为 3.1%；在美国发起“301 调查”后，2018 年对中国商品征收的关税税率达到 12.4%；在对 2 000 亿美元中国商品征税后，2019 年 5 月 10 日，对中国商品征收的关税税率达到 18.3%。随着中美贸易磋

商的进展，美国对其余 3 000 亿美元中国商品暂缓征税。如果美国继续加征关税，中国出口到美国的商品的关税税率将高达 27.8%，这已经接近大萧条时期的斯穆特-霍利关税水平。① 如此之高的关税必将对现有的全球价值链产生冲击。2019 年上半年，中国在美国市场上出口份额的减少、墨西哥等国商品在美国市场上份额的增加已经显示了全球价值链正在发生变化，这将倒逼中国进行更大程度的技术创新，去寻求更高技术层面的国际市场。

2019 年 10 月 10—11 日，中美双方进行了第十三轮贸易磋商，虽然磋商并没有取得明确的结果，但向市场传递了积极的信号。贸易磋商达成比较全面的协议的标志之一就是取消全部关税，回到 2017 年的关税水平，但能否达成还有待观察。从这个角度来看，贸易摩擦给全球经济带来的不确定性和伤害远未消除，这无疑不利于全球经济的复苏和增长。

① Chad P. Bown (PIIE) and Eva (Yiwen) Zhang (PIIE), Trump's 2019 Protection Could Push China Back to Smoot-Hawley Tariff Levels, May 14, 2019.

中美贸易摩擦的影响评估与应对方案

王孝松　武　皖

摘　要

2019 年 10 月 10—11 日，刘鹤副总理应美方邀请率团访问华盛顿，同美国贸易代表莱特希泽、财政部长姆努钦举行了第十三轮中美经贸高级别磋商。此轮磋商之后，中美两国取得了实质性的第一阶段成果，美国将暂缓 10 月 15 日的对华加征关税措施。中美贸易摩擦爆发一年多来，双方加征关税的范围持续扩大，目前两国均对对方出口的大部分产品加征了关税，而能否全面取消关税则取决于双方的谈判进程和两国国内各自的发展状况。已加征关税的作用持续发酵，将会对中国的贸易发展、经济增长、国民福利产生显著影响。本文通过可计算一般均衡模型对中美贸易摩擦对世界主要经济体的影响进行评估，并对提升技术水平、中国推进区域全面经济伙伴关系（RCEP)、加入全面与进步跨太平洋伙伴关系协定（CPTPP)、提升私人部门消费等四种不同应对方案的效果进行比较。模拟结果表明，中美贸易摩擦对中国经济增长和社会福利产生负向影响，且随着美国加征关税规模的扩大，中国的经济情况不断恶化，但基本上优于不向美国征收额外关税的情况。通过比较四种应对方案，本文发现提升技术水平是对中国正向影响最大的措施，该措施不仅可以抵消中美贸易摩擦的不利影响，而且可以促进中国 GDP 和社会福利的增加，有利于中国经济的长远发展。未来中国应更加重视同贸易伙伴签订自由贸易协定，以抵消中美贸易摩擦的不利影响；同时要深化开放，主导全球贸易规则的制定，促进消费，拉动经济的发展；更为重要的是，国家需要从源头上优化科技发展的战略布局，加强基础研发，掌握核心技术。

关键词： 贸易摩擦；关税；技术进步

一、概　述

自 2017 年 1 月特朗普就任美国总统以来，美国以重振美国制造业、维护工人利益为理由，对外实施了一系列贸易保护措施，尤其是针对中国。从 2018 年 7 月美国对中国首批加征关税清单生效以来，中美贸易摩擦不断加剧，在 2019 年初有所缓和，但由于磋商失败，中美贸易摩擦继续升级。截至 2019 年 10 月，美国对中国的关税水平约为 21%，中国对美国的关税水平约为 21.1%。若未来中美贸易摩擦继续升级，中美互征关税将进一步增长，则不利于中美贸易的发展。

其间，中美进行了多次磋商，在 2019 年 10 月进行的第十四轮磋商上，中美达成了较为一致的想法，在短期内有望达成文本协议。尽管中美贸易摩擦可能在未来得到根本解决，但长达两年的准备和发展过程，对中国经济产生了重要影响。本文梳理了中美贸易摩擦的发展过程，考察了中美之间关税和贸易的变化，分析了中美清单涉及的产品种类，并采用标准静态全球贸易分析（Global Trade Analysis Project，GTAP）模型对中美贸易摩擦的影响进行了模拟，以寻求行之有效的应对方案。

自美国宣布可能会对中国商品加征关税后，很多学者对中美贸易摩擦的效应进行了研究。Bollen 等（2018）通过模拟发现贸易摩擦将使中国 GDP 损失 1.2%，而美国 GDP 仅损失 0.3%，中美均会经历产品生产和劳动在行业间的变化。Guo 等（2018）使用多国多部门一般均衡模型，模拟美国对中国商品征收 45%的关税将对中国的进出口、产出、实际工资等产生的影响，结果发现，如果中国采取反制措施的同时加大对其他经济体（以东盟、欧盟为主）产品的进口，中国的福利将不降反升，而美国则无论如何都将面临较高的损失。Li 等（2018）使用多国一般均衡模型进行模拟发现，尽管中美贸易摩擦将会对中国产生不利影响，但影响有限，同时，美国也会受损。段玉婉等（2018）也测算了美国的关税政策对关税有效保护率的影响，结果发现美国加征关税对美国国内产业的有效保护程度作用有限。樊海潮等（2018）从中间品贸易和量化分析的角度对中美贸易摩擦及其影响进行了评估，发现一国进口最终产品关税下降，该国福利水平发生恶化，进口中间品关税降低，该国福利水平则有所改善。黄鹏等（2018）使用 GTAP 模型模拟发现，中美贸易摩擦对中国产生负面影响，而全球价值链具有缓冲作用，并认为中国应加强自贸区建设和加强知识产权保护。吕越等（2019）通过使用 WITS SMART 模型模拟发现，美国从中国的进口和中国从美国的进口将大幅减少，且前者减少的额度远超后者；

中国所遭受的总体福利损失却更多，约为美国的 2.6 倍。

与已有研究相比，本文主要有如下创新：第一，本文基于中美贸易摩擦的实际发展，计算出各个行业关税的实时变化后进行模拟，使模拟结果更加精准。第二，本文采用 GTAP 模型和数据，全面考察了全球各个国家或地区以及行业，同样可以使模拟结果更准确。第三，本文在考察中美贸易摩擦影响的基础上，对中国不同应对方案进行了分析和比较，有利于中国应对中美贸易摩擦。综上所述，本文研究结合实际发展，分析结果更具有现实意义，更有利于中国采取相应的应对措施。

二、中美贸易摩擦的发展过程

自 2017 年美国对中国展开所谓的“301 调查”后，中美贸易摩擦发展过程如表 1 所示，其间经历了摩擦加剧的情况，也经历了摩擦缓和的情况，美国发出了一系列加征关税的威胁，中国也做出了强有力的回应，其中加征关税清单如下：（1）美国先对中国 500 亿美元商品加征 25%的关税，分 340 亿美元和 160 亿美元两批实施，分别于 2018 年 7 月 6 日和 2018 年 8 月 23 日生效。为了维护自身的利益，中国对同等规模的美国商品加征同等幅度的关税，于美国加征关税清单生效时间生效。（2）随后，美国又对中国 2 000 亿美元商品加征 10%的关税，生效时间为 2018 年 9 月 24 日。作为回应，中国对美国 600 亿美元商品加征关税，加征关税税率为 5%到 10%不等。（3）2019 年 5 月 10 日，美国将其 2 000 亿美元清单的加征关税幅度从 10%提升到 25%。2019 年 6 月 1 日，中国调整其 600 亿美元清单加征关税幅度，加征 5%到 25%不等的关税。（4）2019 年 9 月 1 日，美国针对中国将近 3 000 亿美元商品加征关税清单的第一批生效，加征 15%的关税。中国对美国 750 亿美元加征关税清单的第一批于相同时间生效，在之前清单的基础上，加征 5%到 10%不等的关税。

未来可能会调整或生效的清单包括：（1）美国调整之前 500 亿美元和 2 000 亿美元清单加征关税的幅度，从 25%提升到 30%。（2）美国 3 000 亿美元清单的第二批可能会于 2019 年 12 月 15 日生效，而中国 750 亿美元清单的第二批可能会在相同时间生效。

2018 年 5 月—2019 年 10 月，中美之间就贸易问题进行了十三轮磋商。2018 年进行了四轮磋商，但并没有明显进展。从 2019 年 1 月开始，中美贸易摩擦进入缓和阶段，中国暂停对美国汽车及零部件加征关税。从 2019 年初到 2019 年 5 月，中美进行了紧密的磋商，共八轮，但最终并未达成令双方均满意的协定。2019 年 10

月，中美进行了第十三轮磋商，双方在农业、知识产权保护、汇率、金融服务、扩大贸易合作、技术转让、争端解决等领域取得实质性进展。中美贸易摩擦再次出现转机，未来中美可能会就相关问题达成一致，结束中美贸易摩擦，走向互利共赢的新发展。

表1　中美“301调查”贸易摩擦发展情况

时间		国家	详情
2017年	8月14日	美国	特朗普签署备忘录，授意美国贸易代表办公室（USTR）对中国知识产权等领域展开调查
	8月18日	美国	USTR宣布对中国展开“301调查”
	9月15日	中国	商务部副部长兼国际贸易谈判副代表俞建华在美国首都华盛顿会见美USTR法律总顾问凡戈，就美国对华发起“301”调查进行严正交涉
2018年	3月22日	美国	特朗普签署备忘录，授意USTR就“301调查”对中国采取制裁措施；USTR公布“301调查”报告及情况说明书
	3月23日	美国	USTR就技术许可要求将中国诉诸WTO
	4月3日	美国	USTR发布针对中国的500亿美元商品加征关税清单
	4月4日	中国	中国公布对美加征25%关税的500亿美元商品清单
	4月5日	美国	美国贸易代表莱特希泽发表声明，支持特朗普的决定
	4月16日	美国	美国商务部宣布禁止中兴通讯从美国购买特定产品
	4月19日	中国	中国商务部表示随时准备采取必要措施，维护中国企业的合法权益
	4月27日	美国	USTR发布“301特别报告”，涉及36个国家
	5月3日至4日	中美	美国财政部长姆努钦等美方代表赴华展开第一轮磋商，双方就贸易不均衡、知识产权、合资技术和合资企业等领域进行了磋商，就部分问题达成共识，双方同意建立工作机制保持密切沟通
	5月16日至19日	中美	习近平主席特使、国务院副总理刘鹤等中方代表赴美国展开第二轮磋商，双方就贸易问题与美国财政部长姆努钦、商务部长罗斯和贸易代表莱特希泽等美方代表进行磋商，并于5月19日发表联合声明，称将采取有效措施实质性减少美对华货物贸易逆差，双方将在知识产权保护方面加强合作，努力创造公平竞争营商环境等，并放弃对中国500亿美元商品加征25%的关税
	5月29日	美国	特朗普宣布将继续对500亿美元中国商品加征25%的关税
	5月29日	中国	中方发表声明，督促美国按照联合声明精神相向而行
	5月30日至6月3日	中美	美国商务部长罗斯等美方代表与国务院副总理刘鹤等中方代表在中国就两国经贸问题进行第三轮磋商。6月3日，中方发表声明称一切磋商成果生效均以美国取消对500亿美元商品加征25%的关税为前提
	6月15日	美国	USTR更新500亿美元商品加征关税清单，明确表示加征关税行业主要涉及《中国制造2025》相关行业，并宣布其中340亿美元商品的加征关税将于2018年7月6日生效

续表

时间		国家	详情
2018 年	6 月 16 日	中国	中国宣布对美国 500 亿美元加征关税商品中的 340 亿美元商品加征关税将于 2018 年 7 月 6 日生效
	6 月 18 日	美国	特朗普宣布将对价值 2 000 亿美元的中国商品加征 10%的关税，美国贸易代表莱特希泽发表声明支持特朗普的决定
	6 月 28 日	中国	中国国家发改委和商务部共同发布《外商投资产业指导目录（2017 年修订）》，中国基本完全开放制造业，大幅扩大服务业的开放程度，放宽农业和能源资源领域准入
	7 月 6 日	中美	340 亿美元商品加征关税生效，USTR 宣布在 2018 年 10 月 9 日之前，美国企业可以就已生效商品申请免征额外关税
	7 月 6 日	中国	中国就美国对中国“301 调查”项下的征税措施将美国诉诸 WTO
	7 月 10 日	美国	美国贸易代表莱特希泽发表声明，声称中国对美国 500 亿美元商品加征关税不合理，并公布了对中国 2 000 亿美元商品加征关税清单
	7 月 2 日	中美	历经 3 个月的交涉，中兴通讯在改组董事会、缴纳 10 亿美元罚金和 4 亿美元保证金后，美国商务部发布公告称，从发布公告之日起，美国将有条件地解除对中兴通讯的出口禁令
	7 月 16 日	中国	中国就美国“301 调查”项下对中国 2 000 亿美元商品征税建议措施诉诸 WTO
	7 月 24 日	美国	美国农业部宣布将向受贸易摩擦影响的农民提供 120 亿美元补贴
	8 月 1 日	美国	美国贸易代表莱特希泽发表声明，宣布对 2 000 亿美元商品加征的关税税率从 10%提升到 25%；美国商务部发布公告，宣布将 44 家中国企业列入出口管制“实体清单”，其中包括多家电子、航空研究机构
	8 月 3 日	中国	中国国务院关税税则委员会宣布将对原产于美国的 600 亿美元商品加征 5%到 25%不等的关税
	8 月 7 日	美国	USTR 宣布对中国 160 亿美元商品加征关税清单将于 8 月 23 日生效
	8 月 8 日	中国	中国宣布对美国 160 亿美元商品加征关税清单将于 8 月 23 日生效
	8 月 22 日至 23 日	中美	应美方的邀请，商务部副部长兼国际贸易谈判副代表王受文率中方代表团赴华盛顿与美国财政部副部长马尔帕斯率领的美方代表团就双方经贸问题展开第四轮磋商。之后，双方各自发表了声明，谈判未有明显进展
	8 月 23 日	中美	中美双方对对方的 160 亿美元商品加征关税清单生效；中国在 WTO 起诉美国“301 调查”项下对华 160 亿美元输美商品实施的征税措施涉嫌违反 WTO 规则
	9 月 17 日	美国	USTR 宣布对中国 2 000 亿美元商品加征关税清单将于 2018 年 9 月 24 日生效，最初加征 10%，在 2019 年 1 月 1 日后加征 25%
	9 月 18 日	中国	中国宣布对美 600 亿美元商品加征关税清单将于 2018 年 9 月 24 日生效，加征关税税率为 5%或 10%
	9 月 24 日	中美	美国对中国 2 000 亿美元商品加征 10%关税生效，中国对美国 600 亿美元商品加征关税生效

续表

时间		国家	详情
2018 年	11 月 28 日	美国	USTR 称中国对美国制造的汽车征收 40%的关税，对其他国家的汽车征收 15%的关税，美国对中国汽车征收 27.5%的关税
	12 月 1 日	中美	在阿根廷举行的 G20 峰会上，中美两国领导人进行会晤，并达成共识，美国推迟对 2 000 亿美元商品加征 25%关税的生效时间至 2019 年 3 月 1 日，两国将展开为期 90 天的谈判
	12 月 14 日	中国	中国国务院关税税则委员会决定对原产于美国的汽车及零部件暂停加征关税 3 个月，涉及 211 个税目，实施时间为 2019 年 1 月 1 日至 2019 年 3 月 31 日
2019 年	1 月 7 日	美国	美国贸易副代表格里什率美方代表团赴中国就中美贸易关系与中方进行磋商
	1 月 30 日至 31 日	中美	国务院副总理、中美全面经济对话中方牵头人刘鹤带领中方团队赴华盛顿与美方代表莱特希泽带领的美方团队展开第五轮磋商，双方就贸易平衡、技术转让、知识产权保护、实施机制等共同关心的议题以及中方关切的问题进行了坦诚、具体、有建设性的讨论，取得重要阶段性进展
	2 月 14 日至 15 日	中美	美国贸易代表莱特希泽带领美国团队到北京与国务院副总理、中美全面经济对话中方牵头人刘鹤带领的中方团队展开第六轮磋商，双方就主要问题达成原则性共识，并就双边经贸问题谅解备忘录进行了具体磋商
	2 月 21 日至 24 日	中美	国务院副总理、中美全面经济对话中方牵头人刘鹤带领中方团队赴华盛顿与美方代表莱特希泽带领的美方团队展开第七轮磋商，双方围绕协议文本开展谈判，在技术转让、知识产权保护、非关税壁垒、服务业、农业以及汇率等方面取得实质性进展；同时，特朗普称将推迟对 2 000 亿美元中国商品加征 25%关税的生效时间
	3 月 31 日	中国	中国国务院关税税则委员会决定对原产于美国的汽车及零部件继续暂停加征关税
	3 月 28 日至 29 日	中美	美国贸易代表莱特希泽带领美国团队到北京与国务院副总理、中美全面经济对话中方牵头人刘鹤带领的中方团队展开第八轮磋商，双方就协议文本进行讨论，并取得新进展
	4 月 3 日至 5 日	中美	国务院副总理、中美全面经济对话中方牵头人刘鹤带领中方团队赴华盛顿与美方代表莱特希泽带领的美方团队展开第九轮磋商，双方就协议文本进行讨论，并取得新进展
	4 月 30 日至 5 月 1 日	中美	美国贸易代表莱特希泽带领美国团队到北京与国务院副总理、中美全面经济对话中方牵头人刘鹤带领的中方团队展开第十轮磋商
	5 月 9 日至 10 日	中美	国务院副总理、中美全面经济对话中方牵头人刘鹤带领中方团队赴华盛顿与美方代表莱特希泽带领的美方团队展开第十一轮磋商。5 月 9 日，美国政府宣布，自 2019 年 5 月 10 日起，对从中国进口的 2 000 亿美元清单商品加征的关税税率由 10%提高到 25%
	5 月 13 日	中国	中国国务院关税税则委员会决定，自 2019 年 6 月 1 日 0 时起，对原产于美国的价值 600 亿美元进口商品提高加征关税税率，加征 5%到 25%不等的关税

续表

时间		国家	详情
2019年	5月15日	美国	美国商务部将华为技术有限公司列入实体名单，禁止美国企业向其出口和提供服务
	6月29日	中美	中美元首在日本大阪进行会晤，双方将在平等和互相尊重的基础上重启经贸磋商，美方表示不再对中国商品加征新关税
	7月30日至31日	中美	美国贸易代表莱特希泽带领美国团队到上海与国务院副总理、中美全面经济对话中方牵头人刘鹤带领的中方团队展开第十二轮磋商，双方就经贸领域共同关心的重大问题进行了坦诚、高效、有建设性的深入交流
	8月13日	美国	USTR宣布将对中国将近3 000亿美元的商品加征10%的关税，分两批生效：一批将于2019年9月1日生效；另一批将于2019年12月15日生效
	8月23日	中国	国务院关税税则委员会决定，对原产于美国的5 078个税目、约750亿美元进口商品加征5%到10%不等的关税，分两批生效，生效时间分别为2019年9月1日和2019年12月25日；同时决定，自2019年12月15日12时起，对原产于美国的汽车及零部件恢复加征关税
	8月23日	美国	USTR宣布将对中国加征的关税上调5%，即对之前的500亿美元商品和2 000亿美元商品加征30%，将于2019年10月1日生效，对即将生效的3 000亿美元商品加征15%，生效日期不变
	9月1日	中美	美国对中国3 000亿美元商品清单中的第一批加征关税生效，加征15%；中国对美国750亿美元商品清单中的第一批加征关税生效，加征10%或5%
	9月12日	美国	美国总统特朗普宣布推迟对中国2 500亿美元商品提高加征关税至30%的时间，从2019年10月1日推迟至2019年10月15日
	10月7日	美国	美国商务部将28家中国企业列入出口管制“实体清单”，其中包括多家科技公司
	10月10日至11日	中美	国务院副总理、中美全面经济对话中方牵头人刘鹤带领中方团队赴华盛顿与美方代表莱特希泽带领的美方团队展开第十三轮磋商，双方在农业、知识产权保护、汇率、金融服务、扩大贸易合作、技术转让、争端解决等领域取得实质性进展。双方讨论了后续磋商安排，同意共同朝最终达成协议的方向努力

资料来源：USTR、美国商务部、中国商务部、中国财政部等的网站。

三、中美双方加征关税清单情况

（一）整体关税水平的变化

中美互相加征关税后，两国相互之间的关税水平发生了变化，如图1所示。在图1中，不仅囊括了中美就“301条款”加征的关税，也包括就美国“201条款”加征的关税和其他变化。2018年1月，美国对中国商品的关税水平为3.1%，而仅在对 340 亿美元中国商品加征关税生效后，对中国商品的关税水平翻倍。目前，美国对中国的关税水平为 21%，约为最初水平的 7 倍。若未来美国将 2 500 亿美元商品清单加征关税税率提升至 30%，美国对中国的关税水平将达到 23.8%，超过中国对美国商品的关税水平。若美国 3 000 亿美元中国商品加征关税清单的第二批也生效，对中国的关税水平将变为 26.6%，则与贸易摩擦之前的水平相比，美国对中国的关税上涨幅度高达 758.1%。2018 年 1 月，中国对美国商品的关税水平为 8%，清单生效后，中国对美国商品的关税出现明显上升，如 340 亿美元商品加征关税清单生效后，关税从 7.2%上升为 10.1%，160 亿美元商品加征关税清单生效后，关税上升为 14.4%。目前，中国对美国的关税水平为 21.1%。若未来中国 750 亿美元商品加征关税清单的第二批生效，对美国商品的关税水平将约为 25.1%。

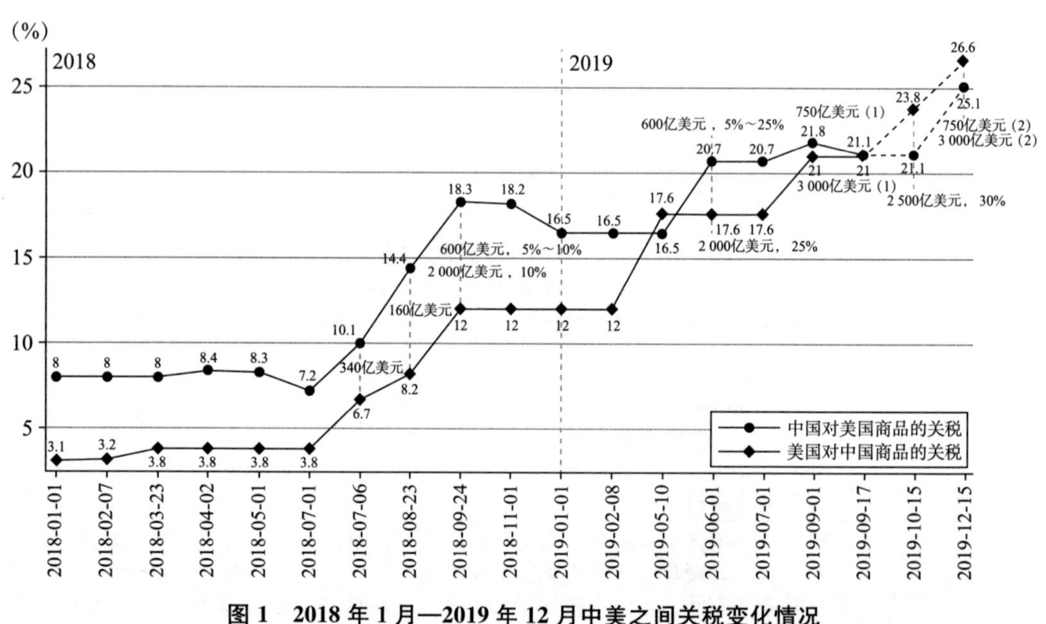

图 1　2018 年 1 月—2019 年 12 月中美之间关税变化情况

说明：资料来源为 Peterson Institute for International Economics，关税为加权平均关税，权重为中国或美国对世界的出口规模；2018 年：2 月 7 日，美国就“201 条款”对太阳能板和洗衣机加征关税；3 月 23 日，美国就“232 条款”对钢和铝加征关税；4 月 2 日，中国就美国“232 条款”关税对美国商品加征关税；5 月 1 日，中国削减医药的最惠国税率；7 月 1 日，中国削减部分消费品最惠国税率；7 月 6 日，中美 340 亿美元征税清单生效；8 月 23 日，中美 160 亿美元征税清单生效；9 月 24 日，美国 2 000 亿美元征税清单加征 10%关税生效，中国 600 亿美元征税清单加征 5%到 10%不等关税生效；11 月 1 日，中国削减工业品的最惠国税率。2019 年：1 月 1 日，中国暂停对美国汽车及零部件加征关税（原包含于中国 600 亿美元征税清单），并削减部分商品的最惠国税率；2 月 8 日，美国取消“201 条款”对太阳能板和洗衣机加征的关税；5 月 10 日，美国提升 2 000 亿美元征税清单加征关税至 25%；6 月 1 日，中国提升 600 亿美元征税清单关税至 5%到 25%不等；7 月 1 日，中国削减信息技术产品的最惠国税率；9 月 1 日，美国 3 000 亿美元征税清单中的第一批生效，中国 750 亿美元征税清单中的第一批生效；9 月 17 日，中国第一批排除清单生效；10 月 15 日，美国提高此前 500 亿美元和 2 000 亿美元征税清单加征关税至 30%（实际未生效）；12 月 15 日，美国 3 000 亿美元征税清单中的第二批生效，中国 750 亿美元征税清单中的第二批生效。

(二) 中美之间贸易的变化

美国对中国加征关税的措施影响了中美之间的贸易，如图 2 和图 3 所示。美方

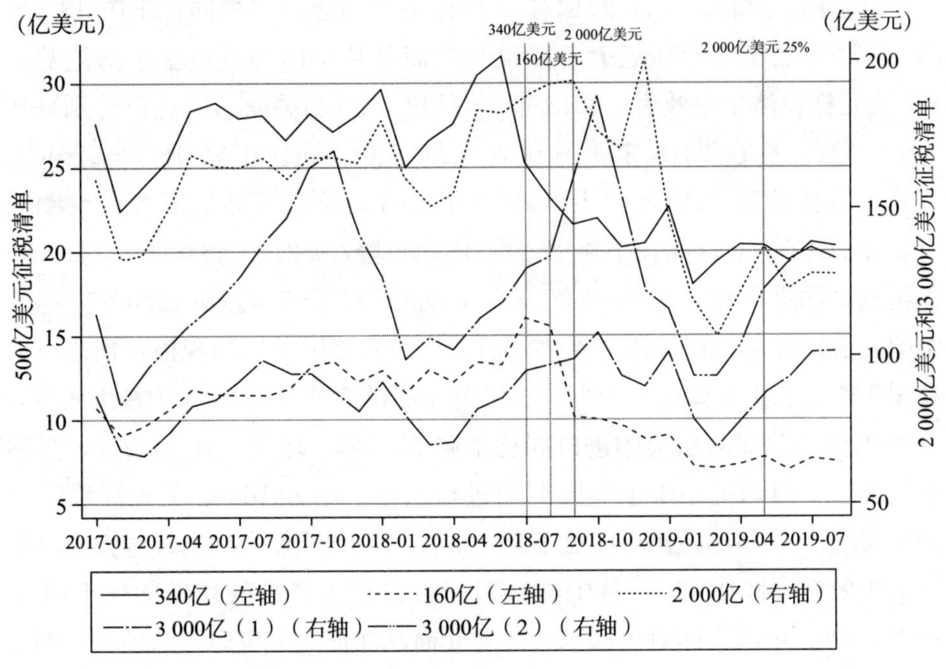

图 2　美国就各清单从中国进口

资料来源：美国国际贸易委员会数据库。

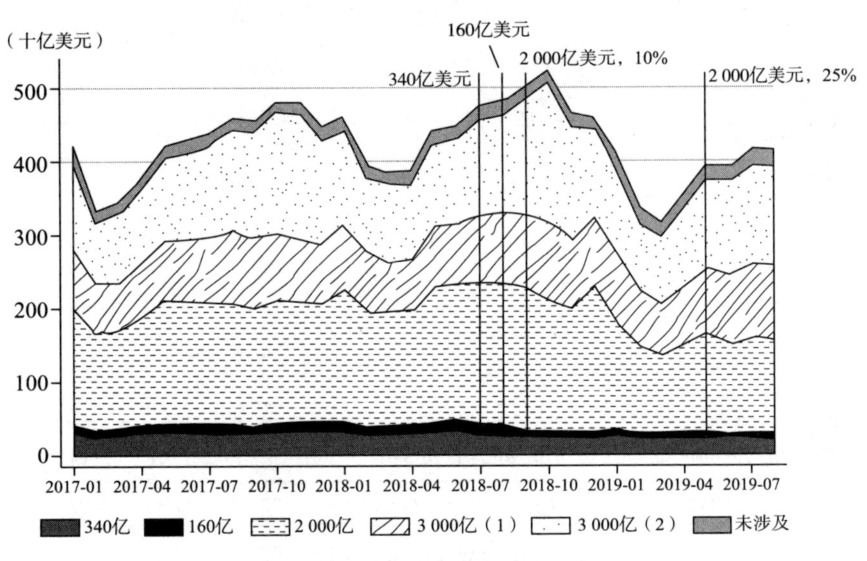

图 3　美国从中国进口

资料来源：美国国际贸易委员会数据库。

340 亿美元征税清单生效后，2018 年 7 月相关产品进口规模同比下降 9.7%，环比下降 20.1%，2018 年 7 月相关产品进口规模同比下降 17.4%，环比下降 8.1%；美方 160 亿美元征税清单生效后，尽管 2018 年 8 月相关产品进口规模同比增长 36.29%，但环比下降 2.9%，2018 年 9 月相关产品进口规模同比下降 13.2%，环比下降 34.7%。之后，500 亿美元征税清单商品从中国的进口呈下降趋势。美方 2 000 亿美元征税清单生效后，2018 年 10 月和 11 月相关商品的进口分别环比下降 8.8%和 3.6%，且在 2019 年 1 月出现大幅下降，同比下降 18.2%，环比下降 27%，并一直持续到 2019 年 3 月，2019 年 5 月对该批商品加征关税税率上升为 25%后，在 2019 年 6 月同比下降 25%，环比下降 10.2%。整体上，2019 年 1—8 月，美国从中国进口较 2017 年和 2018 年同期分别下降 5.5%和 12.5%。

中国对美国商品加征关税清单生效后，中国从美国进口的规模也出现下降，如图 4 和图 5 所示。更具体地，中方 340 亿美元征税清单在 2018 年 7 月生效后，2018 年 8 月中国就相关商品从美国进口同比下降 35.8%，环比下降 44.2%，虽然之后存在小幅上涨，但均远小于上年同期的进口水平；中方 160 亿美元征税清单生效后，2018 年 9 月中国相关进口同比下降 4.2%，环比下降 31.2%；中方 600 亿美元征税清单生效后，2018 年 10 月中国从美国进口相关产品的规模同比下降 9.5%，环比下降 25%，中国上调对美国 600 亿美元商品加征的关税后，2019 年 6 月进口同

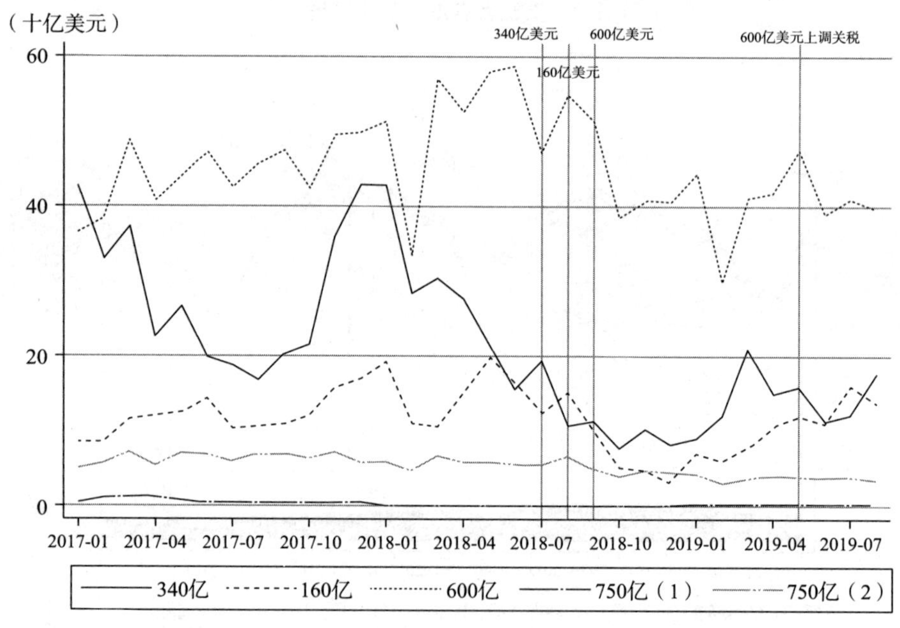

图 4　中国就各清单从美国进口

资料来源：国研网国际贸易研究及决策支持系统。

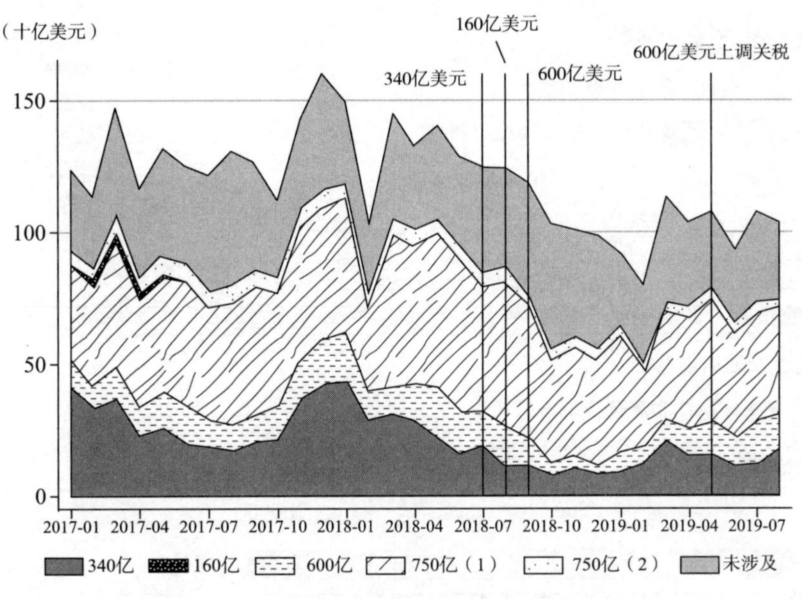

图 5　中国从美国进口

资料来源：国研网国际贸易研究及决策支持系统。

比下降 32.8%，环比下降 17.8%。2019 年，中国从美国进口的规模进一步下降，低于上年同期水平，2019 年 1—8 月中国从美国进口较 2017 年和 2018 年同期分别下降 8.8%和 23.6%。中方 750 亿美元的征税清单与中方之前的征税清单存在重叠，在剔除重复部分后，750 亿美元征税清单中的新增商品的规模较小，第一批征税清单包含 8.1 亿美元的新商品，第二批包含 76.6 亿美元的新商品。

(三) 清单涉及商品

美方各征税清单商品分布如图 6 所示。从商品种类看，美方 340 亿美元征税清单主要集中于机械设备，电子设备，交通运输设备和光学、医疗及测量仪器；160 亿美元征税清单增加了化学、塑料和橡胶制品，木材、纸张和金属制品；2 000 亿美元征税清单涉及了各类商品，主要集中于机械设备和电子设备；3 000 亿美元征税清单第一批主要集中于皮革、纺织和鞋帽产品，第二批主要集中于机械设备和电子设备。

从商品的最终用途看，美方 340 亿美元征税清单主要集中于中间品和资本品；160 亿美元征税清单涉及了消费品；2 000 亿美元征税清单三类商品均有涉及，但主要集中于中间品和资本品；3 000 亿美元征税清单的第一批主要集中于消费品，第二批主要集中于资本品和消费品。整体上，美国从中国进口的中间品和资本品占 65.3%，消费品占 32.9%，美国向中国加征关税不仅会影响美国企业的生产，也会影响消费者的消费。

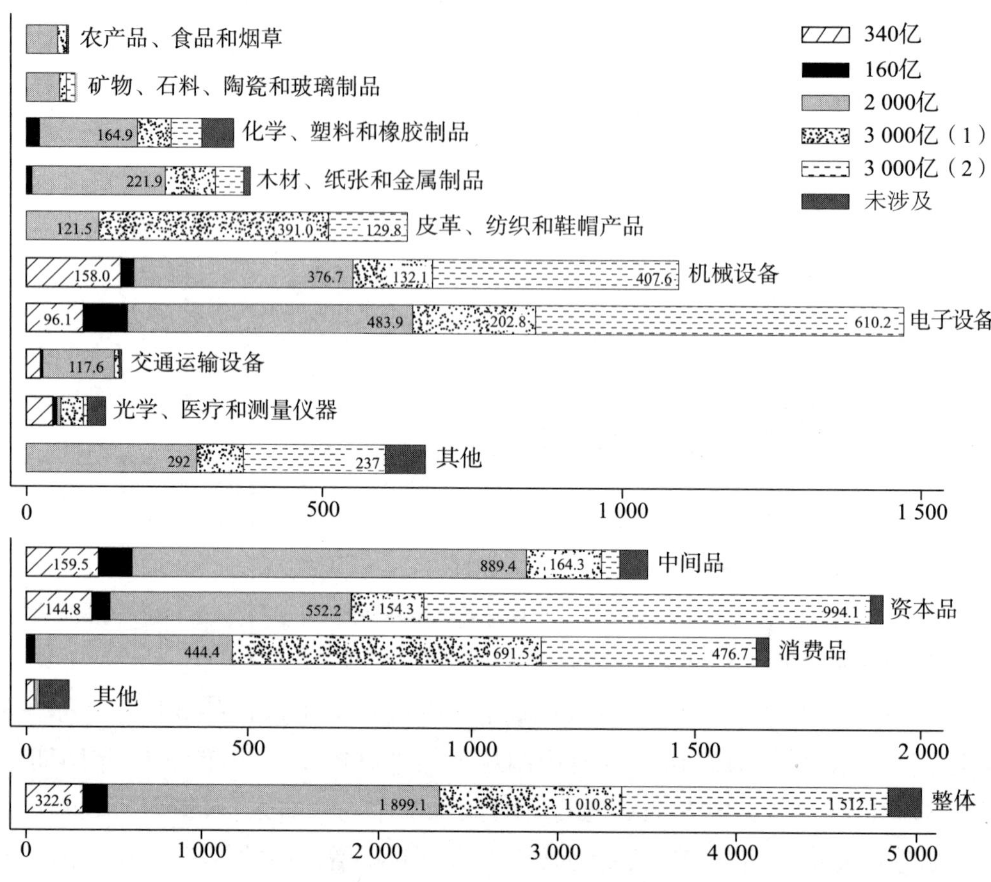

图 6　美方清单涉及商品（亿美元）

资料来源：美国国际贸易委员会数据库，以 2017 年数据计算。

综合美国的所有清单，美国清单基本上涉及了所有从中国进口的商品，以 2017 年的规模计算，占比达到 96.6%，清单未涉及的商品仅占 3.4%，主要为化学、塑料和橡胶制品，光学、医疗和测量仪器等商品。

从 2018 年 12 月起，针对中国的加征关税清单，美国共进行了 14 次排除，均退还已加征的关税。具体情况如表 2 所示。美方豁免的商品主要为机械设备（84），电子设备（85），光学、医疗和测量仪器（90），塑料及其制品（39）以及贱金属杂项制品（83），整体涉及金额不超过 144.7 亿美元。

表 2　美方豁免清单

HS 章	涉及产品种类	涉及产品金额（亿美元）	是否退还已加征关税	所属清单（亿美元）	原加征税率（%）
84	53	33.27	是	340	25

续表

HS 章	涉及产品种类	涉及产品金额（亿美元）	是否退还已加征关税	所属清单（亿美元）	原加征税率（%）
85	36	28.67	是	340	25
88	1	4.60	是	340	25
90	17	18.73	是	340	25
39	19	9.34	是	160	25
84	4	6.62	是	160	25
85	5	8.72	是	160	25
87	2	1.42	是	160	25
90	5	0.88	是	160	25
39	2	8.19	是	340	25
40	1	0.57	是	160	25
44	1	0.02	是	160	25
48	1	0.81	是	2 000	25
54	1	0.06	是	2 000	25
55	1	0.02	是	2 000	25
56	1	0.49	是	2 000	25
76	1	0.74	是	2 000	25
83	3	15.15	是	2 000	25
89	1	0.35	是	2 000	25
94	2	6.01	是	2 000	25

资料来源：美国贸易代表办公室和美国国际贸易委员会数据库。由于美方公布的排除清单是基于美国 10 位税则号，而由于数据的可获得性，表中数据基于美国 8 位税则号计算，因此，表中涉及的金额为可豁免的最高金额。

中国各清单涉及的商品种类如图 7 所示。从商品种类看，中方 340 亿美元征税清单主要集中于大豆等农产品，汽车及零部件；160 亿美元征税清单主要为化学、塑料和橡胶制品，光学、医疗和测量仪器；600 亿美元征税清单涉及了各类商品，包括木材、纸张和金属制品，机械设备，化学、塑料和橡胶制品，光学、医疗和测量仪器以及电子设备；750 亿美元征税清单主要是基于之前的清单上调加征关税，第一批新增的加征关税商品为化学、塑料和橡胶制品，第二批新增的加征关税商品主要为木材、纸张和金属制品。

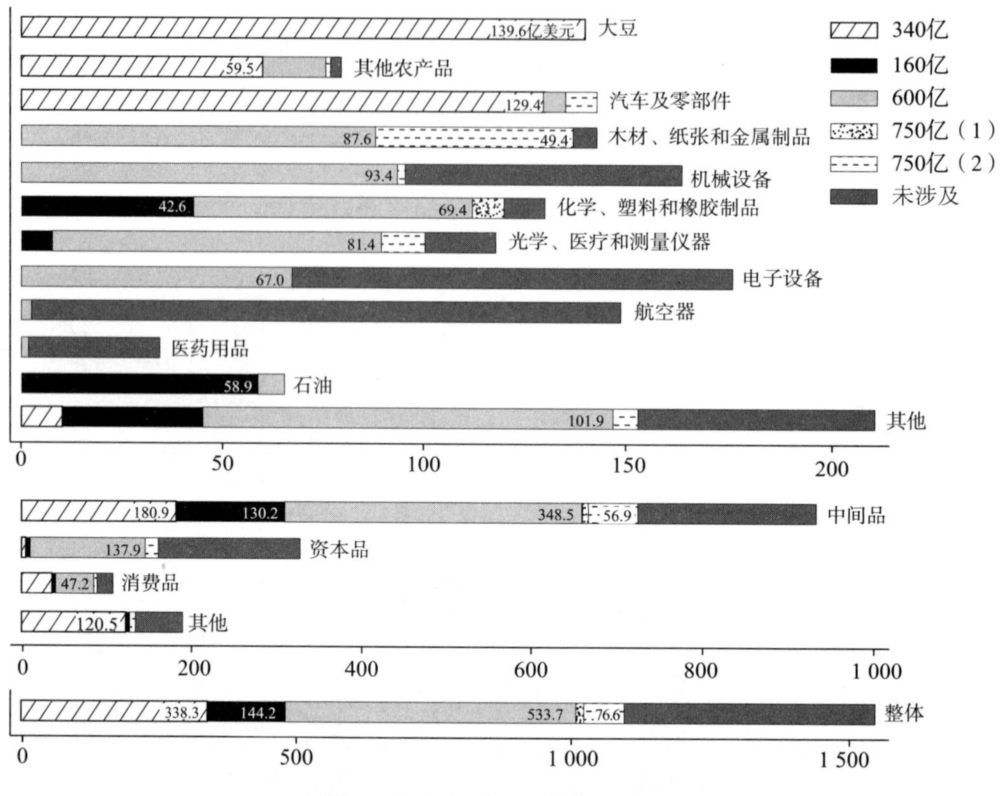

图 7　中方清单涉及商品（亿美元）

资料来源：国研网国际贸易研究及决策支持系统。

从商品的最终用途看，中方 340 亿美元征税清单主要为中间品和消费品；160 亿美元征税清单主要集中于中间品；600 亿美元征税清单集中于中间品和资本品；700 亿美元征税清单主要集中于中间品。中国从美国进口的产品主要为中间品，占 60%，资本品占 21.1%，消费品占 12.1%，中国对美国加征关税将主要影响生产者的生产。

综合中国的所有征税清单，中国征税清单涉及商品规模占比小于美国征税清单，以 2017 年的规模计算，占比约为 71.1%，征税清单未涉及的商品占 28.9%，主要为机械设备，电子设备，航空器和药品，且主要集中于中间品和资本品。

2019 年 9 月 11 日，中国公布了对美加征关税商品的第一次排除清单，如表 3 所示。排除商品主要为汽车和零部件（87），但对于已加征的关税不予退还，其他排除的商品退还已加征关税，排除的规模总共为 160.5 亿美元。

表 3　　　　中国豁免产品清单

HS 章	涉及产品种类	涉及产品金额（亿美元）	是否退还已加征关税	所属清单（亿美元）	原加征税率（%）
87	28	129.41	否	340	25
87	116	7.67	否	160	25
87	67	5.41	否	600	5
3	1	0.09	是	340	25
12	2	3.99	是	340	25
23	1	1.60	是	340	25
27	2	0.99	是	340	25
29	1	1.08	是	340	25
34	3	4.45	是	340	25
90	1	2.37	是	340	25
4	1	2.80	是	160	25
27	3	0.67	是	160	25

资料来源：中国财政部和国研网国际贸易研究及决策支持系统。

四、GTAP 模拟

为了全面分析中美贸易摩擦对我国的经济效应，本文采用标准静态 GTAP 模型对不同情景展开模拟，以分析不同规则对中国及世界主要经济体产生的经济影响。GTAP 是一个多地区和多部门的可计算一般均衡（computable general equilibrium，CGE）模型，其假设主要有：在生产者方面，产品市场为完全竞争市场，生产规模报酬不变，生产函数为常替代弹性（constant elasticity of substitution，CES）函数；在要素市场上，劳动力在国内可以自由流动，土地在部门间不能自由流动；在消费者方面，社会、政府、私人的效用函数分别为社会柯布-道格拉斯、CES、CDE（constant difference of elasticity）形式，国内商品与进口商品之间存在不完全替代关系等。[①] 数据使用 GTAP 第 9 版数据，以 2011 年为基年。为了模拟结果的精确性，本文使用多步模拟方法。

① Martina Brockmeier，A Graphical Exposition of the GTAP Model，2001 Revision，GTAP Technical Paper 8，Global Trade Analysis Project（GTAP），Purdue University，West Lafayette，IN，2001.

（一）关税变化

本文根据GTAP公布的HS和GTAP行业对照表、2017年中美贸易数据、中美双方各国的关税数据以及清单的生效时间和加征关税幅度，计算各个征税清单生效后行业加权平均关税的变化。表4为美方对中国进口关税的变化，第2列为美方340亿美元征税清单生效后，美国对中国商品关税的变化，第3列160亿美元指在340亿美元征税清单生效的基础上160亿美元征税清单生效后，即500亿美元规模的征税清单生效后，美国对中国关税的变化，依此类推，括号内为加征的税率。以美方3 000亿美元征税清单第一批加征15%的关税生效后为例，与前期500亿美元和2 000亿美元征税清单加征25%的关税相比，多数行业的关税均上升，上升幅度较大的行业包括服装、皮革、纺织业和农产品等。美方14批排除清单使其他运输设备，金属制品，机械设备，化学、塑料和橡胶制品等行业的关税下降。

表4　美国对中国进口关税的变化（%）

行业	340亿美元（25%）	160亿美元（25%）	2 000亿美元（1）（10%）	2 000亿美元（2）（25%）	3 000亿美元（1）（15%）	排除	2 500亿美元（30%）	3 000亿美元（2）（15%）
PDR	0	0	10	25	25	25	30	30
WHT	0	0	10	25	25	25	30	30
GRO	0	0	10	25	25	25	30	30
V_F	0	0	8	20	22	22	26	27
OSD	0	0	10	25	25	25	30	30
C_B	0	0	10	25	25	25	30	30
PFB	0	0	10	25	25	25	30	30
OCR	0	0	4	10	18	18	20	21
CTL	0	0	0	0	15	15	15	15
OAP	0	0	4	9	18	18	20	20
RMK	0	0	0	0	0	0	0	0
WOL	0	0	10	25	25	25	30	30
FRS	0	0	6	14	20	20	23	24
FSH	0	0	7	19	22	22	26	26
COA	0	0	10	25	25	25	30	30
OIL	0	0	10	25	25	25	30	30
GAS	0	0	0	0	0	0	0	0

续表

行业	340 亿美元（25%）	160 亿美元（25%）	2 000 亿美元（1）（10%）	2 000 亿美元（2）（25%）	3 000 亿美元（1）（15%）	排除	2 500 亿美元（30%）	3 000 亿美元（2）（15%）
OMN	0	0	2	6	6	6	8	8
CMT	0	0	0	0	0	0	0	0
OMT	0	0	10	25	25	25	30	30
VOL	0	0	6	15	21	21	24	24
MIL	0	0	2	5	17	17	18	18
PCR	0	0	10	25	25	25	30	30
SGR	0	0	5	14	20	20	23	23
OFD	0	0	8	21	22	22	26	27
B_T	0	0	7	17	19	19	22	25
TEX	0	0	2	4	13	13	13	17
WAP	0	0	1	2	15	15	16	16
LEA	0	0	3	8	14	14	15	20
LUM	0	0	9	24	24	24	29	29
PPP	0	0	5	14	16	16	19	21
P_C	0	0	8	20	23	23	27	27
CRP	0	1	6	12	16	15	17	19
NMM	0	0	7	17	19	19	23	25
I_S	0	0	5	12	19	19	22	22
NFM	0	0	2	6	16	16	17	17
FMP	0	1	8	18	20	18	21	23
MVH	3	3	12	24	24	24	29	29
OTN	8	11	15	21	22	17	21	21
ELE	1	1	4	9	10	10	12	20
OME	6	7	11	18	20	18	21	22
OMF	0	0	2	6	9	9	11	19

资料来源：根据美国国际贸易委员会公布的关税数据计算而得。

注：GTAP 行业分类见附录。

表 5 为中国对美国进口关税的变化，各列含义与表 4 类似。以中方 750 亿美元征税清单第一批加征 5%到 10%不等的关税为例，与前期 500 亿美元和 600 亿美元征税清单相比，变化较大的行业为牛羊马等农业和渔业。中国第一批排除清单生效后，关税下降较大的行业为其他农作物、乳制品、石油和煤制品等行业。

表 5　　中国对美国进口关税的变化（%）

行业	340 亿美元（25%）	160 亿美元（25%）	600 亿美元（5%～10%）	600 亿美元（5%～25%）	750 亿美元（1）（5%～10%）	排除	750 亿美元（2）（5%～10%）
PDR	25	25	25	25	25	25	25
WHT	25	25	25	25	25	25	35
GRO	25	25	25	25	25	25	35
V_F	25	25	25	25	35	35	35
OSD	25	25	25	25	30	30	30
C_B	0	0	8	18	18	18	21
PFB	25	25	25	25	25	25	30
OCR	20	20	20	20	20	6	13
CTL	0	0	10	25	35	35	35
OAP	0	0	6	7	8	8	12
RMK	25	25	25	25	30	30	30
WOL	0	0	10	25	25	25	25
FRS	0	0	7	12	12	12	12
FSH	25	25	25	25	35	35	35
COA	0	25	25	25	30	30	30
OIL	0	25	25	25	30	30	30
GAS	0	0	10	25	25	25	25
OMN	0	0	8	19	20	20	20
CMT	25	25	25	25	35	35	35
OMT	16	16	18	20	26	26	28
VOL	2	2	11	24	25	25	31
MIL	22	22	22	23	24	9	10
PCR	25	25	25	25	25	25	25
SGR	0	0	10	22	22	22	22
OFD	13	13	15	18	24	24	25
B_T	10	10	16	24	25	25	32
TEX	0	0	7	15	15	15	19
WAP	0	0	10	23	24	24	25
LEA	0	0	6	10	10	10	14
LUM	0	0	9	19	20	20	21

续表

行业	340 亿美元（25%）	160 亿美元（25%）	600 亿美元（5%～10%）	600 亿美元（5%～25%）	750 亿美元（1）（5%～10%）	排除	750 亿美元（2）（5%～10%）
PPP	0	0	3	3	3	3	8
P_C	0	25	25	25	26	24	28
CRP	0	8	11	13	15	14	15
NMM	0	0	5	11	11	11	12
I_S	0	0	6	13	13	13	14
NFM	0	0	2	5	5	5	8
FMP	0	0	6	11	12	12	14
MVH	21	21	21	21	21	21	30
OTN	0	0	0	0	0	0	0
ELE	0	0	2	4	4	4	5
OME	0	1	6	11	11	11	13
OMF	0	0	6	12	12	12	16

资料来源：根据中国公布的关税数据计算而得。

（二）情景设定

根据中美加税清单生效的时间顺序，情景设定如表 6 所示。情况一假设美方对中方加征相应的关税，而中方不对美方加征关税；情况二在情况一生效的基础上生效，即美方对中方加征关税，中方同样采取措施，对美方加征关税。每个方案在其之前所有方案生效的基础上生效，如情况二方案 8 意为情况一方案 1～方案 8 和情况二方案 1～方案 8 均生效。

表 6　模拟情景设定

	情况一	情况二（情况一生效）
方案 1	美方 340 亿美元征税清单生效（25%）	中方 340 亿美元征税清单生效（25%）
方案 2	美方 160 亿美元征税清单生效（25%）	中方 160 亿美元征税清单生效（25%）
方案 3	美方 2 000 亿美元征税清单生效（10%）	中方 600 亿美元征税清单生效（5%～10%）
方案 4	美方 2 000 亿美元征税清单上调关税（25%）	中方 600 亿美元征税清单上调关税（5%～25%）
方案 5	美方 3 000 亿美元征税清单第一批生效（15%）	中方 750 亿美元征税清单第一批生效（5%～10%）

续表

	情况一	情况二（情况一生效）
方案 6	美方 14 批排除清单生效	中方 1 批排除清单生效
方案 7	美方 500 亿美元和 2 000 亿美元上调关税（30%）	中方无变化
方案 8	美方 3 000 亿美元征税清单第二批生效（15%）	中方 750 亿美元征税清单第二批生效（5%～10%）

（三）模拟结果

当美方对中方加征关税，而中方不采取应对措施时，中美两国经济变化如表 7 所示。在此情况下，随着美方加征关税规模和关税幅度的不断变大，美国的社会福利不断减少，但 GDP 规模增加；由于进口降低幅度更大，贸易平衡增加；出口价格增长更多，贸易条件改善；价格上涨，收入上升，但小于 GDP 价格指数。美方对中国加征关税对中国经济产生负面影响，随着美国加征关税规模的增大，中国的社会福利和 GDP 下降幅度不断增加；进口下降幅度更大，从而贸易平衡增加；出口价格下降，进口价格上升，贸易条件恶化；价格水平下降，收入下降，且收入下降幅度大于价格下降幅度。

表 7　　情况一对中美两国的影响

	GDP（%）	进口（%）	出口（%）	贸易平衡（亿美元）	贸易条件（%）	出口价格（%）	进口价格（%）	GDP 价格指数（%）	生产要素价格（%）	收入（%）	社会福利（亿美元）
中国											
方案 1	−0.36	−0.64	−0.49	10.57	−0.27	−0.26	0.02	−0.34	−0.35	−0.37	−64.63
方案 2	−0.48	−0.88	−0.67	14.6	−0.37	−0.35	0.03	−0.46	−0.47	−0.51	−87.69
方案 3	−1.2	−2.05	−1.62	22.82	−0.93	−0.86	0.07	−1.14	−1.17	−1.26	−223.38
方案 4	−2.02	−3.37	−2.69	31.85	−1.57	−1.43	0.14	−1.9	−1.97	−2.12	−379.6
方案 5	−2.57	−3.98	−3.33	6.47	−1.91	−1.75	0.16	−2.33	−2.42	−2.7	−531.66
方案 6	−2.5	−3.87	−3.25	5.12	−1.87	−1.71	0.16	−2.27	−2.36	−2.63	−520.06
方案 7	−2.73	−4.25	−3.55	8.13	−2.05	−1.87	0.18	−2.48	−2.58	−2.87	−562.83
方案 8	−3.21	−5.04	−4.14	24.33	−2.43	−2.2	0.23	−2.93	−3.04	−3.37	−651.91
美国											
方案 1	0.08	−0.42	−0.25	65.41	0.07	0.06	0	0.08	0.05	0.07	11.53

续表

	GDP (%)	进口 (%)	出口 (%)	贸易平衡 (亿美元)	贸易条件 (%)	出口价格 (%)	进口价格 (%)	GDP 价格指数 (%)	生产要素价格 (%)	收入 (%)	社会福利 (亿美元)
方案 2	0.1	−0.56	−0.36	83.63	0.09	0.09	0	0.11	0.06	0.09	14.35
方案 3	0.28	−1.37	−1.01	176.58	0.24	0.25	0.01	0.32	0.17	0.26	22.91
方案 4	0.41	−2.23	−1.57	301.72	0.34	0.4	0.06	0.5	0.25	0.37	−26.33
方案 5	0.5	−2.63	−1.95	336.72	0.41	0.49	0.08	0.63	0.32	0.46	−69.36
方案 6	0.5	−2.56	−1.94	321.78	0.41	0.48	0.07	0.62	0.32	0.46	−58.64
方案 7	0.5	−2.79	−2.02	367.76	0.42	0.51	0.09	0.65	0.32	0.46	−93.26
方案 8	0.5	−3.21	−2.16	452.1	0.41	0.56	0.15	0.7	0.31	0.45	−169.69

当美国对中国 2 500 亿美元商品加征 25%、对 3 000 亿美元商品加征 15%的关税和 14 批排除清单生效时，世界其他地区的经济变化如表 8 所示。各国或地区的社会福利和 GDP 规模增大，北美洲即加拿大和墨西哥的社会福利、GDP 和进出口增加规模最大。整体上，世界贸易规模下降 0.37%，出口价格上涨，社会福利下降。

表 8　　情况一方案 6 对其他地区的影响（%）

	GDP (%)	进口 (%)	出口 (%)	贸易平衡 (亿美元)	贸易条件 (%)	出口价格 (%)	进口价格 (%)	GDP 价格指数 (%)	生产要素价格 (%)	收入 (%)	社会福利 (亿美元)
大洋洲	0.12	0.23	−0.01	−7.87	0.12	0.04	−0.08	0.1	0.11	0.13	3.58
东亚	0.15	0.35	−0.03	−55.94	0.24	0.09	−0.15	0.15	0.16	0.17	30.31
东南亚	0.46	0.53	0.27	−28.15	0.3	0.22	−0.08	0.43	0.45	0.51	35.78
南亚	0.38	0.69	0.51	−3.36	0.34	0.27	−0.08	0.34	0.36	0.41	3.61
北美洲	1.39	1.68	1.13	−40.25	0.73	0.94	0.21	1.35	1.4	1.44	65.62
拉丁美洲	0.45	0.78	0.3	−39.28	0.28	0.32	0.04	0.43	0.44	0.48	33.21
中东和北非	0.15	0.25	0.16	−6.35	0.11	0.11	0	0.13	0.14	0.16	10.87
撒哈拉以南非洲	0.18	0.28	0.18	−4.32	0.18	0.11	−0.07	0.14	0.16	0.19	10.65
欧盟	0.17	0.2	0.06	−102.02	0.08	0.14	0.06	0.16	0.17	0.18	57.6
孟加拉国	1.17	1.24	0.14	−3.94	0.74	0.47	−0.26	1.02	1.1	1.22	4.31
印度	0.35	0.44	0.37	−9.5	0.27	0.22	−0.06	0.32	0.34	0.36	14.44
韩国	0.21	0.19	0.05	−8.23	0.17	0.07	−0.11	0.18	0.2	0.23	9.72
老挝	0.1	−0.02	−0.17	−0.05	−0.03	−0.05	−0.03	0.08	0.09	0.12	0.01

续表

	GDP（%）	进口（%）	出口（%）	贸易平衡（亿美元）	贸易条件（%）	出口价格（%）	进口价格（%）	GDP价格指数（%）	生产要素价格（%）	收入（%）	社会福利（亿美元）
斯里兰卡	1.45	0.74	−0.72	−2.56	0.91	0.84	−0.07	1.37	1.41	1.52	2.52
世界其他地区（ROW）	0.17	0.21	0.06	−15.08	0.12	0.13	0.01	0.16	0.17	0.18	9.09
世界			−0.37			0.03					−291.67

当中国采取应对措施，即对美国加征关税时，中美经济的变化如表9所示。与中国不采取应对措施相比，中美贸易摩擦对美国经济产生负向影响，其社会福利损失规模更大，GDP规模出现下降，贸易条件恶化，收入也出现下降。而对中国的负向影响有所缓解，中国的社会福利、GDP和收入下降幅度减少，贸易条件恶化程度减轻，但出口和进口规模下降更多。从整体上来看，中国采取应对措施优于不采取应对措施的情形，如图8所示。

表9　　情况二对中美两国的影响

	GDP（%）	进口（%）	出口（%）	贸易平衡（亿美元）	贸易条件（%）	出口价格（%）	进口价格（%）	GDP价格指数（%）	生产要素价格（%）	收入（%）	社会福利（亿美元）
中国											
方案1	−0.36	−0.85	−0.56	32.11	−0.25	−0.21	0.04	−0.29	−0.38	−0.37	−92.16
方案2	−0.46	−1.28	−0.86	43.08	−0.33	−0.25	0.08	−0.37	−0.5	−0.48	−119.17
方案3	−1.12	−2.79	−2.04	62.43	−0.85	−0.68	0.17	−0.96	−1.16	−1.18	−259.77
方案4	−1.9	−4.29	−3.23	77.8	−1.46	−1.21	0.26	−1.68	−1.93	−2.01	−423.6
方案5	−2.45	−4.9	−3.87	54.54	−1.81	−1.52	0.29	−2.1	−2.38	−2.6	−579.98
方案6	−2.39	−4.78	−3.78	53.02	−1.76	−1.48	0.29	−2.04	−2.32	−2.53	−567.36
方案7	−2.61	−5.15	−4.07	55.98	−1.94	−1.64	0.31	−2.26	−2.54	−2.77	−609.62
方案8	−3.07	−6.01	−4.71	74.5	−2.31	−1.95	0.37	−2.67	−2.99	−3.25	−706.87
美国											
方案1	−0.07	−0.7	−0.41	110.16	−0.14	−0.1	0.03	−0.07	−0.12	−0.09	−35.09
方案2	−0.16	−1.09	−0.65	167.47	−0.22	−0.16	0.06	−0.14	−0.21	−0.18	−63.81
方案3	−0.16	−2.22	−1.5	310.9	−0.24	−0.13	0.12	−0.12	−0.27	−0.2	−105.22
方案4	−0.14	−3.28	−2.2	464.56	−0.24	−0.06	0.19	−0.04	−0.31	−0.2	−184.46

续表

	GDP (%)	进口 (%)	出口 (%)	贸易平衡 (亿美元)	贸易条件 (%)	出口价格 (%)	进口价格 (%)	GDP价格指数 (%)	生产要素价格 (%)	收入 (%)	社会福利 (亿美元)
方案5	−0.07	−3.71	−2.59	505.36	−0.19	0.01	0.21	0.07	−0.26	−0.13	−232.74
方案6	−0.06	−3.63	−2.57	488.13	−0.19	0.01	0.2	0.07	−0.25	−0.12	−220.06
方案7	−0.05	−3.85	−2.65	532.85	−0.18	0.04	0.22	0.1	−0.25	−0.12	−253.8
方案8	−0.11	−4.37	−2.85	632.02	−0.24	0.05	0.29	0.13	−0.31	−0.19	−344.7

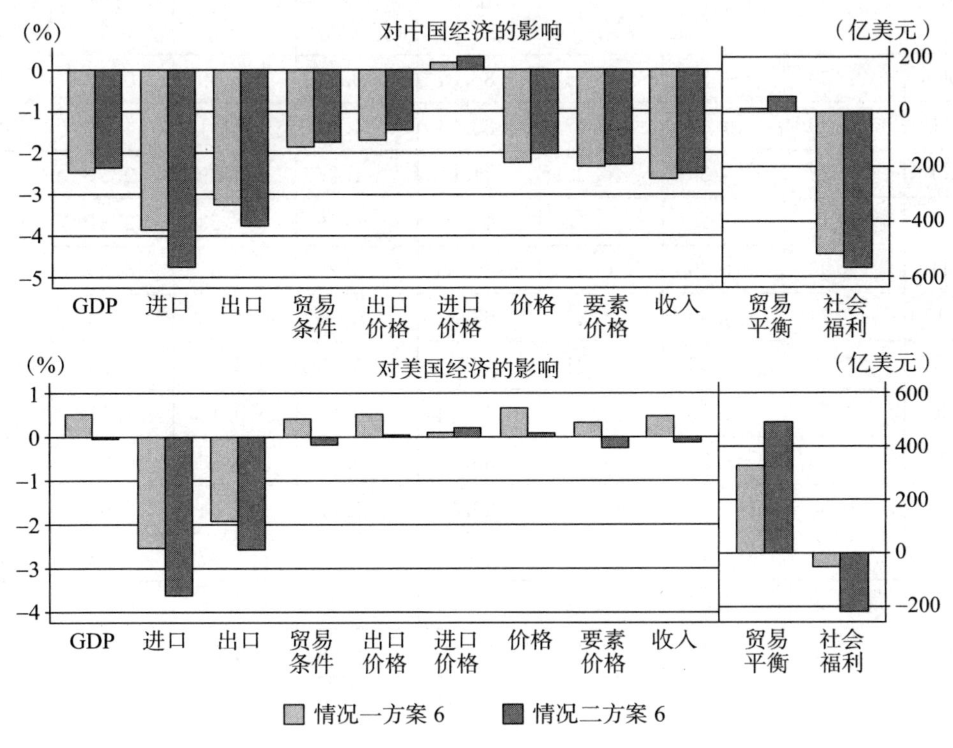

图8　情况一方案6和情况二方案6比较

从目前的情况来看，即美方3 000亿美元征税清单第一批生效和中方750亿美元征税清单生效，中国产出增加最多的行业为油籽、植物纤维、羊毛和蚕茧等，下降最多的行业为木材制品、皮革制品和电子设备等。几乎所有行业的进口均出现下降，下降最多的为其他肉制品、小麦和牛肉制品，只有3个行业的进口增加，为天然气、其他矿物和原油开采冶炼。出口增加最多的行业为牛肉制品、羊毛和蚕茧、鲜奶等，下降最多的行业为木材制品、汽车及零部件和纸制品。基本上所有行业向美国的出口均出现下降，下降最多的行业包括羊毛和蚕茧、原油开采冶炼和水稻，仅有 2 个行业对美国的出口出现了增长，为牛肉制品和鲜奶。贸易平衡下降幅度较大的行业为电子设备、木材制品和服装行业。价格上涨最多的行业为油籽、其他谷物和植物纤维，价格下降最多的行业为渔业、林业和其他制药业。所有行业的进口价格均上涨，上涨最多的行业为其他谷物、油籽和牛肉制品。除天然气开采冶炼行业的出口价格上涨外，其他行业的出口价格均下降，下降最多的行业为林业、渔业和其他制造业（见表 10）。

表 10　　情况二方案 6 对中国各行业的影响

行业	产出（%）	进口（%）	出口（%）	向美国出口（%）	贸易平衡（亿美元）	价格（%）	进口价格（%）	出口价格（%）
PDR	0.08	−9.37	8.36	−86.87	0.23	−1.59	0.45	−1.59
WHT	0.29	−19.61	10.97	−83.84	1.01	−1.51	4.58	−1.51
GRO	0.39	−9.3	0.03	−41.92	1.27	3.69	9.5	−1.51
V_F	0.12	−5.1	1.12	−49.7	3.76	−1.53	2.81	−1.59
OSD	5.93	−1.39	−0.94	−66.39	5.24	4.6	8.64	−0.49
C_B	0.74	−3.39	−1.33	−67.83	0	−1.46	0.65	−1.46
PFB	5.78	−5.53	−1.01	−66.31	5.45	3.52	5.56	−0.77
OCR	1.7	−1.08	0.16	−62.64	0.27	−0.15	1.21	−1.3
CTL	0.13	−3.3	4.56	−39.35	0.12	−1.38	0.95	−1.49
OAP	−0.34	−4.96	−3.02	−29.3	1.26	−1.44	2.68	−1.51
RMK	0.21	−6.4	11.44	9.68	0.02	−1.37	0.72	−1.37
WOL	2.93	−4.07	11.58	−98.26	1.53	−0.08	0.28	−1.03
FRS	−0.95	−10.33	−1.68	−51.99	8.66	−2.18	1.52	−2.58
FSH	−0.11	−6.12	0.38	−35.54	0.76	−2.19	4.06	−2.27
COA	0.65	−2.2	2.63	−73.7	5.48	−0.52	0.35	−0.65
OIL	0.96	0.12	−0.29	−88.75	−2.28	0.16	0.19	−0.02
GAS	0.65	0.83	−0.07	−0.84	−0.78	0.32	0.32	0.32
OMN	1.33	0.17	−0.41	−8.56	−3.33	0.35	0.61	−1.14
CMT	2.5	−18.81	13.64	14.21	4.76	−1.08	6.72	−1.57
OMT	0.12	−21.28	9.44	−82.95	6.2	−1.47	4.88	−1.56
VOL	0.19	−2.16	−2.75	−71.44	2.69	0.06	0.9	−0.06
MIL	0.3	−8.71	5.92	−64.68	2.74	−1.31	1.2	−1.51

续表

行业	产出（%）	进口（%）	出口（%）	向美国出口（%）	贸易平衡（亿美元）	价格（%）	进口价格（%）	出口价格（%）
PCR	−0.12	−4.18	2.53	−66.11	0.26	−1.25	0.48	−1.28
SGR	0.81	−3.33	1.12	−59.92	0.72	−0.97	0.71	−1.25
OFD	−0.29	−7.48	−4.8	−50.39	−6.73	−1.28	3.33	−1.42
B_T	−0.05	−5.21	0.36	−29.85	1.97	−1.55	3.44	−1.65
TEX	1.08	−6.05	−1.12	−45.85	0.98	−1.13	0.73	−1.33
WAP	0.27	−6.41	−5.43	−52.09	−62.68	−1.5	0.3	−1.58
LEA	−2.04	−9.18	−6.02	−33.78	−40.68	−1.42	0.81	−1.53
LUM	−5.09	−12.49	−17.15	−66.01	−81.59	−1.46	1.98	−1.73
PPP	0.43	−6.63	−6.7	−50.61	6.72	−1.33	1.13	−1.6
P_C	0.33	−1.61	−0.57	−57.27	4.95	−0.1	0.97	−0.21
CRP	1.36	−6.46	−2.7	−53.13	90.28	−0.94	1.38	−1.37
NMM	−0.65	−9.86	−3.25	−54.63	−4.31	−1.55	2.06	−1.61
I_S	0.39	−5.84	2.7	−60.59	30.02	−0.92	1.04	−1.27
NFM	1.97	−5.68	5.18	−65.42	54.8	0.34	0.69	−1.22
FMP	−0.42	−9.08	−5.08	−61.18	−22.37	−1.4	1.21	−1.53
MVH	0.28	−6.42	−7.7	−67.2	17.55	−0.97	1.61	−1.4
OTN	1.93	−6.98	6.55	−69.9	42.19	−1.39	0.29	−1.58
ELE	−1.16	−6.65	−5.69	−39.48	−121.75	−0.92	0.49	−1.42
OME	0.32	−7.87	−5.58	−65.65	17.74	−1.08	0.97	−1.49
OMF	−0.64	−10.35	−4.89	−32.21	−37.14	−1.69	1.41	−1.8

目前情况对美国各行业的影响如表 11 所示。产出增长最多的行业为皮革制品、服装和小麦，降低最多的行业为油籽、植物纤维、羊毛和蚕茧。各个行业的进口均出现了下降，下降最多的行业为木材、金属和其他矿物制品。向中国出口均出现了下降，下降最多的行业为天然气开采冶炼、羊毛和蚕茧、原油开采冶炼。贸易平衡增加最多的行业为电子设备、机械设备和木材制品，下降最多的行业为油籽，化学、塑料和橡胶制品，植物纤维。价格上涨最多的行业为皮革制品、电子设备和服装行业，下降最多的行业为油籽、植物纤维、甘蔗和甜菜。所有行业的进口价格均上涨，上涨最多的行业为皮革、木材和其他矿物制品。出口价格上涨最多的行业为皮革制品、电子设备和服装，下降最多的行业为油籽、植物纤维和植物油脂。

表 11　　情况二方案 6 对美国各行业的影响

行业	产出（%）	进口（%）	出口（%）	向中国出口（%）	贸易平衡（亿美元）	价格（%）	进口价格（%）	出口价格（%）
PDR	2.35	−5.74	4.24	−88.25	0.41	−0.74	0.81	−0.74
WHT	3.47	−3.65	4.05	−83.07	5.8	−0.55	0.62	−0.59
GRO	0.19	−1.06	−0.71	−35.29	−1.04	−0.71	0.77	−0.85
V_F	0.9	−1.52	−0.52	−64.92	2.86	−0.52	0.82	−0.97
OSD	−15.1	−6.47	−28.9	−55.07	−62.21	−2.38	1.36	−3.03
C_B	0.73	−3.36	4.96	−56.52	0.01	−1.26	0.69	−1.28
PFB	−10.88	−3.28	−14.12	−56.13	−13.19	−1.59	0.65	−2.07
OCR	3.27	−2.1	4.07	−23.64	4.51	0.06	0.97	−0.92
CTL	0.26	−2.05	2.62	−69.16	0.63	−0.42	0.68	−0.81
OAP	0.1	−3.35	−4.63	−16.02	−1.18	−0.1	3.63	−0.54
RMK	0.24	−3.82	4.78	−84.36	0.02	−0.78	0.48	−0.78
WOL	−5.2	−0.61	−16.56	−98.4	−0.04	−0.43	0.34	−1.05
FRS	−0.35	−1.69	−16.66	−45.07	−3.89	−0.25	2.15	−0.26
FSH	−0.16	−0.31	−5.11	−51.56	−0.46	−0.16	0.9	−0.35
COA	−0.19	−0.8	−1.97	−79.31	−2.39	−0.27	0.09	−0.27
OIL	0.13	−0.05	0.66	−98.38	1.8	0.17	0.21	0.13
GAS	0.19	−0.03	0.18	−105.32	0.13	0.27	0.3	0.27
OMN	−1.09	−0.3	−5.47	−27.2	−5.05	0.55	0.78	−0.44
CMT	0.04	−2.55	−6.07	−86.43	−3.01	−0.35	0.6	−0.38
OMT	0.27	−3.51	−0.16	−84.65	0.94	−0.28	1.14	−0.32
VOL	3.31	−2.69	4.56	−74.12	5.36	−0.58	0.47	−1.34
MIL	0.23	−2.25	0.76	−47.73	0.89	−0.31	0.47	−0.32
PCR	0.62	−0.78	1.73	−69.59	0.32	0.14	0.66	0.03
SGR	0.79	−0.43	4.03	−65.69	0.28	−0.17	0.81	−0.2
OFD	0.31	−3.48	−1.99	−55.5	10.66	0.2	2.48	−0.14
B_T	−0.07	−0.16	−1.02	−39.45	−0.75	0.02	0.57	−0.05
TEX	3.35	−6.12	−6.22	−67.25	24.31	1.23	3.53	0.3
WAP	4.04	−7.58	−5.57	−81.36	51.83	2.04	4.17	0.41
LEA	13.02	−8.66	−13.56	−57.58	28.25	6.18	7.71	0.84
LUM	2	−14.04	−6.6	−71.7	65.23	2.02	6.9	0.33

续表

行业	产出（%）	进口（%）	出口（%）	向中国出口（%）	贸易平衡（亿美元）	价格（%）	进口价格（%）	出口价格（%）
PPP	0.37	−5.17	−1.37	−18.57	10.31	0.11	2.43	0.02
P_C	−0.1	−0.29	−0.6	−59.2	−5.09	0.19	0.48	0.16
CRP	−0.13	−2.73	−3.82	−58.07	−27.93	0.54	1.52	0.08
NMM	0.56	−8.69	−3.74	−44.93	14.24	1.87	4.51	−0.01
I_S	0.48	−1.74	−3.11	−51.68	−1.61	0.52	1.3	0.07
NFM	0.03	−0.65	−2.89	−34.47	−10.57	0.49	0.91	0.18
FMP	1.15	−11.49	−1.5	−56.75	47.43	1.26	4.32	0.04
MVH	−0.9	−1.82	−3.25	−65.52	3.19	0.56	1.13	0.29
OTN	−0.12	−2.68	−0.38	−7.07	10.67	0.29	1.04	0.14
ELE	2.42	−7.22	−8.62	−38.27	125.66	2.45	3.66	0.66
OME	0.39	−6.63	−4.53	−57.02	103.14	1	2.74	0.12
OMF	1.9	−5.58	−3.1	−58.27	39.2	1.7	2.85	0.16

目前情况对世界其他国家或地区的影响如表12所示，其他国家或地区的社会福利、GDP、进口、出口、价格和收入均出现增长，增长幅度较大的地区为北美洲。从世界整体看，全球出口规模下降0.43%，出口价格上涨0.13%，社会福利下降371.81亿美元，不利于全球贸易的进一步开放以及各个国家或地区的进一步合作。

表12　　情况二方案6对其他国家或地区的影响

	GDP（%）	进口（%）	出口（%）	贸易平衡（亿美元）	贸易条件（%）	出口价格（%）	进口价格（%）	GDP价格指数（%）	生产要素价格（%）	收入（%）	社会福利（亿美元）
大洋洲	0.39	0.58	0.08	−16.53	0.27	0.29	0.02	0.37	0.38	0.41	10.6
东亚	0.41	0.67	−0.01	−98.96	0.36	0.31	−0.06	0.41	0.42	0.44	53.83
东南亚	0.67	0.72	0.38	−36.84	0.35	0.39	0.04	0.64	0.66	0.72	44.64
南亚	0.57	0.95	0.56	−5.11	0.41	0.44	0.03	0.53	0.55	0.6	3.86
北美洲	1.44	1.78	1.08	−53.48	0.88	0.94	0.06	1.4	1.45	1.49	79.73
拉丁美洲	0.79	1.23	0.4	−68.85	0.54	0.64	0.11	0.75	0.78	0.83	60.78
中东和北非	0.28	0.43	0.25	−15.37	0.12	0.22	0.1	0.26	0.27	0.29	17.08
撒哈拉以南非洲	0.34	0.46	0.29	−7.61	0.2	0.24	0.04	0.3	0.32	0.35	12.27
欧盟	0.31	0.36	0.12	−176.13	0.1	0.26	0.16	0.3	0.31	0.32	76.89

续表

	GDP (%)	进口 (%)	出口 (%)	贸易平衡 (亿美元)	贸易条件 (%)	出口价格 (%)	进口价格 (%)	GDP价格指数 (%)	生产要素价格 (%)	收入 (%)	社会福利 (亿美元)
孟加拉国	1.35	1.35	0.06	−4.53	0.74	0.66	−0.08	1.21	1.28	1.4	4.28
印度	0.51	0.58	0.41	−15.15	0.31	0.36	0.05	0.48	0.51	0.53	17.88
韩国	0.49	0.5	0.24	−14.96	0.27	0.26	−0.01	0.44	0.48	0.52	19.56
老挝	0.44	0.24	0.04	−0.08	0.09	0.23	0.14	0.41	0.42	0.46	0.06
斯里兰卡	1.54	0.84	−0.7	−2.77	0.89	0.96	0.07	1.47	1.5	1.61	2.45
ROW	0.3	0.39	0.12	−24.78	0.13	0.26	0.13	0.29	0.3	0.31	13.39
世界			−0.43			0.13					−371.81

（四）解决方案

1. 技术进步

从上文的分析我们可得知，中美贸易摩擦会对中国经济产生负面影响，为了缓解该负向影响，中国应积极采取其他应对措施。美国对中国基于“301条款”发起的贸易保护主要聚焦于技术，在整个贸易摩擦发展的过程中，美国商务部将中国多家科技公司列入了其“实体名单”，禁止美国企业向被列入该名单的中国企业出口，这在一定程度上限制了中国科技企业的发展。为了摆脱美国无端的指责和对美国技术的依赖，中国应积极提升自身的科技实力水平，掌握核心科技。因此，中国首要采取的措施应为提升技术，在中美所有征税清单均生效（情况二方案8）的基础上，假设中国技术分别提升1%、3%和5%，对中美的经济影响如表13所示。从表中我们可见，当中国技术提升1%后，即可完全抵消中美贸易摩擦的负向影响，并出现正向增长，GDP增长0.92%，收入增长1.49%，社会福利增加1 974.82亿美元。当中国技术水平继续提升时，经济进一步增长，从而对美国产生更大程度的负向影响，如图9所示。

表13　中国技术进步对中美两国的影响

	GDP (%)	进口 (%)	出口 (%)	贸易平衡 (亿美元)	贸易条件 (%)	出口价格 (%)	进口价格 (%)	GDP价格指数 (%)	生产要素价格 (%)	收入 (%)	社会福利 (亿美元)
中国											
技术提升1%	0.92	−5.39	−7.48	−570.76	−1.68	−1.82	−0.14	−2.11	1.03	1.49	1 974.82
技术提升3%	8.48	−4.63	−11.43	−1 465.33	−0.78	−1.91	−1.13	−1.47	8.68	10.55	7 255.57

续表

	GDP (%)	进口 (%)	出口 (%)	贸易平衡 (亿美元)	贸易条件 (%)	出口价格 (%)	进口价格 (%)	GDP价格指数 (%)	生产要素价格 (%)	收入 (%)	社会福利 (亿美元)
技术提升5%	15.51	−4.46	−13.69	−1 936.35	−0.28	−2.36	−2.1	−1.36	15.83	19.03	12 450.24
美国											
技术提升1%	−0.68	−5.05	−2.8	824.22	−0.36	−0.52	−0.16	−0.48	−0.88	−0.77	−388.43
技术提升3%	−1.75	−6.25	−2.99	1 110.88	−0.53	−1.58	−1.06	−1.53	−1.92	−1.83	−431.35
技术提升5%	−2.69	−7.29	−3.5	1 292.86	−0.6	−2.55	−1.96	−2.48	−2.86	−2.79	−451.01

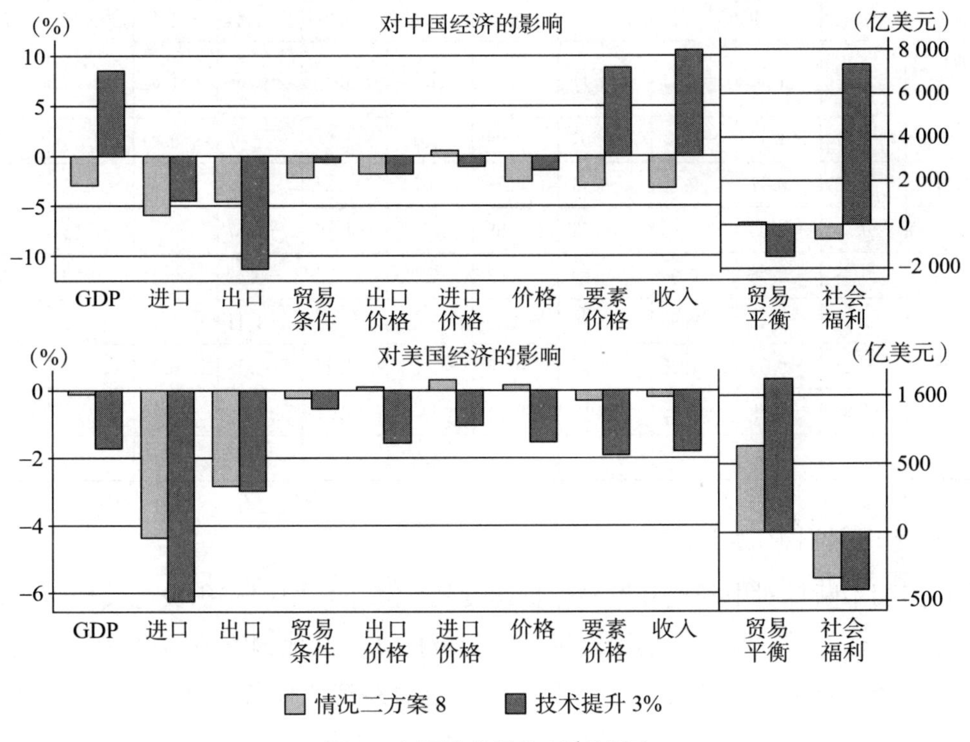

图9 中国技术提升3%的影响

在中美所有加征关税清单生效且中国技术提升3%后，对世界其他国家或地区的影响如表14所示。整体上，世界贸易规模将会下降1.97%，出口价格将会下降1.22%，社会福利将会增加7 087.25亿美元。多数国家或地区的社会福利、GDP、进出口、价格水平和收入会出现下降，除美国外的北美洲的社会福利、GDP和收入仍会上涨。

表 14　　中国技术提升 3%对其他国家或地区的影响

	GDP（%）	进口（%）	出口（%）	贸易平衡（亿美元）	贸易条件（%）	出口价格（%）	进口价格（%）	GDP 价格指数（%）	生产要素价格（%）	收入（%）	社会福利（亿美元）
大洋洲	−1.32	−1.47	−0.7	24.58	−0.18	−1.46	−1.29	−1.3	−1.3	−1.33	−10.37
东亚	−0.62	−0.76	−0.56	24.64	0.53	−0.85	−1.37	−0.63	−0.59	−0.59	77.93
东南亚	−0.39	−0.46	−0.5	−6.89	0.44	−0.85	−1.29	−0.42	−0.39	−0.33	52.4
南亚	−0.6	−0.53	−0.22	3.22	0.58	−0.77	−1.34	−0.62	−0.6	−0.56	4.76
北美洲	0.3	0.69	0.44	−19.34	1.01	−0.35	−1.35	0.27	0.34	0.36	85.07
拉丁美洲	−0.85	−0.83	−0.25	48.07	0.25	−1.02	−1.27	−0.86	−0.85	−0.83	23.8
中东和北非	−1.44	−1.39	−1.11	1.98	−0.4	−1.62	−1.23	−1.44	−1.45	−1.46	−71.34
撒哈拉以南非洲	−1.3	−1.41	−1.11	13.11	−0.25	−1.55	−1.3	−1.3	−1.3	−1.3	−13.78
欧盟	−1.01	−1.13	−0.84	221.01	0.09	−1.11	−1.2	−1.02	−0.99	−1	87.11
孟加拉国	−0.03	−0.17	−0.29	−0.23	0.78	−0.54	−1.32	−0.13	−0.06	0.07	3.79
印度	−0.54	−0.93	−0.66	24.78	0.58	−0.9	−1.46	−0.57	−0.5	−0.51	32.39
韩国	−0.38	−0.98	−0.93	0.9	0.53	−0.89	−1.42	−0.42	−0.34	−0.32	34
老挝	−1.11	−1.43	−0.98	0.26	−0.09	−1.14	−1.05	−1.11	−1.11	−1.12	−0.04
斯里兰卡	0.24	−0.53	−1.26	−0.38	0.96	−0.33	−1.27	0.18	0.22	0.3	2.55
ROW	−1.35	−1.39	−0.94	19.22	−0.24	−1.45	−1.21	−1.34	−1.34	−1.36	−45.42
世界			−1.97			−1.22					7 087.25

2. 建设 RCEP 协定

在美国不断针对中国提升贸易保护程度的背景下，中国应积极与其他贸易伙伴加深经济合作，进一步打开别国市场，如积极推动与其他国家或地区签订自由贸易协定，以降低对美国市场的依赖。推动区域全面经济伙伴关系（Regional Comprehensive Economic Partnership，RCEP）的建立无疑会加深中国与其他国家的经贸合作。截至目前，RCEP 已结束全部文本谈判和市场准入谈判，各成员致力于 2020 年签署协议，这将有利于抵消美国贸易保护带来的负面影响。在中美贸易摩擦全面爆发的情况下，RCEP 的达成对中美两国的影响如表 15 所示。RCEP 的达成将缓解中美贸易摩擦对中国的负向影响，社会福利、GDP、进出口、收入的下降幅度将会减少，价格变化减弱，而对美国将会产生负向影响，社会福利、GDP 和收入下降幅度更大，如图 10 所示。本文仅设定 RCEP 各成员之间取消关税，并未考虑可能达成的投资等协议，即 RCEP 可能会对中国产生程度更大的正向影响，因此，促进

RCEP的早日达成有利于中国应对美国的贸易保护政策。

表15　RCEP协定达成对中美的影响

	GDP（%）	进口（%）	出口（%）	贸易平衡（亿美元）	贸易条件（%）	出口价格（%）	进口价格（%）	GDP价格指数（%）	生产要素价格（%）	收入（%）	社会福利（亿美元）
中国	−2.7	−0.81	−0.4	34.66	−2.09	−1.77	0.33	−2.39	−2.18	−2.82	−593.98
美国	−0.91	−5.61	−2.73	988.93	−0.76	−0.66	0.11	−0.7	−1.12	−1.01	−487.44

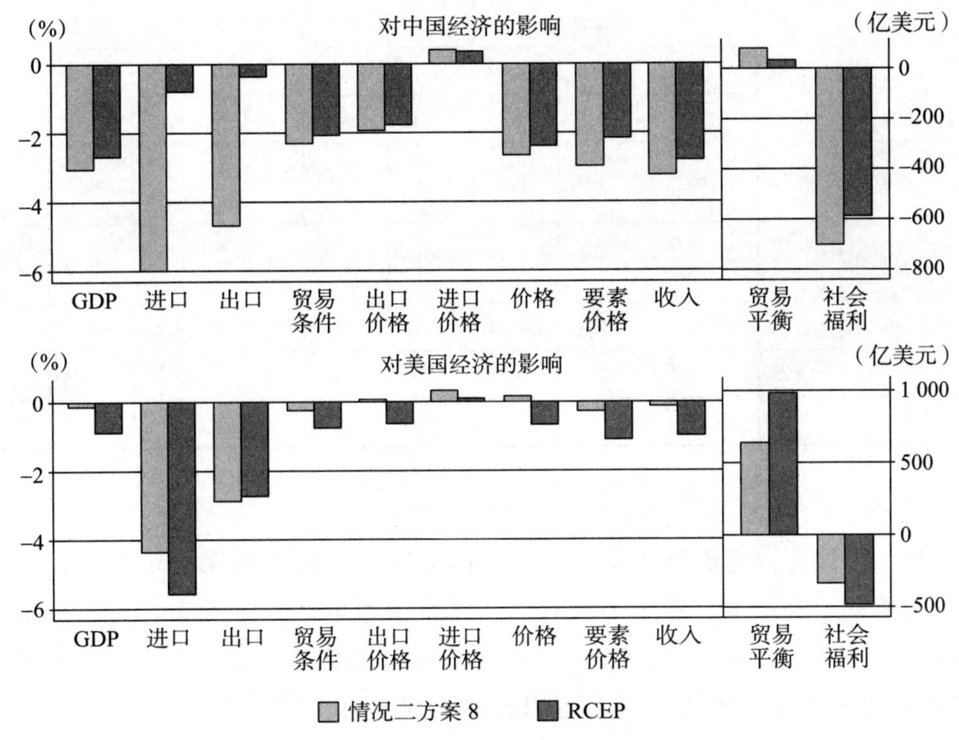

图10　RCEP达成对中美的影响

RCEP达成对世界其他国家或地区的影响如表16所示。除中国外，RCEP各成员（东盟十国、日本、韩国、澳大利亚、新西兰和印度）的社会福利、GDP、进出口和收入均会有所增长，但对其他多个地区或国家的发展会产生不利影响。整体上，全球贸易规模将增加0.5%，出口价格将下降0.09%，社会福利将降低172.38亿美元。尽管RCEP的达成并未完全抵消中美贸易摩擦的不利影响，但会有所缓解，且有利于全球自由贸易的发展。

表 16　　RCEP 协定达成对其他国家或地区的影响

	GDP（%）	进口（%）	出口（%）	贸易平衡（亿美元）	贸易条件（%）	出口价格（%）	进口价格（%）	GDP 价格指数（%）	生产要素价格（%）	收入（%）	社会福利（亿美元）
RCEP	2.17	7.72	4.73	−1 080.89	1.22	1.12	−0.07	1.89	2.77	2.32	803.71
大洋洲	−1.37	−1.36	0.2	4.65	−1.17	−0.76	0.41	−1.17	−1.34	−1.63	−3.36
东亚	−0.5	−0.6	−0.47	2.2	−0.3	−0.22	0.07	−0.48	−0.49	−0.54	−18.51
东南亚	−2.62	−2	−1.49	1.33	−0.87	−1.31	−0.47	−2.59	−2.64	−2.69	−1.6
南亚	−0.13	0.15	0.45	1.99	0.1	−0.22	−0.41	−0.18	−0.16	−0.14	3.55
北美洲	1.33	1.79	1.16	−47.06	1.08	0.72	−0.36	1.29	1.34	1.39	94.53
拉丁美洲	0.04	0.12	0.16	4.27	0.12	−0.12	−0.24	−0.11	0.02	0.05	14.07
中东和北非	−0.08	−0.07	0.03	11.04	0.1	−0.04	−0.17	−0.09	−0.08	−0.07	15.87
撒哈拉以南非洲	−0.18	−0.12	−0.08	2	0.15	−0.09	−0.26	−0.2	−0.19	−0.18	8.05
欧盟	−0.2	−0.22	−0.15	49.37	−0.01	−0.18	−0.17	−0.2	−0.21	−0.2	−2.3
ROW	−0.15	−0.23	−0.14	6.1	0.11	−0.09	−0.2	−0.15	−0.16	−0.15	10.86
世界			0.5			−0.09					−172.38

3. 加入 CPTPP

同时，中国可以考虑加入 CPTPP，与 CPTPP 成员国加深经贸合作，缓解中美贸易摩擦的不利影响。在中美所有加征关税清单生效的基础上，设定中国加入 CPTPP 后，成员国之间关税降为 0，对中美两国的影响如表 17 所示。中国加入 CPTPP 有利于中国经济的发展，可以缓解一部分中美贸易摩擦的不利影响，如图 11 所示，中国社会福利、GDP、进出口、收入的下降幅度均有所缓解，而进一步对美国经济产生负向影响，美国社会福利、GDP、进出口和收入下降幅度更大。因此，中国可以考虑加入 CPTPP，降低对美国的依赖，缓解贸易摩擦的不利影响。

表 17　　中国加入 CPTPP 对中美两国的影响

	GDP（%）	进口（%）	出口（%）	贸易平衡（亿美元）	贸易条件（%）	出口价格（%）	进口价格（%）	GDP 价格指数（%）	生产要素价格（%）	收入（%）	社会福利（亿美元）
中国	−2.84	−2.42	−2.09	−8.34	−2.26	−1.85	0.42	−2.52	−2.51	−2.99	−627.09
美国	−0.62	−5.22	−2.93	845.43	−0.62	−0.37	0.25	−0.41	−0.82	−0.72	−448.24

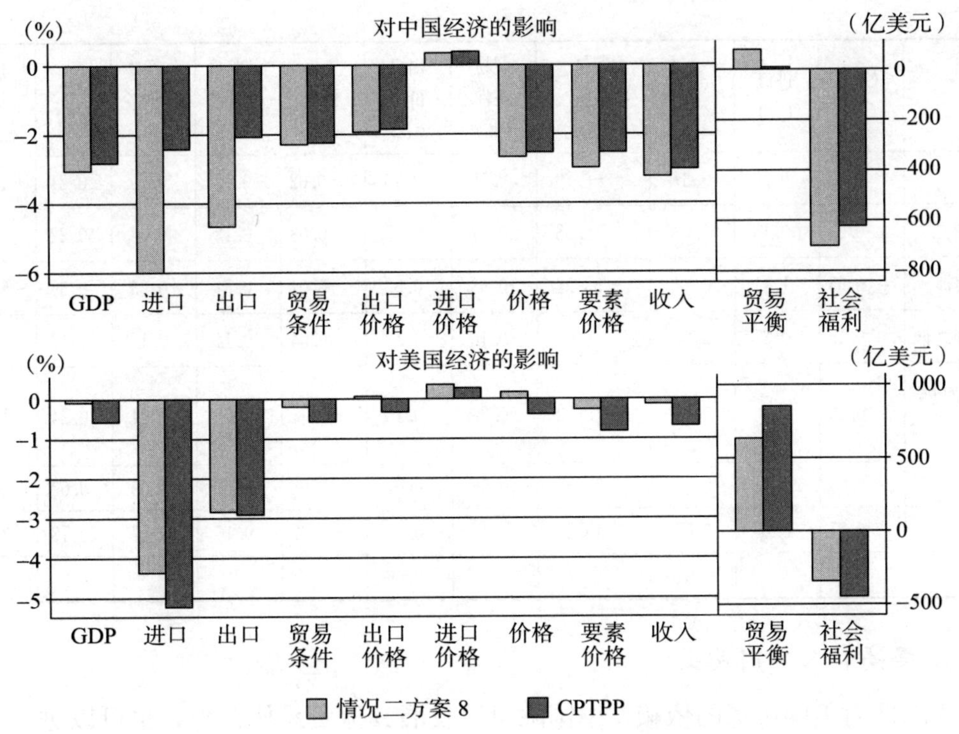

图 11　中国加入 CPTPP 对中美的影响

中国加入 CPTPP 对其他国家或地区的影响如表 18 所示。CPTPP 成员国（日本、加拿大、澳大利亚、智利、新西兰、新加坡、文莱、马来西亚、越南、墨西哥和秘鲁）整体上 GDP 将增长 2%，收入将增加 2.11%，进口将增加 5.39%，出口将增加 2.97%，社会福利将增加 500.52 亿美元，除东亚和大洋洲外，其他地区的 GDP 也将出现不同程度的增长。整体上看，全球出口增加 0.01%，出口价格增长 0.06%，社会福利下降 410.4 亿美元。因此，中国加入 CPTPP 可以在一定程度上抵消中美贸易摩擦的不利影响。

表 18　　中国加入 CPTPP 对其他国家或地区的影响

	GDP（%）	进口（%）	出口（%）	贸易平衡（亿美元）	贸易条件（%）	出口价格（%）	进口价格（%）	GDP 价格指数（%）	生产要素价格（%）	收入（%）	社会福利（亿美元）
CPTPP	2	5.39	2.97	−631.81	1.42	1.32	−0.1	1.9	2.3	2.11	500.52
大洋洲	−0.14	−0.16	−0.05	0.41	−0.17	−0.02	0.15	−0.12	−0.15	−0.17	−0.53
东亚	−0.08	0.03	−0.01	−4.94	−0.04	0.03	0.05	−0.07	−0.07	−0.09	−8.03
东南亚	0.12	0.47	0.31	−9.45	0.04	0.13	0.13	0.12	0.12	0.11	−2.28

续表

	GDP（%）	进口（%）	出口（%）	贸易平衡（亿美元）	贸易条件（%）	出口价格（%）	进口价格（%）	GDP价格指数（%）	生产要素价格（%）	收入（%）	社会福利（亿美元）
南亚	0.2	0.39	0.37	−8.79	0.15	0.13	−0.02	0.18	0.19	0.21	13.11
北美洲	0.2	0.18	0.07	−0.08	0.17	0.09	−0.08	0.13	0.2	0.22	0.12
拉丁美洲	0.65	1.11	0.36	−53.92	0.53	0.52	−0.01	0.61	0.63	0.69	55
中东和北非	0.16	0.31	0.2	−8.01	0.16	0.12	−0.04	0.14	0.15	0.17	23.62
撒哈拉以南非洲	0.22	0.36	0.24	−5.62	0.26	0.15	−0.11	0.19	0.21	0.24	15.74
欧盟	0.09	0.14	0.01	−96.59	0.06	0.07	0.03	0.08	0.08	0.09	48.49
ROW	0.17	0.25	0.06	−18.29	0.17	0.15	−0.02	0.16	0.17	0.18	20.68
世界			0.01			0.06					−410.4

4. 提高私人部门购买

为降低对美国市场的依赖，中国除可以发展其他贸易伙伴外，也可以进一步发展国内市场。随着中国经济的发展，中国居民可支配收入不断增长，中国消费者的购买力不断加强，如中国居民在境外消费超 2 000 亿美元，消费作为拉动 GDP 的“三驾马车”之一，不容忽视。在中美贸易摩擦全面爆发的情况下，本文假设将私人部门的消费份额分别提高 1%、3%、5%和 10%，其对中美两国的影响如表 19 所示。中国私人部门的消费份额提升，对中国经济将产生正向影响，社会福利、GDP 和收入下降幅度将会减小，将抵消部分贸易摩擦的不利影响，而对美国则会产生不利影响，社会福利、GDP 和收入将进一步下降，如图 12 所示。因此，中国应结合技术提升，提高产品质量，鼓励中国消费者在国内进行消费，拉动经济增长。

表 19　提升中国私人部门消费对中美两国的影响

	GDP（%）	进口（%）	出口（%）	贸易平衡（亿美元）	贸易条件（%）	出口价格（%）	进口价格（%）	GDP价格指数（%）	生产要素价格（%）	收入（%）	社会福利（亿美元）
中国											
提升 1%	−2.95	−5.89	−5.09	−19.34	−2.22	−1.86	0.37	−2.57	−2.88	−3.12	−676
提升 3%	−2.69	−5.64	−5.83	−205.4	−2.05	−1.7	0.36	−2.35	−2.65	−2.85	−614.91
提升 5%	−2.44	−5.4	−6.56	−389.33	−1.88	−1.54	0.35	−2.14	−2.43	−2.58	−554.67

续表

	GDP (%)	进口 (%)	出口 (%)	贸易平衡 (亿美元)	贸易条件 (%)	出口价格 (%)	进口价格 (%)	GDP价格指数 (%)	生产要素价格 (%)	收入 (%)	社会福利 (亿美元)
提升10%	−1.82	−4.79	−8.36	−840.21	−1.46	−1.15	0.32	−1.61	−1.88	−1.91	−407.57
美国											
提升1%	−0.13	−4.4	−2.78	654.53	−0.26	0.03	0.29	0.1	−0.33	−0.21	−351.67
提升3%	−0.18	−4.47	−2.65	699.16	−0.3	0.01	0.3	0.06	−0.38	−0.26	−368.97
提升5%	−0.23	−4.54	−2.51	743.28	−0.34	−0.04	0.31	0.01	−0.43	−0.31	−383.55
提升10%	−0.34	−4.71	−2.18	851.41	−0.44	−0.12	0.32	−0.13	−0.54	−0.43	−419.28

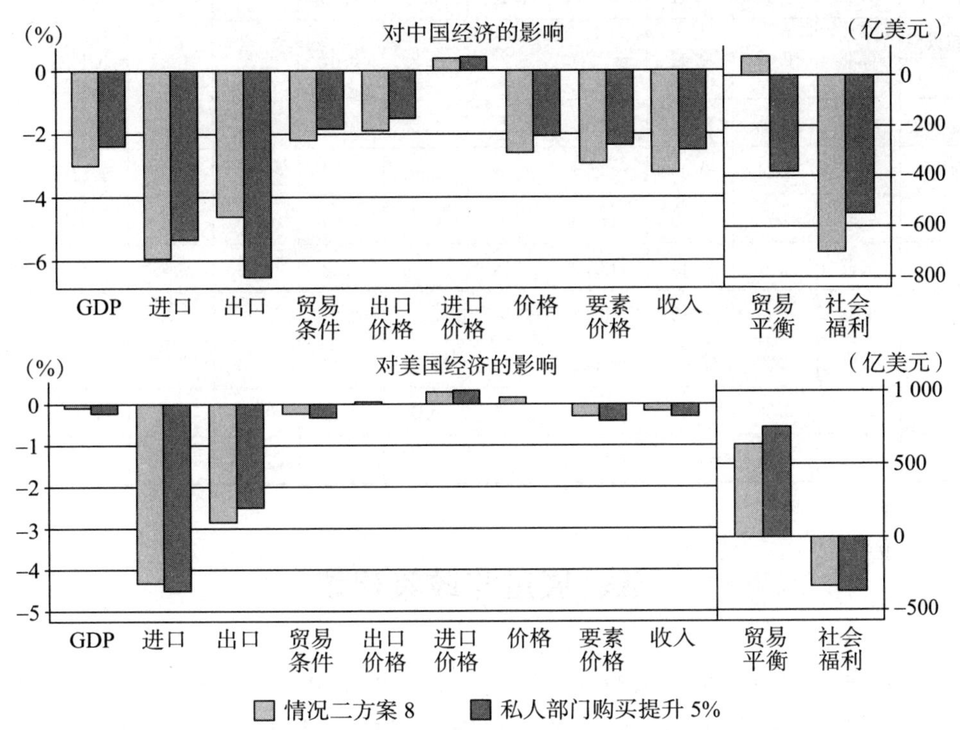

图 12　中国私人部门消费份额提升 5%对中美两国的影响

当中国提升私人部门的消费后，其他国家或地区的经济变化如表 20 所示。其他经济体的社会福利、GDP 和收入仍为增长。整体上看，全球贸易规模下降 0.53%，出口价格增长 0.17%，社会福利下降 461.15 亿美元，小于情况二方案 8 的结果。因此，中国提升私人部门的消费有利于中国及全球经济的发展。

表 20　提升中国私人部门消费对其他国家或地区的影响

	GDP（%）	进口（%）	出口（%）	贸易平衡（亿美元）	贸易条件（%）	出口价格（%）	进口价格（%）	GDP 价格指数（%）	生产要素价格（%）	收入（%）	社会福利（亿美元）
大洋洲	0.37	0.54	0.28	−8.34	0.26	0.3	0.04	0.36	0.37	0.39	9.35
东亚	0.48	0.79	0.31	−68.09	0.38	0.37	−0.02	0.47	0.48	0.5	56.72
东南亚	0.9	1.05	0.72	−34.61	0.46	0.55	0.09	0.87	0.89	0.97	58.04
南亚	0.66	1.04	0.89	−4.64	0.45	0.52	0.07	0.62	0.64	0.69	4.03
北美洲	1.84	2.31	1.53	−57.96	1.15	1.2	0.05	1.8	1.86	1.92	102.85
拉丁美洲	0.86	1.31	0.7	−49.84	0.57	0.71	0.14	0.82	0.84	0.9	63.55
中东和北非	0.34	0.49	0.41	1.36	0.16	0.28	0.12	0.32	0.32	0.35	22.82
撒哈拉以南非洲	0.38	0.49	0.42	−3.27	0.23	0.29	0.07	0.35	0.37	0.4	13.61
欧盟	0.32	0.38	0.26	−92.94	0.1	0.28	0.19	0.32	0.32	0.34	76.08
孟加拉国	1.37	1.41	0.38	−3.84	0.72	0.69	−0.03	1.24	1.31	1.42	4.15
印度	0.63	0.7	0.69	−11.13	0.37	0.46	0.09	0.6	0.63	0.66	21.17
韩国	0.63	0.67	0.45	−12.29	0.34	0.36	0.02	0.58	0.63	0.67	23.61
老挝	0.38	0.18	0.15	−0.02	−0.02	0.21	0.24	0.35	0.36	0.39	0.01
斯里兰卡	1.6	0.92	−0.44	−2.63	0.89	1.02	0.13	1.53	1.57	1.67	2.44
ROW	0.32	0.38	0.25	−5.71	0.15	0.3	0.15	0.32	0.32	0.33	16.32
世界			−0.53			0.17					−461.15

五、展望与政策建议

本文梳理了中美贸易摩擦的发展进程，中美间关税、贸易的变化，中美各个加征关税清单涉及的商品种类，同时基于 GTAP 设定，计算各行业关税的实时变化，模拟中美各个征税清单生效对中国、美国和其他经济体的影响，并研究中国可能采取的应对措施。主要发现如下：（1）与中美贸易摩擦发生之前相比，中国对美国的关税以及美国对中国的关税都大幅提高。（2）中美各征税清单生效后，中美之间就相关商品的贸易出现了大规模下降。（3）美方前期的征税清单主要集中于中间品和资本品，而后期征税清单主要集中于消费品，未涉及产品仅占 3.4%；中方征税清单主要集中于中间品和资本品，未涉及产品占 28.9%。（4）美国对中国加征关税将不利于中国经济的发展，中国对美国加征关税优于不采取应对措施。（5）中国提升技术水平、促进达成 RCEP、加入 CPTPP、鼓励私人部门消费有利于应对中美贸易摩擦。基于以上分析，本文提出如下建议：

第一，发展科技，掌握核心技术。从长远发展目标来看，中国应积极发展科技，掌握核心技术，摆脱对其他国家的依赖。当前，在中国经济发展的过程中，呈现出多数产业大而不强、处于全球价值链的中低端、关键核心技术受制于人的局面。未来中国迫切需要加强基础研究，促进原始创新和科技源头供给，加强战略布局和高水平科研基地及平台建设。

第二，深化开放，主导全球贸易规则的制定。在全球贸易保护主义盛行的背景下，中国应主动参与新的全球贸易框架及规则制定，有力破解美国的围堵态势。中国可以推进达成 RCEP 和加入 CPTPP，与其他国家展开和加深经贸合作，多方位降低贸易摩擦对中国的不利影响，提升中国在世界经济中的地位。

第三，促进消费，拉动经济的发展。消费是拉动一个经济发展的主要动力之一。随着消费者需求的变化，可以结合科技发展，技术的提升，提高产品质量，同时可以促进服务行业的发展，促进消费者的消费。

参考文献

[1] 段玉婉，刘丹阳，倪红福．全球价值链视角下的关税有效保护率：兼评美国加征关税的影响．中国工业经济，2018（7）：62－79.

[2] 樊海潮，张丽娜．中间品贸易与中美贸易摩擦的福利效应：基于理论与量化分析的研究．中国工业经济，2018（9）：41－59.

[3] 黄鹏，汪建新，孟雪．经济全球化再平衡与中美贸易摩擦．中国工业经济，2018（10）：156－174.

[4] 吕越，娄承蓉，杜映昕，屠新泉．基于中美双方征税清单的贸易摩擦影响效应分析．财经研究，2019，45（2）：59－72.

[5] Bollen，J.，H. Rojas-Romagosa，2018，“Trade Wars：Economic Impacts of US Tariff Increases and Retaliations，An International Perspective”，CPB Background Document.

[6] Guo，M. X.，L. Lu，L. G. Sheng，et al.，2018，“The Day after Tomorrow：Evaluating the Burden of Trump's Trade War”，*Asian Economic Papers*，17（1）：101－120.

[7] Li，C. D.，C. T. He，C. W. Lin，2018，“Economic Impacts of the Possible China-US Trade War”，*Emerging Markets Finance and Trade*，2018，54（7）：1557－1577.

附录：GTAP 行业分类

编码	行业	编码	行业
PDR	水稻	MIL	乳制品
WHT	小麦	PCR	精米
GRO	其他谷物	SGR	糖类产品
V_F	蔬菜、水果和坚果	OFD	其他食品
OSD	油籽	B_T	饮料和烟草制品
C_B	甘蔗和甜菜	TEX	纺织业
PFB	植物纤维	WAP	服装
OCR	其他农作物	LEA	皮革制品
CTL	牛、羊和马	LUM	木材制品
OAP	其他动物产品	PPP	纸制品
RMK	鲜奶	P_C	石油和煤制品
WOL	羊毛和蚕茧	CRP	化学、塑料和橡胶制品
FRS	林业	NMM	其他矿物制品
FSH	渔业	I_S	黑色金属
COA	煤业	NFM	其他金属
OIL	原油开采冶炼	FMP	金属制品
GAS	天然气开采冶炼	MVH	汽车及零部件
OMN	其他矿物开采冶炼	OTN	其他运输设备
CMT	牛肉制品	ELE	电子设备
OMT	其他肉制品	OME	机械设备
VOL	植物油脂	OMF	其他制造业

图书在版编目（CIP）数据

中国宏观经济分析与预测．2019—2020：结构调整攻坚期的中国宏观经济/中国人民大学经济研究所主编．--北京：中国人民大学出版社，2020.12
ISBN 978-7-300-28862-8

Ⅰ.①中… Ⅱ.①中… Ⅲ.①中国经济-宏观经济-研究报告-2019-2020 Ⅳ.①F123.16

中国版本图书馆 CIP 数据核字（2020）第 271664 号

中国人民大学研究报告系列
中国宏观经济分析与预测（2019—2020）
——结构调整攻坚期的中国宏观经济
中国人民大学经济研究所　主编
Zhongguo Hongguan Jingji Fenxi yu Yuce（2019—2020）

出版发行	中国人民大学出版社		
社　址	北京中关村大街 31 号	邮政编码	100080
电　话	010-62511242（总编室）		010-62511770（质管部）
	010-82501766（邮购部）		010-62514148（门市部）
	010-62515195（发行公司）		010-62515275（盗版举报）
网　址	http://www.crup.com.cn		
经　销	新华书店		
印　刷	北京玺诚印务有限公司		
规　格	185 mm×260 mm　16 开本	版　次	2020 年 12 月第 1 版
印　张	18.5　插页 1	印　次	2020 年 12 月第 1 次印刷
字　数	336 000	定　价	79.00 元